མལ་གྲོ་གུང་དཀར་གྱི་ལོ་རིམ་མེ་ལོང་།

# 墨竹工卡年鉴

## 2018

（总第8卷）

墨竹工卡县人民政府　主办
墨竹工卡县人民政府办公室　编

方志出版社
Publishing House of Local Records

图书在版编目（CIP）数据

墨竹工卡年鉴. 2018 / 墨竹工卡县人民政府办公室编. -- 北京 : 方志出版社，2018.7

ISBN 978-7-5144-3146-9

Ⅰ. ①墨… Ⅱ. ①墨… Ⅲ. ①墨竹工卡县 - 2018 - 年鉴 Ⅳ. ①Z527.54

中国版本图书馆CIP数据核字(2018)第173117号

# 墨竹工卡年鉴（2018）

编　　者：墨竹工卡县人民政府办公室

责任编辑：刘方圆

出 版 人：冀祥德

出 版 者：方志出版社

地址　北京市朝阳区潘家园东里9号（国家方志馆 4 层）

邮编　100021

网址　http://www.fzph.org

发　　行：方志出版社图书经销中心

电话（010）67110500

经　　销：各地新华书店

印　　刷：河南金雅昌文化传媒有限公司

开　　本：889×1194　　1/16

印　　张：23.5

字　　数：568千字

版　　次：2018年7月第1版　　2018年7月第1次印刷

印　　数：001～500册

ISBN 978-7-5144-3146-9　　定价：350.00元

# 墨竹工卡县行政区划图

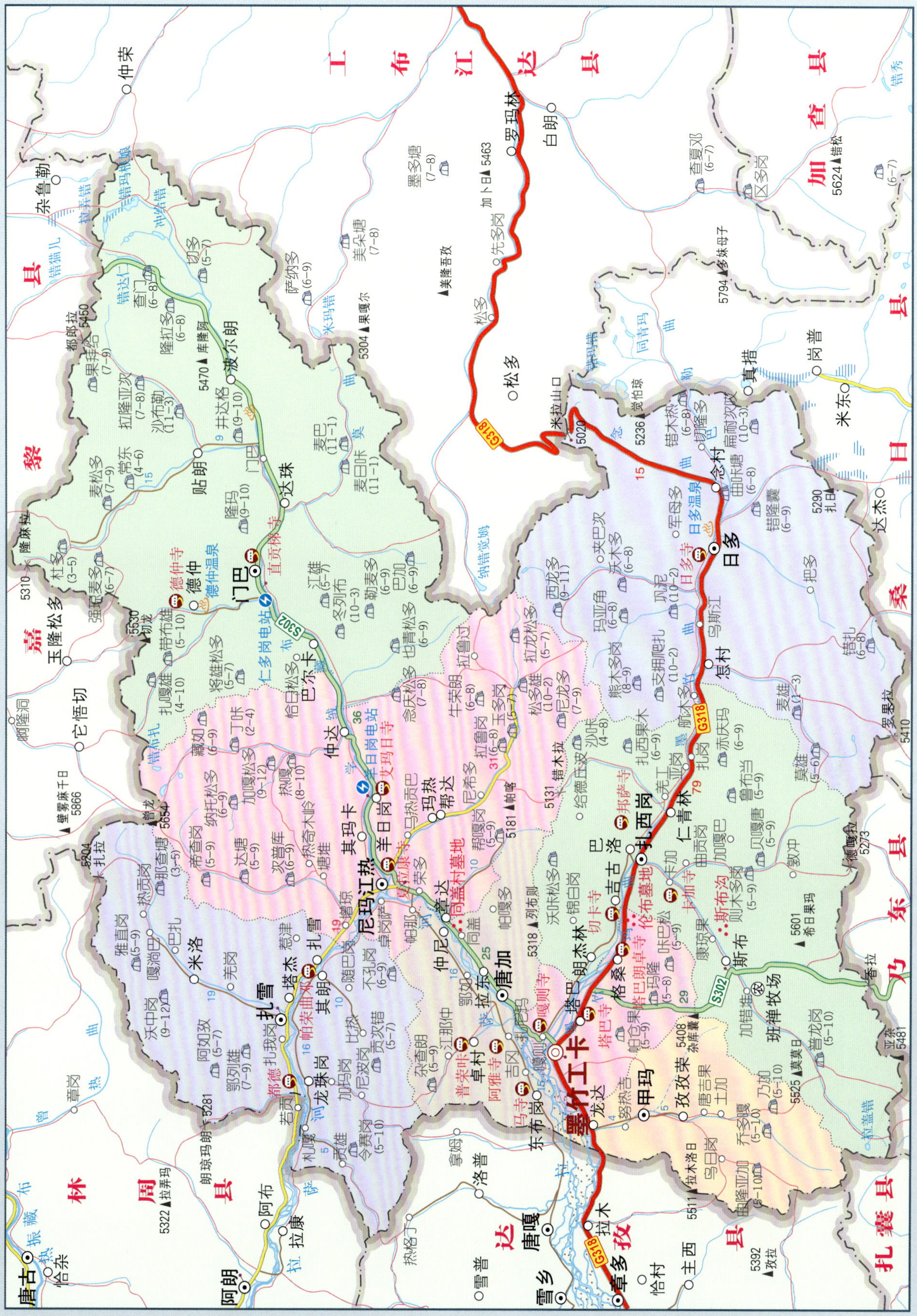


西藏自治区测绘局绘制　　藏S（2015）005号

2017年7月14日，民进中央第一副主席罗富和（前排左二）带领无党派人士在墨竹工卡县唐加乡考察公共文化建设

2017年6月21日，西藏自治区党委书记吴英杰（中）在墨竹工卡县嘎则新区易地扶贫搬迁（二期）暨小康安居工程建设地和米拉山隧道考察

2017年11月3日，西藏自治区党委副书记、人大常委会主任洛桑江村（中）在墨竹工卡县帮萨寺调研

2017年11月3日，西藏自治区党委副书记、人大常委会主任洛桑江村（右二），拉萨市委副书记、市长果果（左二）在墨竹工卡县调研

2017年8月25日，西藏自治区党委常委、拉萨市委书记白玛旺堆（中）在墨竹工卡县检查考评脱贫攻坚、经济发展、民生改善、生态环保、基层党建等重点工作

2017年3月16日，西藏自治区党委常委、拉萨市委书记白马旺堆（中）在墨竹工卡县调研加强和创新寺庙管理工作开展情况

2017年10月20日，西藏自治区纪委副书记王瑞田（右排右一）一行在墨竹工卡县调研检查落实扶贫领域监督执纪问责、深化落实中央“八项规定”精神及党风廉政建设工作

2017年4月26日，西藏自治区纪委副书记龚会才（中）在墨竹工卡县检查指导工作

2017年9月22日，西藏自治区高级人民法院党组书记、院长索达（前排右三）在墨竹工卡县人民法院考察工作

2017年2月17日，西藏自治区党委组织部常务副部长郭强（左三）在墨竹工卡县看望援藏干部

2017年4月14日，西藏自治区党委宣传部副部长王能生（左一）一行在墨竹工卡县考察“四讲四爱”活动动员部署情况

2017年8月14日，西藏自治区政协民族和宗教委员会主任德青旺姆（左二）在墨竹工卡县开展“传承和发展民族传统藏医药”专题调研

2017年9月6日，西藏银行董事长白玛才旺（右四）在墨竹工卡县支行调研

2017年11月23日，拉萨市委副书记、市长果果（中）在巨龙铜矿二期选矿厂调研

2017年8月20日，南京市委常委、常务副市长刘以安（右二）一行在墨竹工卡县检查指导工作

2017年6月22日，南京市人大常委会副主任、鼓楼区委书记张一新（中）率队南京市鼓楼区教育合作考察交流团一行在墨竹工卡县考察

2017年9月21日，江苏省地震局副局长刘红桂（前排左二）一行在墨竹工卡县调研防震减灾工作

2017年9月14日，南京市人大常委会副主任、党组副书记，南京市总工会主席臧正金（前排左二）与县委书记劳明伟为墨竹工卡县“职工之家”揭牌

2017年8月18日，西藏自治区人民检察院党组副书记、常务副检察长兰世全（左一）一行在墨竹工卡县人民检察院开展政治巡视工作

2017年6月13日，西藏自治区交通厅副厅长陈朝（中）在门巴乡调研349国道沿线前期建设筹备情况

2017年10月11日，西藏自治区国土厅副厅长布琼（右排右五）在墨竹工卡县开展集体土地所有权登记发证和不动产统一登记督导评估调研

2017年7月27日，西藏自治区信访局副局长覃爱民（右二）在墨竹工卡县检查指导信访工作

2017年5月24日，西藏自治区教育督导委常务副主任旺堆（右二）一行对墨竹工卡县实施素质教育情况进行督导评估验收

2017年4月18日，西藏自治区气象局副局长赵一平（二排左七）、拉萨市气象局局长陈友珍（二排左一）陪同北京市、江苏省气象局援藏工作组在墨竹工卡县气象局调研

2017年4月20日，拉萨市委副书记、常务副市长胡洪（左二）在墨竹工卡县工卡镇塔巴村考察苗木花卉基地建设情况

2017年6月8日，拉萨市委副书记、常务副市长胡洪（前排右四）在墨竹工卡县检查指导重点项目建设和扶贫产业项目建设情况

2017年12月20日，拉萨市委常委、统战部部长阿努次仁（中），常务副部长拉琼次仁（左三）在墨竹工卡县直孔替寺检查指导工作

2017年7月12日，拉萨市人大常委会党组副书记、副主任央金卓嘎（左一），拉萨市信访局党组书记达娃（左二）在墨竹工卡县检查信访工作开展情况

2017年7月26日，拉萨市人大常委会党组副书记、拉萨市总工会主席平措朗杰（右排中）在墨竹工卡县调研

2017年7月19日，拉萨市常务副市长占堆（右一）、拉萨市水利局局长韩云栓（右二）在尼玛江热乡检查指导章达沟汛期抢险工作

2017年11月24日，拉萨市副市长王国臣（前排左三）、江苏援藏指挥部项目处主任李泓君（前排左五）在墨竹工卡县检查指导援藏项目实施情况

2017年8月10日，拉萨市政协党组成员、副主席孙宝祥（左二）在墨竹工卡县开展“优化农牧业产业结构”调研

2017年2月23日，国家林业局林业工作站管理总站处长张志刚（左一）在墨竹工卡县调研

2017年7月13日，西藏自治区环保厅污防处处长苏云（右三）为组长自治区总河长办第一督导组在墨竹工卡县检查“河长制”工作

2017年8月28日，中央环保督察组一行在巨龙矿业督办环保整改工作

2017年6月25日，环保部西南督察组一行在墨竹工卡县开展环境督察工作

2017年11月2日，中央电视台一行在墨竹工卡县中学拍摄锅庄舞课间操

2017年8月29日，南京市统计局党组书记、局长王国钧（左一）向墨竹工卡县统计局捐助10万元经费

2017年3月16日，拉萨市纪委副书记张斌（中）在墨竹工卡县门巴乡调研

2017年3月16日，拉萨市纪委副书记张斌（左二）在墨竹工卡县调研基层纪检机关建设工作

2017年11月15日，拉萨市卫计委主任扎西德吉（左一）在墨竹工卡县验收创建健康促进试点县工作

2017年3月21日，拉萨市妇联党组副书记、主席向巴彩喜（左二）一行在墨竹工卡县调研

2017年8月14日，拉萨市国税局党组书记、局长孙清明（左二）在墨竹工卡县国税局检查指导工作

2017年7月10日，拉萨市统计局党组书记仓琼（左二）一行在墨竹工卡县统计局调研

2017年5月23日，拉萨市工商行政管理局党委书记扎西旺堆（左二）在墨竹工卡县工商行政管理局督导检查工作

2017年6月24日，拉萨市农牧局局长洛桑索朗（左四）在墨竹工卡县调研

2017年8月4日，县委书记劳明伟（右三）为墨竹工卡县广播电视台揭牌

2017年10月10日，县委书记劳明伟（中）在工卡镇检查指导重点工作开展情况

2017年8月4日，县委副书记、县长旦增尼玛（左三）在扎雪乡检查指导工作

2017年7月8日，县委副书记、县长旦增尼玛（左一）检查章达沟抗洪工作进展情况

2017年4月10日，拉萨市财政局副局长列桑（右排左三）一行在墨竹工卡县检查涉农资金使用情况

2017年11月9日，拉萨市住建局副局长齐朝辉（右二）、市发改委受援办副主任张小伟（右一）在墨竹工卡县甲玛乡赤康村检查村容村貌项目进展情况

2017年12月27日，国网拉萨供电公司纪委书记、工会主席次仁玉珍（右六）一行在墨竹工卡县供电有限公司调研

2017年6月20日，拉萨市林业局野保局局长张丽（左二）在墨竹工卡县检查指导黑颈鹤保护区工作

2017年9月6日，拉萨市人民检察院案件管理办公室主任索朗晋美（左排右一）一行在墨竹工卡县人民检察院开展案件评查工作

2017年3月29日，中国人民政治协商会议第二届墨竹工卡县委员会第二次会议召开

2017年3月30日，墨竹工卡县第十三届人民代表大会第二次会议隆重开幕

2017年4月10日，墨竹工卡县召开“四讲四爱”喜迎党的十九大主题教育实践活动动员部署会议

2017年8月11日，墨竹工卡县召开民族团结进步模范表彰大会

2017年9月8日，墨竹工卡县召开第33个教师节表彰大会

2017年11月15日，墨竹工卡县召开学习宣传贯彻党的十九大精神宣讲大会

2017年12月7日，墨竹工卡县召开精准扶贫精准脱贫政策宣讲会议

2017年3月28日，墨竹工卡县民生项目集中开（复）工仪式

2017年3月28日，墨竹工卡县举行升国旗仪式隆重纪念“西藏百万农奴解放”58周年

2017年6月1日，墨竹工卡县举办“我们在一起过六一”暨阳光财险江苏分公司“助学圆梦”活动启动仪式

2017年7月20日，墨竹工卡县开展喜迎党的十九大锅庄舞学跳活动

2017年7月20日，“青创墨竹 筑梦未来”墨竹工卡县首届青年创新创业大赛

2017年8月1日，墨竹工卡县广播电视台新闻节目开播仪式

2017年8月3日，墨竹工卡县2017年精准扶贫精准脱贫现场交流会

2017年8月7日，墨竹工卡县对挂牌督办突出的环境问题整改落实情况进行现场督办

墨竹工卡县发放土地确权证

墨竹工卡县嘎则新区精准扶贫易地搬迁户群众在自家门口晒太阳、缝垫子，过上幸福生活

霍尔康庄园

达普历算天文台

直孔替寺

甲玛沟景区

思金拉措

直孔松多

# 《墨竹工卡年鉴》编纂委员会

主　　任：旦增尼玛

副 主 任：郭 昌 标

委　　员：索朗旺杰　索朗多吉　龚 华 军　向巴卓玛
达瓦次仁　刘 彦 峰　米玛旺堆　格桑巴珠
旦增卓嘎　扎　　仓　尼玛次仁　米玛措姆
旦增罗布　嘎玛努培　尼玛央金　达瓦次仁
达　　娃　达　　多　尼玛曲珍　曹　　伟
李 红 霞　阿旺曲珍　伦　　珠　边巴洛布
唐 耀 军　林 文 全　王 标 堂　史 秀 玉
旺　　久　王　　栋　白玛伦珠　阿　　旺
索朗次仁　尼玛次仁　周　　君　王 小 芬
巴　　桑　杨　　勇　程 爱 青　柏　　强
张 原 嘉　土登次仁

# 《墨竹工卡年鉴》编辑部

主　　编：郭 昌 标

副 主 编：向巴卓玛

编　　辑：土旦旺久

图片编辑：刘 泽 刚

摄　　影：李　　娜

# 编辑说明

一、《墨竹工卡年鉴》2011年开始编纂，每年出版1卷，2018年卷为第8卷。

二、《墨竹工卡年鉴》以马克思列宁主义、毛泽东思想、邓小平理论、“三个代表”重要思想、科学发展观、习近平新时代中国特色社会主义思想为指导，坚持辩证唯物主义和历史唯物主义的立场、观点、方法，始终坚持“实事求是、质量第一、存史资政、服务大众”的办鉴宗旨，全面、系统、翔实地记述墨竹工卡县上一年度政治、经济、文化、社会等各项事业的基本情况，为社会各界与国内外人士了解和研究当今墨竹工卡县提供翔实资料。

三、《墨竹工卡年鉴》分为正文与彩页两部分。正文采取分类编辑法，以类目、分目、条目为主要框架结构，个别包含多方面资料的条目，则在段落间加插楷体标题提示，方便读者查阅全书。

四、《墨竹工卡年鉴（2018）》载录墨竹工卡县2017年经济社会发展的基本资料，设有特载、综述、大事记、政治、军事、法治、经济管理、社会事业、城市建设·环保、交通·通信、金融、乡（镇）概况、附录等内容。

五、《墨竹工卡年鉴》的编辑宗旨，在于求真务实，力求真实生动地反映墨竹工卡县在改革开放和现代化建设中取得的崭新成就。

六、《墨竹工卡年鉴》所提供的内容和数据，分别来自于墨竹工卡县各有关部门和乡（镇）人民政府，经各级领导审核，但由于口径与统计方法不同，恐有不一致之处，使用时应以县统计局提供的数据为准。本书中农田土地面积的计量单位使用“亩”。

《墨竹工卡年鉴》编辑部

2018年4月1日

# 目 录

## 特 载



## 综 述



## 大事记

# 政　治

## 中共墨竹工卡县委员会



## 中共墨竹工卡县委办公室



## 墨竹工卡县人民代表大会常务委员会



## 墨竹工卡县人民代表大会常务委员会办公室



## 墨竹工卡县人民政府

## 墨竹工卡县人民政府办公室



## 中国人民政治协商会议墨竹工卡县委员会



## 中国人民政治协商会议墨竹工卡县委员会办公室



## 中共墨竹工卡县纪律检查委员会（监察局）



## 中共墨竹工卡县委组织部（编办、老干局）



## 中共墨竹工卡县委宣传部

## 中共墨竹工卡县委统战部（民族宗教事务局）



## 墨竹工卡县总工会



## 共青团墨竹工卡县委员会



## 墨竹工卡县妇女联合会



## 墨竹工卡县政府编译室



## 墨竹工卡县政府法制办公室

## 墨竹工卡县信访局



## 墨竹工卡县创先争优强基础惠民生领导小组办公室



# 军　事

## 墨竹工卡县人民武装部



## 墨竹工卡县公安消防大队



## 武警墨竹工卡中队



# 法　治

## 中共墨竹工卡县委政法委员会



## 墨竹工卡县公安局

## 墨竹工卡县人民检察院



## 墨竹工卡县人民法院



## 墨竹工卡县司法局



# 经济管理

## 墨竹工卡县发展和改革委员会



## 墨竹工卡县财政局

## 墨竹工卡县审计局



## 墨竹工卡县国土资源规划局



## 墨竹工卡县统计局



## 墨竹工卡县工业和信息化局



## 墨竹工卡县安全生产监督管理局

## 墨竹工卡县国家税务局



## 墨竹工卡县工商行政管理局



## 墨竹工卡县气象局



# 社会事业

## 墨竹工卡县民政局



## 墨竹工卡县人力资源和社会保障局

## 墨竹工卡县净土健康产业办公室



## 墨竹工卡县卫生和计划生育委员会



## 墨竹工卡县食品药品监督管理局



## 墨竹工卡县人民医院

## 墨竹工卡县疾病预防控制中心



## 墨竹工卡县文化旅游新闻出版广电局（文物局）



## 墨竹工卡县农牧（科技）局



## 墨竹工卡县扶贫（农发）办

## 墨竹工卡县林业绿化局



## 墨竹工卡县水利局



## 墨竹工卡县教育(体育)局



## 墨竹工卡县中学



## 墨竹工卡县供电有限公司

## 城市建设·环保

### 墨竹工卡县住房和城乡建设局



### 墨竹工卡县环境保护局



### 墨竹工卡县城市建设投资经营有限公司



## 交通·通信

### 墨竹工卡县交通运输局



### 林芝公路分局墨竹工卡公路养护段

### 墨竹工卡县电信局



### 墨竹工卡县邮政分公司



### 中国移动通信集团西藏有限公司墨竹工卡县分公司



### 联通墨竹工卡县营业部



## 金　融

### 中国农业银行股份有限公司墨竹工卡县支行



### 西藏银行股份有限公司墨竹工卡县支行

# 乡(镇)概况

## 工卡镇



## 甲玛乡



## 唐加乡

## 扎西岗乡



## 日多乡



## 尼玛江热乡

## 扎雪乡



## 门巴乡



## 附　录

# 特 载

## 在全县农村工作会议上的讲话

中共墨竹工卡县委书记　劳明伟

（2017 年 1 月 23 日）

这次会议，是继县委九届二次全委会、全县经济工作会之后，县委召开的又一次十分重要的会议。主要任务是：以党的十八大、十八届三中、四中、五中、六中全会精神为指导，贯彻落实习近平总书记系列重要讲话精神特别是关于农村工作的指示精神，传达学习中央、区市农村工作会议精神，总结全县 2016 年农村工作，部署 2017 年农村工作。

下面，我讲三点意见。

### 一、肯定成绩，振奋精神

2016 年，在区市党委的正确领导下，在南京市的无私援助下，在全县广大干部群众的奋力拼搏下，全县农牧业生产总值实现 4.74 亿元，同比增长 11.04%；农牧业增加值实现 2.75 亿元，同比增长 7.21%；农村居民人均可支配收入实现 12317.35 元，同比增长 19.3%。农村工作继续保持稳中有进的良好态势，为全县经济发展大局提供了有力支撑。

一是农业结构调整迈出重要步伐。2016 年，投资 8745.72 万元实施产业项目 21 个，解决 263 人就业，带动 829 户贫困群众增收。全年第三产业实现 2.8 亿元（现价），同比增长 24%。这个数据看起来不大，但来之不易，这里给大家分析一下。2015 年，我县的第三产业实现 2.25 亿元，同比增长是 6.6%；2016 年的增长率比 2015 年的增长率翻了 3 翻多！再一个就是第三产业在 GDP 当中的总量占比：2015 年占比 10.28%，今年占比 11.3%，提高了 1 个百分点，数据很小，但这也是非常不容易，往年我们都仅仅只有微乎其微的 0.2 个百分点的占比增量，翻了 5 倍！因此，我县农业调整可以说是迈出了重要步伐，实现了跨域式发展的第一步。

二是发展基础不断巩固。基础设施建设方面，开复工项目 154 个，新建改造渠道 22 公里，新增道路交通基础设施 8 处、新建独立桥 2 座、新增道路里程 54.78 公里；林业绿化方面，水土保持修复 1 处，新增造林面积 10000 亩，防沙治沙 8072 亩，植树造林 2482.2 亩，退耕还林 394 亩；农牧业方面，落实高产创建及绿色攻关模式田 5 万亩，推广肥效试验田 3 万亩，改造良种繁育田 0.27 万亩，推广“藏青 2000”等农作物新品种示范种植面积 5400 亩。粮食总产量达到 2.44 万吨，青稞总产 2.1 万吨，油菜总产 0.2 万吨，蔬菜总产 0.48 万吨，均超额完成市下达目标。牲畜存栏 19.48 万头（只、匹），出栏率 35.3%。虫草采集进点人数 5544 人，虫草采集总量 563.4 斤，人均增收 7623 元；生态保护方面，成功创建为拉萨市第一个、自治区第 5 个自治区生态县，全县 7 个乡镇、40 个行政村创建为生态乡镇、生态村。投资 1199.91 万元完成墨竹玛曲上游水土保持生态修复，投资 5613.84 万元完成斯布村水治理，城乡生活垃圾无害化处理率和生活污水处理率分别达到 99%、70% 以上。

三是民生政策持续改善。全年累计投入民生资金 2.4913 亿元，占全县收入的 76.2%。投入 4600 万元继续巩固“三大民生”惠民政策。为 1504 名大学生兑现生活及路费补助 1025.19 万元；为 60 岁以上老人发放幸福养老金 1635.54 万元；为 731 名群众兑现 230.9928 万元大病救助资金；为 1582 户 4498 名农村城镇低保兑现补助资金 1942.87 万元；为 25 名困难群众兑现医疗“一站式”补助 21.97 万元。深入实施“四业工程”，培训农牧民群众 754 人。

四是新产业新业态蓬勃发展。2016 年，我县率先在全市实施光伏产业项目，为嘎则新区 100 户易地搬迁户安装屋顶光伏组件，总装机容量为 300 千瓦，预计 25 年内户均年增收 3000 元以上。现代农业开始起步，现代农业示范园区规划完成，已在工卡镇塔巴村进入实施阶段。创新创业园区前期工作也在稳步推进。

五是农村社会保持和谐稳定。牢固树立维稳压倒一切的全局意识，全年落实慰问资金 7002 万元。进一完善社会治安防控体系，矛盾纠纷排查、信访案件等领域平稳有序，网格化管理、“双联户”创建等各项工作扎实推进，门巴乡、塔巴村、仁多岗村、9 个联户单位 134 户农牧民群众先后获区市表彰，同时，我县投入 24.3 万元为表现优秀的“双联户”单位进行表彰。

六是农村重要领域和关键环节改革深入推进。土地确权工作方面，基本完成农村土地承包经营权确权登记颁证工作，并已通过上级部门验收，具备颁证条件，待农业部统一制式的证书发布后，进行颁证，实现应发尽发。宅基地确权方面，全县农村宅基地确权登记调查测量总面积为 2.745 万亩，调查宗地 7196 宗，合计颁证 4340 本证书，颁证率达 60.3%。

七是脱贫攻坚实现良好开局。严格落实中央“六个精准”“五个一批”和自治区“八个到位”要求，大力实施以业脱贫、以迁脱贫、以教脱贫、以补脱贫、以保脱贫、以助脱贫“六脱”措施，脱贫攻坚取得良好成效。截至目前，40 个行政村贫困发生率均下降至 3% 以下，1690 户 7236 名贫困户人均纯收入均达到了 3345 元以上，实现了贫困群众“三不愁”“三有”“三保障”，全县脱贫攻坚工作顺利通过国务院第三方评估。

## 二、明确目标，理清思路

2016 年，我县虽然在农业方面取得一些突出成绩，但与此同时，我们也必须清醒地看到，我县农业发展同其他地方相比，仍显得较为落后。一是农牧民增收压力巨大，尽管近年来我县农牧民人均收入均呈两位数增长，但增收范围窄、路子不多，大多数增收来源于矿山就业、在外务工，自主创业动力不足、经营理念亟待转变；二是农牧民群众文化、技术水平普遍偏低，无论是增收还是就业，最基本的就是文化水平和技术水平，这是就业门槛、增收门槛，如果门槛都达不到，何来就业、何来增收；三是科技支撑力度不够，我县的企业、农民专业合作社九成以上没有专门的开发机构和团队，技术改造投入严重不足，大部分都是传统的制作模式，以至于投入大、制作周期长，最后销售价格还与市场同类商品均价，这种种原因就造成规模小、效益不显著，这就是所谓的供给侧结构性改革不到位。

这些问题，都是需要我们在今年着重解决的突出问题，我们必须高度重视，认真对待。目前，我县农牧业经济发展站在了新的历史起点上。要实现全年的经济社会发展目标，决不容许农牧业有大的闪失和波动，我们必须面对新形势，立足新要求，按照中央和区市的决策部署，自觉践行创新、协调、绿色、开放、共享“五大发展理念”，紧紧咬住全面打赢脱贫攻坚战不动摇，深入推进农业供给侧结构性改革，加快转变农业发展方式，拓宽农牧民群众增收致富渠道。

2017 年农村工作的总体要求是：以党的十八大，十八届三中、四中、五中、六中全会精神为指导，深入贯彻落实习近平总书记系列重要讲话精神特别是关于农村工作的指示精神和治国理政新理念新思想，按照中央和区市农村工作会议安排部署，以深入推进农业供给侧结构性改革为主线，以打赢脱贫攻坚战为载体，牢牢守住“确保粮食生产能力不降低、确保农牧民增收势头不逆转、确保农牧区稳定不出问题”三条底线，把增加农牧民收入、保障有效供给作为主要目标，把提高农业供给质量作为主攻方向，把体制改革和机制创新作为根本途径，促进农牧业经济社会持续健康快速发展。

2017 年农村工作的目标任务是：农牧业总产值增长 10.5% 以上，粮食总产量稳定在 2.43 万吨以上，青稞种植面积稳定在 5.2 万亩以上，培训农牧民 3000 人次以上，农牧民人均可支配收入增长 16.5% 以上。

围绕上述总体要求和目标任务，我们必须突出抓好以下几项重点工作。

*一要深化农村改革，释放发展活力。*加快农业农村发展、破解农村难题，最根本的还是要靠深化改革。要坚持问题导向、底线思维、试点先行，积极稳妥有序推进农村各项改革创新，通过改革释放“制度红利”。今年，重点要从五个方面求突破、探路子、出经验：一是要全面做好农村土地、农村宅基地确权登记收尾工作，确保上半年“两证”发到每一户群众手中。二是要推动适度规模经营，要发挥村集体经济的引领作用，组织农牧民群众发展规模经营。要制定出台农民合作社、种养大户、家庭牧场等认定办法和管理制度，鼓励其通过经营权流转、股份合作、土地托管、科技服务、代购代销等多种方式，推动规模化发展。要大力发展现代农业产业园区、龙头企业，在坚持家庭承包的基础上，鼓励农户通过订单农业、入股发展、入园就业等多种方式，参与发展、共享收益，农牧业产业化经营率达到 50% 以上。三是要着力优化财政投入。要整合筹集多方面涉农资金，把钱花在刀刃上，重点用于支持农畜产品体质增效、建设高标准农田、培育农牧区新产业新业态、修复治理生态、扶持新型经营主体等方面，集中力量把该办的事办好。健全和完善农牧业农村发展扶持政策，创新扶持机制。四是要创新金融服务。积极推进农村土地承包经营权和农牧民住房财产抵押贷款工作，优化“钻石、金、银、铜”卡贷款，确保农村贷款投放持续增长。五要推动农牧民自主创业。加大农牧民创业指导、技术培训、资金扶持、社会服务、政策引导力度，鼓励农牧民群众自主创业，以创业带动就业，以创业繁荣经济，以创业改善民生。要加快对创新创业园区规划落地，为各类返乡下乡人员创新创业提供更加便利的服务。各单位要优先安排农村集体经济组织、农民合作组织等作为建设管护主体，支持农牧民创业就业。

*二要转变发展方式，提高农业效益。*当前，靠拼资源、拼规模、拼农资投入的粗放式农业经营道路，已经难以为继、不可持续，农产品不再追求越多越好，而是追求品质、效益、高附加值，必须推进

农业供给侧结构性改革，加快转变农业发展方式，提高农业发展质量和效益。一是要大力发展净土健康产业。立足本地资源优势和拉萨市“一县一业”“一乡一品”战略定位，精心培育墨竹净土健康产业，切实把资源优势转换为产业竞争优势。培育本土品牌，大力开发藏鸡养殖、蔬菜瓜果、藏药材等净土健康产业，做好推广保护，扶持壮大初具规模的本地企业，鼓励和引导专合组织加强合作，通过整合县域资源、扩大企业规模、强化品牌提升，提高产值效益。加大净土招商引资，不断提高产品附加值，通过“互联网+特色产品”，加大品牌宣传推介，积极开展网上营销，不断扩大销售渠道，推动产值效益最大化，实现净土产品从粗加工向精深加工转变，从分散经营向集群发展转变。二要大力发展文化旅游产业。整合资源、突出墨竹特色，科学规划、精心组织，把墨竹建设成为西藏原生态旅游基地，拉萨市旅游的东部支撑点和西藏旅游东部环线的战略支撑点，文化旅游产业占 GDP 比重超过 5% 以上，全面推动墨竹工卡旅游及县域经济的快速可持续发展。全力打造甲玛景区、大思金拉措景区、直孔沟景区和斯布沟景区，尽快落地嘎则温泉疗养度假村、综合文体服务中心、思金拉措停车场、扎西岗乡自驾游营地、甲玛乡特色小城镇风貌改造、民俗度假村等项目。推进旅游和文化、净土健康等深度融合，精心打造设施农业观光、瓜果采摘体验、温泉康复度假等旅游模式，实现以净土产业促进文化旅游，以文化旅游带动净土健康发展。三是要培育壮大新型经营主体。重点扶持发展家庭农场、专业大户、农民合作社、龙头企业，特别是具有较强整合能力的加工企业和服务型企业；建立支持新型农业服务主体的体制机制，支持多种类型的新型农业服务主体开展代耕代种、联耕联种、土地托管等专业化、规模化服务；探索农民以土地入股、合作、合资等多种方式发展现代农业。在这方面，要明确扶持导向，对各种财政扶持、金融支持政策，要与企业的带动作用挂钩，而不是与企业自身发展规模挂钩，谁的带动面大就支持谁，谁的增收量大就鼓励谁，尤其是对贫困群众增收致富贡献大的，要大力支持。四是要加大农业招商引资工作。当前，面对经济下行压力，许多社会资金都在找投向，而农业发展缺少资金，收益也不低，这就是机遇。各乡镇、农口部门要把招商的重点放在农业上，围绕产加销一条龙、贸工农一体化全产业链开展招商，招有技术优势和市场渠道的“农字号”产业化龙头企业；要吸引县域工商资本转行转业，培育本土企业。这里我强调一点，凡是引进来的企业，一定要严格把好用地关口，不能要多少给多少，要按照实际需求提供土地，规模大的要按照年度建设计划批复用地，防止完不成建设任务，造成土地长期闲置。同时，要对承诺的项目年度建设计划加大监督力度，一个建设期结束要进行验收，对完不成建设任务的，土地无偿收回。

三要补齐短板，增强农业后劲。这是农业增产增效、抵御自然风险的根本之策。一是要补齐农牧区基础设施落后的硬短板。加大标准化农田建设力度，实施藏粮于地、藏粮于技战略，持续推进测土配方施肥、土地整治、中低产田改造，严守 7.8 万亩耕地红线。要大力推进农田水利建设，尤其是对群众反映的灌排难等问题，要想方设法解决好。二是要补齐人才、科技软短板。要抓好人才队伍建设，以坚决打赢脱贫攻坚战为契机，不断加强农牧民培训力度。要结合项目建设、强基惠民、“两学一做”学习教育，加强对农牧民群众的思想教育和培训动员，增强农牧民参加培训的自愿性、掌握科技知识的主动性、发展生产的积极性，切实做到“扶贫先扶志、扶贫必扶智”。要强化科技支撑，充分发挥 8 个乡镇农牧综合服务中心作用，提高农村科技服务能力和服务效率，服务于加速成果的推广运用，引导技术、市场、信息、资本等要素进入，提高农业的自主创新能力。

四要保障改善民生，共享发展成果。全面建成小康社会，关键在农民增收，根本在改善民生。一是要促进农牧民增收。“十三五”时期我县农牧民收入要实现翻番，必须多措并举促增收。去年，全县农村居民人均可支配收入增长了 19.3%，处于全市前列，对我们来说一种激励，更是一种压力。今年，要深入挖掘增收潜力，拓宽增收渠道，特别是要借助农村改革释放的红利，着力提高经营性收入、扩大工资性收入、增加财产性收入，确保今年农村居民人均可支配收入增长 16.5% 以上。二是要提高基本公共服务水平。要继续加大投入，加快发展农村各项社会事业，特别是对农民需求比较大的教育、医疗、社保、养老、文化娱乐、村庄道路、环境卫生等方面问题，既要量力而行，更要尽力而为，加大建设力度，让农民觉得更贴心、生活更舒心。

## 三、强化措施，坚决打赢脱贫攻坚战

全面建成小康社会，最艰巨、最繁重的任务在农村，最大的短板和难点在农村贫困人口、贫困村。精准扶贫、精准脱贫是全面建成小康社会的“底线”。2017 年，我们既要顺利通过国家脱贫攻坚验收，还要让产业项目发挥效益，真正让贫困群众实现产业脱贫，任务繁重、压力巨大。中央提出到 2020 年确保农村贫困人口实现脱贫；市委提出要走在全区前列，确保“两年脱贫、三年巩固”。我县是全市脱贫攻坚的排头兵，决不能拖后腿。这既是军令状，也是硬任务，更是试金石，检验的是我们的政治责任、担当精神和攻坚能力。各级各部门必须主动作为，自觉把脱贫职责扛在肩上、把农村工作任务抓在手上，带着感情去抓帮扶，带着压力推进项目，努力在脱贫攻坚一线经受考验、争先作为，确保交上一份满意的答卷。

一要加快落地产业项目，增加贫困群众经营收入。加快以产业为重点的扶贫项目建设，把各项政策措施精准落实到位，激发内生动力，强化脱贫攻坚支撑保障体系。尽快使产业项目早日落地，早日发挥效益，坚持“扶上马、送一程”，做到扶贫政策不变，扶持力度不减，有效解决区域性整体贫困问题，贫困发生率控制在 3% 以内。同时，充分利用现有产业资源，积极调动企业参与脱贫，凡是对脱贫攻坚有贡献的项目和企业要大力支持。

二要加大就业创业技能培训，增加贫困群众劳务收入。从目前来看，劳务收入依然是贫困群众脱贫的主要途径和增收来源。今年，要发挥巨龙铜业加速发展、华泰龙二期工程投产运营良好的优势，把企业用工信息与农牧民培训结合起来，为企业定向培训务工人员，解决贫困群众劳务就业问题。

三要加快推进嘎则新区易地扶贫搬迁二期工程及小康安居建设工程，全面完成搬迁安置任务。嘎则新区二期易地搬迁和小康安居工程确保 6 月份竣工入住，做好搬迁群众入住后的保障服务工作，经四路和经一路社区服务中心尽快建成使用；以提升综合实力和增加城乡居民收入为目标，带动我县发展的经济、文化、居住中心建设，成为吸纳农牧民劳动力转移的载体，加快农村人口城镇化和农村经济非农化，推进城镇化进程。

## 四、加强领导，确保农村工作取得新成效

农村工作涉及面广、工作量大，重点在责任，关键在落实。各级各部门要强化责任意识，落实保障措施，精心组织实施，奋力开创各项工作新局面。

一要凝聚发展合力。农业是基础，是根本，发挥效益时间长、来得慢；但我们要安定民心、端好饭碗、全面建成小康社会，农业的基础地位就必须强化。全县上下必须要强化“重中之重”意识，切实补齐短板。工作中要做到“三个倾斜”：一要在政策支持上多倾斜。对上级惠农政策，要优先落实，并加大争取力度，争项目、争资金、争政策。二要在资金投入上多倾斜。坚持工业反哺农业的原则，无论财力多紧张，农业支出不能减少，农村投入不能压缩。要进一步加强财政支农项目统筹和资金整合，创新农业信贷方式，集中财力向重点工作、重点领域倾斜，确保财力用在“刀刃”上。三要在领导力量上多倾斜。四套班子领导要率先垂范，亲力亲为，对涉及农业实际问题要优先解决，切实形成重视农村工作、强化农村工作的浓厚氛围。各乡镇、各部门要细化分解任务、压实工作责任，特别是一把手要切实肩负起发展农村工作的重任，常抓不懈、持之以恒，确保各项任务不折不扣落到实处。

二要加强基层组织建设。推进农业农村工作和完成扶贫攻坚目标，必须抓住基层组织建设这个根本保障。要深入开展服务型基层党组织建设，集中抓好软弱涣散后进党组织整顿，不断提高基层党组织的凝聚力。要抓住村“两委”班子换届契机，切实把那些政治素质过硬、发展能力强、愿意为村民服务的优秀能人选进村级组织班子，选优配强基层“带头人”，不断壮大农村集体经济，充分利用 500 万村集体经济扶持资金的作用，发挥好基层党组织战

斗堡垒作用。有的乡镇、村书记，过去有农业税，现在客观上，行政性的手段在减少，主观上经济发展水平不高，也有一些诉求非理性，面对这些新常态、新变化，要学会用改革的办法、市场的手段、法治的思维推动工作，特别是要做实村民代表会议制度，加强村务公开，扩大农村基层民主，切实提高农村治理水平；要完善村务监督机制，针对群众反映的突出问题，加大监管力度，切实维护好群众利益和党委政府的形象。要推进村级组织活动场所标准化建设，尽快推进37个村级组织活动场所的复工建设，确保6月底全部投入使用。要坚持“建、管、用”并重的原则，依托村级活动阵地，定期组织广大党员和群众开展实用技术培训、政策宣传、文化娱乐等活动，使村级组织活动场所真正成为教育党员、服务群众、促进发展的党员活动中心。要做好驻村工作，充分发挥驻村干部的作用，结合“七项重点任务”，真心实意帮助农牧民群众解决生产生活的实际困难，夯实农牧区改革发展稳定的群众基础。当前，要结合重点产业发展、精准扶贫精准脱贫工作开展，以“双联户”为载体，因地制宜、开动脑筋，规划发展项目、积极争取资金，大力培育优势主导产业，带领群众脱贫致富奔小康。

三要切实转变作风。对县委、县政府部署的各项工作，各乡镇、各部门要结合各自职责和实际，细化实化为具体项目、具体措施，转化为工作行动，明确责任人和时间节点，按月按季扎实推进，以“抓铁有痕、踏石留印”的精神抓好落实，务求取得实实在在的效果。要深入基层、深入群众，摸清底数，掌握工作进度，及时发现和解决问题，总结提炼好做法、好经验。要突出重点、培育亮点、抓好示范点，以点带面引领农业农村发展。要完善层层抓落实的责任机制，建立工作台账和任务清单，加强督查考核力度，加大问责力度，对不担当、不作为的干部要坚决问责。

同志们，农业是安天下、稳民心的基础产业，做好农业农村工作，任务艰巨，使命光荣。我们一定要高度重视、认真履责，主动作为、扎实工作，奋力开创全县农村改革发展新局面，为加快建设团结美丽健康幸福新墨竹、率先全面建成小康社会做出新的更大贡献。

# 政府工作报告

## ——在墨竹工卡县第十三届人民代表大会第三次会议上

墨竹工卡县人民政府县长 旦增尼玛

（2018 年 1 月 3 日）

### 2017 年工作回顾

2017 年，在以习近平同志为核心的党中央特殊关怀下，在区市党委、政府和县委坚强领导下，在县人大依法监督和县政协民主监督下，在南京市大力无私援助下，全县上下全面贯彻落实党的十九大精神，以习近平新时代中国特色社会主义思想为指导，贯彻落实新发展理念，贯彻落实习近平总书记治边稳藏重要战略思想，按照区市党委、政府各项决策部署，不忘初心、牢记使命，敢于担当、勇于作为，全县呈现出经济健康发展、民生不断改善、社会和谐稳定的良好局面。

2017 年，全县地区生产总值实现 30.64 亿元，同比增长 10.2%；全社会固定资产投资完成 49.22 亿元，同比下降 38.9%；公共财政收入（全口径）完成 3.82 亿元，同比增长 16.25%；规模以上工业增加值完成 15.02 亿元，同比增长 16.1%；社会消费品零售总额完成 3.71 亿元，同比增长 12.3%；农村居民人均可支配收入完成 13046 元，同比增长 14.49%。2017 年，全面接受自治区、拉萨市脱贫摘帽考核验收，完成中央环保督察和国务院安全生产专项检查，完成国家“健康促进试点县”创建，素质教育通过自治区评估验收，通过第三批创建国家公共文化服务体系示范区中期验收，规范化组建全市第一家县广播电视台，被国家信访局评为“2016 年度‘三无’县”，被自治区评为“双拥模范县”。

过去一年，我们主要抓了以下工作：

**（一）经济实力持续增强，为实现更大发展奠定了跨越之基**

农业牧业基础不断夯实。农作物播种面积达 7.54 万亩，粮食总产量 2.46 万吨，粮经饲比例为 82 : 16 : 2。实施肥效试验田 4.5 万亩、高产创建田

5.5万亩,推广"藏青2000"4.27万亩,实施良种繁育2700亩。严把农产品质量安全关,荣获市级"农产品质量安全县"。全县牲畜存栏14.25万头(匹、只),出栏率达到37%。扎实推进"万户百场十中心"工程,在唐加乡发展奶牛养殖示范户100户。

工业经济实力稳步增长。狠抓工业经济运行监控,完成招商引资项目15个,实际到位资金30亿元。实现工业总产值28.74亿元,同比增长40.46%,实现工业销售产值14.88亿元,同比增长26.83%,实现工业税收3.18亿元,同比增长78.5%。

旅游产业基础提质升级。投资837.18万元,实施旅游基础设施项目6个。全年累计接待游客115.39万人次,同比增长13.6%,实现旅游综合收入2515.5万元,同比增长17%。

净土健康产业全面发展。集中种植墨竹小油菜0.9万亩,质量认证达国家标准。投资6048.77万元开工建设现代农业示范园第一期工程。投入700万元,从青海、日喀则帕里以及斯布班禅牧场核心区购买育肥牛和种牛500头,在日多乡念村集中育肥。

### (二)城乡面貌深刻变化,为重构发展格局迈出了革新之路

基础设施更加完善。水利、道路、电力等基础设施建设稳步推进。投入6096万元,实施水利基础设施维修和饮水安全巩固提升工程11个,改善灌溉面积2.57万亩,解决饮水安全1430户、8650人。实施新一轮农网改造,新建和改造高低压线路732公里。争取资金2.05亿元,改造318、349国道,维修仁青林等危桥5座,新增和改造农村公路127.43公里,行政村道路通畅率达97.5%。围绕"三个全覆盖"目标,投入7098.53万元建成37个标准化村组织活动场所。

县城建设有新突破。投入7.2亿元,实施嘎则新区易地扶贫搬迁二期暨小康安居工程。投入2664.79万元,实施工卡镇卡东小组商品房附属工程、嘎则新区重点区域亮化工程等13个项目。建成嘎则新区易地扶贫搬迁两个社区服务中心,加快推进县城综合商场、车辆检测中心等重大民生项目,投资7500万元。

城乡建设扎实推进。甲玛特色小城镇建设规划通过自治区评审。安排专项资金2000万元,实施甲玛特色小城镇风貌改造、甲玛乡水厂水源地工程项目。完成甲玛乡492户棚户区改造和孜孜荣村二期搬迁安置规划设计。投入800万元,开展尼玛江热乡宗雪村环境整治。全面开展"厕所革命",开工建设20座农村厕所,努力补齐影响群众生活品质的短板。

### (三)体制改革不断深化,为激发发展活力积蓄了动力之源

城乡土地改革不断深化。农村土地承包经营权确权登记完成11.23万亩,发放证书6759户。农村集体土地所有权确权完成40个行政村土地测量和资料收集,划定永久基本农田保护区12.38万亩,完成不动产登记测量8800户。成功挂牌出让1宗工业用地和2宗商业用地,出让面积25亩,出让金1422.9万元。

国资国企改革加快推进。加强国资监管,注册成立扶贫开发有限公司,重新组建城投公司,8个乡(镇)实现融资平台全覆盖。完成创业创新基地2个,3家国有企业入驻"双创"大楼。明确国有企业经营范围,整合运营甲玛砂厂,开工启动塔巴砂厂,国有企业带动作用逐步显现。

区域联动交流更加融合。落实1‰以内援藏资金5225万元,争取1‰以外资金1080万元,实施县医院提升改造、塔巴村供水等援藏项目15个。先后有5名医疗专家赴我县指导医学工作,20名先心病、髋关节脱位、脑瘫等患儿到南京免费治疗。南京市8个区与我县8个乡(镇)结成对子,10家单位与我县签订《对口帮扶协作协议》,形成全方位、多层次帮扶格局,"南京墨竹一家亲"的情怀深深根植于两地群众。

### (四)民生保障日益提升,为建成全面小康开启了幸福之门

脱贫攻坚取得实效。围绕"两年脱贫、三年巩固"目标,以"六脱"措施为抓手,脱贫攻坚取得决定性进展。全年累计安排扶贫资金1.64亿元,其中本级投入占61.32%。投资4.85亿元实施的36个扶贫产业项目,目前已产生效益432.06万元,带

动274户1108名建档立卡贫困户分红270.58万元。依托矿产资源，在河南三门峡黄金工业学校完成94人为期3个月定向培训，已全部实现就业，月人均工资3500元。积极协调城关区、市城投公司对接岗位190个，在全县各行业开发岗位505个，帮助贫困群众实现稳定就业1029人。投入140万元，在城关区集中租赁房屋，着力解决78名拉萨就业群众住宿难问题。全力推进易地扶贫搬迁，基本完成拉萨文创园搬迁点和县城易地扶贫搬迁二期暨小康安居工程安置点建设，建成住房1342套。融资贷款9000万元，与洛卓沃龙公司合作，着力解决220户搬迁户分红、300名建档立卡贫困户就业。及时足额发放各类补贴，兑现生态补偿资金1071万元，定向补助230.47万元，发放以教扶持、以助脱贫和社保兜底资金303.39万元。全面完成1165户5112名建档立卡贫困户脱贫，建档立卡贫困户人均可支配收入达到8470.7元，同比增长35.7%，同步实现“三有、三不愁、三保障”，贫困发生率下降到0.25%，群众认可度达到97.3%，实现了“贫困户脱贫、贫困村退出、贫困县摘帽”目标。

教育事业稳步推进。稳步推进“五个100%”教育目标，中考平均成绩比去年提高12分。巩固提高“两基”成果，学前教育名列全市前茅，小学适龄儿童入学率、巩固率分别达99.87%、100%，初中入学率、巩固率分别达101.83%、100%。加强学校标准化建设，投入5378万元实施门巴学生宿舍供暖、县中学校舍维修等10个项目。实现优质教育资源共享，甲玛乡中心小学五六年级合并至南京实验小学。严格落实“三包”政策，下拨专项经费2303.65万元，受益学生8658人。

卫生事业协调发展。投入2995万元实施苏拉远程会诊、藏医院建设等项目。全民免费体检率达到99.7%，孕产妇住院分娩率达到99.9%，新生婴儿死亡率控制在8.9‰。完善公立医院体制改革，全面启动医技人员绩效考核制度。助力创建国家食品安全城市，聘请乡村食品安全协管员、信息员48名，为群众饮食用药安全保驾护航。投入714.1万元完成包虫病筛查50339人，筛查率达到100%，手术和药物治疗完成90%。

文化事业普惠群众。投入265万元用于公共文化设备采购和设施维修，开放运行县级数字化电影院。旅游与文化深度融合，达普林耐藏戏面具、直鲁藏香、直贡藏纸成功入围首届中国特色旅游商品大赛。各类文物得到有效保护，投入2600万元修缮直孔梯寺“扎西果芒”殿、唐加寺等文化遗迹。9项非遗项目列入市级名录，直孔唐卡、直孔藏医药等技艺参加杭州网易园区非遗展。

民生福祉不断增强。继续实施“三大民生”工程，全年报销农牧民住院费用3762.3万元、受益4460人次，为1600余名大学生报销学杂费并发放生活补贴1123万元，为3908名农牧区老人发放养老补贴1688.64万元，实现农牧区群众“看病不花钱、上学不花钱、养老不缺钱”。投入588.85万元，建设职工生活超市、健身中心、羽毛球场馆等民生设施，不断丰富职工生活。投入91.6万元，加强直孔梯寺天葬台环境整治，受到民政部社会事务司充分肯定。

社会保障日益完善。完成4.43万人社保卡数据采集，信息采集率达到92%。收缴各类社保金2744.26万元，发放城乡居民养老金949.77万元。落实“两线合一”生活补贴653.19万元，为1298名城乡居民报销医疗救助金396.13万元，为4183名城乡低保对象发放资金1863.48万元，五保供养经费在区市每人每年5910元基础上，提高至11310元。投入280万元改扩建县级救灾物资储备库，投入561万元改造62户农村危房、维修12户直孔电站搬迁户房屋。实现农牧区劳务输出1.96万人次，农牧民增收5800万元，实现转移就业9800人，城镇新增就业672人，城镇登记失业率控制在2.1%。

社会治理更加有效。始终把加强社会治理作为增加民生福祉的落脚点，完成十九大、重大节日、重要节点安全防范工作。开展和谐模范寺庙暨爱国守法先进僧尼表彰活动，累计发放奖金132.2万元。全面完成“六五”普法，顺利启动“七五”普法。建成县乡村三级综治信息系统。调处矛盾纠纷101起，办理信访案件51件，协调解决拖欠工资、工程款等6024.32万元。向67家企业和施工单位征缴民工工资保证金2452万元。树牢底线思维，安全生产形势持续好转。全年未出现一次危安案件,未出现一起农牧民群众越级上访事件,未发生一起较大以上安全生产事故。

### (五)环境质量有效改善,为建设美丽乡村铸就了生态之美

环境保护力度不断加强。加强旅游景区环境综合整治,扎实推进全区生态红线划定试点工作,编制完成土壤、水、大气污染防治行动计划方案以及突发性环境事件应急预案,环保目标责任制全面落实。加强水源保护,全面推行"河长制",城镇集中式饮用水水源地水质达到标准。实施新一轮草原生态保护补奖机制,达到草畜平衡 480.79 万亩。加强公益林管护,兑现管护资金 1254.7 万元。完成 2016 年度土地矿产卫片执法工作,检查监测面积 4207.6 亩。

环境突出问题有效治理。全面整改中央环保督察 21 个转办案件,对相关企业行政处罚 252.6 万元。严厉打击破坏生态环境行为,全面禁止河道乱采、乱挖、乱堆放,16 家砂石场全部依法取缔。定期开展矿山联合执法,每月第一周星期二作为联合执法工作日,矿区挂牌督办事项有序推进,矿山常态化监督、河道采砂管理、草地管理、景区垃圾治理等一大批制度办法逐步建立完善。全面开展"绿盾 2017"国家级自然保护区监督检查专项行动,严肃查处职责范围内违法违规行为。

环境综合质量有效改善。实施造林绿化工程,投入 1356 万元,完成植树造林 2482.2 亩,封山育林 6928 亩,全县森林覆盖率达 43%。加快农村生活垃圾无害化处理,集中处理率达到 90% 以上。扎实推进生态环保工程,投入 762 万元实施环境综合整治、20 个水源点保护等生态环保项目。

### (六)自身建设逐步强化,为提升履职效能打开了服务之窗

以勤政廉政为行动指南,持续改进作风,履职效能更加提升。完成政府机构改革,调整、取消行政审批事项 8 项,深入推进"营改增"改革,国库集中支付改革走在全区首位。办理人大建议、政协提案 162 件,满意率和基本满意率达 98.8%。打造阳光政务,公开政务信息 370 余条,政府工作高效透明运转。深入开展"两学一做"学习教育,全面加强党风廉政建设。加大审计监督、财政监督,完成各部门十八大以来预算执行专项审计、40 个村 2014 年以来资金审查,对教育领域和培训资金进行审计,对涉农、扶贫资金和乡(镇)2016 年办实事经费全面自查,迎接区市扶贫领域专项巡视、督查 10 次。严格落实中央八项规定,"三公"经费支出 376.49 万元,同比下降 1%。强化行政监察,严肃执法执纪,全年受理问题线索 27 起,处理 27 人。

此外,编译、档案、保密、气象、人民武装、妇女儿童、通讯、金融、消防、双拥、防灾减灾等工作取得新进展。

各位代表!过去的一年,我们直面困难、迎接挑战,开拓创新、励精图治,工作艰辛难忘,成绩实属不易。这些成绩的取得,是党中央和国务院特殊关怀的结果,是区市党委、政府以及县委正确领导的结果,是南京市无私援助的结果,是县人大依法监督、县政协民主监督的结果,更是全县人民努力拼搏、社会各界大力支持的结果。在此,我代表县人民政府,向付出辛勤劳动的全县干部群众,向给予我们大力支持的人大代表、政协委员、离退休老同志、驻军指战员和武警消防官兵,向一直关心参与墨竹建设和发展的同志们、朋友们,表示崇高的敬意和衷心的感谢!

在肯定成绩的同时,我们也清醒地看到,全县经济社会发展仍然存在不少困难和问题,主要有:经济发展质量效益不高,产业结构不够协调,实体经济有待进一步壮大,拉动县域发展的大项目偏少、项目落地缓慢,全社会固定资产投资指标未能完成预期目标;就业、教育、医疗、文化、住房等社会保障水平还不能很好地满足人民群众日益增长的美好生活需要;生态建设、安全生产、社会治安等领域还存在风险隐患;政府自身建设与新时代新要求和人民群众新期盼还有较大差距。问题不容忽视,责任不能回避,对于这些问题,我们一定高度重视,采取有效措施努力解决,决不辜负全县人民的厚望!

## 2018 年工作安排

2018 年是贯彻落实党的十九大精神的开局之

年，是改革开放40周年，是决胜全面建成小康社会、实施“十三五”规划承上启下的关键一年，是我县脱贫摘帽的决胜之年。我们要把学习贯彻党的十九大精神作为今年工作的首要任务，始终在政治立场、政治方向、政治原则、政治道路上与以习近平同志为核心的党中央保持高度一致，不忘初心，砥砺奋进，努力谋求人民群众最大福祉。

*要深思践悟，学懂弄通。*准确把握党的十九大确立的新理念、新论断、新任务、新举措，把着力点聚焦到习近平新时代中国特色社会主义思想是党必须长期坚持的指导思想上，聚焦到中国特色社会主义进入新时代、我国社会主要矛盾已经转化为人民日益增长的美好生活需要和不平衡不充分的发展之间的矛盾等重大政治论断的深远影响上，聚焦到贯彻落实党的十九大的重大决策部署上，聚焦到习近平总书记是全党拥护、人民爱戴、当之无愧的党的领袖上。努力掌握党的十九大精神的政治意义、历史意义、理论意义、实践意义，内化于心、外化于形，更加自觉地用十九大精神武装头脑、指导实践、推动工作。

*要高举旗帜，维护核心。*要坚决维护习近平总书记作为党中央和全党核心的地位，始终把拥戴信赖忠诚捍卫核心作为最重要的政治纪律和政治规矩，把“四个意识”融入血液里、落实在岗位上、体现在行动中，坚决维护党中央权威，坚决服从党中央集中统一领导，真正做到对党忠诚、襟怀坦白，守纪律、讲规矩，自觉在思想上、政治上、行动上与以习近平同志为核心的党中央保持高度一致，与区市县党委保持高度一致。

*要笃行实干，担起使命。*要带头贯彻落实党的十九大决策部署，对十九大确定的各项目标任务，要找准着力点，深化结合点，拿出实实在在的举措，苦干实干，一个时间节点一个时间节点往前推进，以钉钉子精神全面抓好落实，毫不动摇、全力以赴为实现中华民族的伟大复兴中国梦、实现墨竹人民过上更加美好幸福的生活而矢志奋斗。

2018年政府工作的总体要求是：全面贯彻落实党的十九大精神，以习近平新时代中国特色社会主义思想为指导，贯彻落实中央第六次西藏工作座谈会精神和习近平总书记治边稳藏重要战略思想，坚持稳中求进工作总基调，坚持新发展理念，紧扣社会主要矛盾变化，按照高质量发展要求，统筹推进“五位一体”总体布局和协调推进“四个全面”战略布局，正确处理好“十三对关系”，按照区市九届三次全会和县委九届五次全会部署要求，牢牢抓好发展、稳定、生态三件大事，统筹做好稳增长、促改革、调结构、惠民生、防风险、保稳定各项工作，确保实现更高质量、更有效率、更加公平、更可持续的发展。

2018年经济社会发展的主要预期目标是：地区生产总值增长14%，规模以上工业增加值增长18%，财政收入完成3.5亿元，固定资产投资完成33亿元以上，社会消费品零售总额增长15%，农村居民人均可支配收入增长14%。

围绕上述目标，我们要重点抓好以下六个方面的工作：

### （一）聚焦实体经济，努力构建现代产业新体系

*精准发力培育现代农牧产业。*严守耕地红线，确保粮食安全。围绕构建现代农牧业产业体系、生产体系、经营体系，加快推进现代农业示范园建设，同步组建管理运营团队，配套电商、粮油加工、副食品销售以及乡镇投放点。建成标准化奶牛养殖中心，推进“万户百场十中心”工程，积极探索科学、有效、规范的斯布牦牛品种保护、短期育肥和奶牛养殖模式。全面推进草原确权和农村土地确权抵押贷款。投资1360万元建成4个防抗灾物资储备库、20个村级兽医室，在扎西岗乡、扎雪乡人工种草3500亩。全面推进新型职业农民培育试点县工作，培育生产经营型和专业技术型新型职业农民200名，努力实现农业增效、农民增收、农村发展。

*优化环境做强绿色新型工业。*优化发展环境，全力打造生态新型工业高地。围绕打造绿色矿业示范县，加快推进驱龙矿区建设，力争知布拉选厂和华泰龙一期改扩建顺利运行，年内建成甲玛大型修理厂等工程。配套发展仓储物流、电子商务等综合服务业，推动形成新的经济增长点。

*挖掘优势发展全域旅游产业。*积极融入拉萨旅游环线经济圈，做好墨竹全域旅游规划，以点带

面，整体发展。投入600万元实施塔巴村民俗旅游传统村落建设和旅游扶贫项目。对接开发直孔水库湖面，在两侧种植观赏桃树，打造旅游休闲度假区。合作开发思金拉措，实现收费运营。挖掘宣传甲玛历史文化，盘活景区旅游资源。加强旅游基础设施建设，完善旅游解说系统，推介旅游精品线路，培育一批具有墨竹特色的旅游品牌，力争接待游客量达到132.6万人次，实现旅游收入2968.29万元。

突出品牌做优特色净土产业。开展“三品一标”认定工作，加大墨竹清油、斯布牦牛、直孔白青稞等有需求、有市场、有知名度产品的扶持力度，在工卡镇、扎西岗乡等地分片集中种植万亩油菜，在县城新建大型榨油厂，切实把资源优势转换为产业竞争优势，实现品牌走出去。大力培育本土净土健康品牌，力争净土健康产值实现8000万元。

### （二）聚焦城乡发展，努力建设生态宜居新家园

高标准推动基础建设。完善交通路网，形成对经济社会发展的战略支撑。配合实施尼玛江热旅游环线等重大项目建设，协调开工建设尼玛江热乡至门巴乡道路、嘎则大桥。争取4900万元实施扎雪乡龙珠岗村公路、日多乡怎村公路及巴洛大桥等7个公路桥梁项目，实现行政村通畅率100%、自然村通畅率80%以上。改造提升46处农村安全饮水点，投资4566.58万元实施尼江灌区工程和甲玛防洪工程。统筹地上地下市政设施建设，投入5000万元实施县城污水处理及收集系统工程、新区经二路等项目，开工建设县城综合商场、新区农贸市场、车辆检测中心以及新区扶贫商品房，切实增强城市综合保障能力。

高质量打造新型城镇。以规划为统领，全面提升城乡建设水平。投入7665万元实施甲玛特色小城镇棚户区改造、甲玛孜孜荣村二期搬迁等项目。加快推进精准扶贫二期暨小康安居工程建设，争取实施工卡镇“冰箱村”改造搬迁工程，努力提高城镇化率。投入1500万元实施嘎则新区人工湖改造。投入5000万元对医院、学校及重点公共建筑实施节能保温改造，争取对嘎则新区中小学和幼儿园进行试点供暖。

高品质建设美丽乡村。认真贯彻落实乡村振兴战略，加快制定符合墨竹实际的乡村振兴战略规划。加大宜居乡村建设力度，坚持公共基础设施向偏远山区倾斜，努力提升乡村“颜值”。全力推动“厕所革命”，投入使用公厕43个，确保人口集中区、交通沿线和旅游景点实现全覆盖。加快人居环境整治，完成尼玛江热乡宗雪村村容村貌整治，对扎雪乡、日多乡示范点进行美化、硬化和亮化。加快乡村绿化，植树10万株，全面消除海拔4300米以下“无树村”“无树户”，试点打造“桃树村”“苹果村”“核桃村”。培育现代农牧业经营主体，构建具有高原特色、墨竹特点的“互联网＋现代农牧业”产业体系，助推美丽乡村建设步伐。

### （三）聚焦深化改革，努力激发经济发展新活力

扎实推进招商引资。按照“绿色环保、增加税收、解决就业、让利群众”原则，加大招商引资力度。积极对接葛洲坝易普力公司、中兵瑞图控股集团入驻墨竹投资，引进具有实力、群众受益的企业投资建设甲玛加油站、尼江加油站和墨竹有机肥料厂。做好农牧民专合组织科技服务工作，全力推进专合组织向小微企业转型。充分利用“双创”基地平台和县城综合商场，引进一批富有活力的创业团队和经营主体，不断提升经济活力。全年力争引进大小企业或经营主体11个，实现到位资金20亿元以上。

深入推进国企改革。全力扶持国有企业，完成关停砂石厂整合收购，投入运营城投商混站、砖厂。收购三家企业施工资质，参与全县200万元以上基建项目。加大融资力度，实现综合商场和砂石厂等项目融资贷款5000万元。年内重点扶持城投公司，力争实现产值5000万元以上，缴纳税收500万元以上，公司总资产达到上亿元。成立水电气投资公司，推进形成社会化、专业化、市场化的物业管理体制。

加快推进区域合作。加快援藏项目建设，投入援藏资金7200万元，实施县城公共文化服务设施、幼儿园及乡镇医院建设等援藏项目16个。坚持教育、卫生事业深度合作，邀请45名专业医生和教育专家赴墨竹从医支教。深化宁墨交流交往交融，强化政策支撑，推进南京管理、科技、人才等发展要素向墨竹流动。

### （四）聚焦民生保障，努力回应百姓生活新期盼

持续巩固脱贫成果。将精准扶贫作为一项政治任务和第一民生工程，继续落实“六脱”措施，在实现“三有、三不愁、三保障”基础上，夺取脱贫攻坚整体胜利，让人民群众铭记在心、感恩核心。壮大产业规模，提升贫困群众“造血功能”，完成2016年、2017年剩余产业项目，推进实施2018年产业项目，力争年底产生效益2400万元，带动320名贫困群众就业，实现576户贫困群众分红115.2万元。围绕“三个全覆盖”，加大村集体经济扶持力度。完成易地扶贫搬迁安置，实现“一户一岗”，确保“搬得出、留得住、能致富”。注重“志智双扶”，大张旗鼓表彰参与就业、参与产业建设的贫困群众，真正让扶贫产业项目发挥作用，让劳动光荣成为贫困群众的普遍共识，加快实现贫困群众以政策性收入为主向产业经营性收入为主的转变，促进建档立卡贫困户年人均纯收入增长17%以上。

加快发展教育事业。投入1580万元建成门巴波朗村幼儿园、日多哈姆幼儿园和扎雪中心小学教工食堂等5个教育项目。全面推进“五个100%”教育目标任务，力争召开全市现场会。加快制度建设，稳步提升学校管理水平，不断加强学校食堂规范化管理。提高教育教学质量，全面落实三年行动计划。强化师资培训，实施学前双语、中小学理科教师和藏汉双语教师培训计划。

努力打造健康墨竹。推进基层藏医药事业发展，建成并投入使用藏医院，重点培养2个藏医服务能力强、功能全的乡卫生院。全面启用120急救中心、甲玛乡和扎雪乡卫生院。启动“二甲”医院申报工作，建设尼玛江热乡标准化卫生院。加强分级诊疗，全面推进“家庭医生签约”工程，力争县域就诊率达90%以上。加大妇女“两癌”筛查和救助力度，持续巩固包虫病综合防治成效，全面加强食品药品监管力度，推进国家食品药品安全示范城市创建工作。加大老干部关心力度，力争4年内完成所有离退休老干部疗养工作。启用干部职工健身中心、羽毛球场馆等民生设施，投入659万元建设全民健身活动中心，不断丰富干部群众业余生活。

全面促进文化兴盛。加强文化阵地建设，投入1980万元实施公共文化服务设施、广播影视中心等项目。巩固公共文化服务示范区创建成果，推进文化资源城乡共享，确保通过国家公共文化服务体系示范区创建最终验收。深入开展文物保护和非物质文化遗产传承，在县城设立刺绣唐卡传习基地，着手编制墨竹工卡县历史文化名册。

着重提升保障水平。持续实施和完善“三大民生”工程，继续办好2015年—2016年500件“群众期盼”。千方百计促进就业，扎实做好高校毕业生就业引导工作，开展农牧民培训900余人，转移就业9000余人，依托资源优势，输送本地50名群众在矿山就业。健全完善社保体系，清理规范城乡低保对象，投入500万元新建县级老年人日间照料中心。关心关爱村干部，为全县村干部购买人身意外伤害保险。加大城镇保障性住房和农村危房改造力度，整合资金实施扎雪乡龙珠岗村危房改造。

### （五）聚焦生态保护，努力塑造青山绿水新面貌

持续完善生态制度。严格项目环境审批，确保环评执行率达100%。全面落实常态化监督机制，加大对矿山企业等重点行业监管力度。完善环境质量监测机制，定期对大气、水进行检测。积极争取环保项目，建设一批环保治理工程。加强环境保护能力建设，提升配备硬件设施，聘请环保专家强化专业监管。

大力保护生态资源。全面开展污染源普查，积极推进全国第三次土地调查，深入开展大气、水、土壤三大污染防治专项行动。加大饮用水水源地保护，督促推进甲玛沟和斯布沟水治理工作。推行“河长制”，对县域内河湖名录划分界桩。加强土地节约集约利用，启动大规模国土绿化行动，加强沙棘林保护，投入1528.5万元，实施重点区域植树造林3289亩、封山育林2100亩，全县森林覆盖率达43.5%。加快推进国家级生态县创建工作。

全面推进生态治理。加快整改中央环保督察转办案件和自治区挂牌督办问题，坚决取缔关停环境违法违规项目。按照“绿盾行动”要求，加强自然保护区监管。持续开展城乡环境综合整治，启用嘎则新区污水处理厂，投入400万元建设扎西岗乡垃圾无害化处理设施项目，在部分乡镇试点建设村级

垃圾中转站，加快生活垃圾集中处理。

（六）聚焦社会治理，努力营造平安和谐新局面

着重加强民族团结。牢牢把握各民族共同团结奋斗、共同繁荣发展的主题，深入开展民族团结教育"七进"活动，不断巩固发展平等团结互助和谐的社会主义民族关系，增进各民族"五个认同"。加快民族团结进步示范县创建步伐，筑牢中华民族共同体意识，让各民族像石榴籽一样紧紧抱在一起。

依法管理宗教事务。全面贯彻党的宗教工作基本方针，引导宗教教职人员做爱国爱教、遵规守法的表率。全面落实利寺惠僧政策，不断深化法治宣传教育，积极引导宗教与社会主义社会相适应。着力降低宗教热度，引导信教群众更多地将注意力转移到发展生产、脱贫致富上来，追求今生、过好当下幸福生活。

不断深化平安建设。既要全心全意为人民服务，又要敢管严管，严厉打击群众中因高利贷引发的刑事犯罪和非法集资，有效管控聚众赌博活动，加强社会诚信体系建设，净化社会风气。严格落实各项维稳措施，深化"网格化"和"双联户"服务管理，坚决同十四世达赖集团做斗争，坚决打击各种分裂势力渗透破坏活动，确保社会持续稳定。加强县乡综治中心建设，实施"雪亮工程"，在嘎则新区两个搬迁点设立村（居）委会，不断提升公共安全防范能力。大力弘扬社会主义核心价值观，积极倡导孝老爱亲优良传统。全面开展"七五普法"，依法化解信访突出问题，努力实现信访案件"零搁置"。严格落实安全生产责任制，加快整改安全隐患挂牌督办问题，全面迎接国务院安全生产考核。聘请安全生产专家，加强重点领域专业监管，坚决遏制重特大安全生产事故，积极预防较大安全生产事故，切实维护人民群众生命财产安全。

## 努力建设人民满意政府

面对新时代建设新墨竹的重要使命，我们必须弘扬"亮剑"精神，撸起袖子加油干，以永不懈怠的精神状态和一往无前的奋斗姿态，展现新时代政府的新变化、新形象，以实实在在的成效赢得人民群众的满意和点赞。

务必要树立雄心干实事。天上不会掉馅饼。我们既要登高望远，瞄准新时代的美好愿景，锲而不舍、久久为功，更要脚踏实地，咬定目标，实现人民群众对美好生活的向往。对老百姓做出的承诺，县政府将全力做到言必行、行必果，让全县人民看到实实在在的变化，增强老百姓的认同感和获得感。

务必要勇于担当破难题。我们将直面矛盾问题，发扬钉钉子精神，坚决向制约全县经济社会发展的一切"硬骨头"开刀，牢固树立"有权必有责、有责要担当、失责必追究"意识，不为困难找借口，只为破题想办法，切实担责履职、主动作为。定下来的事情就雷厉风行、抓紧实施，决不允许推诿懒政，努力形成"争先恐后、你追我赶"的干事氛围。

务必要深化法治重规范。树牢法治思维，把依法行政贯穿于政府决策、执行、监督全过程。健全科学民主决策机制，发挥好政府法律顾问作用，切实提高决策科学化、民主化水平。依法接受人大法律监督、工作监督和政协民主监督，自觉接受社会监督，广泛听取基层群众意见建议，努力提高人大建议、政协提案办理率。推进政务公开，出台基建项目管理实施办法，积极回应社会关切，让群众更好地监督政府，让政府工作更好地体现人民意愿。

务必要干净干事树形象。牢牢把纪律和规矩挺在前面，加强审计监督，对重点民生项目进行跟踪审计，始终公开透明、公平公正行使权力。严格落实中央八项规定，从严控制行政支出，坚持政府过"紧日子"，群众过"好日子"。强化督查问责，严厉整治行政不作为、乱作为和慢作为，确保政令畅通、令行禁止。

各位代表，发展是民之所盼，民生是为政之本。新的一年，县政府在做好以上工作的同时，将进一步加大财政投入，重点抓好"双十"工程（十项重点工程和十件民生实事），切实解决涉及群众切身利益的热点难点问题。

十项重点工程：一是小康安居暨扶贫搬迁工程；二是老县城商业中心工程；三是物流中心工程；四是现代农业产业园工程；五是奶牛养殖工

程；六是甲玛片区工程；七是塔巴片区工程；八是防洪灌溉和防沙治沙工程；九是交通路网工程；十是直孔水库湖面旅游开发工程。（具体内容见名词解释）

十件民生实事：一是实施“菜篮子”工程，对净土菜市场进行改造，在各乡镇建立蔬菜投放点，净土蔬菜直销车每月至少深入偏远牧区 2 次，低价为群众配送蔬菜；二是投入 1500 万元实施饮水安全巩固提升改造工程，改善各村组群众吃水问题；三是投入 500 万元对偏远村小组水毁道路、桥梁以及牧场道路进行维修改造；四是投入 1000 万元对群众危房进行改造；五是投入 1091.62 万元建设汽车客运站，开通县城至门巴、扎雪、日多 3 条农村客运班线；六是在各乡镇成立环卫队，着力改善城乡卫生环境；七是投入 800 万元免费为群众提供苗木，实施群众房前屋后绿化工程，确保户户有树；八是为全县义务教育阶段学生和村级幼儿园教职工购买人生意外保险；九是每年安排 300 万元，设立“癌症、结核病、精神病”后期治疗资助基金；十是实施县医院整体功能提升改造工程，对 50% 的乡卫生院进行提升改造，改善群众在县医院和乡卫生院的住院环境。

各位代表，雄关漫道真如铁，而今迈步从头越。以习近平同志为核心的党中央，带领全国各族人民进入了新时代、开启了新征程。让我们更加紧密地团结在以习近平同志为核心的党中央周围，高举习近平新时代中国特色社会主义思想伟大旗帜，不忘初心、牢记使命，真抓实干、埋头苦干，为坚决打赢脱贫攻坚战、决胜全面建成小康社会、满足广大人民群众对美好生活的向往而努力奋斗。

## 名词解释

1. 习近平新时代中国特色社会主义思想：2017 年 10 月 18 日，在中国共产党第十九次全国代表大会上习近平总书记首次提出“新时代中国特色社会主义思想”。新时代中国特色社会主义思想是全党全国人民为实现中华民族伟大复兴而奋斗的行动指南。

2. 新发展理念：创新、协调、绿色、开发、共享的发展理念。

3. “三无”县：无进京越级上访、无大规模集体上访、无因信访问题引发的极端恶性事件。

4. “万户百场十中心”工程：2017 年至 2020 年期间，拉萨市将培育 1 万户奶牛养殖户，每户养殖 4—5 头牛；建设 100 座标准化奶牛场，每座 300—500 头；建设改造 10 个高标准奶牛中心，每个中心 1000 头以上（“十中心”建设于 2018 年内完成）。其中，墨竹工卡县中心 1 个、养殖场 5 个、养殖户 300 户。

5. 三个全覆盖：基层干部培训全覆盖，村级标准化阵地建设全覆盖，村集体经济发展全覆盖。

6. 易地扶贫搬迁：指重点对“一方水土难养一方人”的集中贫困地区缺乏生存条件的贫困人口搬迁安置到其他地区，并通过改善安置区的生产生活条件、调整经济结构和拓展增收渠道，帮助搬迁人口逐步脱贫致富。

7. 厕所革命：是指对发展中国家的厕所进行改造的一项举措，最早由联合国儿童基金会提出，厕所是衡量文明的重要标志，改善厕所卫生状况直接关系到这些国家人民的健康和环境状况。2017 年 11 月，习近平总书记就旅游系统推进“厕所革命”工作取得的成效做出重要指示。这是总书记三年来第二次对“厕所革命”做出重要指示。

8. 双创：大众创业、万众创新。

9. 两年脱贫、三年巩固：两年脱贫指拉萨市提出两年之内全市所有贫困户全部脱贫；三年巩固指贫困户脱贫后三年内，可继续享受扶贫政策，巩固脱贫成果。

10. 六脱：六项脱贫措施，具体为以业脱贫、以迁脱贫、以教脱贫、以补脱贫、以保脱贫、以助脱贫。

11. 三有、三不愁、三保障：“三有”是指“有技能、有就业、有钱花”，“三不愁”是指“不愁吃、不愁穿、不愁住”，“三保障”是指义务教育、基本医疗和社会保障有保障。

12. 贫困发生率：低于贫困线的人口占全部人口的比例。

13. “五个 100%”教育目标：实现中小学双语教学普及率 100%、小学数学课程开课率 100%、中学理化生课程计划完成率 100%、中学理化生实验课程开出率100%、职业技术学校国家目录规定课程开出率100%。

14. 两基：基本普及九年义务教育和基本扫除青壮年文盲。

15. 三包：对农牧民子女实行包吃、包住、包学习费用的“三包”政策。

16. 非遗：非物质文化遗产。

17. “三大民生”工程：为实现农牧民子女“学有所教”，实现农牧民群众“病有所医”“老有所养”，县委、县政府在2015年启动了“三大民生”工程，把更多的财政资金向养老、教育、医疗等方面倾斜。一是农牧民群众在公立医院的住院费用，按规定报销后自付部分由县财政全额承担；二是为高等教育阶段的农牧民子女实施免学费、免杂费（住宿费、书本费、交通费等），补贴生活费的“两免一补”政策；三是实施“幸福养老”补贴工程，由本级财政承担，为全县60岁以上农牧民群众发放幸福养老金。在“三大民生”工程实施过程中，县教育局、县卫计委、县民政局等部门要严格把关，如出现资金浪费、小病大养以及对象不符的情况，将严肃追究3部门“一把手”责任。如群众中出现弄虚作假、虚报冒领行为的，2年内该户不得享受“三大民生”政策。

18. 两线合一：农村最低生活保障线和扶贫脱贫线相统一。

19. “七五”普法：中央宣传部、司法部关于在公民中开展法制宣传教育的第七个五年规划（2016—2020年）。

20. 河长制：由县级党政主要负责人担任河长，负责辖区内河流的污染治理。

21. 绿盾2017：环境保护、国土资源部、水利部、农业部、国家林业局、中国科学院、国家海洋局共同组织实施“绿盾2017”国家级自然保护区监督检查专项行动，成立专项行动联合督查组。

22. 营改增：营业税改增值税，简称营改增，是指以前缴纳营业税的应税项目改成缴纳增值税。

23. 两学一做：学党章党规、学系列讲话，做合格党员。

24. “三公”经费：公务出国（境）经费、公务用车购置及运行费、公务接待费用。

25. 四个意识：政治意识、大局意识、核心意识、看齐意识。

26. 五位一体：指经济建设、政治建设、文化建设、社会建设、生态文明建设。

27. 四个全面：全面建成小康社会、全面深化改革、全面依法治国、全面从严治党。

28. 十三对关系：国家投资和社会投资的关系，重大项目和民生项目的关系，发挥优势和补齐短板的关系，城镇就业和就近就便、不离乡不离土、能干会干的关系，扶贫搬迁向城镇聚集和向生产资料富裕、基础设施相对完善地区聚集的关系，央企在藏资源开发和解决当地农牧民增加收入的关系，保护生态和富民利民的关系，城市发展和提高农牧民基本公共服务能力的关系，高校毕业生政府就业和市场就业的关系，简政放权和地方承接的关系，企业增产提效和改善企业职工福利待遇、促进农牧民群众增收的关系，中央关心、全国支援和自力更生、艰苦奋斗的关系，鼓励干部担当干事和容错纠错的关系。

29. 全域旅游：在一定区域内，以旅游业为优势产业，通过对区域内旅游产业资源、相关产业、生态环境、公共服务等全方位的优化升级，实现区域资源有机整合、产业融合发展、社会共建共享，形成以旅游产业发展带动经济社会协调发展的新模式。

30. 三品一标：无公害农产品、绿色食品、有机农产品和农产品地理标志。

31. “二甲”医院：医院按其功能、任务不同划分为一、二、三级。二级医院是向多个社区提供综合医疗卫生服务和承担一定教学、科研任务的地区性医院，二级甲等医院是二级医院中实力最强的医院。

32. “家庭医生签约”工程：以全科医生为核心，以家庭医生服务团队为支撑，通过签约的方式，促使具备家庭医生条件的全科（临床）医生与签约家庭建立起一种长期、稳定的服务关系，以便对签约家庭的健康进行全过程的维护，为签约家庭和个人提供安全、方便、有效、连续、经济的基本医疗服务和基本公共卫生服务。家庭医生签约服务是落实医改政策的体现，是基层服务模式的转变。

33. 两癌：宫颈癌和乳腺癌。

34.500件“群众期盼”：为真正做到“问计于

民、问需于民、问政于民”,2015年—2016年,县委、县政府组织班子成员和各职能部门负责同志深入7乡1镇,召集各乡镇主要领导、村“两委”班子、村小组组长、“两代表一委员”及村民代表以座谈会形式面对面交流,征求群众对经济社会发展的意见建议。经归类整理、可行性分析,共梳理出全县群众当前最为关心和急需解决的热点难点问题500件,其中2015年300件、2016年200件,包含水利类、农牧类、建设类、经济发展与稳定类、交通类、旅游类、环保类、教育类、卫生类、文化类10个大类,并成为县政府2015年—2017年重点工作。因500件群众期盼无法在短时间内全部完成,需要在2018年继续推进。

35. 民族团结教育“七进”:进机关、进乡村、进社区、进学校、进企业、进军营、进寺庙。

36. 五个认同:对伟大祖国的认同、对中华民族的认同、对中华文化的认同、对中国共产党的认同、对中国特色社会主义的认同。

37. 网格化:依托统一的城市管理以及数字化平台,将城市管理辖区按照一定的标准划分为单元网格。

38. 双联户:联户平安、联户增收。

39. 雪亮工程:以县、乡、村三级综治中心为指挥平台、以综治信息化为支撑、以网格化管理为基础、以公共安全视频监控联网应用为重点的“群众性治安防控工程”。因为“群众的眼睛是雪亮的”,所以称之为“雪亮工程”。

40. 社会主义核心价值观:党的十八大提出,倡导富强、民主、文明、和谐,倡导自由、平等、公正、法治,倡导爱国、敬业、诚信、友善,这24个字是社会主义核心价值观的基本内容。

41. 十项重点工程是:(1)小康安居暨扶贫搬迁工程。具体包括投入72000万元实施精准扶贫易地搬迁(二期)暨小康安居工程建设项目、投入1530万元实施嘎则新区小康安置房片区实验幼儿园建设项目、投入350万元实施嘎则新区金陵农贸市场。(2)老县城商业中心工程。具体为投入4900万元实施综合商场建设项目。(3)物流中心工程。具体为投入2500万元实施县物流中心建设项目。(4)现代农业产业园工程。具体为投入6049万元实施工卡镇农业产业园项目。(5)奶牛养殖工程。具体包括投入12000万元实施标准化奶牛养殖基地建设项目、投入3000万元实施到户奶牛养殖项目。(6)甲玛片区工程。具体包括投入1385万元实施甲玛乡赤康村大型修理厂建设项目、投入3000万元实施甲玛扶贫加油站建设项目、投入350万元实施甲玛特色小城镇风貌改造建设项目(一期)、投入885.6万元实施甲玛特色小城镇棚户区改造项目、投入4780万元实施甲玛乡孜孜荣村(二期)搬迁安置工程、西藏华泰龙矿业开发有限公司甲玛铜多金属矿二期扩建工程投入70000万元、驱龙铜多金属矿投入300000万元。(7)塔巴片区工程。具体包括投入2500万元实施车辆检测中心建设项目、投入1900万元实施扶贫砂石厂(含商混站、砖厂)、投入900万元实施工卡苗林花卉产业扶贫项目、投入100万元实施工卡镇塔巴村旅游扶贫产业项目。(8)防洪灌溉和防沙治沙工程。具体包括投入149.57万元实施2017年农村饮水安全巩固提升工程、投入150万元实施墨竹工卡县(格老窝村、仁多岗村、章达)扶贫供水项目、投入2955万元实施尼玛江热乡灌区工程、投入1956万元实施甲玛乡防洪工程、投入1197万元实施2017年重点区域造林项目、投入171万元实施墨竹工卡县拉萨周边造林工程。(9)交通路网工程。具体包括投入6563.48万元实施尼江乡仲达村至巴尔卡村畜产品加工厂公路工程、扎雪乡其朗村起点至终点龙珠岗村龙雪清油加工厂公路工程、尼玛江热乡玛热村至牧区公路工程、门巴乡巴尔卡村吾多村至村委会公路工程、门巴乡巴尔卡村拉唐组和吾多组牧场转场道路工程、工卡镇塔巴村二组硬化道路、工卡镇塔巴村三组硬化道路。(10)直孔水库湖面旅游开发工程。具体为力争对接开发直孔水库湖面,开设漂流、游艇等旅游观光项目,并在两侧种植观赏桃树,打造旅游休闲度假区。

42. “癌症、结核病、精神病”后期治疗资助基金:为深入贯彻落实党的十九大精神,坚持利民惠民原则,县政府每年投入300万元设立“癌症、结核病、精神病”后期治疗救助基金,确保县域内广大农牧民群众能够看得起病。在基本医疗保障制度的基础上,对患癌症、结核病、精神病3种疾病的辖区农牧民群众给予医疗救助,减轻广大农牧民群众医疗费用负担,提高医疗保障水平,构建和谐社会。该基金的设立,意味着墨竹农牧民群众大病治疗有望,不再是群众心中的困扰。

43. 实施县医院整体功能提升改造工程,对50%的乡卫生院进行提升改造:对县医院进行长远统一规划,全方位改造,全面优化和提升县医院就诊、住院环境。对甲玛乡、扎雪乡、尼玛江热乡、扎西岗乡4个乡卫生院进行能力提升建设,重点包括开设群众住院病房、改善就诊环境、提升医技人员水平三个方面。

44. 高利贷:以极高的利率为特征的一种借贷活动,根据最高人民法院2015年9月1日起施行的《关于审理民间借贷案件适用法律若干问题的规定》,民间借贷双方约定的年利率超过36%,应界定为高利借贷行为。

45. 净化社会风气:在依法创新社会治理的基础上,严厉打击高利贷、非法集资、聚众赌博等行为。对参与墨竹工卡县工程建设的企业、农牧民施工队等社会组织,一经发现上述行为,取消项目摇号资格,列入全县企业诚信黑名单;对农牧民群众一经发现上述行为,在一定范围内进行通报,1年内对本人及家庭成员取消三大民生政策。

# 墨竹工卡县人大常委会工作报告

## ——在墨竹工卡县第十三届人民代表大会第三次会议上

墨竹工卡县人大常委会主任 张尚福

（2018 年 1 月 3 日）

### 2017 年主要工作

2017 年是全面建成小康社会的攻坚之年。过去一年，在市委和县委的坚强领导下，在南京市人大无私援助下，县人大常委会深入学习贯彻党的十九大精神，高举中国特色社会主义伟大旗帜，坚持以马克思列宁主义、毛泽东思想、邓小平理论、“三个代表”重要思想、科学发展观、习近平新时代中国特色社会主义思想为指导，深入贯彻落实习近平总书记治边稳藏重要战略思想，坚持党的领导、人民当家做主、依法治国有机统一，坚持全面推进“五位一体”总体布局和协调推进“四个全面”战略布局，深入贯彻落实区、市、县第九次党代会精神，深入实施“六大战略”，紧紧围绕全县工作大局，依靠全体代表，依法履行职责，积极开展工作，充分发挥地方国家权力机关作用。

人大工作是党的工作重要组成部分，坚持党的领导是人大工作的基本前提和根本保证。常委会始终坚持正确政治方向，牢固树立“四个意识”特别是核心意识、看齐意识，自觉在思想上政治上行动上同以习近平同志为核心的党中央保持高度一致；始终坚持和依靠党的领导，把人大工作放到全县大局中思考和谋划，保证中央决策部署和区、市、县委要求在人大工作中有效贯彻执行，统筹开展了监督、决定、任免、代表等各项工作和重要活动。

#### 一、不忘初心、服务大局、全面落实县委决策部署

常委会始终坚持党的领导，紧扣中心，服务大局，切实把落实县委重大决策作为依法履职的着力点，做到了思想同心，目标同向，工作同步。

1. 加强党的政治理论学习。带领常委会组成人员、机关党员干部和人大代表提升理论修养，增

强责任意识。先后组织开展了“四讲四爱”教育和“两学一做”学习教育制度化常态化实践活动，重点学习和专题研讨党的十九大精神、中国共产党章程、习近平总书记系列重要讲话精神和洛桑江村主任基层人大工作现场会的讲话精神，坚定了理想信念，提高了能力素质。

2. 认真贯彻县委决策部署，把思想和行动统一到全县既定目标上来。一是坚持议大事、促发展，紧紧围绕全县发展、稳定、生态三件大事，积极开展调查研究，依法、科学、及时作出决议决定。二是坚持党管干部和人大依法任免的原则，保证了县委推荐的人选通过法定程序成为国家机关领导人员。三是坚持党的领导作为做好工作的重要前提，带领人大全体党员干部及时领会，认真落实县委决策，始终做到与县委在思想上同心，目标上同向，行动上同步。

3. 坚持重大事项向党委请示报告制度。一是坚持召开常委会会议，代表意见、建议、批评或者代表中存在比较棘手事情、拟做出的决议决定等常规性工作定期向县委请示报告；二是充分发挥人大常委会党组的领导核心作用，坚持做到重要工作党组讨论决定，年度工作计划、重要决议决定、重大问题等事前报请县委同意后再组织实施。

4. 认真落实县委交办的重大事项。一是常委会高度重视县委交办的事项，尽职尽责，全力推动。对部分调整资金列入财政预算等事项，及时安排常委会会议，提前一周将需审议的报告材料发放到人大常委会委员手中，保证组成人员能够进行充分调研、酝酿、讨论，形成共识。二是高度重视村居换届，深入村居指导换届工作。党组成员深入联系乡（镇）、村指导检查、调研摸底、实地了解村换届选举工作的筹备情况和换届选举工作中存在的问题和遇到的困难，对选举的重难点村进行实时动态观察，及时掌握工作动态，确保村居换届顺利、稳妥、依法开展。

## 二、把握导向、依法监督、推进经济持续健康发展

常委会始终坚持民生问题导向、资金使用导向、司法公平导向，注重监督工作的针对性、连续性和实效性，紧紧抓住我县经济社会发展中全局性、关键性问题开展监督，坚持为民代言，关注社会民生，突出监督工作的重点，改进监督方式方法，倾力推动全县经济社会持续健康发展。一年来，听取审议工作报告5个，开展执法检查、视察、调研10次，专题询问2次，做出决定决议8项。

1. 加强对经济工作的监督。高度关注宏观经济运行，听取审议2017年上半年经济运行情况的报告；听取审议2017年前三季度国民经济和社会发展计划执行情况报告。常委会充分肯定县政府以新发展理念引领经济发展新常态取得的丰硕成果，建议深入实施产业强县发展战略，做大做强“双创”产业基地，加强供给侧结构性改革，进一步落实已经出台的政策措施，大力发展实体经济，高度重视创新的引领和驱动作用，继续营造有利于经济发展的良好氛围。

2. 加强对全口径预决算的审查监督。督促县政府及相关部门向社会公开单位部门的预决算。探索预算绩效监督机制，对部门预算编制、执行和完成情况开展跟踪监督。听取审议了2017年预算执行情况及预算调整情况报告，审查批准了2017年县级财政决算，实现了县人大对预算编制、预算执行、预算调整、决算的全过程审批监督，完善了全口径预算管理，有效推进了新《预算法》的全面贯彻落实。建议县政府做好预算信息公开工作，促进依法理财、民主理财、科学理财，积极推进预算信息公开，进一步打造“阳光财政”。加强预算编制论证，提高预算编制的合理性，减少预算调整的随意性。

3. 加强对脱贫攻坚工作的监督。2017年是我县决胜脱贫攻坚冲刺的一年。常委会领导分别带队，经常深入乡、村、组开展专题调研、政策宣讲、走访慰问、结对帮扶等，帮助协调解决困难和问题。严格按照精准扶贫精准脱贫工作总要求和总目标，针对联系乡（镇）实际情况，指导、督促乡（镇）精准“把脉”、精准施策，准确开方，找出贫困的根源，对症下药，指出脱贫的点子，结合本地的资源优势，明确精准扶贫措施，发现问题立行立改加紧整改落实，整改落实情况进行跟踪检查，扎实助推扶贫攻坚工作。

4. 加强对生态环境保护的监督。询问权是法律赋予人大的一项重要的监督权力。过去一年，常委会组织委员、部分人大代表开展了生态环境保护工作的专题询问。2016 年环境保护工作及视察中存在的问题的整改情况、环境综合整治、生态环境修复等热点难点问题进行专题询问。县政府及相关部门的负责同志一一做出应询回答，县政府认真贯彻落实中央关于环境保护各项决策部署，大力实施“环境立县”战略，始终坚守习近平总书记提出的“绿水青山就是金山银山”的发展理念，全力推进生态环境保护与经济社会统筹发展，以时不我待，只争朝夕的责任感和使命感，抓好污染整治，加强污染企业、水资源、矿山资源等综合整治工作，自觉接受人大的监督，使得询问提出的问题得到了逐步整改落实。

5. 加强对社会保障和改善民生的监督。常委会坚持把解决好人民群众最关心、最直接、最现实的利益问题作为工作的出发点和落脚点，着重加强了对以改善民生为重点的城市建设、交通建设、农牧业建设、生态环境保护、医疗服务、教育事业、惠民政策、社会养老服务、政府兴办实事等群众关注的问题开展监督，促进了一大批民生事业的落实，使改革发展成果更多地转向民生、惠及百姓。

6. 加强对法律法规实施情况的监督。常委会切实加强对行政机关和司法机关的监督，维护公平，彰显正义，促进了法治墨竹建设。一是促进依法行政。听取审议政府工作报告，特别是依法行政方面执行情况。不定时开展法律法规贯彻实施情况的检查，保证了相关法律法规正确实施。二是推动司法公正。常委会主要领导积极参与法院、检察院重要工作活动，工作开展情况进行时时监督，针对性地提出审议意见，规范了司法行为。过去一年，组织常委会组成人员和人大代表视察法检两院工作开展 2 次，旁听法院庭审，建立健全了人民陪审员制度，查看检察院检务公开情况，增强审判、检察工作的透明度和公开度，促进了司法民主。

### 三、转变方式、优化服务、充分发挥代表主体作用

常委会始终尊重代表主体地位，不断转变代表履职平台和活动方式，积极做好联系代表、服务代表各项工作，激发了各级人大代表参与管理国家事务的主动性，代表作用得到有效发挥。

1. 搭建平台，增强代表履职意识。一是在区、市人大的指导，县委、县政府的大力支持下，墨竹工卡县 9 个“人大代表之家”均按照 9 有标准建成挂牌，并投入使用，各“人大代表之家”体现民族特色，在服务群众，服务代表发挥了积极作用。同时，对代表的权利和义务、代表活动制度、代表名单信息等进行公示。通过建设“人大代表之家”，保证各级人大代表在闭会期间开展活动有一个固定的场所，充分发挥代表的主体作用，丰富代表活动内容，提升了代表活动质量。2017 年 6 月份，市人大党组副书记、副主任达瓦同志为组长的六县两区“人大代表之家”互观互学交叉验收考核，得到了兄弟县区的充分肯定，取得了全市第一的好成绩。二是通过下发通知、通报、文件、组织学习等形式向代表通报县人大及其常委会的重大事项和重要活动，坚持县人大代表列席县人大常委会会议制度，组织代表参加县人大常委会的各项视察、调查、检查和专题调研，法检两院活动，保证代表的知情知政权。继续实行县人大常委会组成人员联系代表和代表小组、代表联系选民制度，深入基层倾听代表和群众的意见建议，切实为代表和群众解决问题。保障代表活动经费落实到位，不断完善激励机制，全年 9 个“人大代表之家”共下拨代表活动经费 20 万元，开展代表履职能力评比活动和政府职能部门意见、建议、批评，答复办结情况评比活动，激发代表履职的积极性。

2. 拓宽渠道，强化代表履职能力。常委会把人大代表便民利民活动作为代表服务选民、联系群众、了解民意、依法履职、强化监督的重要途径，各乡（镇）人大代表之家以“喜迎党的十九大”和“两学一做”活动为契机，组织代表学习、培训工作，采取以会代训、专题培训、考察学习等多种方式，对代表和人大干部进行人大理论和相关法律法规的培训，扩大代表对常委会工作的参与，全年有 23 名基层县级代表列席了常委会会议，31 人次代表参加了常委会开展的视察调研等活动。部分代表派去市

人大常委会组织的调研、考察、参观精准扶贫成果展、三环路视察等活动，代表素质和履职能力得到明显提升。

3. 创新方式，提高建议办理实效。常委会高度重视代表提出的意见和建议督办工作，为了提高人大代表建议落实率，由政府分管县长领衔办理，常委会分管主任领衔督办，相关工作机构负责联系催办。常委会办公室会同督查室开展两次督查，推动建议办理程序不断规范，切实解决代表“被满意”现象，办理效果由答复满意向结果满意转变。推进群众关心的热点、难点问题的督促办理。

4. 优化服务，激发代表履职热情。常委会坚持从最广大人民群众的根本利益出发，致力于解决群众普遍关注的热点难点问题，根据代表提出申请，常委会积极走访，了解疾苦，从乡镇人大、政府，县人大酌情慎重层层研究科学审批代表办实事经费。在县政府高度重视下，过去一年，为基层代表安排办实事经费100万元，解决甲玛乡小学购买水车等涉及群众生产生活急需解决的17件实事。进一步体现了基层人大代表心中有民、情系民生，通过一件件实事好事、一条条意见建议进一步加强了代表与人民群众的沟通联系。

## 四、围绕大局、依法任免，指导推进基层人大工作

常委会坚持围绕大局依法作出决议决定，坚持党管干部与人大依法任免相统一行使任免权，坚持发展社会主义民主政治依法指导基层人大工作。

1. 依法行使决定权。听取审议县政府关于“六五”普法工作报告，做出了关于实施法制宣传教育第七个五年规划的决议，该决议着眼营造全面依法治县浓厚氛围，进一步明确我县法治宣传教育的基本定位、重点工作和主要措施，强化“谁执法谁普法”责任落实，强调国家机关工作人员应带头尊法学法守法用法。

2. 依法开展人事任免权。坚持党管干部原则与人大依法任免相统一，确保县委推荐的人选通过法定程序成为地方国家机关领导人员，为我县改革发展稳定提供组织保障。坚持任前发言、任后颁发任命书、宪法宣誓等制度。过去一年，依法任免国家机关工作人员60人次。其中，决定任免县政府及其组成部门负责人32人；任职审判员4人，任免陪审员24人。建立任前发言制度，6人在常委会上表态发言。认真落实宪法宣誓制度，35人在常委会上庄严宣誓。

3. 依法指导基层人大工作。为密切与基层人大的联系，进一步加强指导，县人大根据“分片联系”原则，加大联系指导的力度、频度。一是常委会领导分片联系指导乡镇。每位常委会主任均联系两个乡镇片区，在指导乡镇做好建设、发展、稳定的同时，定期参加乡镇人民代表大会等重要会议和活动，了解乡镇人大的工作现状，具体指导乡镇人大工作开展。二是每位常委会主任联系7名基层代表，指导代表履好职责、参加好小组活动、提好人代会和闭会期间的意见、建议，确保了所有基层代表在任期内都与常委会主任建立密切联系。三是邀请乡镇人大主席、副主席、专干参加县人大重要活动。不仅邀请列席人大常委会，还邀请参加各类视察监督、执法检查等活动，使乡镇人大主席、副主席在列席会议和参加活动中提升能力、推动工作。四是常委会主要领导带队，组织人大机关和乡镇人大干部开展观摩，召开现场推进会，交流前期进展，部署后期任务，点评成效和差距，促进乡镇人大互相学习比较，共同创新进步，完善软件档案资料，丰富代表履职实践。

## 五、夯实基础，提升能力，切实加强人大自身建设

常委会把加强自身建设摆在重要位置，始终坚持与时俱进，注重适应新形势、新任务要求，不断强化理论武装，改进工作作风，提高履职能力，努力打造为民务实、忠诚担当、作风清廉的地方国家权力机关。

1. 强化领导，树立大局意识。坚持重大事项及时向县委请示报告。在开展监督、决定重大事项和选举任免等工作中，认真贯彻县委决策部署，确保在思想上、行动上与县委保持高度一致，从而保证了人大工作的正确方向。常委会班子成员按照全县总体工作部署，积极参与重大项目专项推进等重点工作，较好的完成联系乡（镇）、寺庙、部门单位的

各项工作任务。

2. 加强学习，夯实履职基础。把思想政治建设摆在首要位置，精心组织，深入学习《党章》《中国共产党纪律处分条例》、中国特色社会主义理论体系、习近平总书记系列重要讲话精神及党和国家的方针政策，学习区、市、县委会议精神，坚持学以致用，理论联系实际，着力在真学、真懂、真用上下功夫，进一步深化了人大干部对党的领导、人民当家做主、依法治国有机统一的认识，增强了常委会班子及机关干部的责任感和使命感，提高了人大机关依法履行职责的能力和水平。坚持做到每次视察、调研前，先就涉及的法律法规和相关业务知识进行学习培训，确保工作有的放矢。

3. 从严要求，改进工作作风。扎实开展“四讲四爱”和“两学一做”教育常态化制度化活动，引导人大干部增强政治意识、大局意识、核心意识、看齐意识，坚定理想信念，激发工作热情。严格落实中央八项规定实施细则，精简会议安排，改进调研视察方式，规范公务接待，压缩“三公”经费支出，持续推进“四风”整治。注重加强单位的规范管理，将制度的“废止、修改、新立”作为重中之重，按照少而精、务实管用的原则，对常委会及机关原有的各项议事规则、规章制度和工作人员岗位职责进行了全面修改完善，形成了用制度管人、管事、管权和改进作风的长效机制。坚持民主集中制原则，重大事项集体研究、集体决定，提高了决策的民主性和科学性。讲求工作实效，对每次常委会审议意见，专题听取“一府两院”办理落实情况的报告，靠监督促发展的效果。

4. 履行职责，发挥专委作用。加强对三个专委会工作的领导，优化专委会和工作机构的运行机制。各专委会依法履行职责，牵头起草重要法规草案，对政府部门或社会组织起草的法规草案提前介入，认真审议；精心承办执法检查、专题询问、专项调研等活动，跟踪落实常委会审议意见研究处理情况；认真办理代表议案建议。各专委会的积极工作，为县人大及其常委会依法行使职权打下了坚实基础。

各位代表！

过去一年，常委会工作取得的新进展和成效。这是在县委坚强领导下，全体人大代表、常委会组成人员、各专门委员会组成人员和县人大机关工作人员同心协力、履职尽责、扎实工作的结果，是县人民政府、县人民法院、县人民检察院、县人大及其常委会密切配合、团结协作的结果，是全县各族人民充分信任、大力支持的结果。在此，我谨代表县人大常委会向大家表示衷心的感谢！

在总结工作的同时，我们也清醒地认识到，县人大工作与人民的期望还有差距和不足，主要是：对人大工作的新情况、新问题的研究探讨还需进一步深入，监督工作的方式还需进一步改进，监督机制还需进一步完善，监督实效还需进一步增强，代表作用还需进一步发挥，自身建设还需进一步加强，代表和群众的联系渠道还需进一步拓展，代表履职的服务保障水平需要进一步提高。我们将高度重视这些问题，虚心听取各方意见，自觉接受监督，切实加以改进。

## 2018 年工作安排

各位代表！

2017 年 10 月 18 日，习近平总书记在党的十九大上所作的报告，高举旗帜、气势恢宏、博大精深，是我们党迈进新时代、开启新征程、谱写新篇章的政治宣言和行动指南，是新时代中国特色社会主义发展的总纲领、总部署、总动员。习近平总书记所作的工作报告，描绘了党和国家未来发展的美好蓝图，为我们的工作指明了方向，提供了遵循。我们一定学习贯彻好党的十九大报告精神，把学习贯彻十九大工作报告精神作为当前和今后一个时期重大的政治任务来抓，切实把思想和行动统一到党中央的决策部署上来，进一步增强“四个意识”，坚决维护以习近平同志为核心的党中央权威和集中统一领导，结合人大工作实际，以十九大工作报告精神为指引，不忘初心，牢记使命，在以习近平同志为核心的党中央坚强领导下，继续前进，以永不懈怠的精神状态和一往无前的奋斗姿态，在县委的坚强领导下，深入贯彻落实党的十九大精神，以习近平新时代中国特色社会主义思想为指导，坚定不移贯彻落实习近平总书记治边稳藏重要战略思想，全面落实区、市、县委第九次党代会精神，紧紧围绕县委“六大战略”，依法履行各项监督职权，为建成小康墨竹、幸福墨竹、和谐墨竹做出新的贡献。

一、依法履行监督职责、确保县委决策落地。监督是权力正确运行的根本保证。要按照“围绕中心、服务大局、突出重点、注重实效”的原则，注重把县委决策部署、政府着力推进、群众普遍关注、人大职权范围内的重大问题作为监督重点，准确把握人大与“一府一委两院”的关系，以支持发展的理念开展监督工作，在监督中体现支持、在支持中善于监督。坚持问题导向，坚持依法监督，确保法律法规得到有效实施，确保行政权、审判权、检察权得到正确行使。

结合十九大精神认真谋划人大监督工作新举措，紧紧围绕发展稳定第一要务，切实加强对“一府一委两院”的监督工作，促进我县经济社会全面协调发展。一是加强对经济工作的监督。强化计划执行监督。定期听取和审议计划执行情况的报告，对计划涉及的经济指标和安排的重点项目，定期开展视察检查，注重发现存在问题，查找分析问题的根源，提出可行性意见建议，促进计划的全面完成。强化财政预决算监督。加强对财政预决算执行和审计整改情况的监督，建立规范化的预算审查监督程序，逐步完善全口径预决算审查监督体系，增强公共财政资金的使用效率。强化重点工作监督。突出经济发展方式转变、经济结构调整、项目建设等重点工作，听取和审议专项工作报告、执法检查、调研视察、跟踪督查等多种形式，加大监督力度，促进经济持续健康发展。二是加强对民生工作的监督。以促进民生改善为本，重点围绕脱贫攻坚、生态环保、食品安全、文化教育、医疗卫生、就业保障、公共服务等民生事项，督促和支持“一府一委两院”及时回应群众关切，全力办好民生实事，不断提高公共服务的整体水平，努力让人民群众过上幸福美好生活。三是加强对法律法规的监督。持续推进法治建设，深入开展普法宣传，跟踪检查“七五”普法决议落实情况。加强对公、检、法、司的工作监督和法律监督，促进依法行政，公正司法，维护社会和谐稳定。四是加强对干部任后的监督。坚持在“一府一委两院”中开展“向人民报告”活动、在被任命人员中开展工作评议、满意度测评等活动，全面开展述职评议工作，凡人大及其常委会选举或任命的副县长、县政府工作部门负责人、县法院副院长、县检察院副检察长在本届任期内至少向县人大常委会报告一次履职情况，并对其工作情况进行满意度测评，以加强对被选举和任命人员的有效监督，促使其尽职尽责，不辜负党和人民的重托。

二、搭建代表履职平台，促进发挥代表作用。坚持人大代表来自人民、植根人民的特点和优势，尊重代表主体地位，支持和保障代表依法履职，更好发挥代表的主体作用。要积极创造条件，为代表的学习和工作服务，不断增强代表的责任感和使命感。要组织好代表在闭会期间的活动，创新代表活动形式，丰富代表活动内容，引导代表行使好宪法和法律赋予的各项权利。要充分利用“人大代表之家”这个平台，学习党的十九大精神、习近平总书记系列重要讲话、法律法规，不断提高代表的政治理论水平和法律素养，切实增强代表的履职能力。对代表建议答复函承诺事项进行跟踪督办，推动意见建议办理工作取得实效。加强与选民的联系，反映人民群众的意愿和呼声，严格报批程序，继续实施好办实事经费，发挥好桥梁纽带作用；要积极参与代表活动，依法履行代表职责，加大代表培训力度，不断提高代表履职保障水平，努力为促进全县经济社会发展做出贡献，不辜负党和人民的重托。

坚持代表主体地位，不断丰富活动形式，积极搭建履职平台，切实保障人大代表的知情权、参与权、表达权和监督权。一要重视代表培训。坚持把学习培训作为提高代表素质的重要工作，县乡两级人大要高度重视对代表的培训工作。按照届内必须对各级人大代表培训一遍的要求，今年县人大常委会将采取多种形式和方法，完成对县级人大代表的集中轮训。结合人大工作监督重点，至少举办两期以提高代表履职能力为主要内容的专题学习班，着力提升代表依法履职的能力和水平。二要搭建履职平台。开展“代表活动日”服务群众“最后一公里”活动，深入推进闭会期间代表履职活动规范化、常态化、制度化。进一步规范代表列席县人大常委会议，参与视察调查、执法检查、工作测评、专题询问等工作，推选人大代表参加县委、县政府邀请的有关会议、活动，拓宽代表知情知政渠道，在搭建代表活动平台、创新活动方式和代表联系群众等方面有所突破和作为。三要加强建议督办。要不断完善代表议案建议办理机制，规范办理程序，加强对代表议案建议办理工作的督促和协调，完善代表议案建议落实情况跟踪机制，对上年度未办结的意见建议，必须列入下年度继续办理，提高办理质量和水平。今年五月份对代表提出的议案、建议办理情况进行视察，年终评选表彰优秀人大代表和议案建议办理先进单位，树立典型，带动全局。四要强化基层指导。乡（镇）人大主席团作用的发挥是人民代表大会制度建设中的一个薄弱环节，县人大常委会要把对乡（镇）人大工作的指导作为一项重要任务，建立常委会领导联系乡（镇）人大工作制度，对乡（镇）人大主席、副主席和专干进行全面培训，切实加强对乡（镇）人大工作的联系与指导，树立好典型，推广好经验，努力提高基层人大工作水平，真正使基层国家权力机关和广大代表发挥出应有的作用。

**三、不断加强自身建设，全面提高履职水平。**始终把自身建设摆在突出位置，确保各项工作进一步规范，履职水平进一步提高。一要强化思想教育，坚定政治方向。要牢固树立“四个意识”特别是核心意识、看齐意识，坚决维护以习近平同志为核心的党中央权威，始终在思想上、政治上、行动上同以习近平同志为核心的党中央保持高度一致，严守政治纪律和政治规矩。扎实开展“两学一做”学习教育常态化制度化，深入学习贯彻落实党的十九大精神，学习贯彻区、市、县第九次党代会精神，学习人大依法履职所需的法律法规、经济、社会管理等相关知识。通过学习，不断深化对党的领导、人民当家做主、依法治国有机统一的认识。二要强化责任担当，树立良好形象。要牢固树立强烈的责任意识和担当精神，牢记人大工作的使命和职责，牢记全体代表和全县人民的重托，尽职尽责、恪尽职守、敢于监督、善于监督，努力开创人大工作新局面；要守纪律，树形象。从事人大工作的所有同志都要严格要求自己，严守做人做事的底线，树立人大干部的良好形象。三要健全管理制度，规范工作程序。人大常委会要适应新形势、新要求，坚持以制度办事，靠制度管人，着力加强制度建设，进一步修订完善《人大常委会主任会议议事规则》《人大常委会议事规则》《人大常委会联系人大代表制度》《人大常委会监督工作制度》《人大常委会接待群众来信来访制度》等27项制度、办法和规定，使常委会各项工作的开展依法有序、规范运作，机关管理水平和工作效率进一步提高。四要筑牢思想防线，推进廉政建设。认真贯彻落实中央“八项规定”，区党委“约法十章”“九项要求”，市委“八项要求”，县委“八项守则”，坚持聚焦“四风”问题不放手、不散光、不走神，深入查找根源，对症下药，狠抓整改措施落实。认真学习《中国共产党廉洁自律准则》《中国共产党纪律处分条例》和党风廉政建设各项规定，积极推进廉政风险防控体系建设，狠抓干部日常管理和财务管理，从严控制“三公”经费支出，党风廉政建设进一步加强。

各位代表！

中华民族伟大复兴的光明前景召唤着我们，全面建成小康社会的重大使命激励着我们。回顾过去，我们为墨竹的发展变化深感自豪；展望未来，我们对墨竹的美好前景充满信心。让我们更加紧密地团结在以习近平同志为核心的党中央周围，在县委的坚强领导下，不忘初心，牢记使命，紧紧依靠全县各族人民，全体代表的共同努力，为决胜全面建成小康社会，实现中华民族伟大复兴的墨竹梦而不懈奋斗。

# 在政协第二届墨竹工卡县委员会第三次会议闭幕会上的讲话

政协墨竹工卡县委员会党组书记、主席 索朗桑布

（2018年1月9日）

政协第二届墨竹工卡县委员会第三次会议，在县委的坚强领导下，在县人大、政府及社会各界的大力支持下，经过全体委员和与会同志的共同努力，圆满完成了各项议程，今天就要闭幕了。

会议期间，劳明伟书记带领县委、人大、政府的领导同志出席了开闭幕会，深入各讨论小组看望委员、参加讨论，共商我县发展稳定大计，充分发挥人民政协协商民主重要渠道作用，进一步激发了广大委员参政议政的积极性。县法院、人民检察院及有关单位负责同志列席会议并参加分组讨论，认真听取意见建议，沟通了解情况，对政协工作给予了大力支持。在此，让我们以热烈的掌声向他们表示衷心的感谢！

各位委员、同志们，县政协二届三次会议科学研判了当前我县政协工作面临的新形势，深刻把握了新时代赋予人民政协的历史使命，确定了县政协在新的一年的总体目标任务，吹响了县政协立足新起点、展示新作为，努力在新时代开创政协工作新局面的号角。

在新的历史征程中，继续深化我县政协工作形势逼人、时不我待。我们一定不能辜负党和人民的重托，不辜负大家的期望，坚持谦虚谨慎、戒骄戒躁，团结奋斗、扎实工作，勇担新时代赋予的职责和使命。要坚持贯彻落实党的十九大精神，贯彻落实习近平总书记治边稳藏重要战略思想，贯彻落实区、市九届三次党代会和县委九届五次党代会精神，贯彻落实会议通过的各项重要报告，贯彻落实会议做出的各项重大决策，确保会议确定的指导思想、目标任务和方法举措落到实处、见到实效。

今后的一个时期，我们要进一步组织党员干部、政协委员学习好、宣传好、贯彻好、落实好“两会”精神。一要进一步抓好学习宣传。要认真学习、

深刻领会、全面把握“两会”精神实质，深刻认识政协在助推全县发展稳定工作中的重要地位和作用，坚持以会议精神引领思想和行动。要积极开展主题鲜明、形式多样、生动活泼的宣讲活动，以会议精神激发委员投身人民政协协商民主广泛多层制度化发展的生动实践，凝聚起各族各界万众一心推进党和人民政协事业发展的强大合力。二要进一步抓好贯彻落实。要立足会议确定的目标任务，制定方案、细化举措、明确责任，确保贯彻落实会议精神有部署、有督促、有检查。要科学把握全县中心工作特别是精准扶贫精准脱贫工作部署，选准履职重点、把握优先顺序、明确主攻方向，使会议的部署要求真正贯彻到各项履职活动中。要坚持解放思想、大胆实践，以自我革新的勇气和胸怀献计出力，把助推经济社会发展、社会和谐稳定、全面小康社会建设，维护广大人民群众根本利益贯穿于政协工作的全过程。要继续推动“两学一做”学习教育常态化制度化，使党员干部始终在政治立场、政治方向、政治原则、政治道路上同以习近平同志为核心的党中央保持高度一致。三要进一步抓好当前工作。要围绕发展、稳定、生态三件大事，精准扶贫精准脱贫、民生改善及县委政府其他重点工作思考谋划2018年度各项重点工作。要把学习宣传党的十九大精神作为当前和今后一个时期的首要政治任务，继续开展各类学习宣传活动，巩固成果。要积极组织召开领导班子及班子成员民主生活会、党支部组织生活会。要提前部署好提案交办，春节藏历新年、三月敏感月期间综治维稳等工作，积极完成政协近期各项工作任务。

各位委员、同志们，在新的一年，让我们更加紧密的团结在以习近平同志为核心的党中央周围，高举中国特色社会主义伟大旗帜，以习近平新时代中国特色社会主义思想为指引，进一步开创政协工作新局面。

# 不忘初心 牢记使命 坚定不移推动新时代全面从严治党向纵深发展

## ——在中国共产党墨竹工卡县第九届纪律检查委员会第三次全体会议上的工作报告

中共墨竹工卡县委常委、纪委书记 张子成

（2018年3月29日）

### 一、2017年工作回顾

2017年，全县各级党组织自觉担负起管党治党政治责任，深入贯彻落实党的十九大全面从严治党战略部署，加强对反腐败工作的全过程领导，我县党的纪律建设全面加强，作风建设成果得到巩固深化，反腐败斗争压倒性态势已经形成并不断巩固发展。县乡两级纪委不断增强“四个意识”，聚焦主责主业，协助党委推进全面从严治党、加强党风建设和组织协调反腐败工作，忠诚履行党章赋予的职责，党风廉政建设和反腐败斗争取得明显成效。

**（一）深入学习贯彻党的十九大精神，营造全面从严治党氛围。**把学习贯彻习近平新时代中国特色社会主义思想和党的十九大精神作为首要政治任务，及时组织党支部学习活动，参加县委理论中心组学习会，原原本本、逐字逐句学习党的十九大报告和新党章等内容。把督导检查党的十九大精神学习贯彻情况同检查扶贫领域监督执纪问责、落实中央八项规定精神、不作为慢作为等工作结合起来，对全县20家单位进行检查，着力推动党的十九大精神落地生根。

**（二）强化党章党规党纪意识，始终把党的政治建设摆在首位。**严格执行市纪委、市委组织部关于严禁共产党员信仰宗教及关于严禁共产党员和国家公职人员参与“萨嘎达瓦”宗教活动的要求，联合县委组织部、公安局对党员信仰宗教、参与宗教活动开展明察暗访工作16次。紧紧围绕迎接和服务党的十九大胜利召开这条主线，全面落实维稳安保责任，持续加大维稳督查力度。党的十九大召开期间，县纪委对全县各单位落实值班带班纪律和维稳安保部署等情况开展监督检查15次，检查单位96家，确保维稳安保工作扎实有效。2017年，县纪委查处违反维稳工作纪律5人，给予党纪政纪处分2人。对473名拟提拔重用人选和评优评先及工作调动人员出具党风廉政意见函。对新上任干部集中开展任前廉政谈话2次共240余人。签订企业助廉守法承诺书67份。组织全县327名领导干部填写廉政档案，308名领导干部填写年度考核表，进一步增强领导干部责任意识、廉洁意识和遵纪守法意识。

**（三）对“四风”问题露头就打，擦亮作风建设名片。**坚持把落实中央八项规定精神作为作风建设的基础性、经常性工作，紧盯“四风”问题新变异、新变种，抓住元旦、春节、藏历新年等重要节点，及时下发通知，提出纪律要求。通过重要节日检查与日常检查相结合、综合检查与专项检查相结合、突击检查与常规检查相结合的方式，推进落实中央八项规定精神监督检查常态化。对新增单位办公用房和服务用房、“三公”经费使用及消费高档白酒情况进行全面检查。组织1301名干部职工签订《不参与任何形式的赌博活动承诺书》,34 名有子女升学的干部作出不借子女升学大操大办借机敛财书面承诺。

**(四)强化责任追究,压紧压实主体责任和监督责任。**坚持以上率下,从严管党治党,召开的 45 次县委常委会议中,有 16 次涉及党风廉政建设和反腐败工作。组织县级领导带队检查考核 2017 年度全县落实党风廉政建设责任制情况,原汁原味反馈问题。把落实主体责任纳入监督重点,着力强化领导干部特别是一把手的责任担当,对未及时报送落实党风廉政建设主体责任定期报告的 12 家单位进行全县通报。采用单独约谈与集体约谈相结合的方式,由县委书记和副书记、纪委书记对全县 8 个乡镇党委书记和纪委书记、36 个县直部门负责人开展约谈,共发现各单位在落实"两个责任"中存在问题 83 个。

**(五)坚持惩前毖后、治病救人,积极践行监督执纪"四种形态"。**认真贯彻执行廉洁自律准则和纪律处分条例。深入开展警示教育,将《贪欲·黑洞——黄羽天违纪违法案件警示录》作为反面教材,分别在县委常委会和县长办公会上进行观看。分批组织 90 名干部前往市、县警示教育基地参观学习 3 次。2017 年,县纪委共运用监督执纪"四种形态"处理干部 29 人。其中,运用第一种形态处理 24 人,占 82.76%;运用第二种形态处理 4 人、占 13.79%,第三种形态处理 1 人、占 3.45%。严格执行《监督执纪工作规则》,改进执纪审查方式,进一步规范问题线索办理等关键环节。完善谈话室基础设施及相关制度,加大执纪审查安全监管力度,实现执纪审查零事故。坚持有案必查、有腐必惩,全县全年共受理信访举报 27 件,了结 10 件,立案审查 3 件,给予党纪政纪处分 5 人。

**(六)全面加强扶贫领域监督执纪问责,为打赢脱贫攻坚战提供坚强纪律保障。**调整充实扶贫领域资金监督检查领导小组,召开扶贫领域监督执纪问责工作安排部署会 2 次,对扶贫领域监督工作进行安排部署。建立周报告制度,督促乡镇纪委扎实开展好扶贫领域监督工作。采取查看资料、现场询问等方式对各乡镇落实扶贫政策情况、贫困户精准帮扶措施情况、贫困户贫困村精准退出情况、贫困户精准识别情况进行监督检查 19 次。2017 年,县纪委共受理扶贫领域问题线索 6 件,办结 3 件,初步核实 1 件,立案调查 2 件。此外,根据自治区纪委、自治区脱贫攻坚第一督导组及拉萨市巡察二组专项巡察扶贫领域工作反馈的问题,及时制定整改方案,明确责任领导、责任部门和整改时限。

**(七)稳步推进纪检监察体制改革,实现监督全覆盖。**县委切实担负起全面从严治党政治责任,及时建立健全巡察队伍和机构。召开书记专题会议和 4 次巡察工作领导小组会议,落实区、市党委最新要求,听取巡察情况。聚焦"三大问题",派出 2 个巡察组对 3 个党组织开展首轮巡察工作,共发现问题 44 个,移交县纪委问题线索 3 件、县委组织部 1 件。按照自治区、拉萨市两级党委关于深化国家监察体制改革试点工作的部署要求,研究制定改革试点工作实施方案,成立改革试点工作小组及办公室,劳明伟书记带头履行"施工队长"职责,主持召开动员部署会。严格按照"党委牵头抓总、纪委主抓直管、各相关部门协调配合的联动格局"要求,完成县监察委组建挂牌、案件线索移送、转隶人员调配等工作。

**(八)打铁必须自身硬,纪检监察队伍素质明显提升。**切实深化"三转",严把入口关,将参与的议事协调机构由原来的 11 个清理为现在的 9 个,将精力聚焦主业。按照"打铁必须自身硬""正人先正己"的要求,在全县纪委机关、县委巡察机构中对参与赌博或带有赌博性质娱乐活动进行专项整治,积极召开组织生活会,从思想深处、日常行为等方面主动说明情况,查找自身存在的问题,列出清单,制定整改措施,严格按照"照镜子、正衣冠、洗洗澡、治治病"的要求,认真严肃地开展批评与自我批评。坚持"两学一做"学习教育常态化制度化,深入学习习近平新时代中国特色社会主义思想和党的十九大精神,牢固树立"四个意识"和"四个自信"的思想政治基础。全年组织开展集中学习 14 次,撰写学习笔记 240 余篇。坚持党建和业务两手抓,加强和规范党建工作,完成党支部换届选举工作。组织学习部分纪检监察干部违纪案件及其教育警示的通报，观看《打铁还需自身硬》《将改革进行到底》等系列专题片。先后选派49名干部参加自治区、拉萨市纪委举办的各类培训，着力提升纪检监察干部的履职能力。

一年来，我们深切体会到，党中央的决策部署特别是习近平总书记系列重要讲话是全面从严治党的根本遵循，区、市、县委的坚强领导是做好纪检监察工作的重要保证，人民群众的参与支持是我县党风廉政建设和反腐败斗争取得实效的力量源泉。实践中，我们深切体会到，做好我县党风廉政建设工作，必须把党风廉政建设主体责任向全面从严治党主体责任深化，层层传达压力。必须坚持纪严于法、纪在法前，把纪律和规矩挺在前面，认真践行"四种形态"，最大限度地关心和爱护党员干部。必须坚持贯彻落实中央八项规定精神，把作风建设抓到底。必须坚持不懈推进纪律检查体制改革，保障县乡两级纪委更好地履行党章和宪法规定的职责，坚定不移推动新时代全面从严治党向纵深发展。

在充分肯定成绩的同时，也要清醒看到，我县党风廉政建设和反腐败斗争形势依然严峻复杂。一是部分党组织执行党章党规党纪不力，忽视日常教育，不注重从小事抓起。二是仍有少数干部在重要敏感节点，擅自离岗、替岗、脱岗等。三是有的"四风"问题潜滋暗长，特别是上班时间泡茶馆问题。四是一些党员干部滥用职权、以权谋私，侵害群众利益的"微腐败"问题屡禁不止。特别是部分村干部在精准扶贫工作中，为亲属谋取私利、截留挪用，侵害了群众切身利益。五是有的纪检监察干部思想政治水平、把握政策能力、党章党规党纪教育和法律法规有待加强，部分乡镇纪委聚焦主责主业不突出，监督缺失等等。对此，我们必须高度重视，采取有效措施，认真加以解决。

## 二、2018年工作重点

2018年是全年贯彻落实党的十九大精神的开局之年，是监察委成立后的开局之年，是决胜全面建成小康社会、实施"十三五"规划承上启下的关键一年，做好纪检监察工作责任重大。今年工作的总体要求是：以习近平新时代中国特色社会主义思想为指导，全面贯彻落实党的十九大精神，按照十九届中纪委二次全会精神，自治区九届党委、纪委三次全会及拉萨市九届党委、纪委三次全会统一部署，忠实履行党章和宪法赋予的职责，紧紧围绕坚持和加强党的全面领导，聚焦维护习近平总书记在党中央和全党的核心地位，坚持党要管党、全面从严治党，坚持稳中求进工作总基调，维护党中央权威和集中统一领导，维护和净化党内政治生态，持之以恒正风肃纪，巩固深化反腐败斗争压倒性态势，深化监察体制改革，建设忠诚干净担当的纪检监察干部队伍，为决胜全面建成小康社会提供坚强保障。

### （一）全面贯彻党的十九大精神，严肃党内政治生活，强化党内监督

严明政治纪律和政治规矩。加强对党章、党的十九大精神特别是习近平总书记治边稳藏重要战略思想、中央及区市县委重大决策部署贯彻落实情况的监督检查，严肃查处自行其是、各自为政，有令不行、有禁不止行为，严肃查处上有政策、下有对策，敷衍了事、不作为等行为。狠抓重大敏感节点特别是在维稳工作中脱岗漏岗、擅离职守等问题。坚决查处共产党员信仰宗教、参与邪教等问题，严肃查处任何形式的造谣传谣、散布小道消息等问题。

严肃党内政治生活。要加强党内政治生活的监督检查，督促各党组织严格执行新形势下党内政治生活若干准则。要加强对领导班子及其成员特别是一把手贯彻执行民主集中制情况的监督检查，坚决纠正和查处"三重一大"事项不经集体研究、搞个人说了算等问题。要严格执行请示报告制度，县乡两级纪委每年要向上级纪委和同级党委报告工作，严格执行双报告制度。要加强理想信念教育和党章党规党纪教育，督促领导干部自觉加强党性锻炼。要严把选人用人的政治关、廉洁关、形象关，将选人用人情况作为日常监督、巡察监督重点，做深做细党风廉政意见回复工作。

### （二）扎实推进纪检监察体制改革，将制度优势不断转化为治理效能

充分发力，发挥巡察机构作用。深入学习领会

习近平总书记关于巡视工作的重要论述，深刻理解巡察是政治巡察的职责定位。坚持县委巡察工作力度不减、标准不降、节奏不变，以“四个意识”为政治标杆检验被巡察党组织，坚决纠正落实中央及区市县决策部署不彻底不到位问题。把握方向，紧紧围绕强化党的领导、加强基层党组织建设、聚焦全面从严治党三大方面，坚持问题导向，紧盯“重点人”“重点事”“重点问题”，着力发现和惩治群众身边的“微腐败”，推动解决群众反映最强烈、矛盾纠纷最突出的问题。要加大对自治区党委巡视及拉萨市委和县委巡察反馈问题整改力度，确保问题整改到位。

稳步推进深化国家监察体制改革试点工作。要深刻理解、准确把握纪检、监察两项职能，继续在深化细化工作方式方法上下功夫，聚拢力量，最大限度发挥整合效应。认真履行监督、调查、处置职责，严格按照上级纪委要求，严把事实关、程序关和法律适用关，提高反腐败工作法治化水平。要抓好深度融合，将党章党规党纪、宪法法律法规纳入单位学习内容，切实增强监督执纪问责、监督调查处置本领，做到合编、合心、合力。严格按照要求，全要素适用 12 项调查措施，依纪依法开展审查调查。加强监察机关与审判机关、检察机关、执法部门的工作衔接，健全完善线索处置、案件移送等方面协作配合机制。落实自治区纪委关于赋予乡镇纪委监察权的规定要求，推动监察工作向基层延伸。

**（三）深化作风建设，咬住落实中央八项规定精神不放**

滴水穿石，锲而不舍，把作风建设螺丝拧得更紧。要坚决整治享乐主义和奢靡之风，继续盯住公款吃喝、公车私用、滥发津补贴等突出问题不放。盯住“四风”问题新形势、新动向，一个节点一个节点坚守，一个问题一个问题突破，切实解决突出问题，将中央八项规定及其实施细则精神内化于心、外化于行，坚决防止反弹回潮。要加强“三公”消费、办公用房、干部住房、国有企业负责人履职待遇等的监督检查，坚决查处公款购买高档酒水和礼品及领导干部收送“红包”、配偶子女违规经商办企业等问题。继续开展党员干部参与赌博或带有赌博性质娱乐活动专项整治工作，持续形成压力和震慑。

在整治形式主义、官僚主义上下更大功夫。要聚焦形式主义、官僚主义 10 个方面问题，督促各级党组织对照检查、逐条查摆，拿出过硬举措，扎实有效整改。深入整治党员干部不作为、慢作为、乱作为、冷硬横推等问题，着力解决一些单位“门好进、脸好看、事难办”的现象。要坚决整治调研走过场问题，开展调研时，杜绝按就近原则，只到较近的乡镇调研，不愿走向偏远的乡村，不搞走秀式的调研。要精文减会，严格控制会议规模、次数、时间以及参会人员范围。

拓宽渠道，管出习惯，推动作风监督常态化。要继续张贴“四风”问题有奖举报信息，激发群众参与监督的热情。要将全面检查与重点检查、明察与暗访相结合，做到掌握权力的岗位必受检查、权力集中的岗位重点督查、联系群众的岗位随时抽查、专业性强的岗位专项督查。要改进监督方式，及时发现作风方面的人和事，进行及时纠错和处理。要不断推进家风建设，引导党员干部坚持廉洁修身、廉洁齐家，发挥党员干部示范引领作用。要完善密切联系群众相关制度规定，督促党员干部带头弘扬“红船精神”“老西藏精神”和“两路精神”，督促党员干部特别是领导干部坚持走群众路线，与群众同吃、同住、同劳动、同学习、同提高，倾听群众呼声，解决群众诉求，凡是群众反映强烈的问题都要严肃认真对待，凡是损害群众利益的行为都要坚决纠正，密切党同人民群众的血肉联系。

**（四）加强纪律建设，把守纪律讲规矩摆在更加重要的位置**

做深做细纪律教育。要深入开展党章党规党纪教育和警示教育，督促县委党校、各级党组织理论学习中心组把党章党规党纪作为必修课，用典型案例和违纪违法干部忏悔录的反面教材，引导党员干部增强纪律意识，养成纪律自觉，凡查结的党员干部违纪违法案件，都要让涉案人员在本单位开展专题民主生活会和组织生活会，让党员干部知敬畏、存戒惧、守底线。要加大反腐倡廉对外宣传工作力度，发挥“廉洁墨竹”微信公众号的作用，将典型案例通报曝光，促进惩治成果向预防成果转化。

要定期组织干部职工前往拉萨市和县警示教育基地参观学习。

深化运用监督执纪“四种形态”。要坚持惩前毖后、治病救人方针，把严管与厚爱结合起来，让干部习惯在监督和约束的环境中工作生活。在运用第一种形态上下更大功夫，对反映的一般性问题及时谈话提醒、约谈函询，让本人作出说明；对如实说明的予以采信了结，向本人反馈澄清。要坚持宽严相济，对存在违纪问题的，在事实既定、纪法明晰前提下，综合考虑违纪性质情节和认错悔错态度，把握政策界限，给予批评教育、组织处理或纪律处分，对极少数严重违纪甚至涉嫌违法，执迷不悟、拒绝挽救的，必须坚决依纪依法严肃处理。

### （五）持续保持高压，巩固发展反腐败斗争压倒性态势

保持惩治腐败高压态势不动摇。要强化党委对反腐败工作的统一领导，坚持无禁区、全覆盖、零容忍，坚持重遏制、强高压、长震慑，坚持受贿行贿一起查，更有效地遏制增量、更有力地消减存量。要紧盯“三类重点人”，对违反政治纪律、组织纪律、廉洁纪律的问题必查必核，严肃查处政治问题和经济问题相互交织的腐败案件。紧盯重点领域和关键环节，严肃查处选人用人、审批监管、资源开发、金融信贷、大宗采购、土地出让、工程招投标以及公共财政支出等方面的腐败问题。要依纪依法安全文明办案，加强谈话场所规范化建设，落实办案安全责任制，坚决做到零事故。要加强问题线索集中管理，健全完善问题线索排查机制，确保问题线索台账情况明、数字准、责任清，处置及时规范。

在不敢腐不能腐不想腐上同向发力。要坚持惩治不放松，强化不敢腐的震慑。及时总结分析审查调查、巡视巡察、日常监督中发现的共性问题，及时向县委报告，推动解决体制机制问题和制度漏洞。督促腐败案件多发的乡镇、县直单位围绕管权限权深化改革，建立健全监督管理机制，对权力运行全程留痕、实时监控，扎紧不能腐的笼子。要结合推进“两学一做”学习教育常态化制度化和即将开展的“不忘初心、牢记使命”主题教育，引导广大干部坚定理想信念，增强“四个意识”，从严拧紧世界观、人生观、价值观这个“总开关”，增强不想腐的自觉。

### （六）下大力气，坚决整治群众身边的不正之风和腐败问题

抓重点，认真开展扶贫领域专项治理。要坚持问题导向，明确整治重点，着力整治行业主管部门履职尽责不力的问题，整治弄虚作假，数字脱贫，扶持对象、措施到户、脱贫成效不精准等问题。要紧盯扶贫政策落实、项目安排、资金使用、责任落实和工作作风，不发通知、不打招呼，进村到户明察暗访，做到精准监督，依靠群众发现问题，拓宽发现问题渠道。要及时高效处置问题线索，严肃查处贪污挪用、虚报冒领、截留私分、挥霍浪费、吃拿卡要、优亲厚友等突出问题，严肃查处盲目决策、弄虚作假，搞数字脱贫、虚假“摘帽”等问题。要强化舆论宣传，加大曝光力度。

把好关，做好执纪审查、审理工作。要牢固树立“质量第一”的意识，确保所办每一起问题线索都经得起历史的检验，实现政治效果、社会效果和法纪效果的有机统一。认真开展执纪审查、审理质量大检查，重点检查违反中央八项规定精神类、“四风”类、责任追究类等问题线索办理情况，着力解决在审查、审理程序以及实体文书等方面存在的问题，把确保办案安全作为政治要求、政治责任、政治纪律，严格依纪依规、安全文明办案。继续推进以PPT形式开展的案件分析会议工作，从案件查办程序、违纪特点、调查取证等方面进行了解，深入分析，全面掌握问题线索处置情况，落实一案一剖析。继续推进电子卷宗工作，完善使用电子卷宗工作相关规定，有效利用电子卷宗，提高办案效率。

抓关键，加大“微腐败”整治力度。各级党组织要切实担负起管党治党责任，把查处侵害群众利益的不正之风和腐败问题作为主要工作任务，要坚持原则、敢抓敢管，把全面从严治党覆盖到“最后一公里”。要坚持查处发生在民生资金、“三资”管理、征地拆迁、教育医疗、生态环保等领域的违纪违法行为，不断增强人民群众的获得感、幸福感、安全感。要加大督查力度，对扶贫民生领域的突出问题，要定期梳理、及时督办、限时办结。要加大通报曝光

力度，对典型案例一律点名道姓通报曝光，对工作推动不力、问题长期得不到解决的要坚决问责。

（七）坚决落实全面从严治党政治责任，以严厉问责倒逼责任落实

传导责任压力，激发担当精神。要牢牢抓住主体责任这个“牛鼻子”，督促各级党组织切实担负起全面从严治党政治责任，深入开展“双述”工作。按照明责差异化的要求层层签订责任书，督促各级党组织主要负责人要抓好班子、带好队伍，班子其他成员要履行好“一岗双责”，确保将管党治党责任层层压实到各单位主要负责人、村党支部第一书记和村书记。采取督导调研、约谈提醒、责任追究等方式，把管党治党责任层层往下传导，着力解决一些党组织管党治党宽松软的问题。

加大问责力度，倒逼责任落实。认真贯彻落实自治区关于问责条例的实施方案，并督促各级党组织贯彻执行。用好《问责条例》，对维护党的政治纪律和政治规矩失责、贯彻中央八项规定精神不力、选人用人问题突出、腐败问题严重、不作为乱作为的，要严肃问责。对履行“两个责任”不到位导致严重“四风”和腐败问题的，要真问责、问真责，抬得起板子、落得下手，让失职失责的真正有切肤之痛，以严厉的问责倒逼责任落实，促进党员领导干部担当履责。

（八）推进党的纪律检查体制和国家监察体制改革

加大巡察监督力度。认真贯彻落实巡视工作条例，突出政治巡察和专项巡察，聚焦党的领导，查找政治偏差，特别要针对一个突出问题及与该问题相关联的人和事开展巡察。着力发现被巡察党组织和党的领导干部在坚定理想信念宗旨、落实党的路线方针政策、选人用人等方面的问题。建立完善巡察工作内控制度，科学制定县委巡察规划。

做好深化监察体制改革各项工作。深入贯彻落实党的十九大关于深化国家监察体制改革的重大决策部署，严格按照区、市、县关于深化国家监察体制改革试点实施方案要求，依法履职，围绕组织决策、执纪执法、纪法衔接、监督制约，

建立内部高效顺畅运行机制。健全监察机关与执法司法机关的衔接协调机制。认真总结深化国家监察体制改革试点工作主要做法、成效经验和存在的问题，做好评估阶段各项工作。

## 三、不忘初心、牢记使命，履职尽责，努力建设一支忠诚、干净、担当的纪检监察队伍

纪检监察机关是政治机关，纪委是党内的“纪律部队”，纪检监察岗位职责重要，事关全面从严治党向纵深推进，事关全县政治生态风清气正。打铁必须自身硬，对纪检监察干部要求更高、期望更大、约束更严，做党中央权威和集中统一领导的坚定维护者和忠诚捍卫者，确保党和人民赋予的权力不被滥用、惩恶扬善的利剑永不尘。

（一）强化政治立场，做到绝对忠诚。要对党忠诚，牢固树立“四个意识”，坚定“四个自信”，深入学习领会习近平新时代中国特色社会主义思想，带头维护习近平总书记在党中央和全党的核心地位，带头执行党中央确定的路线方针政策，始终在政治立场、政治方向、政治原则、政治道路上同以习近平同志为核心的党中央保持高度一致。要敢于维护人民群众利益，勇于捍卫人民群众权益，让人民群众体会得到、享受得到全面从严治党的成果。

（二）强化能力提升，做到本领过硬。党的十九大党章规定了纪委 3 项主要任务，每落实一项任务，都担负着特殊使命和重大责任。要深入学习领会党的十九大的新要求新部署，理解和把握习近平新时代中国特色社会主义思想的科学体系、精神实质、实践要求，认真学好党章党规党纪和法律法规，强化纪法贯通意识，掌握所监督领域专业知识，提高监督、审查、调查本领。要深入开展“两学一做”学习教育常态化制度化，加强学习研讨，加大专题培训力度。要认真落实区市党委关于加强基层纪检机关建设的意见。

（三）强化使命意识，做到敢于担当。要在学习中不断增强担当的力量和斗争的勇气，在违背党的政治路线、破坏民主集中制、损害党内政治生态等问题面前必须挺身而出、彻底斗争，该说的话就要说，该干的事就要干，敢于为党和人民利益唱“黑

脸”当“包公”。要发扬认真精神,保持艰苦奋斗作风,谦虚谨慎,大胆监督,紧盯重点人、重点岗位和重要环节,及时提醒、及时敲打。要严肃执纪、切实做到有案必查、有腐必惩,做党章党规党纪的捍卫者。

(四)强化廉洁意识,做到个人干净。县纪委要带头加大作风建设力度,着力解决少数纪检监察干部履职不力、不作为、慢作为等问题。要抓好党组织建设,把党支部设在审查调查组的临时党支部,建成教育管理监督党员干部的日常主体。要认真执行监督执纪工作规则和相关法律法规,严格执行保密纪律要求,健全内控机制,加强请示报告,开展政治家访。要强化自我监督,自觉接受党内监督和社会监督,严防“灯下黑”,对反映纪检监察干部的问题线索认真核查,绝不护短,严肃查处私存线索、跑风漏气、说情干预、以案谋私等违纪违法行为。

同志们,全面从严治党永远在路上,让我们紧密团结在以习近平同志为核心的党中央周围,不忘初心、牢记使命,无私无畏,坚定不移推动新时代全面从严治党向纵深发展,不断取得党风廉政建设和反腐败斗争新成效,为决胜全面建成小康社会、奋力开启全面建成社会主义现代化墨竹的新征程做出新的更大贡献。

# 墨竹工卡县人民法院工作报告

## ——在墨竹工卡县第十三届人民代表大会第三次会议上

墨竹工卡县人民法院院长 索朗多吉

（2018 年 1 月 9 日）

### 2017 年工作回顾

2017 年我院在上级党委的坚强领导下、在上级法院的监督指导下、在县政府的有力支持下，在县人大及政协的有力监督下，深入贯彻落实党的十八大、十九大精神，贯彻落实全国政法工作会议和全国、全区、全市法院工作会议精神，贯彻落实中央、区、市、县党委各项决策部署，牢牢把握司法为民公正司法主线，着力执法办案抓精品，司法为民抓精细，规范管理抓精准，队伍建设抓精良，深入推进法院各项工作，取得了良好成效，忠诚履行了宪法和法律赋予的司法审判职责。现就 2017 年我院各方面工作情况汇报如下：

#### 一、履行法院职责，创新各项司法便民利民措施

今年，我院准确把握人民群众对法院工作的新需求与新期待，不断创新工作方式方法，努力实现司法工作服务人民、依靠人民、保护人民的根本宗旨。截至目前全院共受理各类案件 209 件，立案标的 2532.2 万元，审执结 205 件，结案标的 1422 万元，综合结案率 98.09%，无超审限案件。

（一）立案及涉诉信访工作

落实诉讼便民、利民措施。一是继续落实立案登记制改革精神，今年当场登记立案 208 件，当场立案率 100%；二是根据实际情况为当事人减免缓诉讼费案件共 107 件，减免缓金额共 3.03 万元；三是通过立案法官向当事人开展诉讼释明工作，让当事人提前预判和防范诉讼风险。

积极运用多元化矛盾纠纷解决机制。一是进一步加强立案调解，同时以“便民联系卡”、法官热线等方式与各乡、镇人民调解委员会建立了诉调对接长效机制，在全县七乡一镇安排 8 名包乡法官，在加强对各基层人民调解委员会工作的监督指导基础上，进一步采取了上门立案、预约立案、巡回审判等措施，有效方便了群众诉讼；二是继续贯彻执行矿区便民诉讼联系法官制度，在矿山生活区设立法官联系牌，悬挂写有联系法官姓名、照片、联系电话的公示栏，承诺 24 小时提供便民诉讼服务，可咨询、可预约上门立案、可上门调解解决纠纷。

全力化解涉诉信访。一是深入开展涉诉信访机制改革，建立了《墨竹工卡县人民法院来信来访领导接待制度》《墨竹工卡县人民法院处理群众涉诉信访工作制度》，进一步规范涉诉信访工作程序；二是全面强化协调配合，明确了重大矛盾纠纷及群体性上访事件的第一时间上报的原则，立案庭每周定期向拉萨市中级人民法院以及县政法委汇报涉诉信访工作及矛盾纠纷排查工作动态，同时加强与县信访局、劳动局等部门的协调配合。今年我院共办理群众来信来访 14 次，协助县相关部门处理各类信访问题 10 余次。今年 7 月我院还成功调解了三起由信访转起诉的涉矿劳务纠纷案件，案件总标的达 220 余万元，已全部履行到位，取得了良好的社会效果，有效解决了部分群众“信访不信法”的问题。

（二）刑事审判工作

今年以来我院始终贯彻宽严相济的工作原则惩治刑事犯罪，共审理各类刑事案件7件，已审结7件，结案率100%，公开开庭率100%。同时，为进一步加强妇女儿童及青少年权益维护工作，今年我院法官一是前往县中学开展预防青少年犯罪专题法制宣传，受教育师生达900余人，有效增强了我县未成年人的法制意识，为预防和减少未成年人的犯罪行为、提升未成年人自我保护能力打下了坚实基础；二是于今年12月与县妇联联合举行了我县“妇女儿童维权合议庭”挂牌仪式，“妇女儿童维权合议庭”的成立，标志着我县维护妇女儿童权益工作迈上新台阶。

（三）民事审判工作

今年我院充分运用调判结合的方式化解民事纠纷，共审理各类民商事案件161件，审结159件，结案率为98.76%，其中调解126件、撤诉3件、按撤诉处理4件，调撤率达82.6%。在办理民商事案件时，我院着眼于创新工作方式以化解矛盾、案结事了、促进和谐为目标，妥善处理民商事纠纷：

强化即时履行。对能够当场履行的调解协议，加大当场给付力度，采取要求义务人当庭给付、在调解书中明确给付时间及方式的形式，减少了义务人不履行或拖延履行调解协议的问题，同时减轻了权利人往返法院领款的诉累。截至目前，调解结案的126件案件当中，即时履行的达107件。

首推“离婚证明书”。在拉萨市法院系统办理婚姻家庭纠纷案件领域中率先应用“离婚证明书”。由我院根据当事人意愿为其出具《离婚证明书》，仅证明当事人当前婚姻状况，不涉及其个人隐私。该项措施既免去了当事人在办理离婚相关事宜时的尴尬情况，保障了当事人的隐私，也为当事人办理离婚后财产分割等相关手续时提供了便捷的证明方式。

（四）执行工作

我院以今年拉萨市法院系统开展的“雪域飓风”执行专项活动为契机，多措并举全力化解“执行难”问题：

加强案件规范管理。提高审判管理信息系统和全国法院执行案件管理系统的运用度，加强执行案件的流程监控和收、执、结的节点调控，使得今年所有执行案件都在审限内高效、快速办结，共办理各类执行案件41件，执结39件，执结率为95.1%，执行实际到位111.53万元，无超审限案件。

灵活运用威慑机制。一是依法采取强制措施，今年冻结划拨被执行人存款114万元，以强制措施确保案件顺利执行；二是运用执行联动机制，及时查控被执行人信息及财产线索，今年共查询被执行人信息和财产900次以上，通过公安布控系统等措施查找到被执行人3名；三是公布失信人名单，将6名被执行人列入失信人名单，敦促其自动履行生效法律文书确定的义务。

（五）司法体制改革工作

成立了以院长为组长的司法改革领导小组，以落实司法责任制为重点，全面推进审判权运行机制改革。一是推进院、庭长办案常态化，让领导“回归”法官本色，今年院长共审理案件3件、院党组成员审理案件108件、各庭室负责人审理案件72件，院、庭长办案率达86.5%；二是按照司法体制改革要求，以下放案件签发权为契机，建立办案质量和错案责任问责机制，努力做到“让审理者裁判，由裁判者负责”；三是建立初任法官培养机制，由经验丰富的法官对初任法官进行“传、帮、带”，同时加强对初任法官的技能培养和学习培训，通过以上措施有效提升了我院新型审判队伍整体效能。

（六）深化司法公开工作

加强四大公开平台建设推进阳光司法。今年我院以“智慧法院”建设为抓手，依托审判流程公开、裁判文书公开、执行信息公开及庭审直播公开四大平台，对所有案件各个环节进行全程动态管控。截至目前，在“中国裁判文书网”上公开符合条件的生效裁判文书31件，其余生效裁判文书也进行了摘要公开；所有受理案件自立案起随案生成电子卷宗率达100%；科技法庭运用率达100%。同时，我院运用科技法庭公开开庭审理了一起故意伤害罪案件，此次开庭在中国庭审公开网全程视频同步直播，取得了良好的社会反响，也为我院今后的庭审直播工作积累了宝贵的经验。

主动接受监督。一是通过在立案大厅设立举报箱、邀请当事人填写廉政监督卡、开通诉讼服务中心来信来访热线电话等方式主动接受案件当事人的监督；二是加大人民陪审员培训和参审力度，今年共开展人民陪审员专题培训 2 次，邀请人民陪审员参审 11 次 14 人；三是主动接受县人大、政协监督，我院以高度负责的精神认真听取了人大代表在审议法院工作报告中提出的批评、建议和意见并立行整改，同时邀请县人大代表、政协委员到我院视察工作。

充分发挥媒体宣传作用。今年，我院通过各类信息媒体的宣传作用进一步拓展司法公开的广度和深度，有效弘扬了法治精神。截至目前共被西藏自治区高级人民法院官方网站首页新闻报道 6 次、西藏法院微信公众号公开报道 1 次、墨竹电视台报道 5 次、微墨竹微信公众号公开报道 4 次。

（七）提高便民利民质效

大力开展法制宣传。我院结合“法律七进”，坚持“有案办案，无案法宣”的务实工作方式，深入农牧区开展巡回办案 106 次，行程 3900 余公里，全年共开展法制宣传 24 次，发放宣传资料 5700 余份，受教育群众达 21500 余人。

积极制作藏文裁判文书。我院在提高藏文裁判文书翻译制作的基础上，扩大藏文裁判文书的送达，现只要一方当事人为藏族，均送达藏文版裁判文书，截至目前共送达藏文版裁判文书 90 份。

注重司法建议实效性。我院加强案例研判，挖掘案件背后共性问题，阐明理由，为部分县中直部门、乡镇下达 12 份司法建议，均被采用，取得了良好的社会效果和法律效果。

（八）夯实基础建设

今年我院党组协调各方力量，充分将国家相关项目资金投入工卡镇派出法庭、日多乡派出法庭的工程建设项目，县委县政府高度重视，为我院解决了工卡镇派出法庭建设填方资金 20 余万元。目前两个派出法庭建设项目的前期手续都已办理完毕，建设工作正有序开展中。此外，依靠对口援助法院的无私援助下，我院的院内绿化、体能训练室、车棚等项目相继完成，共使用项目资金 19.7 万元。

## 二、抓党建带队建，促全院队伍建设取得新突破

今年我院严格按照习近平总书记提出的“政治过硬、业务过硬、责任过硬、纪律过硬、作风过硬”的工作要求，以党建工作为引领，努力建设一支信念坚定、执法为民、敢于担当、清正廉洁的人民法院队伍。

（一）全面贯彻落实从严治党主体责任

落实党建工作责任制，强化院基层组织建设。一是明确领导干部“一岗双责”职责，建立了党组书记“一把手”抓党建的格局，全年召开 4 次党建工作部署会议，同时圆满完成了支部换届工作；二是按质按量完成了县委“14+X”组织生活各项目标任务；三是投入了 3.1 万元将三楼会议室改造为“党员活动室”，同时投入 3.8 万元建立了支部图书室。

抓好“两学一做”学习教育，认真执行“三会一课”。 共组织党员干部开展“两学一做”集中学习 46 次（包含十九大精神专题学习 9 次），开展党组理论中心组集中学习 12 次，开展专题研讨 12 次，平均每人撰写个人集中学习笔记 40 篇以上，撰写心得 6 篇以上，领导班子成员共开展上“两学一做”党课 13 次，“三会一课”也全部开展到位。

完善党员先进性建设，落实基层党建各项重点任务。一是培养了 1 名入党积极分子、1 名预备党员；二是开展党组织关系集中排查、党代会代表和党员违纪违法排查、党费收缴工作检查各 4 次，通过排查，全院今年落实基层党建各项重点任务到位，并得到了上级考核组的验收通过。

（二）推进党风廉政建设主体责任制落实

今年，我院党组书记及党组领导班子充分履行自身在党风廉政建设中的主体责任，召开 4 次党风廉政工作专题会议，在院内层层签订了党风廉政建设目标责任书，层层开展廉政谈话及执行报告工作 19 次，传达上级法院、县纪委各类违纪情况通报以及贯彻落实中央八项规定精神相关文件 17 次，开展廉政警示教育专题学习 4 次，每名干警撰写廉政警示教育心得 1 篇，院党组书记及党支部书记共为全院干警讲授了 2 堂廉政党课。通过以上措施，全院党风廉政建设工作取得了实效，一是使得党组议事规则及“三重一大”决策部署程序更加完善，将民

主集中制落到了实处，树立了法院的廉洁透明新形象；二是使得全院各项工作都得到了规范和有效监督，包括“三公”经费使用、车辆管理、执行案款收取及发放、中央八项规定精神贯彻落实等方面都取得了良好成效，全院今年没有出现任何违反廉洁纪律的问题。

（三）加强队伍业务能力建设

今年，我院以建设“学习型”法院为目标，大力加强司法人才培养，今年共选派干警参与县委、上级法院等部门组织的各类业务培训18次，最长达60天，审判队伍的规范意识和质效意识进一步强化。同时大力开展“三评查”工作，庭审评查19次，评查裁判文书117份，评查卷宗57份，有效提高法官业务能力，引导法官严把案件、文书质量关。

通过以上措施，今年我院队伍建设取得新突破，全院先后获得全市法院2016年度目标考评先进集体、全市法院2017年度信息工作先进集体、全县“六五”普法先进集体等荣誉奖项，并有3名干警分别荣获全市法院信息工作先进个人、办案标兵、优秀法官。

### 三、围绕中心工作，服务全县各项大局工作

（一）驻村工作

我院认真开展“强基础惠民生”工作，选派3名干警组成驻村工作队，全力协助尼玛江热乡党委、政府在其玛卡村开展驻村工作，工作队全年为群众办实事、办好事10余件，发放慰问金10000余元，并协同村两委完成了包括村支部“两学一做”学习教育、短平快项目落实、精准扶贫贫困户档案核实、村两委换届工作等各项工作，得到了其玛卡村干部群众的一致好评。

（二）精准扶贫工作

今年我院24名干警与27户基层贫困群众结对开展精准扶贫工作，截至目前共开展精准扶贫集中调研5次，全院干警自筹资金12400余元慰问结对户群众，平均每名干警撰写民情日记4篇，目前我院的27户结对贫困户群众已全部通过相关部门脱贫验收。

各位代表，虽然今年我院各项工作取得了一定的成绩，但同时我们也看到，与党和人民的要求相比，工作中还存在一些不足和困难。一是队伍综合素质有待提升，在日益复杂的审判工作新形势下只有以较高的综合素质才能够进一步适应对审理案件、信息化建设工作等方面能力和水平的新要求。二是缺员严重，人才引进与流失比例失衡，全院干警一人身兼数职情况普遍，在工作中难以进行专业化分工，影响工作质效。

## 2018年工作安排

2018年，我院将坚定不移地坚持党的领导，贯彻落实以习近平同志为核心的党中央治国理政新理念新思想新战略，贯彻落实习近平总书记治边稳藏重要战略思想，坚持“五位一体”总体布局和“四个全面战略布局”，锐意进取、攻坚克难，始终将维护公平正义作为神圣使命，始终将人民群众满意作为第一标准，勇于迎接挑战，忠诚履行职责，“撸起袖子加油干”，以司法为民、公正司法的实际行动忠诚履行宪法和法律赋予的职责。

（一）坚持党的绝对领导，明确法院工作正确政治方向。一是坚持把法院工作置于党的绝对领导之下，坚决贯彻执行上级党委的决策部署，自觉接受人大监督和政协民主监督；二是以创建学习型法院为抓手，继续深化“两学一做”学习教育，深入贯彻落实党的十九大精神，学习习近平新时代中国特色社会主义思想及治边稳藏新战略，更加紧密地团结在以习近平同志为核心的党中央周围，自觉接受党内外监督，充分发挥院党支部作为基层党组织的战斗堡垒作用；三是坚持常抓党风廉政建设主体责任制落实，把作风建设摆在重要位置，铲除滋生腐败的土壤，内强素质，外树形象，建设一支具有铁一般信念、纪律、担当的审判队伍。

（二）大力推进司法体制改革，提升审判质效服务群众。一是以落实司法责任制为重点，探索建立专业化新型审判团队，落实“让审理者裁判，由裁判者负责”；二是继续推进院、庭长带头办案工作方式，加大法官队伍“岗位练兵”培训力度特别是对新任法官的“传、帮、带”力度，进而提高全院法官队伍整体素质，扎实推进各项审判、执行工作，实现“努

力让人民群众在每一个司法案件中感受到公平正义”的目标；三是注重为审判团队注入新鲜“血液”，强化人民陪审员倍增计划及书记员、法警聘用工作的落实力度，按照上级法院要求严格规范选任程序和标准，加大与县委组织人事相关部门的沟通协调力度，化解“案多人少”矛盾。

（三）积极配合县委中心工作，服务大局强化使命担当。坚持将法院工作置于墨竹改革发展稳定大局中去谋划和思考，准确把握新形势下反分裂斗争新任务，团结基层各族群众，依法严厉打击各类分裂破坏活动，加大维稳工作开展力度，始终确保“三无”“三不出”。同时结合自身职能作用，充分发挥创新、服务意识，继续积极探索多元化矛盾纠纷化解机制建设，以包乡法官、车载流动法庭、驻乡镇派出法庭为平台，加大对基层人民调解组织的培训力度，努力将化解矛盾纠纷的端口前移，确保社会的和谐稳定。

（四）完善信息化及基础设施建设，提供有力物质保障。一是以“智慧法院”建设为契机，加强信息化建设，不断提高法院司法公开水平，积极运用新兴技术服务人民群众、服务审判执行、服务司法管理，实现案件全程留痕。完善“四大平台”建设，提高信息化应用水平，以信息化建设推进裁判文书上网率，为诉讼群众和法院干警提供便捷、现代化的诉讼环境；二是充分发挥我院基建领导小组职能，规范项目资金使用程序，完成对院内生活区的绿化整治工作，为全院干警提供舒适的生活环境。

各位代表，在新的一年，我院将更加紧密地团结在以习近平同志为核心的党中央周围，在县委的坚强领导下、人大政协的有力监督下、上级法院的正确指导下、县政府的大力支持下，深入贯彻落实党的十九大精神，不忘初心、牢记使命，不断开创法院工作新局面，为全面建成美丽幸福新墨竹提供更加有力的司法保障。

# 墨竹工卡县人民检察院工作报告

## ——在墨竹工卡县第十三届人民代表大会第三次会议上

墨竹工卡县人民检察院检察长　索朗旺杰

（2018 年 1 月 9 日）

### 2017 年工作回顾

2017 年，在上级检察机关和县委的坚强领导下，在县人大及其常委会有力监督下，我院坚持以全区全市检察长工作会议精神为指导，深入贯彻落实党的十八大、十八届系列全会精神，深入学习贯彻习近平总书记系列重要讲话精神，全面贯彻落实中央、区市党委政法工作会议精神，以全面落实区市第九次党代会工作任务为目标，结合“两学一做”学习教育和“四讲四爱”主题教育实践活动，不断明确职责定位、创新工作举措、改善工作作风，扎实履行法律监督职责，为加快建设美丽家园幸福墨竹提供强有力的法治保障。

#### 一、立足检察职能，维护社会安全稳定

（一）严厉打击各类刑事犯罪。我院始终把依法打击刑事犯罪、保障人民生命财产安全摆在突出位置，认真履行批捕、起诉职责，坚持宽严相济刑事政策，深入推进社会矛盾化解，积极参与社会治理，保障人民安居乐业、社会安定有序。2016 年 12 月 26 日至 2017 年 12 月 3 日，共批准逮捕各类刑事犯罪嫌疑人 9 人，同比持平；起诉各类刑事犯罪嫌疑人 9 人，同比上升 12.5%。

（二）积极开展法治宣传教育工作。为进一步改进法治宣传教育的方式方法，有步骤地开展法治宣传教育工作，我院正式成立了法治宣传教育工作领导小组，制定了 2017 法治宣传方案，要求检察干警宣讲与农牧民群众、僧尼、未成年人息息相关的各类法律知识，增强其法律意识，共开展法治宣传教育活动 21 次，同比增长 250%。其中，虫草矛盾纠纷排查法治宣讲 2 次，3.18 国道边开展法治宣讲活动 3 次，法治宣讲进校园 3 次，法治宣讲进企业 1 次，法治进乡村 12 次，散发宣传资料 800 份，展示宣传挂图 8 幅，提供法律咨询 16 人次。

（三）积极履行法律监督职能。今年以来，我院紧紧围绕服务和保障民生，积极履行法律监督职能，切实维护人民群众合法权利，受理民行监督案件 1 件（为拉萨市人民检察院交办），经审查后，不符合抗诉条件，决定不提请抗诉；依法受理控告申诉案件 1 件，已办结。

（四）加强社区矫正执行监督。推动社区矫正执行监督工作重心由定期专项检察监督向常态化检察监督转变，加强对社区矫正各执法环节的日常监督，重点监督纠正和预防社区服刑人员脱管、漏管等问题，促进社区矫正依法进行。今年，社区矫正人员共有 6 人（新增社区矫正人员 3 人），依法解除社区矫正人员 4 人。目前，我县社区矫正人员 2 人，其中 1 人由达孜县司法局协助矫正。

#### 二、惩防并举、反腐倡廉，助力良好政治生态建设

（一）坚持有腐必反，有贪必肃。坚决贯彻中央、自治区、市委关于反腐败斗争的决策部署，积极回应人民群众对反腐倡廉的新期待，今年开展职务犯罪初查 3 件，立案查办 1 件 1 人，涉案金额 520 万元，属大案。在查办该案过程中，为了充分做好调查取

证工作，我院检察长亲自带队前往成都、北京等地开展调查取证工作3次，6月1日对其采取刑事拘留的强制措施。6月7日提请拉萨市人民检察院侦查监督二处批准逮捕。9月4日，因管辖问题，将案件顺利移交中国人民解放军北京总直属军事检察院查办。

（二）加强职务犯罪源头治理，坚持标本兼治。一是深入贯彻习近平总书记“预防职务犯罪出生产力”的重要指示精神，将预防关口前移，开展精准预防。加强廉洁服务工作，组织县组织部、企业领导、基层党员、公安干警等干部群众分5批次，共200余名，来我院开展职务犯罪廉政警示教育，成效良好，得到全县好评。二是自今年行贿档案查询系统开通以来，我院将查询途径、查询须知等内容通过“两微一端”进行广泛宣传，让公众了解行贿档案查询的相关知识，共受理行贿犯罪档案查询4次。三是开展专项预防调查2次，重点开展了扶贫领域的预防调查工作，干警们多次到乡镇、贫困户家中了解扶贫措施、资金落实情况、项目进展情况，帮助完善扶贫措施，提高群众的满意度。四是干警开展个案预防2件，认真分析犯罪的根源、特点、手段，针对企业在管理中存在的问题提出口头建议2次。

（三）坚决拥护、积极配合国家监察体制改革试点工作。根据中共中央办公厅印发《关于在全国各地推开国家监察体制改革试点方案》的要求和区市县关于深化国家监察体制改革试点工作的安排部署，我院党组及时组织全体检察干警学深学透文件精神，使全体检察干警牢固树立“四个意识”。并多次召开会议，专题研究转隶干警关心的实际问题，与转隶人员谈心谈话6次，使检察转隶人员端正态度，凝聚改革共识，积极营造坚决拥护改革、积极参与改革的良好氛围。同时，按照相关文件精神，我院制定了转隶人员、办案设备、案件线索移交清单，已划转编制6人，转隶3人，将车辆、同步录音录像等相关设备都已移交，已做好了所有转隶工作的准备，走在了全市的前列，有力推动了我县改革试点任务的落实，圆满地完成了上级所交办的转隶任务。

## 三、强化队伍建设，打造过硬检察队伍

（一）坚持正确政治方向，发挥党建统领作用

1. 加强思想建设，打造学习型党组织。一是强化思想政治教育，推进“两学一做”学习教育常态化制度化建设，切实抓好中心组学习、党课、政治理论学习，做到有计划、有笔记、有记录、有考核。二是深入开展党的理想信念教育，在党员干部和入党积极分子中进行党史知识教育，创新学习形式，建立检察系统党员学习微信群，精选学习内容上传，共享学习心得，发表意见，充分调动党员干部学习的积极性和主动性。共开展政治理论学习30次，“书记上党课”活动7次。

2. 加强组织建设，打造服务型党组织。一是坚持民主集中制原则，严格执行党组织议事规则，定期召开党组织班子会议，凡重大事项都要经过党组织班子会议或党组（扩大）会议研究决定，共召开党组（扩大）会议10次，研究决定20项事务性工作。二是丰富党员活动载体，强化党员干部的凝聚力和向心力，在本院经费紧张的情况下，投资2万元，改善综合楼的党员图书室和活动室的硬件设施，规范党员活动场所，成立文体活动领导小组，丰富党员的业余生活。

3. 加强反腐倡廉和制度建设，打造廉洁型党组织。一是在全院实行党风廉政建设目标责任制，认真落实“一岗双责”制，检察长与班子成员、班子成员与分管科室负责人层层签订党风廉政建设责任书23份，把责任书规定的各项任务落实到每个直接责任人的肩上，形成检察长亲自抓、分管领导具体抓，一级抓一级的领导体制和齐抓共管的工作局面，使责任书的各项任务落到实处。二是深入开展党务公开工作，坚决执行党组织议事规则，凡应公开内容都要做到阳光操作、公开透明，制定检务公开栏3块，对应该公开的10项事务进行了公开。三是为切实改进领导干部作风建设，及时了解和掌握干部职工思想动态、工作情况和生活状况，由院党组书记、检察长牵头制定了《墨竹工卡县人民检察院谈心谈话制度》，对谈心谈话中涉及干部个人生活、学习、工作上的实际困难，尽力解决；对被谈心谈话人存在的问题，及时督促整改。

（二）深入开展“四讲四爱”主题教育活动，着力营造决胜全面小康的良好舆论氛围。按照区、市党委关于“四讲四爱”主题教育实践活动的部署要求，我院迅速行动，成立了以党组书记、检察长为组长的活动领导小组，于4月上旬召开“四讲四爱”主题教育实践活动领导小组办公室工作推进会议，向全院干警宣读《墨竹工卡县人民检察院关于开展“讲党恩爱核心、讲团结爱祖国、讲贡献爱家园、讲文明爱生活”喜迎党的十九大主题教育实践活动实施方案》。一是本着“打铁还需自身硬”的要求，动员全体干警把思想和行动统一到区党委、市委及县委开展“四讲四爱”主题教育实践活动的安排部署上来，加强自身学习，每天确保2小时学习时间，确保将“四讲四爱”主题教育实践活动精神吃准吃透；二是加强信息沟通，积极开展法治宣传教育工作。由活动领导小组与本县各乡镇、各部门联系，结合墨竹实际，创新工作思路、工作方法、找准抓手，积极推动“四讲四爱”主题教育活动能在农牧民群众中形成影响，移风易俗，为决胜全面建成小康社会打牢思想基础，共开展法治教育、道德教育8次，编写活动简报25篇，获得了干部群众的一致好评。

（三）开展“一院一品”创建活动，推进检察工作发展。根据《西藏自治区人民检察院关于报送“一院一品”创建工程重点培育品牌的通知》要求，院党组分别于4月7日、10日召开党组扩大会议，确定将“一站式”便民服务中心作为“一院一品”的重点工程予以推进，制定《墨竹工卡县人民检察院关于开展“一院一品”创建活动实施方案》，并召开动员部署会议，已完成相关工作，正式对外开放。

（四）深入推进队伍专业化、职业化建设，提高检察干警的业务能力。今年以来，我院扎实推进专业人才的培养工作，派干警到江苏省南京市检察院、自治区检察院、市检察院轮训10人次。通过参观学习、业务培训等方式培养年青干警，着力提升检察干警的业务能力。

（五）强化检务保障工作，服务检察工作发展。经院党组（扩大）会议研究决定，投资近16万元，修建35平方米处突应急室，以进一步增强干警值班维稳的责任意识和防范意识，积极预防突发事件的发生，提高处理各类突发事件的应急能力。

## 四、围绕县中心工作，服务和保障民生

（一）深入开展驻村帮扶工作，增进党群干群感情。按照县委统一部署，我院3名检察干警组成驻村工作队于2016年12月5日进驻米洛村开展驻村帮扶工作。全年制定维稳处突预案10余份，安排值带班人员156人次，开展巡逻186次。为困难户、老党员、学生等送去各类用品，共计1.978万元。为群众解难事、办实事共计6件，涉及资金7.5万元。向各级单位共争取到资金44.2万元。组织群众技能培训2次，推荐1人参加全县技能创业大赛，安排贫困户就业3人，走访64户建档立卡的贫困户，完善贫困户家庭人员信息。大力宣传习近平总书记的重要讲话精神和惠农惠民政策，大力开展新旧老西藏对比活动22次。开展“四讲四爱”宣讲活动19次，展示宣传图片资料8次。荣获拉萨市级优秀组织单位。

（二）围绕凝聚人心基础工程，扎实推进精准扶贫精准脱贫工作。以实现贫困人口脱贫致富为首要政治任务，瞄准“两年脱贫、三年巩固”目标，按照“六个精准”“五个一批”要求，强化措施，精准发力，我院23名干警与21户贫困户110人结对，开展走村入户活动4次，发放藏汉双语联系卡21张，再次核定结对认亲档案卡，对结对户的家庭人口、劳动力现状、子女就业入学、耕地面积、收入补贴、住房情况、社会保障情况做到动态掌握。

## 五、深化司法责任制改革，促进司法公正

（一）积极探索，勇于创新，稳步有序推进各项司法改革工作。一是为突出检察官的核心地位、优化检察资源配置，充分发挥检察官的业务骨干作用，调动其他成员工作的积极性，形成整体合力，提高案件质量和全面落实司法责任制，结合审查逮捕起诉、职务犯罪侦查和诉讼监督等三大类办案业务特点，配强配齐办案组，办案分为9个小组。二是在着力推进司法体制改革的同时，协调推进各项检察改革。积极推进以审判为中心的诉讼制度改革，努力转变理念和办案方式，积极贯彻证据裁判原则，加强证据合法性审查，从源头上遏制非法取证

的发生。同时,加强案件的公开审查、公开宣告,增强司法办案的公开性和透明度,我院案件的公开率达100%。

(二)积极创新检察权监督制约模式,构建立体式外部监督格局

1. 建立完善案件质量评查机制。为进一步加强案件质量管理,切实提高执法办案规范化水平,我院根据高检院、区检院和市院关于案件质量评查工作的意见,结合本院实际,制定了《墨竹工卡县人民检察院案件质量评查实施方案》,对评查时间、范围、内容、方法、步骤等予以明确规定,确保案件质量评查工作的规范、有序推进。

2. 建立完善涉案财物管理机制。按照《人民检察院刑事诉讼涉案财物管理规定》的要求,我院党组高度重视涉案财物的清查工作,对清理自查工作进行了精心部署,制定了工作方案,明确了清查的时间、重点和目标,成立涉案财物检查小组、完善涉案财物管理制度,确保专项检查各项工作分工明确,协调有序;以涉案财物规范管理为重点,以来源清楚、去向明了、处理规范合法为标准,由纪检组、案管办组成涉案财物专项检查小组负责对本院立案或法院已判决的检察机关直接立案侦查案件涉案财物的查封、扣押、冻结、保管和处理情况开展检查。通过涉案财物专项检查,切实规范了涉案财物的查封、扣押、冻结、保管、处理工作,维护了案件当事人合法权益,规范了检察机关执法办案工作,提高了执法公信力。

3. 强化检务公开,充分保障当事人的各项诉讼权利。为进一步提高检察工作透明度和检察执法公信力,我院正确履行检察职能,提高法律监督能力和执法办案水平,注重检务公开透明,促进依法行政和公正司法,推进"阳光执法",修复检民关系。以"案件管理中心"为重要窗口,接待当事人查询可公开的案件信息,为辩护人提供案卷材料查阅、摘抄和复制的便利条件;着力解决律师会见难、阅卷难、取证难等问题。今年,为当事人提供了4次电话咨询,接待律师1人,其中律师阅卷、复印卷宗1次,律师提交材料1次。

4. 自觉接受人大代表、政协委员监督。为进一步加强与人大代表、政协委员的联系,更加主动地接受人大代表和政协委员的监督,广泛听取人大代表、政协委员对检察机关的意见和建议,促进检察院工作更好开展,结合深化检务公开要求,进一步完善与代表委员直接联系机制,搭建与代表委员"面对面""点对点"交流平台,增强与代表委员联络工作的针对性、实效性和便捷性。主动向人大及其常委会报告检察工作3次,向政协通报检察工作3次,推送检察微信、微博30余期,邀请人大代表、政协委员和各界代表参与执法检查、视察调研等活动4次,收集代表委员意见建议10余条,整理归纳为3条,制定整改计划1份,整改措施5条,有力提升了司法公信力。

一年来,虽然取得了不少成绩,但我们清醒地认识到,检察工作仍然存在不少突出问题:一是贯彻落实新发展理念、服务大局能力亟待提升。二是不敢监督、不愿监督、不善监督问题依然存在,民事、行政、刑事执行检察工作薄弱。三是司法改革一些项目推进较慢,改革举措尚未落实。对上述问题,我们将紧盯不放,着力解决。

## 2018年工作计划

2018年,我院将高举新时代中国特色社会主义伟大旗帜,全面贯彻党的十九大精神,以邓小平理论、"三个代表"重要思想、科学发展观、习近平新时代中国特色社会主义思想为指导,深入学习贯彻习近平总书记系列重要讲话精神和治国理政新理念新思想新战略,紧紧围绕统筹推进"五位一体"总体布局和协调推进"四个全面"战略布局,更加自觉地将检察工作纳入县委、县政府工作大局,不断强化法律监督、强化自身监督、强化队伍建设,努力把检察工作提高到新的水平,促进经济平稳健康发展和社会和谐稳定。

一是以更严的要求贯彻落实党的十九大会议精神。我院将高举中国特色社会主义伟大旗帜,以更加饱满的精神,更加严格的要求,更加细化的举措,深入学习领会、准确理解把握党的十九大会议精神,切实把思想和行动统一到大会提出的一系

列新的重要思想、重要观点、重大判断、重大举措上来，统一到未来一个时期党和国家工作的大政方针和战略部署上来，认真抓好党的十九大精神的学习宣传和贯彻落实工作，教育引导全体检察干警牢固树立“四个意识”和“四个自信”，把对党忠诚、为党分忧、为党尽职、为民造福作为根本政治担当，不断提高检察干警的政治觉悟和政治能力，为全面深入开展“不忘初心，牢记使命”主题教育做好一切准备。

二是以更高的站位服务改革发展大局。要深刻领会县委关于我县经济发展新常态的判断和“十三五”时期的主题和主线，紧紧围绕自治区第九次党代会的目标任务，找准检察工作的切入点和着力点，认真履行法律监督职责，突出查办妨害经济社会发展、影响改革深入推进的腐败案件，助推改革攻坚。

三是以更实的措施保障社会和谐稳定。切实把提升群众安全感和满意度作为重大政治任务，增强工作预见性，提高预测预警预防各类风险能力，从严从细抓好保安全、促稳定各项任务。坚持严厉打击各类严重刑事犯罪，全力营造安全稳定的社会环境。积极参与社会治安防控体系建设，完善检察环节矛盾纠纷多元化解机制，保障人民群众生命健康安全，增强人民群众安全感。

四是以更稳的节奏深化司法体制改革。坚决按照高检院和自治区检察院的安排部署，注意统筹兼顾，把司法责任制改革与完善检察权运行机制、员额制改革、内设机构改革、完善职业保障制度紧密结合起来，整体联动，协调推进。积极稳妥推进以审判为中心的诉讼制度改革、案件繁简分流、认罪认罚从宽处理等与司法责任制相关的改革，确保各项改革取得实效。

五是以更细的标准加强检察队伍建设。要把思想政治建设摆在首位，深化“不忘初心，牢记使命”主题教育，教育引导各族群众衷心爱戴、坚决拥护以习近平同志为核心的党中央，自觉维护祖国统一和民族团结；持续打造“一站式”便民服务中心的品牌效应，争取创建一个叫得响、亮的出的品牌文化；加强检察文化建设，营造团结和谐、见贤思齐的文化氛围。把纪律建设摆在更加突出位置，落实好“两个责任”，打造过硬检察队伍。

各位代表，新的一年，我们将更加紧密团结在以习近平同志为核心的党中央周围，认真落实本次人大会议部署，自觉接受人大监督、民主监督和社会监督，忠实履行宪法法律赋予的法律监督职责，扎实工作、奋发有为，为实现中华民族伟大复兴的中国梦做出新贡献。

### 名词解释

1. “两学一做”学习教育：学党章党规，学系列讲话，做合格党员学习教育。

2. “四讲四爱”：讲党恩爱核心、讲团结爱祖国、讲贡献爱家园、讲文明爱生活。

3. 批准逮捕：是刑事侦查的一种强制措施。批准逮捕是检察机关的权限，逮捕一般是侦查机关的工作。

4. 社区矫正：针对被判处管制、宣告缓刑、裁定假释、暂予监外执行这四类犯罪行为较轻的对象所实施的非监禁性矫正刑罚。

5. 行贿档案查询：检察机关为预防贿赂犯罪，促进社会信用体系建设，运用计算机对行贿犯罪信息进行分类录入、存储和管理而形成的档案。

6. “两微一端”：微博、微信及新闻客户端。

7. “五位一体”：经济建设、政治建设、文化建设、社会建设、生态文明建设着眼于全面建成小康社会、实现社会主义现代化和中华民族伟大复兴。

8. “四个全面”：全面建成小康社会、全面深化改革、全面依法治国、全面从严治党。

附件：法治宣讲对比图表

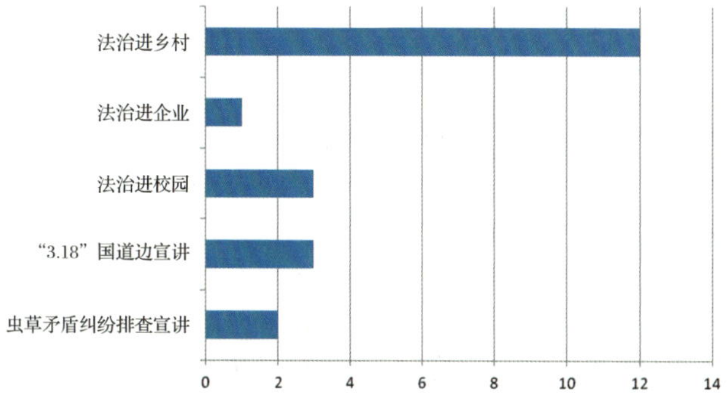


图表 1　2017 年法治宣讲情况统计

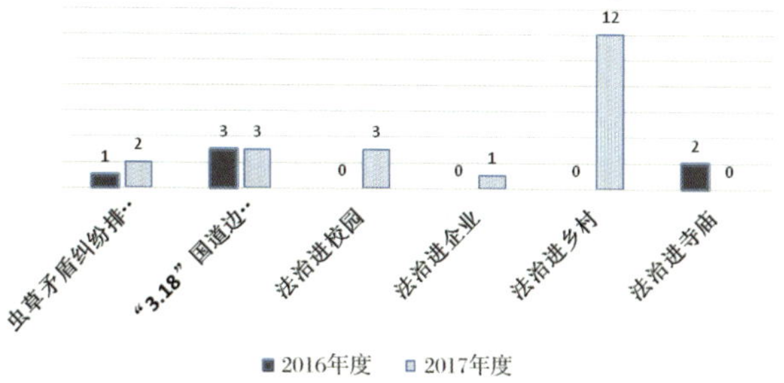


图表 2　2016 年度与 2017 年度
开展法治宣讲活动对比分析图

# 关于墨竹工卡县2017年国民经济和社会发展计划执行情况及2018年国民经济和社会发展计划报告

## ——在墨竹工卡县第十三届人民代表大会第三次会议上

墨竹工卡县发展和改革委员会主任 尼玛次旦

（2018年1月8日）

### 一、2017年国民经济和社会发展计划执行情况

过去的一年，在县委的正确领导下和县人大、政协的监督支持下，面对依旧严峻复杂的宏观形势，紧紧围绕年度预期发展目标，坚持稳中求进的工作总基调，积极应对，攻坚克难，全县经济社会保持了平稳健康发展。

经预测，全年实现地区生产总值30.64亿元，同比增长10.2%；固定资产投资完成49.22亿元、同比下降38.9%；社会消费品零售总额实现3.7亿元、同比增长12.3%；农牧民人均可支配收入实现13046元、同比增长14.49%；公共财政收入实现3.8亿元、同比增长16.25%；规上工业增加值实现15.07亿元、同比增长16.1%。

#### （一）从产业发展看，产业结构不断优化。

——农牧业呈现平稳较快发展。农牧业效益提升，农副产品供应稳定，农牧业总产值实现5.3亿元、增长11.81%，农林牧业增加值实现3.05亿元、增长5%（按可比价）。全县总播种面积达到7.54万亩，其中粮食6.33万亩。粮食总产量2.46万吨，其中青稞2.2万吨，油菜0.16万吨。畜牧业持续发展，全县牲畜存栏达14.25万头（只、匹），出栏率达31%。肉类总产量7905.96吨、奶产量14308.93吨、禽蛋50.92吨，主要农副产品供应稳定。实施肥效试验田4.5万亩、高产创建田5.5万亩，推广“藏青2000”4.27万亩，实施良种繁育2700亩。以发展净土健康产业为契机，扶持壮大本地净土企业，集中种植墨竹小油菜0.9万亩，投入700万元购置肥牛和种牛500头，力争年底净土健康产业实现产值8000万元。

——工业经济实力逐步提升。发挥矿产资源优势，严守“安全、环保、稳定”三条底线，大力支持采矿选矿厂等基础设施及配套产业建设。全年实现工业投入23.29亿元。全县5家规模以上工业完成总产值28.74亿元，同比增长40.46%，实现工业税收3.18亿元，同比增长78.5%。工业销售产值实现14.88亿元、同比增长26.839%。2家民爆生产企业已投入生产。

——旅游服务行业稳定增长。累计投入资金837.18万元，实施民俗度假村等6个旅游产业项目，配套设施得到进一步完善。全县全年累计接待游客115.39万人次、同比增长13.6%，实现旅游收入2515.5万元、同比增长17%。市场价格基本稳定，商贸流通企业运行良好。今年新增服务型经济主体370家，注册资金1100余万元，实现税收268.34万元。

#### （二）从增长动力看，发展后劲有效夯实。

——基础设施不断提升。全年实施项目157个，

其中完工82个，完成投资48.56亿元，项目开工率达89%，完工率达52%。农牧业基础更加巩固。投入资金2.73亿元，实施现代农业产业示范园区、斯布牦牛品种保护与短期育肥等51个农牧业项目，农牧业发展质量稳步提升。城乡面貌日趋完善。投入0.37亿元，实施甲玛乡和尼江乡村容村貌整治、县城街边改造、新区亮化等项目，城乡面貌改善显著；民生投入不断加大。投入1114万元，实施甲玛水厂水源地及日多乡饮水工程。投入525万元对8个乡镇62户农村危房进行改造。启动实施县车辆检测中心。投入3.96亿元，实施新一轮农网改造工程，改造线路731.83公里及附属配套设施，电力覆盖实现100%。投入1.11亿元，实施尼江芒热牧区道路等14个农村道路项目，新增和改造农村公路127.43公里，行政村通油率达到97.5%。协助配合实施318国道改造升级工程。投入0.78亿元，实施苏拉远程会诊提升、村级幼儿园、县中学宿舍等项目，就医、就学条件更趋合理及完善；投入0.71亿元，实施37个村组织活动场所标准化建设项目，基层党组织基础设施显著改善；投入500余万元，实施广播电视转播台站基础设施等文化服务项目，公共服务水平进一步提高。

——受援助推作用更加明显。充分利用援藏项目资金，促进资源互惠和优势互补。年度落实1‰以内援藏资金5225万元，实施县医院提升改造工程、塔巴村供水工程、嘎则新区小康安置片区幼儿园等援藏项目14个；争取1‰以外项目资金350万元，启动实施新区农贸市场。与南京市签订《对口援藏扶贫协作协议》的基础上，南京市8个区与8个乡（镇）结成对子，10个市局单位与我县10个局（学校）签订《对口帮扶协作协议》。一年来，南京市共捐赠物资和资金折合人民币1000余万元。县医院与南京市鼓楼区医院建立远程医疗平台，疑难杂症实现远程会诊。援藏项目的实施助推了墨竹经济社会平稳快速发展和长治久安。

——招商引资取得积极成效。紧紧围绕招商体系建设，不断强化项目推介和招引力度。以拉萨雪顿节、西博会、南京净土健康产业招商会等为契机，组织11家合作社参加区外展销会，全力开展直孔白青稞、直孔刺绣、门巴藏药材等特色产品的推介。全年完成招商引资项目15个，落实招商引资资金30亿元。

——“两创示范”建设初具规模。2017年，新登记小微企业313户，直接带动1200余人就业，实现现金增收14万余元。小微企业实现营业收入10.32亿元，同比增长0.19%，实现营业利润1.65亿元，同比增长0.29%，共为小微企业减免税收381.13万元。

——农村改革工作有序推进。已完成全县8个乡（镇）40个行政村7703户土地确权登记工作，共计颁证6759户。截至目前共流转土地4606.82亩，年均租金达到432.15万元。完成不动产登记测量8800户。划定永久基本农田保护区12.38万亩，成功挂牌出让1宗工业用地和2宗商业服务用地，出让面积25亩，出让金1422.9万元。

（三）从公共服务看，社会事业协调发展。

——文化惠民不断显效。投入1261.85万元，实施县、乡、村三级公共文化服务网络、健身中心、羽毛球场、数字影院等项目，大力建设文化基础设施。积极开展惠民政策宣传、“四讲四爱”和“五下乡”活动，开放运行县级数字化电影院、市民健康活动中心，放映爱国主题类电影1960场，观影人数达18.31万余人次，顺利通过第三批创建国家公共文化服务体系示范中期考核验收。投入2600万元，修缮直孔梯寺“扎西果芒”殿、唐加寺等文化遗迹。投入91.6万元，加强直孔梯寺天葬台环境整治。全县9项县级非物质文化遗产保护名录被列入市级名录。设立墨竹工卡县广播电视台，实现了在全市率先开播，广播和电视覆盖率均为99.6%。

——教育发展不断强化。全面贯彻落实“振兴教育教学质量三年行动计划”，全县34名学生考入内地西藏初中班，2017年中考总平均成绩比去年提高12分。扎实推进“双语”教育及义务教育均衡发展。稳步实现“5个100%”教育发展目标，2017年在全市率先召开“5个100%”现场会。深化控辍保学，巩固提高“两基”成果，适龄儿童入学率达99.87%，巩固率达100%，初中入学率达101.83%，巩固率达100%。落实“三包”资金2303.65万元，受益学生8658人，投资5378万元，实施门巴达珠村和日多念村幼儿园、门巴乡风雨操场等10个项目，学前教育入园率达到92%以上。落实中小学“营养改善计划”，下拨经费448.32万元，受益学生6106人，顺利通过自治区中小学素质教育督导评估验收。累计为1600余名农牧民在校大学生报销学杂费、生活补助共计1123万余元。

——城乡医疗不断优化。投入2698万元实施藏医院、医院提升改造等项目。继续实施“先诊疗、后结算”医疗制度，村级卫生室和农牧区医疗制度覆盖率达100%。全民健康免费体检率达99.7%，孕产妇住院分娩率达到99.9%，婴儿死亡率控制在8.9‰。为4460名墨竹籍农牧民报销医疗费3762.3万元。投入714.1万元，全面开展包虫病综合防治工作，完成筛查50339人，筛查率达100%，确诊病例141人，完成手术治疗71人，药物治疗29人。组织20名墨竹籍农牧民子女前往南京开展先天病、髋关节脱位等病患救治。顺利通过国家级健康促进试点县（区）考核验收标准。食品安全形势稳定向好，监管体系不断健全。全年食品抽检合格率达到98.63%，检查各类食品经营主体1273余户（次），查处问题食品12类，涉及金额5000余元。

**（四）从民生保障看，生活质量明显改善。**

——脱贫工作成效显著。坚持以“六个精准”“五个一批”为指导，全面完成1209户5243名建档立卡贫困户脱贫，实现“三有、三不愁、三保障”，贫困发生率控制在0.25%以内。基本完成拉萨文创园区搬迁安置点和嘎则新区（二期）暨小康安居1000户工程建设。投入4.85亿元，实施甲玛大型修理厂、现代农业示范园等36个产业项目，年内10个项目投产效益432.06万元，带动274户1108名建档立卡贫困户实现分红270.58万元。成功洽谈与洛卓沃龙公司产业合作项目，将解决220户分红、300名建档立卡贫困户就业。帮扶农民专业合作组织8个，发展直孔唐卡等5个优势特色产业；积极与城关区、市城投协调对接岗位190个，在县域开发岗位505个，实现稳定就业1029人。94人矿山定向培训人员已全部实现就业，月人均工资达3500元；全县4345个生态补偿岗位落实到人，落实生态补助资金1071万元，定向补助2921人，发放资金230.47万元；以教扶持2123人，为168名贫困大学生发放资助金132.11万元；社保兜底222人，发放资金86.89万元；以助扶持39户39人，共计报销84.39万元。区、市脱贫成效考核工作取得了良好的成绩。

——保障体系不断健全。城乡居民养老保险参保达到2.9万人，城乡居民养老保险参保率达100%。完成4.43万人社保卡数据采集，全民参保信息采集率达92%。完成“两线合一”，城乡低保补助资金实现“一卡通”发放，为全县764名城市低保和3419名农村低保对象发放1863.48万元低保金。继续实施农牧区60岁以上老人“幸福养老”补贴工程，为全县3908名老人发放幸福养老金1688.64万元，五保集中供养对象227人，发放五保供养经费137.11万元，五保集中供养率达到97.8%，意愿集中供养率达到100%。

——就业规模不断扩大。创业就业机制不断完善，农牧民技能技术培训及劳动力转移就业工作卓显成效。全年完成职业技能培训432人，实现转移就业9800人。开发就业再就业岗位400个，城镇新增就业672人，农牧区劳务输出1.96万人次，实现农牧民增收0.58亿元。城镇登记失业率控制在2.1%以内。

**（五）从环境保护看，绿色生态突显成效。**

——生态环境保护不断优化。投入200万元专项资金，实施20个集中饮用水源地保护工程。扎西岗乡垃圾转运站、县城污水处理设施工作有序推进。全县垃圾清运率达97%、垃圾集中处理率达90%以上、城区生活污水集中处理率达70%。加大对矿山周边山体污染治理力度，建设项目环境影响评价执行率达到100%。投入1356万元，开展退耕还林、水土流失治理等工程，完成植树造林2482.2亩，封山育林6928亩，林地覆盖率达43%，林草覆盖率达75%，开展全县消除“无树村、无树户”工作，城镇人均公共绿地面积达到12平方米，兑现公益林管护资金1254.7万元。制定《墨竹工卡县全面推行河长制的实施方案》，在全县范围内开展“管好自己的河—河长在行动”活动。实施了新一轮草原生态保护补助奖励机制政策，划定基本草原 492.51 万亩，达到草畜平衡面积 480.79 万亩，6735 户享受了草畜平衡奖励资金 1198.32 万元。

——环境综合整治取得实效。全面整改中央环保督察组转办的 21 个案件，对相关企业实施行政处罚 252.6 万元。对环境违法行为的企业立案处罚 12 起，处罚金额 138.74 万元。在全县开展砖厂、采砂场等整治行动，全县 16 家砂石场依法取缔。定期开展矿山联合执法，每月第一周星期二作为联合执法工作日，矿区挂牌督办事项有序推进，积极参与"绿盾 2017"国家级自然保护区监督检查专项行动巡查，依法向 9 家个体工商户发放排污许可证及增收排污费 1.1 万元。中央、区、市环保考核工作成效突显。

**（六）从社会局势看，安保形势总体平稳。**

以维护稳定为"第一责任"，筑牢维稳防线，实现长治久安。全年落实维稳资金 5921 万元，健全完善社会治安防控体系。十九大等重大活动和重要敏感时段安全防范工作措施有效，实现"三无""三不出"。全面贯彻党的民族宗教政策，认真开展区、市、县三级和谐模范寺庙暨爱国守法先进僧尼表彰活动，累计发放奖金 132.2 万元。全面实施平安创建、网格化管理和"先进双联户"创建活动，完成"六五"普法和启动"七五"普法。甲玛赤康村等 8 个村荣获县级"民主法治示范村"。调处矛盾纠纷 101 起，办理信访案件 51 件，协调解决拖欠工资、工程款等 6024.32 万元。向 67 家企业和施工单位征缴民工工资保证金 2452 万元。牢固树立安全生产"红线意识"，推进安全生产专项检查常态化，对道路交通、非煤矿山、建筑施工等 13 个领域开展安全监督检查，排查安全隐患 1378 处，收缴处罚金 387.64 万元，停业整顿 2 家。扎实开展防汛抗旱应急工作，制定了《墨竹工卡县汛期安全隐患大检查工作方案》，共排查各类隐患 50 余条，妥善处置了尼江乡邦浦沟洪灾隐患，处突能力显著提升。

**（七）从勤政廉洁看，反腐倡廉力度不减。**

以党的十九大会议精神为指引，坚决贯彻中央、区、市、县委决策部署，主动接受县人大依法监督和县政协的民主监督，一年来共办理人大建议、政协提案 162 件，答复率达到 100%，群众满意率达 98.8%。加快法治政府建设进度，推进政府议事规则，严格落实党风廉政建设责任制，执行"三重一大"事项报告制度，公开 32 项部门 2016 年决算和 42 项部门 2017 年预算，全面推进政府职能转变和高效透明。扎实开展"两学一做""四讲四爱"专题教育活动，完成各部门十八大以来预算执行专项审计，迎接区市扶贫领域专项巡视、检查和督导 10 次。坚持厉行节约，控制行政成本，2017 年"三公"经费累计支出 376.49 万元，比 2016 年同期相比减少 1%。

在肯定成绩的同时，我们也清醒地认识到，全县重点项目对基础设施的支撑不够，城镇化水平较低，公共服务能力不足。在转变经济结构中资源开采仍然占主导地位，依托民营企业带动产业发展优势相对较弱，部分企业经营困难依然存在。农畜附加值不高，专合组织带动效益不明显，居民就业渠道狭窄，劳动力素质低。生态环境治理任务艰巨，社会管理水平有待进一步提升。面对新常态下的社会发展现状，有些改革措施和政策措施落实不到位，少数党员干部仍存在不作为、慢作为、不会作为的现象。对此，我们要高度重视，积极应对。

## 二、2018 年国民经济和社会发展主要预期目标安排建议

2018 年是全面贯彻落实党的十九大精神的开局之年，是实施"十三五"规划承前启后的重要一年，也是全面建成小康社会决胜阶段的关键之年，抓好全县经济社会发展工作意义重大。

全县经济社会发展的总体要求。全面贯彻落实党的十九大及中央经济工作会议精神，以马克思列宁主义、毛泽东思想、邓小平理论、"三个代表"重要思想、科学发展观、习近平新时代中国特色社会主义思想为指导，深入贯彻习近平总书记治边稳藏重要战略思想，牢固树立和贯彻落实"五大发展理念"，坚持稳中求进工作总基调，主动适应新常态，主动抢抓新机遇，主动实现新作为，努力开创经济社会持续健康发展新局面，加快墨竹经济社会发展。

2018年全县经济社会发展的主要预期目标是：全县地区生产总值增长10%，规模以上工业增加值增长18%，财政收入增长10%，固定资产完成投资增长16%，社会消费品零售总额增长13%，农村居民人均可支配收入增长14%。

围绕上述目标，我们将重点抓好以下六个方面工作：

### （一）扩大投资加快建设，夯实基础保障支撑。

根据国家投资导向、产业发展方向、县域发展实际，科学合理编制项目建设计划。2018年全县计划实施项目161个，总投资43.84亿元。申报项目涵盖了工业、农业、商业、旅游业、基础设施建设、民生事业发展等方面，全面开展了项目前期工作，争取3月中旬完成各项前置手续，确保完成年度投资目标任务。

——增强综合交通运输网络支撑。计划投入0.49亿元，实施交通项目7个。年内适时启动农村客运班线，开通扎雪、门巴和日多三条班线，投入780万元实施县级客运场站建设。争取扎雪乡龙珠岗至四组道路、日多乡怎村至维巴组道路等农村公路建设资金，力争实现行政村通畅率100%、自然村通畅率80%以上。更新农村公路数据信息库，全力配合墨竹县至嘉黎县349段、尼玛江热乡旅游环线等重大项目建设，完善交通运输网络，形成对经济社会发展的战略支撑。

——进一步优化水资源配置，着力构筑防洪减灾体系。推进中小河流治理、山洪灾害防治，提高墨竹农业生产力和粮食安全生产能力，计划投入0.51亿元，实施尼江乡灌区、甲玛乡防洪、小型农田水利等4个重点项目，新建改建干渠28.27公里，农田改善灌溉面积达到8920亩。着力保障饮用水安全，建成扶贫供水、农村饮水安全巩固提升工程，切实解决四季通水不正常问题，确保全县农村饮水安全工程全覆盖。

——加强市政公用设施建设。统筹地上地下市政公用设施建设。计划投入0.66亿元，实施县级污水处理收集系统、乡镇垃圾转运站、新区经二路、南京路向北延伸段等5个项目，进一步增强城市综合保障能力。开工建设县综合商场、嘎则新区扶贫商品房，提高空间利用效率。按照国家建筑节能相关政策，投入5000万元，对医院、学校及重点公共建筑实施节能保温改造，逐步强化全县基础设施建设。

——统筹城乡发展，扎实推进新型城镇化建设步伐。坚持以规划为统领，全面提升城乡建设水平。计划投入0.76亿元，年内开工甲玛特色小城镇棚户区改造、甲玛孜孜荣村二期搬迁、甲玛特色小城镇风貌改造等项目。争取实施工卡镇“冰箱村”改造搬迁，努力补齐影响群众生活品质短板，实施扎雪乡、日多乡人居环境整治工程，改造乡镇基础设施建设，力争实施嘎则新区人工湖改造项目，促进城乡协调发展。

### （二）立足本地资源优势，培育壮大特色产业。

深入实施“产业强县”战略，增强造血功能，提高发展能力，做大做强特色产业，推动一、二、三产深度融合。

1. 加快现代农业建设，加速农业转型升级。高度重视“三农”工作，“三农”投入继续占到全县财政一般预算收入的30%以上。做好稳定粮食生产，促进农业现代化与新型城镇化同步发展，实现农业增效、农民增收、农村发展。一是进一步提升农牧业综合生产能力。2018年预计粮食产量达到2.46万吨以上，蔬菜产量达到0.45万吨，肉、奶、禽蛋产量分别达到0.8万吨、1.4万吨、52.5吨以上。积极做好“农机加油一卡通”试点县相关工作。二是精心培育健康净土产业。全年计划投入2.19亿元，实施农牧业项目8个。力争年内建成工卡镇农业产业园，推进农业标准化、规模化种养植。开工建设标准化奶牛养殖基地、藏鸡养殖等产业项目，大力培育本土健康净土产业品牌，力争净土健康产值实现0.8亿元，积极推进“三品一标”认定工作。三是推进产品附加值。引进龙头企业，大力发展农产品精深加工、仓储保鲜、包装营销，提高附加值，延伸产业链；搭建农村电子商务平台，培育农村电商、农产品定制等“互联网+”新业态。力争在2018年新增3个各类农民专业合作经济组织、1个农业产业化龙头企业、3个农家客栈，扩大企业规模，提高产值效益。

2. 大力发展特色工业，打造新型工业道路。力争年内实现规模以上工业增加值18.12亿元、增长18%，完成工业销售产值达到25.83亿元，工业税收增长18%，完成工业固定资产投资20亿元。一是提高矿业开发水平。以“和谐矿区”建设为载体，全面推进驱龙矿区建设，力争知布拉选厂和华泰龙一期改扩建顺利运行，并探索推进矿产品深加工，提升资源综合利用效率。二是加快新兴产业发展。抢抓国家大力扶持发展新兴产业的机遇，大力发展太阳能、电子信息等节能环保新兴产业，引进中兵瑞图生态股份有限公司，做好矿山修复和再回收利用工作，推动清洁能源引领产业转型升级。三是加快发展特色轻工业。发展特色食品及农产品加工、包装印刷等特色轻工业，年内建成奶制品加工和甲玛大型修理厂等工程。配套发展仓储物流、电子商务、金融服务、旅游服务等综合配套与服务业，建成县城物流中心，推动形成新的经济增长点。四是支持国有企业发展扶持力度。通过县城投公司收购三家企业施工资质，参与200万元以上基建项目。年内重点扶持城投公司实现产值5000万元以上，缴纳税收500万元以上，公司总资产达到上亿元。成立水电气投资公司，不断提升县域发展水平。

3. 促进三产发展新崛起，形成后发赶超新优势。力争第三产业增加值占比达到12%以上。一是继续完善旅游基础设施。投入600万元，实施工卡镇塔巴村旅游扶贫项目、工卡镇塔巴村民俗旅游传统村落建设项目，围绕“天边温泉之乡，日多财运神湖”为主题，全力打造大思金拉措景区。推进优秀民间文化、宗教文化与旅游深度结合，打造县域精品旅游。力争全年接待国内外游客突破132.6万人次，实现旅游收入2968.29万元。二是加快发展现代服务业，开创“十三五”跨越发展新局面。充分发挥商业作为先导产业和支柱产业的作用，投入5250万元建设县城综合商业中心、农贸市场等项目，全面推进新区小康安居项目，激活附属商业配套。投入3000万元，引进龙头企业投资兴建甲玛扶贫加油站、尼江加油站项目，全面繁荣城乡市场。

（三）着力提高民生保障，促进社会和谐发展。

进一步加强民生实事建设，提升民生发展新保障，全力办好“民生十件实事”，切实解决涉及群众切身利益的热点难点问题，使民生实事惠及人民、民生发展深入人心，全面开启和谐发展新篇章。

1. 切实巩固脱贫攻坚成效。坚持把脱贫攻坚作为经济社会发展和“第一民生工程”来抓，按照“六个精准”“八个到位”要求，统筹推进“五个一批”和“十项提升工程”，确保2018年率先实现整体脱贫。做好易地扶贫搬迁户的安置，盘活搬出地的承包地（草场）、林地和宅基地，让原住地的生产资料成为搬迁户的稳定收入来源。推进精准扶贫产业项目，力争年底产生效益2400万元，带动320名贫困群众就业，实现576户贫困群众分红115.2万元。建档立卡贫困户家庭年人均纯收入增长17%。同时，继续落实好“三大民生”工程，彻底消除“因病返贫”“因学返贫”等问题，将返贫率降到最低。

2. 加快社会事业协调发展。着力推进公共服务均等化，不断增进人民福祉。一是坚持创业带动就业，拓宽就业空间。依托工业化、城镇化和扶贫产业发展，发挥“双创”园区作用，鼓励农牧民向二、三产业转移。扎实做好高校毕业生就业引导工作，组织开展农牧民培训900余人次，实现农村剩余劳动力转移就业1.2万人次，通过本地资源优势，向矿山输送本地50名群众就业，城镇登记失业率控制在2.1%以内。二是积极推动覆盖城乡的基本公共教育体系建设。计划投入0.22亿元，推进实施教育项目11个。建成使用嘎则新区小康安置片区南京实验幼儿园、日多念村、门巴达珠村幼儿园项目，开工建设门巴乡中心小学供暖工程、门巴乡波尔朗村幼儿园、乡村教师发展中心项目，坚持“5个100%”，召开市级现场会，把“双语”教育贯穿始终，认真落实15年免费教育和“三包”政策。三是积极发展医疗卫生事业，增强公共卫生服务能力。计划投入0.25亿元，实施尼江乡卫生院、妇幼保健院、人民医院腹腔镜手术设备等6个项目。大力开展免费孕前优生健康检查，确保孕产妇住院分娩率达100%，在落实住院医疗自付费用100%报销的基础上，完善20种特殊病门诊报销及儿童先天性心脏病、唇腭裂、先天性髋关节脱位等医疗救助工作。启动“二甲”医院申报工作，建设尼玛江热乡标准化卫生院。

加强分级诊疗，全面推进“家庭医生签约”工程，力争县域就诊率达90%以上。加大妇女“两癌”筛查和救助力度，持续巩固包虫病综合防治成效。加大老干部关心力度，力争4年内完成所有离退休老干部疗养工作。全面加强食品药品监管力度，依法打击假冒伪劣商品，推进创建国家食品药品安全示范城市工作。四是全面建立覆盖城乡、惠及群众的社会保障体系。投入500万元，加快建立县级老人日照中心，建成投入新区易地扶贫搬迁两个社区服务中心，完善临时救助制度，发放物价补贴，继续做好五保集中供养和孤儿集中收养工作，逐年提高城乡低保、农村五保人员的保障线和供养水平。实施全民参保登记计划，提高新型农村合作医疗补偿比例，城乡居民养老保险持续巩固在100%。五是推进文化产业发展，增强文化软实力。加强宣传思想阵地建设，投入1980万元，实施公共文化服务设施、广播影视中心等项目，充分发挥新华书店、数字电影院、电影下乡、农村书屋以及微信公众号、党政门户网站等平台作用，丰富干部群众精神文化生活。深入开展历史和文化遗产保护工作，投入800万元，实施艾玛日寺修缮保护工程。

**（四）推进生态文明建设，筑牢绿色生态屏障。**

加强生态创建保护，正确处理保护生态和富民利民的关系，牢固树立绿水青山就是金山银山的理念，稳步推进生态文明建设，建立健全生态公益林管理保护机制。

1. 落实主体功能区规划。贯彻实施国家、自治区主体功能区规划，按照各个区域的主体功能定位，积极开展县城总体规划修编工作。争取2017年申报的甲玛特色小镇建设用地257.99亩及精准扶贫暨小康安居工程用地656.95亩获批。科学合理划定城镇、农业、生态三类空间，强化空间管控。

2. 加大植树造林力度。投入1528.5万元，实施2017年拉萨周边造林289亩、重点区域人工造林3000亩、封山育林2100亩。计划植树10万株，打造“核桃村”“桃树村”“苹果村”，逐步向一村一品经济林发展，年内完成天然林资源保护257.4万亩，森林覆盖率达到43.5%。大力推进国土绿化，2018年彻底消除“无树村、无树户”。

3. 强化基本农田保护。全面推进全国第三次土地调查工作，组织申报2018年用地报件，加强城市土地节约集约利用，清理收回闲置用地，优化国土空间开发布局，实现土地整治2200余亩。

4. 强化环境综合治理。严格落实环境保护“一票否决制”，严禁“三高”企业和项目进入墨竹。加大饮用水水源地保护力度，从源头确保城乡居民用水安全。年内建成县城污水处理厂，实现乡镇生活垃圾集中处理。全力推动“厕所革命”，建成使用43座公厕，确保人口集中区、交通沿线和旅游景点实现全覆盖。

5. 健全生态保护体系。加大对重点建设项目、重点污染源、重点监控企业执法监管力度。全面推行“河长制”工作，对全县境内的河湖名录进行划分界桩，建立健全长效机制，编制完成“一河一策”实施方案，加大对环境综合治理力度，进一步改善水生态环境。

**（五）推进体制机制创新，全面深化改革开放。**

1. 深化农村体制改革。建立规范高效的农村土地所有权、承包权、经营权“三权分置”运行机制。改革农村宅基地制度，积极稳妥推进农牧民住房财产权抵押、担保、转让，盘活农村土地、房屋等资产资源，有效激发农牧区经济发展活力。

2. 深化经济体制改革。加强对非公有制经济的指导和政策协调，建立市场准入、税收管理、金融贷款等机制，进一步整顿规范市场秩序，努力建设“诚信墨竹”。深化投融资体制改革，鼓励引导民间资本进入基础设施、资源开发、特色产业、公益事业等领域。

3. 深化行政体制改革。坚持以简政放权为核心，深化“放管服”改革，建立健全政府责任清单、权力清单，以清单管理推动简政放权，以监管体制改革加强事中事后监管，承接好下放的审批事项，规范权力运行流程，出台基建项目管理实施办法，把简政放权、放管结合、优化服务推向深入。

4. 深化社会治理体制改革。突出抓好教育领域、促进就业创业机制、收入分配体系、社会保障体系、医疗卫生体制、户籍制度等各项改革，优化社会治理能力，形成社会治理和社会服务的合力。

5. 创新受援体制机制。坚持援助资金和项目向基层倾斜、向农牧民倾斜、向民生倾斜,保证 80% 以上资金用于改善民生。全年计划实施 16 个 1‰ 以内援藏项目,总投资 0.72 亿元。按照《对口援藏扶贫协作协议》,推动精准对接的基础上,深化两地交往交流交融工程,坚持"组团式"教育、医疗援藏相结合,引进急需紧缺人才,互学互促,互帮互助,补齐短板,留下一支永不走的技术人才骨干队伍。

**(六)创新完善社会治理,创建和谐发展理念。**

扎实推进依法治理工作,强化公共法律服务体系建设,深入开展民族团结"七进"活动,深化社会治安综合治理,坚持和谐稳定发展理念,建设"美丽墨竹、平安墨竹"。

1. 强化社会综合治理。全面落实各项利寺惠僧政策,不断巩固创新寺庙管理成果。全面开展"七五普法",积极推进依法治县。严格落实十项维稳措施,深化"网格化"和"双联户"服务管理模式,完善社会治安防控体系,严厉打击赌博和高利贷行为。投入 2500 万元,实施县车辆检测中心、七乡一镇派出所执法场所装备升级改造工程。加快推进"雪亮工程"基础设施建设,有效提升社会综合治理工作水平。深化"联合接访"工作,依法化解信访突出问题,努力实现信访案件"零搁置"。

2. 保障社会公共安全。突出抓好社会公共安全管理,继续强化安全生产、道路安全、食品药品及学校周边等重要部位安保工作,严防重特大安全事故发生,落实重大项目风险评估机制,加快整改安全隐患挂牌督办问题,全面迎接国务院安全生产考核。对安全隐患始终保持"零容忍"态度,健全突发事件处置机制和体系,切实维护人民群众生命财产安全。

各位代表,新的一年里,在县委的正确领导、县人大的法律监督、县政协的民主监督下,我们将深入贯彻落实党的十九大精神,用对以习近平同志为核心的党中央绝对忠诚的实际行动,做好改革发展稳定保护各项工作,团结奋进,勇攀高峰,从严从实加强自身建设,忠于党、忠于人民,加强学习,不断提高履职尽责能力,全心全意为人民谋福祉,为全面完成 2018 年经济社会发展目标任务、实现全面建成小康社会而努力奋斗。

# 关于墨竹工卡县财政2017年财政决算执行和2018年财政预算报告

## ——在墨竹工卡县第十三届人民代表大会第三次会议

墨竹工卡县财政局局长　达瓦罗布

（2018年1月7日）

### 一、2017年财政预、决算执行及财政工作情况

2017年全县财政工作在县委、县政府的正确领导下，紧紧围绕中央十九大精神深化财税体制改革，贯彻落实习近平总书记新时代中国特色社会主义思想，紧紧围绕“四个全面”战略布局，坚持稳中求进的总基调，抓住国家实施西部大开发和国家赋予西藏的积极财政政策有利时机，抓住发展和稳定两件大事，全力保障“六大战略”实施和县委、县政府总体工作部署，积极应对严峻复杂的宏观经济形势，本着“保增长、保稳定、保建设、保发展”的思想理念，解放思想、凝聚力量、开拓进取、攻坚克难，全力以赴抓收入，多措并举优支出，全力改善民生、确保精准扶贫和重点建设支出需求，为我县经济社会快速、和谐、健康、持续发展提供了坚强的财力保障，财政预算执行情况良好。

### 二、2017年财政预算执行总体情况

经墨竹工卡县第十三届人民代表大会第二次会议批准：2017年度年初财政预算为：公共财政预算93982.1万元，比去年预算减少2.27%，其中，本级一般财政收入36500万元，上级转移性收入39884万元，税收返还7000万元，定额补助905万元，增资补助4265万元，农村税费改革补助515万元，其他补助494万元，专项补助3419万元，调入预算稳定调节基金1000万元。

在预算执行过程中，结合2017年预算执行的实际情况，为我县各项工作顺利开展提供有力的资金保障，经我局报请县人大常委会同意，将原在年初预算内安排的3000万元产业发展扶持资金中调整1000万用于县国有城市投资有限公司产业发展注册资金，项目前期经费500万元中调整200万元用于项目配套，200万元用于政府采购，以保障本县各类项目及其他配套能及时落实。

根据上级财政及本级财政追加等财力因素发生变化和2017年上级下达的最终财力实际，经我局报请县人民政府同意，县十三届人大常委会第十一次会议批准，年终对预算进行了调整，调整后的预算执行结果为：2017年度全县总财力为120184万元，比上年决算减少了3.91%，其中全县地方财政收入完成38015万元；税收返还数为13422万元，比上年决算增长39.22%；上级转移性及各专项补助收入67499万元，比年初预算数增长了16.84%；预算稳定调节基金1248万元。

政府性基金收入2920万元（含上级1174万元），比上年决算数减少50.21%。

全县财政支出达到120184万元，列入预算稳定调节基金1248万元。

2017年财政工作情况：

一年来，面对各种困难和压力，财税部门紧紧围绕全县工作大局，按照“创新、协调、绿色、开放、共享”的发展理念，强化预算资金管理，提高各部门预算执行的监控力度，加强财税征缴的协调沟通和税收优惠政策的规范管理，并在困难中谋发展，在挑战中求突破，财政各项工作取得了明显成效。

**（一）强化财税征缴力度，促进收支规模稳定增长**

我们紧紧围绕自治区、拉萨市经济工作会议精神和县委、县政府提出的总体工作部署，切实落实“抓改革、促发展，保稳定、保民生、重调控”的总体思路，不断发挥财政协调监督职能，切实做好开源节流，狠抓落实，全面完成了年初预算上级下达的地方财政收入目标。2017年全县地方预算财政收入达到38015万元，其中，税收收入达到22790万元，非税收入为15225万元。政府性基金收入2920万元（含上级1174万元）。

**（二）加大民生投入，促进社会事业稳步发展。**

1.全面推进强农惠农政策落实，改善农牧民生产生活水平。

为不断推进我县脱贫攻坚工作，切实提升农牧民群众的幸福指数和实现全县脱贫摘帽。我县始终把支持落实精准扶贫和“三农”发展作为财政工作的重中之重，在不断增加资金投入力度的基础上，继续强化强农惠农政策的落实力度。

2017年县本级预算内涉农及扶贫资金投入达到26331.94万元，占本级财政收入的71.23%，其中：支农专项资金安排为1047.6万元，农机具购置补贴142万元，农牧民培训经费500万元，农牧区防汛抗旱及救灾资金130万元，牲畜改良、畜牧良种130万，农村税费改革514.5万元，产业发展基金3000万元（含净土、生态），草场生态补助奖励机制、草场承包经营责任经费10万元，“2131”工程10万元，村村通专项经费25万元，农村文化建设200万元，牲畜传染病防治5万元，科技三项费730万元，药品两网建设10万元，计划生育经费3.6万元，强基惠民项目业务经费40万元，基层政权建设200万元，农田用水及人饮水经费66万元，县级财政投入12%精准扶贫专项4380万元，乡镇转移支付资金160万元，各乡镇2017年工作经费240万元，联户长补贴255万元，村级公用经费补贴80万元，田间管理8万元。教育配套7171.3万元，教育基金500万元，医疗补助补偿3762.3万元，大学生学杂费1123万元，“幸福养老”补贴1688.64万元，人大、政协代表提案办实事经费200万元。

通过一系列资金的投入切实推进了农牧区村镇规划和建设，改善了农牧区生产、生活条件，拓宽了农牧民增收渠道，为建立和谐稳定的社会局势，加快建设“六个墨竹”奠定了良好的社会基础。

2.理财思路明显转变，不断促进社会事业协调发展。

一是加大了教育事业的投入力度，2017年我县教育事业支出达到26865万元，同比增长了19.41%，其中，县本级对教育事业的投入达到7171.3万元、大学生教育资助894.03万元。二是财政用于支持文体广播事业发展的支出达到989万元，同比减少了2.75%，文化事业进一步发展，民族传承文化得到进一步保护，文艺服务基层、服务农牧民群众的工作得到切实落实。三是财政用于支持卫生事业发展的投入达到9866万元，解决了农牧民基本医疗的保障，公共卫生服务体系不断健全，切实解决广大人民群众就医难问题，提高了县乡医疗机构的硬件及软件设施。四是针对我县乡镇存在的实际困难，为提高乡镇的工作积极性，县政府加大了乡镇的转移支付力度，投入328万元用于支持乡镇基层政权建设，有力促进了县域各项事业整体和谐发展。五是财政用于支持民政事业投入4094万元，有力地促进了医疗救助制度的落实，做到了“老有所依、老有所养”，福利院各项工作顺利实施。

3.保障精准扶贫“六脱”工作开展，为脱贫摘帽保驾护航。

为有效推进精准扶贫工作进度，切实保障精准扶贫资金投入，县财政根据县委、县政府工作总体部署，积极与各方协调，及时组织力量强化对精准扶贫各项资金的落实，不断为我县精准扶贫、精准脱贫工作提供有力的物质基础。

找准点、把准脉是保障精准扶贫各项资金合理有效使用的前提，县财政根据精准扶贫要求和本县财力实际，在自治区下达精准扶贫产业项目资金4401万元、市级下达1956万元（资金指标未下达）的基础上，年初预算中及时安排了精准扶贫资金4380万元，占本级一般公共预算收入的12%，比上年增长12.65%。落实农发行融资贷款19798万元，安排培训资金500万元的同时，制定出台了《墨竹工卡县统筹整合涉农资金推进精准扶贫实施方案》，统筹整合各项涉农资金16400万元（未含精准扶贫12%配套为4380万元），占本级收入的64.32%。并结合精准扶贫各类项目内容，按照我县制定的《财政扶贫资金报账制管理办法（试行）》，及时将资金按需进行了有效的分配，从而为保障资金安全使用和在阳光下运行奠定了较好的制度保障，也为防止出现资金截留、挪用等违纪违规行为打下了坚实基础。

## （三）强化维稳防控，促进社会和谐稳定发展

我县以习近平总书记“治国必治边、治边先稳藏”重要战略思想和俞正声主席“依法治藏、富民兴藏、长期建藏、凝聚人心、夯实基础”的重要原则为指导思想，不断强化稳定压倒一切的思想，积极支持政法系统有效开展工作，加大反分裂斗争和维护稳定工作的投入力度。2017年财政用于公检法司及政法部门等方面的支出达到4921万元。为我县稳定工作提供了有利的物质保障。同时为进一步加强宗教事务管理，切实为广大僧尼和寺管干部提供一个良好的工作、生活环境，2017年共支出宗教事务经费达1416.8万元，保障了依法管理宗教事务、加强寺庙法制宣传教育、积极引导宗教与社会主义社会相适应方面的物质需求。

## （四）加强财政资金管理，不断强化资金使用效益

有力维护财经纪律、促进财政资金安全运行是不断规范我县财政工作有序发展的根本保证。我局始终坚持按《预算法》办事，坚持集体领导下的一支笔经费审批制度，杜绝超预算、超财力办事；严格执行“收支两条线”规定，完善财政监督机制，把事前监督、事中监督和事后监督有机结合起来，确保各项资金合理、合规使用，切实发挥财政资金最大效益。

1.在提高资金的使用效率方面。为节约开支，切实使各项资金用在刀刃上，本局严格按照财务管理各项法规、制度，制定了《墨竹工卡县财政局考勤及信息管理办法（暂行）》《墨竹工卡县预算执行考核制度（暂行）》《财政扶贫资金管理实施办法（试行）》《2016年保障性安居资金管理办法（暂行）》《墨竹工卡县政府性债务管理办法（试行）》，配合县委组织部调整完善了《关于规范墨竹工卡县干部职工正常福利发放暂行管理办法》，有效地遏制了各部门利用公款进行宴请、送礼、公车私用等行为的同时，积极推动国库集中支付改革工作，完善集中支付权限，使国库集中支付改革走在了全区各县（区）前列，从而为我县各项财政工作走向规范化、制度化起到了良好的推进作用。

2017年“三公”经费支出合计376.49万元比2016年支出降低了1%。

2.为了适应社会发展趋势，改变以往手工做账的落后现状，进一步规范县、乡级财政管理力度，切实推进乡级财政建设工作，保障财务各项财政资金用实用活。针对乡镇财务工作实际，组织相关人员对全县七乡一镇电子账务使用情况进行经常性督导，对部分乡镇电子账务使用不到位的及时要求进行完善，并组织县、乡级财务人员前往内地开展财务基础知识培训。以此不断提高乡镇财务人员的业务技能水平和规范财务管理。同时，通过财务电子化软件系统局域网实现了财政业务开展全面监控。全年共计进行入基层实地培训4次。

3.强化财政资金监管水平和提升部门廉洁自律意识是保障我县资金合理、合规使用的一项重要手段，为进一步加强财务监督，切实提高资金使用透明度，本局结合全县财政工作实际，根据县委、县政府工作部署，利用财政一体化系统对其进行动态监控的同时，会同县纪委、县委组织部开展财政资金使用情况重点检查和自行组织监督检查共4次。其中5月23日至5月27日对拉萨市巡察组巡察工卡镇、扎西岗乡反馈的问题线索整改落实情况进行全面督查，涉及资金2亿余元；6月至8月初联合县委组织部、县纪委对各村委会换届选举前2014

年至2017年6月份资金落实情况进行全面审查，涉及资金1.4亿余万元；8月份组织财政干部对各乡镇2016年办实事经费落实情况进行督查，涉及资金1600万元，并财政自身邀请会计审计中介机构对各部门2016年财政预算资金执行情况进行自查的基础上，积极做好区、市督导检查、审计问题的整改工作，做到了事事有人抓、事事有落实，从而为进一步严肃规范津贴补贴等合规使用，强化财政工作职责和提升各部门严格执行财经纪律等方面奠定了良好的基础。

4.进一步规范了全县开展政府采购行为，明确了政府采购范围和流程，根据拉萨市政府采购有关文件，结合本县实际，制定了《墨竹工卡县政府采购管理办法（暂行）》及调整充实了县政府采购工作领导小组。并以此为基础，逐步探索政府购买服务机制和模式，初步制定了《墨竹工卡县推进政府购买服务工作方案》。截至2017年12月全县开展政府性采购72次，总计支出资金2175.15万元。

5.强化部门资产管理，提高固定资产使用效率是进一步降低资金运行成本的一项重要手段之一，按照上级业务部门工作要求和县政府的统一部署，为巩固本县各项固定资产的系统化管理和合理使用，我县今年再次组织县直各部门开展了一次系统的固定资产使用培训。参训人员80余人。

在国际矿产价格不稳定因素、我国经济增幅呈下降趋势，实施结构性减税政策，财政收支矛盾日益加大的情况下，我县顺利完成了各项财政收支任务。但我县也清醒地认识到财政工作仍存在着诸多困难和问题：县域经济依然比较薄弱，财政收入结构不尽合理，财政收入增长缺乏稳定性，对上级财政依赖程度较高；新增支出基数大、刚性强，支出需求持续扩张的前提下，收支平衡的压力不断加大；公共财政体制尚不够健全，财政规范化管理水平仍存在薄弱环节，财政资金预算约束需进一步提高。这些都需要通过今后不断深化财税制度的改革落实加以解决。我们将在今后的工作中充分估计面临的困难、问题，未雨绸缪，沉着应对，牢牢把握财政工作的主动权，坚定做好财政工作的信心和决心，坚持依法理财、民主理财和科学理财，努力促进我县经济社会跨越式发展。

## 三、2018年财政预算草案

根据新《中华人民共和国预算法》《国务院关于编制中央预算和地方预算的通知》的规定和要求，结合我县实际，认真编制完成了2018年县财政预算草案。

### （一）预算编制指导思想

2018年是认真贯彻落实中央十九大精神的开局之年，是改革开放40周年，是实现我县脱贫摘帽的重要之年，我局将紧紧围绕为民务实清廉，抢抓机遇，深入推进财税制度改革，进一步转变作风、接地气、重实干、求实效、勇负责、敢担当、扎扎实实推进各项工作，以确保全面完成既定目标任务为重点，全力保障实现稳增长、促改革、调结构、惠民生、防风险的宏观调控目标，不断优化支出结构，集中财力资源，在保工资、保正常支出的基础上，重点支持“三农”、科技、文化、教育、公共卫生、社会保障、稳定局势、精准扶贫等工作发展，牢固树立勤俭节约、“过紧日子”的思想，从严控制一般性支出，坚持以依法理财、统筹兼顾和增收节支的理念，不断增强财政科学管理，提高财政资金使用效益。

### （二）2018年财政预算财力情况

2018年上级下达的全县财政预算总财力为95242.29万元，与去年预算同期增长1.34%，其中，本级一般财政收入39150万元，上级转移性收入预计55592.29万元（含税收返还预计5300万元、专项补助预计50292.29万元），动用预算稳定调节金500万元。

财政收入增量部分，主要考虑对教育、民政、卫生、人社等民生项目的支持；专项增量部分，将用到指定的项目，税收返还和转移支付增量主要考虑兑现各项政策性增资和新增人员工资、支持全县各项社会事业发展等方面。

### （三）财政支出预算初步安排情况

1.财政支出预算安排总体。

2018年预算安排资金为95242.29万元，与上年预算增长1.87%，根据我县实际情况，总财力预算支出主要体现在以下几个方面：一是工资支出17700.8万元，较上年预算增加26.37%；二是公用经费预计为3069.2万元，与去年预算相比增长了0.4%；三是各项法定支出预计18907.36万元，较上年预算增加23.73%（含教育配套、免费医疗、城市维护、"三农"、住房公积金、各项社保配套等支出），占总财力的19.68%；四是预备费预计1915万元，为总财力的2%；五是小型专项经费预计为40897.3万元，与去年预算相比增长了16.26%（其中：教育系统教职工工资、三包14709万元，全县农牧民体检230万元，农机具购置补贴80万元，扶贫资金4698万元等）；六是其他项目支出10115.4万元（其中含维稳支出、各项专项、基础设施、涉农政策性保险、驻村、驻寺工作组、民生经费等）；七是冲抵上年预拨款2637万元，比上年预算降低67.96%。

2、2018年本级预算安排的重点

预算安排95242.29万元支出中，除优先保证人员工资和行政事业机构的正常运转外，重点支持全县各项中心工作有效开展，按照"创新、协调、绿色、开放、共享"的发展理念，支持全县经济社会协调可持续发展，支持各项民生政策全面落实。

（1）加大强农惠农投入，进一步推进城乡一体化发展水平。

安排支持农业投入15213.39万元。

一是继续加大惠农工程投入，将解决群众最关心、最期盼的问题作为政府财政工作的出发点和落脚点，确保区、市各项惠农资金落实到位的基础上，本级安排精准扶贫专项4698万元、农村扶贫地区社会发展建设100万元、退耕还林补助48.64万元、林业绿化及建设1500万元、森林生态保护补助奖励1284.92万元及人饮工程800万元、山洪灾害预警系统运行22万元等强农惠农资金预计8453.56万元；二是大力支持积极的就业政策和扶持创业政策，积极做好农牧民就业及农牧业种植等培训，不断增强增收致富技能，安排农牧民培训经费300万元（2017年结余200万元）；三是不断加快现代农业发展，增强农业综合生产能力，安排田间管理资金11万元、畜牧改良100万元、农牧业特色产业扶持60万元、农业测产经费4万元、支持现代农业生产，农牧民专业合作组织，农牧业特色产业和农牧民保险配套；四是继续做好农牧区补贴配套，不断促进农牧民持续增收，安排各类配套资金970万元，其中农机具购置80万元、畜牧良种补贴30万元、草场生态补助奖励机制及完善草场承包经营责任制经费10万元、农村宅基地和集体用地测量费300万元、土地利用总体规划评估550万元；五是进一步推进农村综合改革力度，不断提高基层农牧业服务力度，安排2364.83万元，其中农村税费改革321.1万元，村级公用经费补贴80万元，村医、兽医补贴442.1万元、联户长专项等专项经费335.23万元、村两委报酬及业绩810.4万元、村组长补贴216万元、乡镇转移支付160万元；六是为不断提高农牧业发展水平，强化农牧民增收致富渠道，安排产业发展基金800万、强基惠民项目业务经费40万元、涉农法定支出预计2110万元。

（2）加大民生投入，不断推进城乡社会保障体系建设。

投入民生资金25136.01万元，用于进一步深化医药卫生体制改革，加快覆盖城乡的公共卫生体系建设，稳步实施县级公立医院综合改革，不断提升农村医疗管理工作、城镇居民基本医疗保险、城乡医疗救助等制度；切实解决农村大学生就学难；增加社会保障投入，保障失业人员、城乡低收入群体、农村困难群众、优抚对象等基本生活；提高新型城乡社会养老保险覆盖率、保障"老有所依、老有所养"和有效解决农牧民群众迫切需求的民生问题，全面提升农牧民的幸福指数。投入"三大民生"4923万元，即：农牧民医疗保障经费2200万元，大学生学费、生活费资助金1000万元，60岁以上老人"幸福养老金"补贴1723万元。投入农牧民全民免费体检经费230万元，先心病及唇腭裂等救治25万元，高危孕产妇提前住院及福利院补贴305.9万元，民政救灾抚恤事业费678.43万元，本级教育配套8336.68万元，新型合作医疗2128万元，医疗、失业、养老、生育、工伤保险3226万元，人大、政协为民办实事260万元、重症及特殊传染病基金100万元。

（3）巩固维稳基础，促进经济社会和谐稳定发展巩固和加强基层社会管理和服务体系建设，夯实党在基层的执政基础和执政能力，坚持保障“三条底线”不放松。安排公共安全维稳经费5054.16万元，其中公检法司、民宗等各部门维稳经费2321.64万元，公检法司业务装备费769.5万元，各项公检法司、驻寺及僧尼补助和奖励704.02万元及全县维稳经费1259万元等。从而将进一步保障我县各级政法部门办案、装备、基础设施及维护稳定的各项需求。

各位代表，新的一年，站在新的起点。我们将在县委、县政府的正确领导下，高举新时代中国特色社会主义的发展道路，全面贯彻落实“四个全面”战略布局和党的十九大会议精神及习近平总书记系列讲话精神，自觉接受人大代表监督，虚心听取政协委员的意见和建议，继续加强和改善财政宏观调控，深化财税制度改革，完善预算管理制度，狠抓预算执行管理，强化基层财务管理和财政监督，推进财政科学化精细化管理，开拓进取，扎实工作，确保2018年预算执行圆满完成。

# 综 述

【概况】 墨竹工卡县位于西藏中部、拉萨河中上游，地理坐标为北纬 29° 8′、东经 91° 77′。东与林芝市工布江达县相邻，西靠拉萨市达孜、林周两县，北连那曲地区嘉黎县，南接山南地区乃东县，交通区位优势较为明显，川藏公路（318 国道）横穿而过。县域面积 5492 平方公里，属以农为主的半农半牧县。全县辖七乡一镇，40 个村委会，总人口 5.4 万人，平均海拔 4200 米。墨竹工卡县素有“天边之乡”的美誉，野生动植物资源有黑颈鹤、斑头雁、虫草、雪莲花、红景天等，矿产资源有铜、铅、锌、金、钼、大理石等。境内名胜古迹众多，旅游资源得天独厚，距今 850 多年历史的直孔梯寺闻名国内外，日多温泉、德仲温泉和有财神湖之称的思金拉错等自然景观独具魅力，直孔水磨糌粑、斯布牦牛等农畜产品驰名区内外，以松赞拉康、松赞干布纪念馆、霍尔康庄园、甲桑古道徒步为重点的藏王松赞干布出生地甲玛景区已完成松赞干布纪念馆建设并对游客开放。

【经济和社会发展】 2017 年，全县地区生产总值实现 30.64 亿元，同比增长 10.2%；全社会固定资产投资完成 49.22 亿元，同比下降 38.9%；公共财政收入（全口径）完成 3.82 亿元，同比增长 16.25%；规模以上工业增加值完成 15.02 亿元，同比增长 16.1%；社会消费品零售总额完成 3.71 亿元，同比增长 12.3%；农村居民人均可支配收入完成 13046 元，同比增长 14.49%。

【脱贫攻坚】 2017 年，全面完成 1209 户 5243 名建档立卡贫困户脱贫并通过自治区第三方考核验收，建档立卡贫困户人均可支配收入达到 8470.7 元，同比增长 35.7%，同步实现“三有、三不愁、三保障”，贫困发生率下降到 0.25%，群众认可度达到 97.3%，实现“贫困户脱贫、贫困村退出、贫困县摘帽”目标。全年累计安排扶贫资金 1.64 亿元，贫困群众实现稳定就业 1029 人。拉萨文创园搬迁点和县城易地扶贫搬迁二期暨小康安居工程安置点建设基本完成。

【工业经济】 2017 年，深入推进矿区建设规范，各企业挂牌督办环境问题得到有效整改。狠抓工业经济运行监控，完成招商引资项目 15 个，实际到位资金 30 亿元。实现工业总产值 28.74 亿元，同比增长 40.46%，实现工业税收 3.18 亿元，同比增长 78.5%。

【农牧业】 2017 年，农作物播种面积达 7.54 万亩，粮食总产量 2.46 万吨。推广“藏青 2000”4.27 万亩，实施良种繁育 2700 亩。总投资 6048.77 万元的现代农业示范园第一期工程开工建设，投入 700 万元的牦牛集中育肥项目顺利实施，500 头优质牦牛完成采购。

【旅游业】 2017 年，累计投资 837.18 万元实施旅游基础设施项目 6 个。全年累计接待游客量、旅游综合收入保持 2 位数增长。

【基础设施】 2017年，争取资金2.05亿元，改造318、349国道。拉林高等级公路墨竹至日多段建成通车。投入6096万元，实施水利基础设施维修和饮水安全巩固提升工程11个，解决1430户8650人饮水问题。实施新一轮农网改造，新建和改造高低压线路732公里。投入7098.53万元建成37个标准化村组织活动场所，新增和改造农村公路127.43公里。

【城乡环境】 2017年，投入7.2亿元，实施嘎则新区易地扶贫搬迁二期暨小康安居工程；投入2664.79万元，实施工卡镇卡东小组商品房附属工程、嘎则新区重点区域亮化工程等13个项目；县城综合商场、车辆检测中心等重大民生项目开工建设。投入2800万元，实施甲玛特色小城镇风貌改造、甲玛乡水厂水源地工程项目，开展尼玛江热乡宗雪村环境整治。全面推进“厕所革命”，开工建设20座农村厕所。

【净土健康】 2017年，集中种植墨竹小油菜0.9万亩，质量认证达国家标准。投资6048.77万元开工建设现代农业示范园第一期工程。投入700万元，从青海、日喀则帕里以及斯布班禅牧场核心区购买育肥牛和种牛500头，在日多乡念村集中育肥。

【改革开放】 2017年，完成政府机构改革，调整、取消行政审批事项8项，深入推进“营改增”改革，国库集中支付改革走在全区首位。农业农村、国资国企、财税金融等重点领域改革全面实施。农村土地承包经营权确权登记完成11.23万亩，发放证书6759户。完成40个行政村集体土地确权测量工作及建档工作，划定永久基本农田保护区12.38万亩，完成不动产登记测量8800户。成功挂牌出让1宗工业用地和2宗商业用地，出让面积25亩，出让金1422.9万元。注册成立扶贫开发有限公司，重新组建城投公司，国有企业初见效益。8个乡（镇）实现融资平台全覆盖。完成创业创新基地2个，3家国有企业入驻“双创”大楼。

【受援工作】 2017年，落实1‰以内援藏资金5225万元，争取1‰以外资金1080万元，实施县医院提升改造、塔巴村供水等援藏项目15个。先后有5名医疗专家在墨竹工卡县指导医学工作，20名先心病、髋关节脱位、脑瘫等患儿到南京免费治疗。南京市8个区与墨竹工卡县8个乡（镇）结成对子，全方位、多层次帮扶格局逐步形成。

【教育事业】 2017年，统筹推进“五个100%”教育目标。中考平均成绩比去年提高12分，学前教育名列全市前茅。投入5378万元用于加强学校标准化建设，实施门巴学生宿舍供暖等10个项目。

【卫生事业】 2017年，投入2995万元实施苏拉远程会诊等卫生基础设施项目，全民免费体检率达到99.7%。全面启动医技人员绩效考核制度。包虫病筛查50339人，筛查率达到100%。

【文化事业】 2017年，开放运行县级数字化电影院，投入2600万元修缮直孔梯寺“扎西果芒”殿、唐加寺等文化遗迹，9项非遗项目被列入市级名录。

【“三大民生”工程】 2017年，县本级投入6573.94万元继续实施“三大民生”工程，实现农牧区群众“看病、上学、养老”三保障。完成4.43万人社保卡数据采集。五保供养经费在区市每人每年5910元基础上，提高至11310元。改扩建县级救灾物资储备库，对62户农村危房、12户直孔电站搬迁户房屋进行维修改造，城镇登记失业率控制在2.1%。

【社会保障】 2017年，完成4.43万人社保卡数据采集，信息采集率达到92%。收缴各类社保金2744.26万元，发放城乡居民养老金949.77万元。落实“两线合一”生活补贴653.19万元，为1298名城乡居民报销医疗救助金396.13万元，为4183名城乡低保对象发放资金1863.48万元，五保供养经费在区市每人每年5910元基础上，提高至11310元。投入280万元改扩建县级救灾物资储备库，投入561万元改造62户农村危房、维修12户直孔电站搬迁户房屋。实现农牧区劳务输出1.96万人次，农牧民增收5800万元，实现转移就业9800人，城镇新增就业672人，城镇登记失业率控制在2.1%。

【作风建设】2017年，以勤政廉政为行动指南，持续改进作风，履职效能更加提升。完成政府机构改革，调整、取消行政审批事项8项，深入推进"营改增"改革，国库集中支付改革走在全区首位。办理人大建议、政协提案162件，满意率和基本满意率达98.8%。打造阳光政务，公开政务信息370余条，政府工作高效透明运转。深入开展"两学一做"学习教育，全面加强党风廉政建设。加大审计监督、财政监督，完成各部门十八大以来预算执行专项审计、40个村2014年以来资金审查，对教育领域和培训资金进行审计，对涉农、扶贫资金和乡（镇）2016年办实事经费全面自查，迎接区、市扶贫领域专项巡视、督查10次。严格落实中央"八项规定""三公"经费支出376.49万元，同比下降1%。强化行政监察，严肃执法执纪，全年受理问题线索27起，处理27人。

（土旦旺久）

# 大事记

## 1月

1日　墨竹工卡县组织开展2016年教育系统述职述廉报告会。

3日　墨竹工卡县卫生系统召开2016年度述责述廉评议会。

同日　墨竹工卡县从政策、对象、保障标准、补助水平、管理、工作机制、信息数据和社会力量等8个方面入手，积极推进低保线与扶贫线“两线合一”，充分发挥低保政策兜底脱贫的作用，农村低保标准由2015年每人每年的2450元统一调整到每人每年2650元。

6日　受国务院扶贫开发领导小组委托，中国科学院地理学与资源研究所作为第三方评估组正式进驻墨竹工卡县，开展精准扶贫工作成效第三方评估工作。

同日　拉萨市气象局人工影响天气办公室主任桑旦一行在墨竹工卡县开展非汛期内人影安全检查工作。

8日　墨竹工卡县食药监局组织开展药品、医疗器械经营使用环节专项检查。

8—10日　墨竹工卡县气象局副局长永红、职工甘臣龙一行对全县各乡镇进行2016年度乡镇防灾减灾考核工作。

9日　墨竹工卡县“禁白办”（生态办）联合工商局、城管执法大队及卫生局等单位到县农贸市场、各超市、商铺，检查塑料袋使用情况，并向过往消费者发放环保专用袋。

11日　墨竹工卡县工卡镇联合县食药监局、派出所，在县城内开展食品安全专项检查，以肉类、奶粉、粮油、副食品、饮料、酒类等为重点检查对象，同时对工卡镇辖区内的农贸市场、超市、餐馆、个体经营户进行排查。

11—18日　墨竹工卡县食药监局牵头，组织工商、卫生、农牧（动检）等部门，分别在工卡镇、扎雪乡、尼玛江热乡、门巴乡、唐加乡等乡（镇）开展食品安全专项检查。

12日　春节和藏历新年来临之际，墨竹工卡县县救灾物资储备库和县五保集中供养中心开展消防、安全生产大检查。

同日　拉萨市气象局装备保障组组长尼玛白珍、业务科副科长巴桑坚参在墨竹工卡县米拉山顶开展交通气象观测站维护工作。

13日　按照中央及区、市党委的部署，《中共拉萨市纪委机关、中共拉萨市委组织部关于认真开好2016年度党员领导干部民主生活会的通知》要求，以学习贯彻党的十八届六中全会、区市第九次党代会精神为主题，围绕“两学一做”学习教育的要求，墨竹工卡县委常委班子召开民主生活会，深入进行党性分析，查摆问题、开展批评和自我批评。

15日　墨竹工卡县召开新一轮草原生态保护补助奖励机制牲畜存出栏入户清点专题会议。

18日　拉萨市委常委、宣传部部长吴亚松带领市委宣传部干部一行8人，在墨竹工卡县委常委、宣传部部长丁剑的陪同下，在墨竹工卡县走访慰问驻村工作队、看望宣传文化系统干部，把党和政府的关怀、新春的祝福送到基层干部身边。

同日 墨竹工卡县组织大学生西部计划志愿者在甲玛乡寒假补习班开展假期安全自护教育活动。

19日 墨竹工卡县人大、政府、政协党组班子召开民主生活会，深入进行党性分析，查摆问题，开展批评和自我批评。

20日 墨竹工卡团县委对获得2016年度拉萨市级“青少年维权岗”荣誉称号的门巴乡派出所和县司法局进行授牌。

同日 市农牧局党组书记、拉萨市脱贫攻坚指挥部以业脱贫专项推进小组副组长其米旺姆一行在墨竹工卡县调研产业项目、转移就业工作开展情况。

22日 墨竹工卡县残疾人联合会工作人员对辖区84名残疾人机动轮椅车车主按每人380元/年的标准发放燃油补贴共3.192万元。

24日 拉萨市气象局党组副书记、局长陈友珍一行在墨竹工卡县气象局开展春节、藏历年期间留守职工慰问工作。

## 2月

4—6日 由墨竹工卡县委宣传部牵头，县统战部（民宗）局、县公安局、县文广局、县卫生局、县司法局、县农牧（科技）局等部门联合开展“五下乡”文艺演出暨助推“精准扶贫精准脱贫”2017年“三大节日”慰问演出。

近日 市妇联扶持墨竹工卡县“妇”字号巾帼合作社，为墨竹工卡县扎西岗乡农民妇女卡垫制造专业合作社发放扶持资金10万元。

7日 为迎接自治区脱贫攻坚成效地市间交叉考核，扎实有力推进脱贫攻坚工作，墨竹工卡县组织所有在岗县级领导、各乡（镇）及有关部门主要负责人，召开脱贫攻坚工作安排部署会议。

同日 墨竹工卡县公安局治安大队、工卡镇派出所、消防大队组成联合检查组，深入县城浴足洗浴中心、旅馆等行业场所开展火患排查整治工作，全力维护辖区社会治安形势安全可控，进一步深化“冬春火灾”防控专项行动。

9日 拉萨市委常委、统战部部长阿努次仁，市政协副主席、市民宗局党组书记拉巴顿珠，市统战部常务副部长拉琼次仁等一行在墨竹工卡县扎西岗乡斯布村归国定居藏胞洛桑次成老人和直孔替寺活佛、艾玛日寺活佛住处，代表市委、市政府向以上人员提前致以节日的问候和祝福。

17日 西藏自治区人影中心主任旦增、西藏自治区气象局科技与减灾处调研员欧桑、拉萨市气象局副局长扎西达瓦一行在墨竹工卡气象局开展年前人影安全生产大检查工作。

18日 拉萨市气象局人工影响天气办公室主任、墨竹工卡县气象局局长尼玛次仁一行在墨竹工卡县防灾减灾指挥部的要求下前往门巴乡开展人工影响天气工作。

20日 墨竹工卡县气象局局长尼玛次仁、副局长永红开展全县各人影炮点炮手慰问工作。

## 3月

8日 墨竹工卡县召开迎接“拉萨市三类城市语言文字工作评估验收”再安排、再部署会议。

9日 墨竹工卡县召开创建全国健康促进县安排部署会议。拉萨市疾控中心主任阿米，县委副书记索朗多吉，县政府副县长益西，县政协副主席杨传志及各乡（镇），县直各单位主要负责人，企业代表等参加会议。

11日 墨竹工卡县召开第二批“组团式”援藏医生欢迎仪式座谈会。此次南京市卫生局共派出五名“组团式”援藏医疗人员，为墨竹工卡县人民医院信息管理、检验科、妇产科、呼吸科、普外科等科室开展援藏医疗服务工作。县委书记劳明伟出席会议，并作讲话。县委常务副书记汪东明主持会议。

12日 墨竹工卡县教育局组织开展素质教育

督导评估指标体系解读专题培训。

14日 由国务院发展研究中心副所长常纪文带队的国务院安全生产调研组在墨竹工卡县就安全生产改革发展相关工作开展情况进行调研指导。拉萨市委常委、常务副市长王念东，县委书记劳明伟，县委副书记索朗多吉，副县长索朗多吉以及区、市、县安全生产监督管理局主要负责人陪同。

15日 墨竹工卡县全体职工参加拉萨市气象局召开的2017年拉萨气象部门工作安排部署电视电话会议。

16日 墨竹工卡县气象局全局职工参加天气现象观测设备学习会议。

17日 为维护广大妇女、儿童合法权益，提高群众预防、打击拐卖妇女儿童意识，营造良好的打拐氛围，墨竹工卡县妇联联合县刑警队在县318国道积极开展“关爱妇女儿童、维护妇女儿童合法权益”的打拐宣传活动。

19日 墨竹工卡县开展以业脱贫上岗人员军训动员大会，利用为期7天的时间为53名贫困劳动力以基础训练、国防教育、学唱军歌、企业法规和技能知识教育为内容开展军训，并将他们送往企业解决就业。

20日 墨竹工卡县脱贫攻坚指挥部召开2017年第三次工作例会，会议学习区、市主要领导的讲话精神和市脱贫攻坚指挥部相关文件精神，在总结过去工作的基础上，安排部署下一阶段扶贫工作。

同日 以拉萨市纪委副书记、监察局局长赵大勇为组长的调研检查组一行在墨竹工卡县调研检查纪检监督执纪工作开展情况。县委书记劳明伟，县委常委、纪检委书记张子成，县委常委、组织部部长平措朗杰等相关人员陪同。

22日 拉萨市国土资源局副局长徐安海，不动产登记局副局长李荣以及不动产登记专业人员一行在墨竹工卡县检查指导不动产登记工作。

23日 墨竹工卡县十三届人民代表大会常务委员会召开第四次会议，县人大常委会党组书记、主任张尚福主持会议，县人大常委会副主任刘登贵、王应祥、次旦卓玛、普桑参加会议。

同日 墨竹工卡县在唐加乡中心小学召开推进素质教育迎检工作交流研讨会，特邀请自治区督学、拉萨市教育局督导办主任王运祥，自治区督学、拉萨市师范附小书记邓万峰，自治区督学、拉萨市第三中学校长王浩波3名专家到现场进行指导。

同日 墨竹工卡县气象局全体职工和乡镇气象信息站开展“3·23”世界气象日宣传活动。

24日 为进一步建强健全基层党组织，严肃党内政治生活，贯彻落实全面从严治党，推进基层党建工作，墨竹工卡县召开全县2016年党建工作总结暨2017年党建工作部署会议。

同日 为深入了解基层妇联组织情况，把握妇女群众需求，更好地服务广大妇女群众，拉萨市妇联主席向巴彩喜一行对墨竹工卡县妇联系统机构改革进行专题调研。

同日 在西藏百万农奴解放58周年纪念日来临之际，墨竹工卡县团县委组织县中学55名团员和5名志愿者在甲玛乡群觉古代兵器博物馆开展以“传承民族文化历史 争做有为团员青年”为主题的参观学习活动。

27日 中共墨竹工卡县第九届委员会第四次全体（扩大）会议在会议中心隆重举行。各县委委员、候补委员、纪委委员、其他县级领导、各寺管会、乡镇及县直部门主要负责人，村党支部第一书记、驻村工作队，驻军部队、中（区）直单位、离退休干部、企业和群众代表共计219名人员参会。

同日 中国共产党墨竹工卡县第九届纪律检查委员会第二次全体会议隆重召开，应到会县纪委委员11人，因事请假1人，实到委员10人，符合法定人数。

28日 墨竹工卡县举行升国旗仪式和签名寄语活动，隆重纪念西藏百万农奴解放58周年。拉萨市人大常委会副主任杨林出席仪式，在家县级领导以及政法干警、干部职工、中小学生、社会各界群众代表参加。县委副书记索朗多吉主持仪式。

同日 墨竹工卡县隆重举行2017年民生项目集中开（复）工仪式。

29日 墨竹工卡县召开两会党员大会，县委书记劳明伟、县政协委员、人大代表参加会议。县委常务副书记汪东明主持会议。会议审议并通过临时党委和临时党支部组成人员名单(草案)。

**同日** 召开中国人民政治协商会议第二届墨竹工卡县委员会第二次会议。

**同日** 召开墨竹工卡县第十三届人民代表大会第二次预备会议。

**同日** 墨竹工卡县委书记劳明伟,县委副书记索朗多吉,县委副书记普布,县人大常委会党组书记、主任张尚福,县政协党组书记、主席索朗桑布带队县“四大班子”成员亲切看望参加墨竹工卡县第十三届人民代表大会第二次会议和中国人民政治协商会议第二届墨竹工卡县委员会第二次会议的人大代表和政协委员。

**同日** 为进一步完善和规范墨竹工卡县少先队鼓号队的建设,丰富学生校园文化生活,团县委在南京实验小学举行了少先队鼓号器材发放仪式,为全县8所小学发放鼓号队器材。

**30日** 墨竹工卡县第十三届人民代表大会第二次会议在县政府召开。

**同日** 政协第二届墨竹工卡县委员会第二次会议在政府会议中心圆满完成各项议程,胜利闭幕。

**31日** 墨竹工卡县迎检办在政府3号楼视频会议室召集县直27家相关单位召开进一步加强环境保护问题梳理整改和资料收集整理工作专题会议,就贯彻落实区、市有关迎检工作指示精神进行再安排再部署。

**同日** 拉萨市气象局副局长张志刚一行在墨竹工卡县气象局开展汛期前业务检查工作。

**同日** 为进一步宣传食品药品监管工作,扩大“12331”食品药品投诉举报社会影响,鼓励公众积极参与举报食品药品违法行为,推动社会各界积极参与食品药品安全监管,根据区、市相关文件要求,墨竹工卡县开展“12331食品药品投诉举报”主题日宣传活动。

## 4月

**7日** 墨竹工卡县纪委常委会议室组织召开2017年县委反腐败工作协调小组第一次专题会议,县委常委、纪委书记、县委反腐败工作协调小组组长张子成,县法院党组书记、院长、县委反腐败工作协调小组副组长索朗多吉,县检察院党组书记、检察长、县委反腐败工作协调小组副组长索朗旺杰及反腐败协调小组各成员单位负责人参会,会议由索朗多吉主持。

**8日** 为进一步贯彻落实区、市环境保护工作的决策部署,充分做好中央环保督察工作。自治区环保厅联合市、县环境保护部门在林拉高等级公路项目建设督导环境保护工作。

**11日** 为顺利完成唐加乡2017年黄牛改良各项任务,切实提升乡、村兽防员的冻精冷配技术,提高黄牛的受孕率和受胎率,近日,墨竹工卡县唐加乡组织11名村兽防员、12名科技特派员进行集中培训。

**同日** 来自墨竹工卡县门巴乡、尼玛江热乡、扎西岗乡、唐加乡的12名农牧民群众(2人为建档立卡贫困户)登上了开往堆龙德庆区的专车,参加堆龙德庆区护路办组织的岗前集训,经过为期7天的岗前集训后,即安排上岗就业,人均月工资3470元。

**13日** 墨竹工卡县举办学习贯彻党的十八届六中全会、自治区第九次党代会精神专题辅导班。

**17日** 墨竹工卡县纪委组织部分乡(镇)、村“两委”、寺庙管委会共37名干部到拉萨市廉政警示教育基地进行实地参观学习。

**18日** 由市教育局副局长杜建峰带队,组织组团办、就业指导中心、教研所及“以教脱贫”办相关负责人在墨竹工卡县调研检查教育援藏、贫困学生资助等工作。

**18—20日** 西藏自治区人影中心和高炮厂家在墨竹工卡县气象局开展人工影响天气高炮维护工作。

**19日** 北京、江苏气象局援藏工作组在自治区气象局副局长赵一平,拉萨市气象局党组副书记、局长陈友珍,副局长张志刚等领导的陪同下到墨竹工卡县气象局检查指导工作。

**21日** 墨竹工卡县委宣传部特邀拉萨市讲师团成员、市委党校讲师尼玛旦增在墨竹工卡县开展关于"四讲四爱"主题教育实践活动宣讲培训。各乡(镇)宣讲员,县(直)各单位宣讲员,学校宣讲员,农牧民宣讲员以及寺庙管委会宣讲员共计77余人参加培训。

24日　墨竹工卡县党政学习考察团一行在宁参加对口援藏与扶贫协作工作座谈会,南京对口支援办与墨竹工卡县扶贫办签订《南京墨竹一家亲携手脱贫奔小康对口援藏扶贫协作协议》,商谈两地对口支援和扶贫协作工作。

同日　为进一步维护意识形态领域安全和文化安全,更好地服务墨竹工卡县发展稳定大局,墨竹工卡县文化市场综合执法大队协同县文广局扫黄办、县消防大队、县治安大队等部门组成的"扫黄打非"联合执法专项整治小组,在县城范围内开展"扫黄打非"专项行动。

25日　墨竹工卡县组织召开脱贫攻坚指挥部办公室工作会议。

26日　自治区纪检委副书记龚会才一行在墨竹工卡县调研检查指导监督执纪审查工作,调研检查组通过听取汇报和实地查看等方式,对县纪检委开展监督执纪审查工作情况进行全面了解。

## 5月

3日　为有效遏制利用互联网和电信渠道实施诈骗犯罪活动的高发势头,提高广大青少年识骗防骗的意识,预防和减少电信网络诈骗案件的发生。墨竹工卡团县委联合县综治办、县公安局、农行墨竹支行开展防范电信网络诈骗宣传教育讲座活动。墨竹工卡县部分35岁以下干部职工、青少年学生共计50余人参加活动。

4日　为纪念"五四"运动98周年,引导和激励青年继承发扬"五四"精神,激发广大青年爱国主义情怀,全县以运动会、舞会、华泰龙公司第四届"牵手甲玛·共创未来"大型集体婚礼等多种形式开展"五四"活动。

近日　墨竹工卡县委统战部(民宗局)"四讲四爱"主题教育实践活动领导小组副组长、宣讲团组长尼玛次仁带领宣讲团成员先后在直孔梯寺、德仲寺、曲龙寺、艾玛日寺等13座寺庙管委会开展集中宣讲活动。第一阶段集中宣讲任务已圆满完成,共计460余名僧尼参加。

8日　墨竹工卡县委副书记、县长旦增尼玛带领县委副书记、常务副县长郭昌标,副县长巴桑以及县发改委、县水利等相关单位负责人在墨竹工卡县甲玛乡检查指导精准扶贫精准脱贫大型汽车修理厂项目和人畜饮用水使用情况。

同日　为更好地履行政协职能,发挥好桥梁组带作用,政协墨竹工卡县组织政协常委、农牧局、环保局、纪检委、督查室等相关单位负责人召开以环保工作和农牧业基础设施使用状况为主题的调研视察前期协调会议。

同日　墨竹工卡县工商业联合会第二届第一次会员代表大会在政府3号楼401会议室召开。县委副书记普布,县委常委、统战部部长扎巴桑珠,县工商联主席顿珠次仁出席会议,会议应到代表29人,实到代表29人。

9—10日　政协墨竹工卡县委员会组织11名委员与县农牧局、水利局、环保局、林业局等部门利用两天时间,先后在扎雪乡、唐加乡、门巴乡、尼玛江热乡视察调研环保工作和农牧业基础设施状况。

10日　拉萨市政协党组副书记、副主席、秘书长张勤带领阜康、厚北医院专家及相关卫生工作人员一行在墨竹工卡县日多乡卫生院调研医疗卫生工作。

同日　墨竹工卡县委副书记索朗多吉在门巴乡调研各村"两委"基层党建工作、精准扶贫精准脱贫、村级集体项目和"三个全覆盖"工作进展情况。

12日　墨竹工卡县委统战部(民宗局)组织全县各寺庙管委会、驻寺特派员召开会议,对墨竹工卡县宗教领域"四讲四爱"主题教育活动开展情况进行梳理总结。

同日　为全面落实区、市环境保护督察重点整改问题清单,结合墨竹工卡县重点环境保护问题清单,县环保局执法人员按照"全覆盖、零容忍、明责任、严执法、重实效"的要求到县林拉二期工程施工现场开展环境保护大检查行动。

14 日 墨竹工卡县气象局自行完成各炮点实景监控云平台系统安装工作并正式投入使用。

16 日 墨竹工卡县委副书记索朗多吉在尼玛江热乡 5 个行政村实地调研农村基层党组织建设、精准扶贫精准脱贫和强基惠民等工作开展情况。

同日 墨竹工卡县委常务副书记、县“四讲四爱”宣讲团团长、办公室主任汪东明在该县“四讲四爱”领导小组办公室督查指导全县“四讲四爱”主题教育实践活动落实情况。

17 日 自治区纪委副书记王瑞田、自治区纪委信访室副主任周命华一行在墨竹工卡县调研问题线索处置工作，市纪委副书记、监察局局长赵大勇陪同调研指导。县委书记劳明伟，县委常委、纪检委书记张子成及县纪检委常委和科室主要负责人参加座谈会。

31 日 墨竹工卡县召开推进“两学一做”学习教育常态化制度化工作座谈会暨全县党建工作推进会议。

同日 墨竹工卡县举行“江苏润和奖学金”暨南京大学“赵曙明”奖学金颁发仪式。

## 6月

1 日 为更好地帮助少年儿童健康成长，让留守、孤残、贫困家庭孩子度过一个快乐的“六一”儿童节，墨竹工卡县开展“领取微心愿 · 圆梦助成长”庆“六一”送温暖暨践行“四讲四爱”喜迎中共十九大爱心传递活动。

同日 南京市栖霞区环境保护局环境监察大队大队长竺宝平、政策法规科科长陈重森应邀到墨竹工卡县，就全县迎接中央环境保护督察准备工作进行具体指导。

同日 由阳光财险江苏分公司主办的“我们在一起过六一”暨阳光财险江苏分公司助学圆梦活动启动仪式在墨竹工卡县唐加乡中心学校举行。

同日 阿里地区政法委副书记、综治办主任米玛多吉带队，阿里地区综治干部 25 人在墨竹工卡县考察交流综治工作。墨竹工卡县委常委、政法委书记、公安局局长其米多布杰，拉萨市综治办负责人德吉尼玛，县委政法委副书记、综治办主任扎仓陪同。

2 日 墨竹工卡县副县长巴桑带领县林业绿化局局长唐耀军、水利局局长边巴罗布沿林拉高等级公路检查墨竹工卡县至扎西岗段沙棘林保护管理及墨竹玛曲沙棘林段河道通畅情况。

近日 县林业绿化局先后在日多乡念村米拉山段、扎西岗乡仁青林村罗马组南山坡、扎西岗乡卡加曲贡组东坡、尼玛江热乡芒热村 3 组北坡，对 2015 年度、2016 年度生态安全屏障防沙治沙项目造林地块进行现场踩点勘察，并现场与相关乡（镇）负责人就项目实施方案进行讨论确定，以保障 2015 年度、2016 年度生态安全屏障防沙治沙项目顺利实施。

近日 在墨竹工卡县委、县政府的统一安排部署下，县卫生局精心组织县、乡卫生院 50 名医务人员，整合资源成立五个组，分别在各乡（镇）、各村组、各中小学（幼儿园）等地开展包虫病筛查暨 2017 年全民免费健康体检工作。

4 日 举行墨竹工卡县中学第 20 届田径运动会。

5 日 以“6 · 5”世界环境日为契机，开展主题为“绿水青山就是金山银山”的环境保护宣传活动。

同日 墨竹工卡县农牧（科技）局农技推广站对县城范围零售摊位、农贸市场、蔬菜水果店、副食店蔬菜水果农药超标情况以及各类蔬菜生产基地农药使用等情况进行全面监督检查。

同日 中国人民政治协商会议墨竹工卡县委员会召集政协委员举办“四讲四爱”培训班，培训邀请拉萨市党校讲师团成员尼玛旦增为委员们进行授课。

6 日 由拉萨市人大常委会副主任杨林带队的六县两区创建“人大代表之家”检查验收组在墨竹工卡县检查验收“人大代表之家”创建工作开展情况。

同日 四川省阿坝州红原县委书记廖敏一行在墨竹工卡县委书记劳明伟的陪同下考察调研墨竹工卡县嘎则新区一期易地扶贫搬迁点。

同日 拉萨市草奖初验组在墨竹工卡县进行

草原补奖工作市级初验。

7日　墨竹工卡县委书记劳明伟在县委副书记索朗多吉和政府副县长巴桑的陪同下，在墨竹工卡县唐加乡、门巴乡虫草采挖各驻点代表县委、县政府、县人大、县政协看望慰问一线干部职工、虫草采挖的农牧民群众、公安局驻点民警，并为他们送去大米、面条等各类生活物资。

同日　墨竹工卡县召开“四讲四爱”主题教育实践活动第一节点工作总结会议及“四讲四爱”主题教育实践活动第二节点‘讲团结 爱祖国’培训会，会议由县委常务副书记、县“四讲四爱”办公室主任、宣讲团团长汪东明主持。各乡（镇）党委书记、村第一书记、驻村工作队队长、寺庙管委会主任、中小学校党支部书记共150余人参加培训。

同日　墨竹工卡县扎西岗乡南京希望小学开展“喜迎十九大——我向习爷爷说心里话”主题日活动。少先队员们通过观看视频，了解历届中央领导对少年儿童的关心，记住了习爷爷对少先队员提出的“记住要求、心有榜样、从小做起、接受帮助”十六字要求，并将自己对党和祖国的祝福写在小卡片上，将自己的心声向习爷爷表达。

7—8日　墨竹工卡县举行脱贫攻坚政策宣讲大会。扶贫宣讲组先后在扎雪乡、尼玛江热乡、唐加乡召开脱贫攻坚政策宣讲大会，建档立卡贫困户、联户长、村民小组组长、村“两委”班子成员、扶贫专干等共计700余人参加宣讲。

8日　拉萨市委副书记、常务副市长胡洪在墨竹工卡县检查指导重点项目建设和扶贫产业项目建设情况。墨竹工卡县委书记劳明伟，县委常务副书记汪东明，县委常委、副县长汤官中，县政协副主席索朗扎布等领导陪同。

9日　拉萨市副市长林生、市交通局副局长侯文峰一行在墨竹工卡县调研林拉高等级公路二期建设进展情况，排查沿线群众生产生活的有关问题及生态恢复工作开展情况。县委副书记、县长旦增尼玛陪同。

同日　墨竹工卡县编译室工作人员在全县范围内，对538家门面的商户门牌、各单位悬挂的横幅标语、电子屏幕等社会用字进行全面检查。

12日　由南京市栖霞区委书记、南京经济技术开发区工委书记、仙林大学城工委书记邢正军带队的栖霞区党政代表团一行在墨竹工卡县调研指导工作，看望援藏干部，深化区域合作交流，共续援建友谊，并在墨竹工卡县召开南京市栖霞区—拉萨市墨竹工卡县对口协作工作座谈会。会上，工卡镇与栖霞区签订《对口援藏扶贫协作协议》。

同日　拉萨市文物局副局长劲勇春，县民宗局、县文物局、尼江乡、曲龙寺管委会相关负责人，项目负责人以及施工单位代表对夏拉康石碑文物保护工程进行验收。

13日　墨竹工卡县召开2017年项目推进会议。县委副书记、县长旦增尼玛主持会议。县委副书记索朗多吉，县委常务副书记汪东明，县委常委、副县长张德才，县委常委、副县长汤官中，县委常委、副县长张家松，县委常委、政法委书记、公安局局长其米多布杰，副县长索朗多吉，副县长巴桑等县级领导以及项目相关负责人、责任单位代表等参加会议。

同日　为深入贯彻党的十八届六中全会和自治区第九次党代会精神，引导千万家庭弘扬家庭美德、传承优良家风、践行社会主义核心价值观。自治区妇联编辑部一行在墨竹工卡县，对尼玛江热乡章达村“四世同堂”的旦珍家庭进行采访、拍摄。

同日　墨竹工卡县委副书记索朗多吉在德仲寺考察调研各项工作开展情况及“四讲四爱”主题教育实践活动开展情况。

同日　中华预防医学会秘书长杨维中、中国疾控中心营养所副所长赵文华等组成中国疾控中心慢病项目组在墨竹工卡县调研指导工作。

12—13日　墨竹工卡县政协党组书记、主席索朗桑布带队深入甲玛乡、唐加乡、日多乡调研2017年上半年3条反映社情民意信息。

14日　墨竹工卡县文广局“村村通”技术人员在全县范围内开展第二季度“村村通”巡检工作。

15日　墨竹工卡县扎西岗乡巴洛藏鸡养殖专业合作社举行2016年贫困户分红仪式。

同日　墨竹工卡团县委联合县双创办召开墨竹工卡县首届青年创新创业大赛动员部署会，此次会议由墨竹工卡县副县长、双创办主任龙刚主持，县委常委、组织部部长平措朗杰，大赛评审委员会成员单位相关负责人，各乡（镇）团干，参赛选手参加会议。

16日 墨竹工卡县安监局联合县文化局、发改委、交通局、工青妇、供电所、卫生局等相关单位负责人在318国道沿线积极开展“6·16”安全生产宣传咨询日活动。

19日 自治区党委书记吴英杰一行在墨竹工卡县考察工作。区党委副书记、自治区主席齐扎拉，自治区领导曾万明、姜杰、白玛旺堆、房灵敏、其美仁增一同考察，县委书记劳明伟，县委副书记、县长旦增尼玛等领导陪同考察。

同日 拉萨市财政局牵头会同有关部门对墨竹工卡县强农惠农资金进行专项检查。

同日 为持续推进“环境立县”和“美丽墨竹”建设步伐，加强矿山生态环境保护，促进矿山企业协调发展，县环保局为巨龙矿业112名员工开展环保培训。

近日 墨竹工卡县婚姻家庭纠纷人民调解委员会正式挂牌。

20日 墨竹工卡县人大常委会党组书记、主任张尚福先后在尼玛江热乡宗雪村、曲龙寺对“两学一做”“四讲四爱”等活动开展情况，宣讲工作开展情况，主题教育实践活动相关资料收集归类归档、各类宣讲、督导台账制定情况等进行督导检查。

20—21日 拉萨市新闻出版广电局局长王巍一行4人在墨竹工卡县巡查调研新闻出版、广播影视工作开展情况。

22日 南京市人大常委会副主任、鼓楼区委书记张一新率队的南京市鼓楼区教育合作考察交流团带着对墨竹工卡的深深思念、带着南京市及鼓楼区对墨竹工作的深切关怀、带着南京人民对墨竹的深情厚谊，不远万里，不畏辛苦，再次踏上墨竹这片故土，回到“第二故乡”，看望慰问援藏干部和老部下，开展对口支援工作，深化两地合作交流，共续援建友谊。

同日 墨竹工卡县委书记劳明伟以“坚守党的纪律，树立忠诚干净担当好形象”为主题开展专题讲座。

同日 墨竹工卡县召开环保迎检工作会议。会议由县委副书记、县长旦增尼玛主持，县委书记劳明伟及在岗县级领导，各乡（镇）、县（中）直各单位负责人参加会议。

同日 拉萨市纪委副书记苏新勇一行3人在墨竹工卡县监督检查2016年纪律检查体制改革任务落实情况及党的十八大以来中央“八项规定”精神贯彻情况，督查组通过听取汇报和现场质询的方式，对相关单位工作落实情况进行全面了解。

同日 墨竹工卡县召开水墨天晟现代农业园区研讨交流会。自治区蔬菜研究所所长代安国，拉萨市农牧局党组书记其美旺姆，墨竹工卡县委副书记、县长旦增尼玛，县委常委、副县长张德才，县政协副主席、住建局局长索朗扎布，县发改委、农牧局、财政局、林业局、扶贫办、净土办、工卡镇等相关部门负责人参加会议。会议由副县长巴桑主持。

23日 墨竹工卡县2017年“精准脱贫”就业专场招聘会在县人社局举行。招聘会吸引了矿产、餐饮、酒店、制造、保健、安保等40余户用人单位参加，共提供岗位1400余个，其中包括保安、保洁、服务员、外卖骑手、仓库保管员等多个职业类型。

同日 拉萨市林业局局长次达一行在墨竹工卡县检查2017年拉林高等级公路绿化和天然林保护工作。

25日 墨竹工卡县广播电视台8名工作人员在南京市溧水区广播电视台展开为期15天的定岗培训。

26日 墨竹工卡县教育局举办了全县中小学、幼儿园教师藏文书法比赛活动。

27日 拉萨市人大常委会党组副书记、市总工会主席平措朗杰一行3人在墨竹工卡县调研工会工作，墨竹工卡县委常委、组织部部长平措朗杰以及县人大常委会副主任刘登贵、县总工会相关人员陪同调研。

同日 拉萨市气象局党组副书记、局长陈友珍，纪检组长次仁白玛，人事科科长申疆川一行在墨竹工卡县气象局开展党建检查工作。

同日 召开“迎十九大、忠诚保平安”主体教育实践活动暨下半年公安工作动员部署会。

同日 全县各乡（镇）、县（中）直各单位各司其职，充分发挥各自职能，以悬挂横幅、设立宣传板、LED 显示屏等形式在 318 国道沿线、乡（镇）沿街、寺庙等人员密集地开展“6 月综治宣传周”宣传活动，其间发放《中华人民共和国民法通则》《西藏自治区刑满释放人员安置帮教工作宣传册》《中华人民共和国婚姻法》等内容。

同日 南京援藏专家在各包虫病筛查工作组协助开展包虫病综合防治工作。

28 日 墨竹工卡县召开县委理论中心组“两学一做”学习教育 2017 年第 6 次集中学习研讨（扩大）会议，县委理论中心组全体成员、各乡（镇）党委书记、县直各单位主要负责人参加会议，会议由县委书记劳明伟主持。

同日 墨竹工卡县组织召开 2017 年脱贫攻坚工作推进大会。8 个专项推进组牵头单位负责人汇报当前工作进展情况，扎雪乡、甲玛乡乡长就当前脱贫攻坚工作表态性发言，县委副书记、常务副县长郭昌标传达学习习近平总书记在山西主持召开的深度贫困地区脱贫攻坚座谈会精神，副县长巴桑通报全县“九个达标”工作完成情况，并就如何做好迎接拉萨市脱贫攻坚考核验收准备工作作安排部署，最后县委副书记、县长旦增尼玛作重要讲话。

30 日 墨竹工卡团县委联合县委组织部、县委宣传部、县工会、县妇联开展喜迎“七一”中国共产党建党 96 周年知识竞赛活动。

## 7月

3 日 自治区民政厅厅长嘎玛泽登一行 4 人在墨竹工卡县对救灾仓库项目建设、五保集中供养服务中心运行、优抚政策落实和民政事业发展情况进行督导调研。

3—5 日 墨竹工卡县人大组织县人大常委会委员、人大代表、各乡（镇）分管农牧副乡长、县农牧局等相关单位负责人共计 29 人于 7 月 3—5 日开展网围栏项目建设情况及现状视察活动。

4 日 拉萨恒大医院专家组组成的巡诊义诊医疗队在墨竹工卡县曲龙寺，开展“送医送药送健康”进寺庙活动。

同日 副县长张家松一行在门巴乡开展气象灾害隐患点调查工作。

4—11 日 拉萨晚报社党员干部在墨竹工卡县精准扶贫点开展结对帮扶集中走访慰问活动（41 户建档立卡贫困户）。

5 日 自治区住房和建设厅副厅长、区脱贫攻坚指挥部第一督查组第二小组组长石文江，拉萨市扶贫（农发）办党组书记、脱贫攻坚指挥部办公室副主任普布顿珠，拉萨市发改委副调研员、以迁脱贫专项推进组副组长泽仁旺姆及工作人员一行 7 人在墨竹工卡县检查指导精准扶贫工作。

同日 拉萨市文化局局长多吉次仁一行在墨竹工卡县检查指导第三批国家公共文化服务体系示范区创建工作。

同日 为增强干部职工绿化环境和保护环境的意识，墨竹工卡团县委联合县环保局开展“保护母亲河”禁白清扫志愿活动。

6 日 为推动墨竹工卡县高校未就业毕业生创业创新工作，墨竹工卡县人社局根据县委、县政府指示精神，组织县直相关责任单位、各乡（镇）人社工作分管负责人、就业平台以及全县高校未就业毕业生，在县委党校举办 2017 年未就业大学生“双创”引导培训会。

7 日 墨竹工卡县召开迎接中央环保督察工作筹备会议，会议由县委副书记、县长旦增尼玛主持，在家县级干部，各乡（镇）、各部门负责人参加会议。

8 日 墨竹工卡县委副书记、县长旦增尼玛在尼玛江热乡章达村委会主持召开防汛工作部署会议，安排全县尤其是尼玛江热乡重点区域防汛工作。县委副书记、常务副县长郭昌标，县人大常委会党组书记、主任张尚福，县委常委、统战部部长扎巴桑珠，副县长龙刚、索朗多吉、巴桑，以及县直相关单位、尼玛江热乡、章达村负责人参加会议。

10 日 由南京市溧水区教育局副局长胡新春带队的教育专家代表团一行 13 人在墨竹工卡县南京实验小学开展友好结对暨教学联谊活动，并在学校教师活动中心举行结对仪式。

**同日** 墨竹工卡县召开尼玛江热乡章达沟防汛工作部署会。县委书记劳明伟出席会议并作重要讲话，会议由县委副书记、县长旦增尼玛主持。各防汛点驻点县级领导及天仁矿业负责人、县直相关部门负责人参会。

**11日** 市委副书记、市长、城关区委书记果果一行在墨竹工卡县尼玛江热乡调研防汛工作开展情况和特色产业发展，并深入群众家中调研精准扶贫、精准脱贫等工作进展。墨竹工卡县委书记劳明伟，县委副书记、县长旦增尼玛陪同调研。

**同日** 墨竹工卡县委统战部（民宗局）组织召开宗教领域“四讲四爱”主题教育实践活动第三节点“讲贡献爱家园”僧尼宣讲员培训会。

**近日** 墨竹工卡县民政局共为全县3908名60岁以上农牧民群众发放2017年上半年幸福养老补贴资金845.82万元；兑现699名城市低保对象和885户3726名农村低保对象的低保资金共计508.37万元。

**13日** 西藏自治区人影中心业务科科长侯正军一行在墨竹工卡县开展人工影响天气作业采集系统更新工作。

**同日** 墨竹工卡县开展以“坚持环境立县、建设美丽墨竹，巩固‘禁白’成果”主题宣传活动。

**同日** 墨竹工卡县委政法委牵头，县法院、县检察院、县公安局、县司法局组成联合宣讲组在工卡镇进行法宣活动。

**15日** 墨竹工卡县召开精准扶贫精准脱贫推进大会。会议由县委书记劳明伟主持，县委副书记、县长旦增尼玛及在家县级领导，各乡（镇）书记、乡（镇）长，分管扶贫领导，扶贫专干，各驻村工作队队长，村党支部第一书记，县直各局、委、办负责人，脱贫攻坚指挥部全体工作人员参加会议。

**17日** 甲玛乡饮水工程项目建设完成放线，正式动工。

**18日** 墨竹工卡县组织召开迎接中央环境保护督察第七次工作推进会。会议由县委副书记、县长旦增尼玛主持。

**同日** 墨竹工卡县参加自治区“感动人物”先进事迹报告会电视电话会议。

**近日** 全县共组织召开有关包虫病综合防治工作专题会议7次，发放宣传单4200余份，发放宣传资料1.1万余份，受益人群达2万余人次。

**19日** 墨竹工卡县委书记劳明伟在工卡镇格桑村检查督导包虫病防治工作开展情况。

**同日** 西藏自治区司法厅基层处副处长次珍一行在墨竹工卡县调研指导司法行政工作，并召开座谈会。

**同日** 县直各单位干部职工在县市民广场举行喜迎中共十九大锅庄舞学跳活动启动仪式。

**20日** “青创墨竹·筑梦未来”首届青年创新创业大赛决赛在墨竹工卡县隆重举行。县委书记劳明伟，常务副书记汪东明，副书记、常务副县长郭昌标等在家县级领导以及活动相关单位负责人、大众评审、企事业代表等出席活动。

**同日** 墨竹工卡县委党校举办初任公务员专题培训班。全县各乡（镇）、各相关部门2016年初任公务员及县委党校全体工作人员30余人参加。

**21日** 墨竹工卡县举办2017年首届建档立卡贫困户劳力技能培训暨装挖机技术培训开班仪式，墨竹工卡县82名群众（其中建档立卡户42人）参加。

**同日** 拉林高等级公路建设工程造林项目机械及劳务费发放仪式在甲玛乡龙达村展开，兑现农民工工资120余万元。

**近日** 全面完成河长制基础资料信息统计工作。墨竹工卡县河（沟）流71条，总长达900余公里，湖泊3面，中小型水塘62座，主要水渠63条，总长达300余公里，湿地9个。

**23日** 墨竹工卡县召开安全生产工作会议。县委副书记、县长旦增尼玛出席并作讲话，县委副书记、常务副县长郭昌标，县委常委、副县长张德才，县委常委、副县长汤官中，副县长益西、龙刚以及各乡（镇）、县（中）直各单位、各企业负责人参加会议，县委副书记普布主持会议。

**24日** 西藏日报社党委书记、区党委“四讲四爱”主题教育实践活动拉萨督导组组长王能生一行在墨竹县检查指导“四讲四爱”主题教育实践活动开展情况和县委理论学习中心组学习情况，墨竹工卡县召开“四讲四爱”主题教育实践活动和县委理论学习中心组工作汇报会。

同日　以自治区环保厅污防处处长苏云为组长的自治区总河长办第一督导组一行在墨竹工卡县对全面推行“河长制”工作进行督导检查，县委常委、副县长汤官中、县水利局局长陪同。

同日　拉萨市气象局装备组组长尼玛白珍一行在墨竹工卡县气象局进行天气现象仪维修工作。

25日　墨竹工卡县召开全县村组织换届选举工作交流碰头会。县委书记劳明伟出席会议并作重要讲话，县委常务副书记汪东明主持会议。各乡（镇）党委书记或副书记，县委组织部、财政局、民政局主要负责人及县换届办工作人员参加会议。

同日　墨竹工卡县召开县委理论中心组“两学一做”学习教育2017年第7次集中学习研讨（扩大）会议，县委理论中心组全体成员、各乡（镇）党委书记、县直各单位主要负责人参加会议，会议由县委书记劳明伟主持。

同日　墨竹工卡县召开党风廉政建设“两个责任”专题会。

26日　自治区环保厅副厅长扎西顿珠、拉萨市副市长王国臣带队的区、市环境问题现场督办组一行在墨竹工卡县检查指导全县环保工作开展情况，通过现场督察的方式，对全县相关单位环境问题整改落实情况进行了督察。县委副书记、县长旦增尼玛，县委常委、副县长汤官中、张家松，副县长索朗多吉等相关负责人陪同检查。

同日　墨竹工卡县人大常委会召开关于网围栏建设情况及现状考察征求意见会。

26—27日　拉萨市尼木县气象局、当雄县气象局组成的调研组在墨竹工卡县气象局开展“三农”工作交流。

同日　根据《政协墨竹工卡县委员会2017年工作重点和计划》，政协二届墨竹工卡县委员会召开了提案督办协调会议。

28日　墨竹工卡县召开县长办公会议，对近期重点工作进行安排部署，会议由县委副书记、县长旦增尼玛主持。

同日　以“青春喜迎十九大 不忘初心跟党走”为主题，墨竹工卡县举办首届“松赞杯”大学生足球、篮球联赛。

30日　由南京市栖霞区人民政府副区长秦志刚带队的南京市栖霞区代表团一行在墨竹工卡县看望慰问援藏干部、考察指导工作，并召开南京市栖霞区与墨竹工卡县援藏工作座谈会。

31日　墨竹工卡县委书记劳明伟先后在扎雪乡、尼玛江热乡检查指导脱贫攻坚、基层党建、维护稳定、民族团结、经济发展、民生改善、生态环保、党风廉政建设等重点工作。

同日　县委副书记、县长旦增尼玛主持召开墨竹工卡县12个产业项目专题推进会议。

同日　墨竹工卡县委副书记、常务副县长郭昌标，县人大常委会党组书记、主任张尚福，副县长益西一行代表县委、县政府在县消防支队、武装部、武警中队、格桑兵站开展“八一”建军节慰问活动，看望慰问驻县武警官兵、向官兵们敬献哈达，并致以节日的祝贺和亲切的慰问。

## 8月

1日　县委副书记、县长旦增尼玛主持召开墨竹工卡县脱贫攻坚工作安排部署会议。

同日　由南京军区总医院、自治区第二人民医院、墨竹工卡县人民医院、曲水县人民医院、达孜县人民医院和林周县人民医院，以及江苏援藏医疗专家等20余人组成义诊团在墨竹工卡县唐加乡开展“江苏医疗进牧区 苏拉人民心连心”主题义诊活动。

2日　县委副书记、县长旦增尼玛主持召开墨竹工卡县国有企业专题推进会议。

2—5日　西藏自治区人影中心在墨竹工卡县唐加乡炮点开展高炮自动化改造和北斗通讯系统安装工作。

3日　由墨竹工卡县委书记劳明伟，县委副书记、县长旦增尼玛带队，集中组织在家县级领导、各乡镇党委书记、乡镇长、扶贫专干及部分村“两委”班子成员和“六脱”组相关负责人在墨竹工卡县工卡镇开展2017年精准扶贫精准脱贫现场交流会，主要交流学习工卡镇精准扶贫精准脱贫工作中好的做法，让大家通过现场观摩交流经验、查找不足、解决问题，进一步明确工作任务，狠抓整改落实，加快推进全县脱贫攻坚工作。

同日 墨竹工卡县召开“四讲四爱”主题教育实践活动第三节点“讲贡献 爱家园”总结会。

4日 墨竹工卡县举行广播电视台揭牌及《墨竹新闻》开播仪式。

7日 县委副书记、县长旦增尼玛带队，组织县委副书记、常务副县长郭昌标等人大、政协负责人以及各涉矿部门在西藏天仁矿业有限公司、西藏金和矿业唐加选厂、西藏巨龙公司对挂牌督办突出的环境问题整改落实情况进行现场督办，并召开第十三届墨竹工卡县人民政府第20次县长办公会议暨突出环境问题督促整改现场办公会。

8日 团中央基层组织建设部处长梁静、副处长郭予填在华泰龙公司开展“走进青年、转变作风、改进工作”调研活动。团区委组宣部副部长贺骥、团市委班子成员及相关人员，以及县委常委、副县长张家松，团县委负责人陪同调研。

9日 雨花台区委常委、常务副区长孙中华，区委常委、组织部部长袁迅一行9人在墨竹工卡县考察交流，深化南京墨竹两地合作，共续两地深厚情谊。

同日 墨竹工卡县人大常委会党组书记、主任张尚福主持召开第十三届人民代表大会常务委员会第八次会议。

10日 县委副书记、县长旦增尼玛在西藏巨龙铜业公司会议室主持召开第十三届墨竹工卡县人民政府第21次县长办公会暨巨龙公司天仁公司突出环境问题专项整改督办会议。

同日 拉萨市政协党组成员、副主席孙宝祥带队的市政协委员一行13人在墨竹工卡县开展“优化农牧业产业结构”专题调研。

同日 尼玛江热乡组织尼玛江热乡直孔白琼农村电商等12家专合组织举办面向建档立卡贫困户专场招聘会。

11日 墨竹工卡县召开2017年度民族团结表彰大会，县委书记劳明伟出席会议，并作重要讲话。县委副书记、县长旦增尼玛主持会议。在家县级领导、各乡镇、各寺庙管委会、县直各单位负责人、各村委会主任以及受表彰的民族团结模范集体和模范个人参加会议。

同日 县委副书记、县长旦增尼玛主持召开墨竹工卡县2017年征兵工作再动员再部署会议。

同日 墨竹工卡县召开“四讲四爱”主题教育实践活动示范宣讲。县委常委、宣传部部长丁剑主持会议，县委常委、组织部部长平措朗杰作了一场主题明确、内容丰富的示范宣讲。

14日 自治区政协民族和宗教委员会主任德青旺姆带队的区政协民族和宗教委员会与科教文卫体委员会部分委员一行在墨竹工卡县开展“传承和发展民族传统藏医药”专题调研，县政协党组书记、主席索朗桑布，副县长益西及相关工作人员陪同调研。

15日 全国政协委员、中国农林水利气象工会原主席盛明富，副主席孙涛等一行在墨竹工卡县气象局开展西藏艰苦气象台站调研工作，自治区气象局党组成员、纪检组长邓元忠、自治区气象局机关党委办公室主任尼玛次仁和市气象局党组副书记、局长陈友珍等陪同调研。

同日 团中央基层组织建设部副部长曾锐在墨竹工卡县调研华泰龙5300团支部建设情况。拉萨市委副秘书长、团市委书记任映绮，县委常务副书记汪东明及团县委负责人陪同调研。

同日 墨竹工卡县救灾物资储备仓库改扩建项目开工。墨竹工卡县县级救灾物资储备仓库改扩建工程建设投资为280万元，建筑面积800平方米，以县级救灾物资储备仓库为中心，8个乡镇救灾物资储备为补充，主要储备救灾专用物资、救灾设备、受灾群众生活用品等，将更好地应对各种自然灾害和紧急情况。

同日 中国农林水利气象工会调研组在墨竹工卡县气象局检查指导工作。

16日 自治区藏语委办（编译局）党组副书记、主任（局长）洛布一行在墨竹工卡县督查调研藏语文（编译）工作。市政府办公厅副调研员李中福，市藏语委办（编译局）党组副书记、主任（局长）乡琼等相关负责人以及墨竹工卡县委常委、副县长张家松，县编译局工作人员陪同督查调研。

同日 南京市儿童医院副院长、先天性畸形矫形外科主任楼跃一行6人在墨竹工卡县考察交流并召开座谈会。

同日 墨竹工卡县举行2017年度“三大民生”之农牧民大学生学杂费及生活补助发放仪式。

17日 团区委副书记、自治区第一指导检查组副组长格桑卓玛一行3人先后在墨竹工卡县唐加乡东布岗村、门巴乡贴朗村、巴尔卡村对换届选举前期准备、软弱涣散村党组织集中整顿、换届人事初步安排方案酝酿、后备干部库建立、村务监督委员会作用发挥、矛盾纠纷排查、发展经济和群团组织作用发挥等情况进行指导检查。市委组织部副部长杨栋章、县委常务副书记汪东明陪同指导检查。

18日 自治区统战部组织的宣讲团一行在直孔梯寺开展宗教领域“四讲四爱”主题教育暨“爱国爱教”宣传活动。由拉萨市佛协秘书长、民宗局副局长次仁罗布主持。墨竹工卡县委统战部（民宗局）负责人、直孔梯寺在寺僧人及驻寺干部、驻寺干警共计70余人参加了活动。

同日 拉萨市政协办公厅调研员、提案委员会副主任罗布顿珠带队的拉萨市政协委员一行10人在墨竹工卡县对市县乡三级政务服务体系运行情况和“放管服”工作进行专题调研。

同日 拉萨市副市长扎西白珍一行在墨竹工卡县甲玛乡龙达石灰厂召开现场协调会议，县委副书记、县长旦增尼玛全程陪同。市政府办公厅、市政府督查室、市城管委、市环保局、市住建局、市国土局、市城投公司和县督查室、县环保局、县国土局、县安监局、县城投公司、甲玛乡负责人参加了此次现场会议。

同日 西藏自治区人影中心专家组在墨竹工卡县气象局开展汛期内高炮自动化运行情况检查工作。

19日 由县委书记劳明伟，县委副书记、县长旦增尼玛带队，集中组织在家县级领导，各乡镇党委书记、乡镇长、分管扶贫副乡长，以及六脱组相关部门负责人，在扎雪乡召开2017年精准扶贫精准脱贫工作现场交流会。

同日 南京市妇联党组书记、主席谈健率南京市妇联代表团一行在墨竹工卡县考察交流，并看望援藏干部，进一步深化合作交流、共续援建友谊，促进两地交流交融。

同日 墨竹工卡县召开第五次安全生产工作会。

同日 由墨竹工卡县甲玛赤康祥和商贸有限公司出资举行了向优秀贫困中小学毕业生发放助学金仪式，仪式上为墨竹工卡县30名优秀贫困中小学毕业生每人发放1000元助学金及200元的购物卡。

20日 南京市委常委、常务副市长刘以安在墨竹工卡县考察交流，拉萨市人大常委会副主任杨林，县委书记劳明伟，县委副书记、县长旦增尼玛，县委常务副书记汪东明，县人大常委会党组书记、主任张尚福，县政协党组书记、主席索朗桑布，县委副书记、常务副县长郭昌标，县委常委、副县长张德才陪同。

25日 自治区党委常委、拉萨市委书记白玛旺堆率队在墨竹工卡县检查考评脱贫攻坚、经济发展、民生改善、生态环保、基层党建等重点工作。

27日 由南京市统计局党组书记、局长王国钧率队的南京市统计系统代表团一行6人在墨竹工卡县考察交流，深化两地统计系统的合作交流，巩固南京墨竹一家亲的深厚情谊。

28日 县委书记劳明伟先后在扎西岗乡政府、日多乡政府、思金拉措等地调研，县委副书记索朗多吉，县政协党组书记、主席索朗桑布陪同调研。主要检查指导脱贫攻坚、基层党建、村“两委”换届、维护稳定、民族团结、经济发展、民生改善、生态环保、党风廉政建设等重点工作。

30日 墨竹工卡县教育系统开展“四讲四爱”喜迎中共十九大主题教育实践活动知识竞赛。

## 9月

2日 拉萨市气象局副局长张志刚一行在墨竹

工卡县气象局检查指导工作。

4 日 由南京市青联副主席、江苏中律事务所主任韩旗带领南京市青年代表团一行在墨竹工卡县考察对接共青团对口支援工作。

同日 县委副书记、县长旦增尼玛主持召开墨竹工卡县办理中央环保督察转办案件第 18 次推进会议。

5 日 南京市溧水区委副书记、区长薛凤冠带队的党政代表团在墨竹工卡县考察交流两地经济社会发展和援藏工作开展情况以及看望慰问援藏干部。

6 日 南京市卫计委副巡视员王克富率队的南京市卫生系统代表团一行 9 人在墨竹工卡县考察交流，推进卫生医疗援藏工作开展情况，并看望慰问援藏医务人员。代表团一行首先在墨竹工卡县政府 3 楼会议室参加“南京—墨竹工卡县卫生医疗对口支援座谈会”。

同日 墨竹工卡县尼玛江热乡举行 2017 年辖区内精准扶贫产业项目集中分红发放仪式，共分红资金 25.04 万元，受益贫困户 174 户，户均分红资金 1439 元，已解决就业岗位 28 个。

7 日 墨竹工卡县召开“四讲四爱”主题教育实践活动第四节点“讲文明爱生活”总结会。

8 日 墨竹工卡县召开庆祝第 33 个教师节表彰大会。

同日 墨竹工卡县委组织部在县委党校举办全县农村党员干部现代远程教育终端站点管理员培训班。

11 日 市委第二专项巡察组进驻墨竹工卡县召开扶贫领域专项巡察工作动员大会。会议由县委副书记、县长旦增尼玛主持，在岗县级领导、县直各单位负责人、各乡镇党政主要负责人、各村第一书记以及驻村工作队队长参加了会议。

同日 县委副书记、县长旦增尼玛主持召开墨竹工卡县第六次安全生产工作会暨迎接国务院安委会综合督导组工作动员部署会。

同日 拉萨市审计局曲松处长和市审计局财经科科长、审计组组长邓丽一行 4 人进驻墨竹工卡县，并召开审计工作动员部署会。

12 日 自治区新闻出版广电局党组副书记、局长韩辉带队的区、市两级“扫黄打非”净化专项行动第一督导组在墨竹工卡县检查指导“扫黄打非”工作。

同日 县委组织部组织七乡一镇主要负责人召开村组织换届选举工作交流碰头会。

13 日 国家安全生产应急救援指挥中心信息管理部主任孔亮带队的督查组一行 6 人在自治区政府办公厅副巡视员扎西巴登，市政府副秘书长、市安委办常务副主任罗桑以及区、市安全监管部门相关负责人的陪同下，在墨竹工卡县开展安全生产大检查综合督导工作，并在政府三栋 401 会议室召开了安全生产大检查工作汇报会，县委书记劳明伟主持会议。在家县级领导以及县安委会成员单位参加会议。

14 日 南京市人大常委会副主任、南京市总工会主席臧正金带队的代表团一行 11 人在墨竹工卡县考察对接援藏工作。

同日 市委副秘书长、团市委书记任映绮带领市“四讲四爱”第四督导组在墨竹工卡县乡镇、寺庙、学校督导检查“回头讲”工作。

18 日 市委组织部部务委员、编办副主任、市村（居）组织换届选举工作第七指导检查组组长成银生一行 4 人分两组在墨竹工卡县扎雪乡塔杰村、扎雪村、其朗村，工卡镇格桑村、扎西岗乡巴洛村对村组织换届选举、抓党建促脱贫攻坚、干部驻村、“强党、固基、扶村”、村级组织活动场所建设标准化建设、巡察反馈意见整改等方面进行指导检查。

20 日 2017 年第一期手拉手活动顺利完成。扎西岗乡南京希望小学二至六年级共 15 个班将近 600 名学生收到江苏省南京市金陵汇文学校小学部学生邮寄的文具、书包、课外读物、足球、篮球等手拉手物品和手拉手信件。

21 日 江苏省地震局刘红桂副局长一行 4 人在墨竹工卡县调研防震减灾工作。拉萨市政府办公厅副调研员李中福、拉萨市地震局综合科副科长穷拉和县委常委、副县长张家松陪同调研。

25 日 县委书记劳明伟，县委常委、组织部部长平措朗杰一行在县人民检察院开展党建和干部管理专题调研，并考察党员活动室。县人民检察院从检察职能、队伍结构、党组分工等6个方面做了详细汇报。

26日　福建省卫计委宣传处处长林世才一行3人在区市卫计委领导的陪同下，通过听汇报、查资料、看现场的形式对墨竹工卡县开展创建国家第二批健康促进试点县工作进行评估验收，并顺利通过验收。

同日　西藏自治区各地市人影工作组在墨竹工卡县气象局开展人影工作交流会议。

27日　自治区党委组织部副部长张咏合一行3人在墨竹工卡县尼玛江热乡仲达村、羊日岗村，唐加乡莫冲村、卓普村，工卡镇塔巴村开展抓党建促脱贫攻坚工作调研督查。同时，慰问6户建档立卡贫困户和看望2个区党委组织部派驻驻村工作队。县委书记劳明伟，市委组织部部务委员、编办副主任成银生，县委常委、组织部部长平措朗杰陪同调研督查。

近日　在南京市妇联的高度重视和积极组织下，开展以“情系格桑花，宁藏是一家”为主题的捐助活动，为墨竹工卡县困难家庭捐助冬季御寒衣物、书本。

28日　南京市栖霞区人大常委会副主任秦亚平带队的南京市栖霞区人大常委会代表团在墨竹工卡县考察交流，并召开座谈会。县委副书记、县长旦增尼玛出席并向代表团简要介绍墨竹工卡县经济社会发展、民族宗教工作和援藏工作等各项工作开展情况。

29日　县政府组织召开2017年全县林业生产工作会议。

同日　墨竹工卡县组织26名青少年代表和5名西部计划志愿者到自然科学博物馆、清政府驻藏大臣衙门旧址陈列馆和根敦群培纪念馆进行了参观学习。

## 10月

8日　自治区人大常委会副主任赵正修、市委常委、常务副市长王念东等一行在墨竹工卡县实地督导十九大期间维稳督察工作。

9日　墨竹工卡县组织召开脱贫摘帽考核验收工作动员部署暨考核培训大会，会议由县委副书记、县长旦增尼玛主持。县委书记劳明伟，自治区扶贫办调研员浦正学，自治区扶贫办副调研员田彦春，拉萨市扶贫办党组书记普布顿珠，拉萨市扶贫办副主任次仁德吉，拉萨市统计局吉宗、次旦以及县委、人大、政府、政协在家县级领导出席会议。

10日　县委书记劳明伟组织各乡镇党委书记、县委办、组织部、宣传部、财政局、发改委、扶贫办等相关部门负责人先后在甲玛乡、扎西岗乡、工卡镇检查脱贫攻坚、党建、维护稳定、经济发展、生态环保等重点工作开展情况。

11日　自治区国土厅副厅长布琼一行在墨竹工卡县开展农村集体土地所有权确权登记发证和不动产统一登记督导评估调研工作。

同日　拉萨市气象局党组副书记、局长陈友珍在墨竹工卡县气象局开展十九大期间维稳工作检查。

同日　拉萨市新闻出版广电局党组副书记、局长王巍一行在县文旅局负责人的陪同下对墨竹工卡县广电工作开展情况进行检查。

15日　墨竹工卡县在县党政大院内召开墨竹工卡县2017年全国第四个扶贫日“结对帮扶”活动动员大会。

18日　组织观看中共十九大开幕盛况。包县地级领导市委常委、常务副市长王念东，市政协党组副书记、副主席江嘎，县委书记劳明伟，县委副书记、县长旦增尼玛，县委常务副书记汪东明等领导在县维稳一线指挥部观看中共十九大开幕盛况，还组织县委、县政府、人大、政协的在岗县级领导，县（中）直干部职工代表、人大代表、政协委员代表、企业代表、群众代表、青少年学生代表等200余人在政府楼会议中心观看中共十九大开幕盛况。据统计，墨竹工卡县观看中共十九大开幕盛况的各族各界干部群众27682人、3222场次，其中，干部职工3场次、411人，农牧民群众3170场次、18948人，教育系统10场次、7370人，统战系统37场次、738人，国有企业2场次、215人。通过聆听工作报告，使大家了解了对过去五年以来所取得的辉煌成就、基本经验以及今后五年的工作安排，对未来有了更多的期盼。

19日 自治区环保厅党组副书记、副厅长次仁央宗率自治区“绿盾2017”国家级自然保护区监督检查组在墨竹工卡县开展监督检查专项行动。

20日 国家安全生产应急救援指挥中心副主任王海军一行7人组成的国务院安委办综合检查组在自治区政府副秘书长和忠华以及区、市安全监管部门主要负责人的陪同下在墨竹工卡县检查指导工作。市委常委、常务副市长、墨竹工卡县包县领导王念东，县委书记劳明伟，县委副书记、常务副县长郭昌标以及县直相关部门主要负责人陪同检查。

同日 自治区纪委副书记王瑞田一行在墨竹工卡县以实地走访、查看资料、听取汇报的方式对墨竹工卡县落实扶贫领域监督执纪问责工作、深化落实中央“八项规定”精神以及党风廉政建设工作开展情况进行督导调研。

22日 墨竹工卡县委副书记、县长旦增尼玛在县人大常委会副主任、扎雪乡党委书记普桑的陪同下，在扎雪乡龙珠岗村检查调研中共十九大期间维稳安保工作和精准扶贫各项工作开展情况。

23日 自治区、拉萨市“扫黄打非”工作领导小组办公室牵头，自治区邮政管理局、市公安局、市文化市场综合执法支队等成员单位相关人员在墨竹工卡县检查指导开展“扫黄打非”专项净化“回头看”工作情况。

25—27日 墨竹工卡县开展“五个100%”教育目标任务之学前双语迎检自查工作。

26日 市委常委、常务副市长王念东一行在墨竹工卡县甲玛乡龙达村亲切看望慰问结对帮扶对象。拉萨市政协党组副书记、副主席江嘎，县委书记劳明伟，以及甲玛乡党委书记和驻村工作队等相关负责人陪同。

同日 墨竹工卡县委副书记、县长旦增尼玛主持召开2017年经济指标完成情况分析汇报会。

27日 包县地级领导、市政协党组副书记、副主席江嘎在墨竹工卡县扶贫办负责人的陪同下在扎雪乡开展走村入户，调研扶贫工作。

27—30日 墨竹工卡县开展“五个100%”教育目标任务之全县中小学教师职业道德及教学技能培训。

30日 墨竹工卡县召开政府系统落实党风廉政建设责任制专题会议，由县委副书记、县长旦增尼玛主持，县政府在岗班子成员、各乡镇和政府各职能部门负责人参加会议，县委、政协有关领导应邀出席。

31日 日喀则市气象局党组书记洛桑扎西、副局长张文军、亚东气象局局长罗布、副局长达瓦顿珠、核算中心主任尼玛次仁及日喀则市财政局副局长罗布、预算科科长玉珍等组成的调研组一行人在拉萨市气象局副局长达瓦扎西、办公室主任刘斌、拉萨市计财科科长朱娟等领导的陪同下在墨竹工卡县气象局开展气象服务调研工作。

同日 拉萨市农牧局在墨竹工卡县进行2016年黄牛改良工作验收。

## 11月

1日 墨竹工卡县唐加乡东布岗村举行农村土地承包经营权证件颁发仪式，为农村土地发放“身份证”，让农民群众吃下“定心丸”。

同日 为深入贯彻落实中国共产党第十九次代表大会、自治区第九次党代会精神，推进“五个100%”教育目标任务，切实提高基础教育教学质量，加强教育管理，墨竹工卡县召开教育教学质量提升工程实施意见征求意见座谈会。

1—3日 全面兑现2017年度下半年农牧民往届大学生及2017届新生学杂费及生活费，共兑现“三大民生”助学资金655.5452万元，惠及学生1589人。

3日 根据西藏自治区党委统一安排，区党委副书记、自治区人大常委会主任洛桑江村在拉萨市墨竹工卡基层一线，向联系点的干部群众、企业职工、教师学生、寺庙僧尼面对面宣讲中共十九大精神。

同日　西藏自治区人影中心专家组在墨竹工卡县气象局对各乡镇炮手进行人工影响天气手机APP指导培训工作。

6日　扎西岗乡开展以“不忘初心、砥砺奋进，光明送万家”为主题的免费义诊、送医送药活动，邀请自治区藏医院眼科、内科专家，并受到慈善企业家的帮助，为扎西岗乡300余名农牧民群众进行免费体检，重点检查临床内科、眼科等内容，共发放价值4500余元的常用药品，同时，检查中发现的白内障患者，将统一到自治区藏医院进行免费治疗。

7日　墨竹工卡县2017年第二批先心病、髋关节脱位等患儿启程赴南京市接受免费治疗。

同日　墨竹工卡县脱贫摘帽考核验收第一考核组完成对工卡镇、扎雪乡考核验收“回头看”工作。

8日　墨竹工卡县召开2017年下半年和谐模范寺庙暨爱国守法先进僧尼表彰大会，县委副书记、县长旦增尼玛主持会议，县委书记劳明伟出席会议并作重要讲话，在岗县级领导，宗教领导小组成员，各乡（镇），县直各部门，各寺庙管委会负责人，各专职管理特派员，以及和谐模范寺庙暨爱国守法先进僧尼代表参加会议。

同日　墨竹工卡县在会议中心召开学习宣传贯彻中共十九大精神党员干部大会。

同日　墨竹工卡县召开第九届县委首轮巡察工作动员部署会。

同日　国家教育督导检查组国务院教育督导委员会办公室副主任、教育部教育督导副局长郭佳一行在墨竹工卡县甲玛乡中心小学，对学校义务教育均衡发展、推进素质教育工作进行督导检查，自治区教育厅旺堆副厅长和拉萨市教育局督导办负责人、县教育局嘎玛挪培局长陪同。

13日　县委副书记、县长旦增尼玛在墨竹工卡县医院就医院的下一步建设发展规划、医务人员的工作和生活情况展开实地调研。

同日　九届墨竹工卡县委首轮巡察组首批进驻单位动员会分别在县工青妇、县司法局召开。

同日　墨竹工卡县净土公司负责人一行在村委会举行土地流转资金发放仪式。

14日　由拉萨市委常委、统战部部长阿努次仁担任组长的拉萨市脱贫摘帽考核验收工作第一验收考核组在墨竹工卡县，并召开了脱贫攻坚工作考核验收碰头汇报会。

15日　自治区巡讲团拉萨分团成员、拉萨市委党校高级讲师刘波在墨竹工卡县开展中共十九大精神宣讲报告会。

17日　墨竹工卡县政府党组全文学习中共十九大报告，县委副书记、县长旦增尼玛主持学习，县政府班子成员，各乡镇、县（中）直各单位负责人和县属国有企业负责人参加。

20日　市政协文史委督办组一行3人在墨竹工卡县督办文史资料汇编工作进展情况。

21日　拉萨市2017年度今冬明春森林防火现场会在墨竹工卡县日多乡怎村召开，自治区森林公安局政委张国旭，拉萨市政府副秘书长张治军，拉萨市林业局局长次达，墨竹工卡县委常委、副县长汤官中，武警西藏拉萨森林大队泽仁尼玛、六县四区林业局局长，市林业局相关科室负责人，武警西藏拉萨森林大队部分官兵，县消防大队及日多乡100余名护林员代表参加会议。

22日　由拉萨市教育局督导室副主任王运祥带队的评估领导小组一行7人在墨竹工卡县开展市级学前双语教育督导评估工作。

24日　在墨竹工卡县村组织换届选举指导检查组的指导监督和乡镇党委的共同努力下，工卡镇工卡村、塔巴村，扎西岗乡加尔多村、扎西岗村召开党员大会，选举村党组织委员会委员、书记和副书记，打响全县村党组织换届选举第一枪。

同日　由拉萨市法制办主任韩新强带队的拉萨市考核组一行在墨竹工卡县开展2017年法治政府建设考核工作。

同日　墨竹工卡县召开“先进双联户”创建评选表彰大会。

同日　墨竹工卡县召开第七次法治宣传教育工作会议。

27日　县委书记劳明伟带队的墨竹工卡县2017年度重点工作检查考评工作领导小组通过实地调研、召开座谈会的方式分别对门巴乡、尼玛江热乡、扎雪乡、唐加乡、日多乡完成从严治党、精准扶贫精准脱贫、维护稳定、民族团结、经济发展、民生改善、生态环境、基层党建等重点工作进行了检查考评。

同日 拉萨市委党风廉政建设责任制考核组一行在墨竹工卡县开展党风廉政建设责任制落实情况专项考核，墨竹工卡县组织在岗县级领导，各乡（镇）、县直各单位主要负责人，企业代表和退休干部代表共57人参加迎接市委党风廉政建设责任制考核工作汇报会。

27—28日 墨竹工卡县小学教师课堂教学决赛以汉语文、藏语文、数学、科学四门学科为单位，分别在尼玛江热中心小学、南京实验小学、扎西岗南京希望小学和唐加乡中心小学设赛点同步进行。

30日 墨竹工卡县召开2017年“四讲四爱”主题教育实践活动总结会议。

同日 墨竹工卡县召开拉萨市脱贫摘帽验收考核组考核情况反馈会。市委常委、统战部部长阿努次仁出席会议，并通报了墨竹工卡县脱贫摘帽市级验收考核情况。

## 12月

1日 中共墨竹工卡县第九届委员会第五次全体（扩大）会议在会议中心隆重召开。

1—11日 墨竹工卡县宗教领域宣讲团在直孔梯寺、德仲寺、曲龙寺、艾玛日寺等9座寺庙进行中共十九大精神的宣讲，共计321名僧尼参加此次宣讲。

4日 由自治区公安厅副巡视员、交管局局长尼玛桑珠为组长，自治区安全监管局、那曲地区安全监管局、自治区公安消防总队、自治区公安厅治安总队、自治区国资委、自治区总工会等部门组成的自治区安全生产委员会考核组在墨竹工卡县开展安全生产巡查工作。市政府罗桑副秘书长、市安全监管局主要领导以及墨竹工卡县委书记劳明伟，县政府副县长索朗多吉及县安全监管局、公安局、总工会、消防大队、交警大队等单位主要领导陪同。

同日 墨竹工卡县司法局牵头县委宣传部、县法院、文旅局、食药监局、供电所、公安局等30家单位，在318国道沿线开展“12·4”国家宪法日宣传活动。

5日 西藏军区政治工作部主任李文平在扶贫联系点墨竹工卡县唐加乡拉东村调研精准扶贫工作，看望慰问结对帮扶户，了解其生产生活情况，县委书记劳明伟陪同。

同日 墨竹工卡县开展2017年12月矿山联合执法检查暨中央环保督察转办案件突出环境问题“回头看”工作。

6日 县委副书记、县长旦增尼玛主持召开第十三届墨竹工卡县人民政府第12次常务（扩大）会议。会议听取了市委巡察二组巡察反馈意见整改落实汇报和政府系统2018年工作计划汇报。

同日 为贯彻落实习近平总书记提出的“四个最严”及国家食药总局“四有两责”要求，建立健全县、乡、村三级监管体系，召开墨竹工卡县食品药品协管员、信息员聘任大会暨培训会。

同日 墨竹工卡县召开墨竹工卡县2017年村级组织活动场所标准化建设项目调度会议。

同日 县妇联联合县法院举行墨竹工卡县“妇女儿童维权合议庭”揭牌仪式。

同日 团县委联合县中学组织开展了“扬中华之美 吟墨中之歌”纪念“一二·九”运动主题团日活动。

6—9日 县政协组织农牧科技界等界别的15名委员在林芝市工布江达县、巴宜区、米林县交流学习“新农村建设和产业脱贫”实施情况。

7日 县委书记劳明伟，县委副书记、县长旦增尼玛分别在工卡镇工卡村和唐加乡莫冲村尼唐组田间地头与农牧民群众坐在一起宣讲中共十九大精神。

同日 墨竹工卡县委组织部（强基办）联合县脱贫攻坚指挥部在县会议中心组织开展精准扶贫精准脱贫政策宣讲，各村驻村工作队队长、副队长，各村第一书记、村党支部书记共计160人参会，发放学习资料260余份。

同日　墨竹工卡县组织召开全县2017年今冬明春火灾防控工作动员部署会，对全县今冬明春火灾防控工作进行安排部署。

9日　全区基层党建工作第一考核组在墨竹工卡县考核2017年基层党建工作。墨竹工卡县委书记劳明伟，县委常委、组织部部长平措朗杰等相关负责人全程陪同。

11日　墨竹工卡县召开迎接自治区地市脱贫交叉考核验收工作部署会。

同日　为深入学习宣传贯彻中共十九大精神，助力墨竹工卡县精准扶贫精准脱贫工作，进一步拓宽墨竹工卡县青年农牧民创业就业渠道，提高增收致富能力，近日，在唐加乡藏地之南绿色生态农畜产品专业合作社举办为期2天的青年农牧民畜禽养殖技术及防疫知识培训班。此次培训共投入资金1.25万元，专门聘请养殖业专业技术员藏地之南绿色生态农畜产品专业合作社负责人土旦贡布，为50名青年农牧民讲授相关知识，其中建档立卡贫困户44名。

11—12日　自治区农牧厅、区国土资源厅、区气象局、山南地区曲松县等单位组成的联合验收组一行7人在市农牧局、国土局领导的陪同下对墨竹工卡县基本草原划定工作进行检查验收，并以83.7分的优异成绩，顺利通过自治区级基本草原划定工作终验。

12日　拉萨市重点工作考核组副组长、市委副秘书长土登一行20人在墨竹工卡县考核2017年重点工作，并在县党政大楼401会议室召开座谈会。

同日　墨竹工卡县发改委、财政局等部门对县人工影响天气作业装备仓库建设工程进行最终的竣工验收工作。

同日　以日喀则市副市长、市脱贫攻坚指挥部指挥长罗布松拉为组长的自治区脱贫攻坚工作成效交叉考核组在墨竹工卡县考核脱贫攻坚工作，并召开汇报会。

14日　日喀则市副市长、市脱贫攻坚指挥部指挥长、自治区脱贫攻坚工作成效交叉考核第二考核组组长罗布松拉主持召开自治区脱贫攻坚工作成效交叉考核情况反馈会。考核组利用三天的时间以高度负责的态度深入基层，查阅资料、入户走访、个别访谈，实地调研详细了解精准扶贫项目推进情况等内容，做了大量细致的工作。

同日　墨竹工卡县妇联为14名“两癌”患者及贫困疾病妇女进行现场集中慰问。

17日　墨竹工卡县唐加乡莫冲村群众自产土豆跨越4000多公里运往南京销售。

18日　召开墨竹工卡县创先争优强基础惠民生活动第六批驻村工作总结表彰暨第七批驻村工作动员部署会。

同日　拉萨市新闻出版广电局副调研员格桑尼玛一行4人在墨竹工卡县巡查调研下半年新闻出版、广播影视工作开展情况。

20日　市纪委常委旦增塔杰、市纪委监察二室主任江永朗加一行在墨竹工卡县调研检查学习宣传贯彻中共十九大精神、整治扶贫领域腐败问题和不正之风以及加快推进国家监察体制改革试点工作。

近日　墨竹工卡县全年分批次兑现2017年度“三大民生”助学金共1123.5万元，惠及学生1613人，其中建档立卡贫困户在校大学生167人，发放资金共计138.8万元，其中生活费72.5万元；中央部署高校大学生245人，惠及资金205.0927万元；研究生8人，惠及资金9.825万元。

22日　墨竹工卡县“会改联”工作圆满结束。全县40个行政村共选举出村妇联主席40人、专职副主席40人、兼职副主席135人、执委259人，共有1739名妇女代表参与到村“会改联”的选举中。新当选的村(居)妇联主席40名均为村(居)“两委”委员、中共党员。

25日　墨竹工卡县举办新一轮村“两委”领导班子精准扶贫精准脱贫有关政策宣讲会，县委副书记、县长旦增尼玛出席并作了重要讲话，副县长巴桑主持会议。40个行政村第一书记、村书记、村主任、村委员共计240余人参加宣讲会。

同日　墨竹工卡县40个行政村团组织换届选举工作已全面完成，共配备186名村团组织班子成员，其中包括书记40名和副书记31名。

同日　召开墨竹工卡县创建国家公共文化服

务体系示范区工作推进会。

**26 日** 以拉萨市总工会党组成员、副主席冉龙平为组长的考核领导小组在墨竹工卡县对县工会2017年度工会工作进行检查验收，同时还检查县“四讲四爱”主题教育实践活动工作开展情况。

**27 日** 墨竹工卡县召开基层党建工作述职评议考核会，县委书记劳明伟主持会议。在岗县级领导，各乡镇、县公安局、教育（体育）局党委书记及县环保局、安监局、扶贫办党支部书记，县直各单位、寺庙管委会党组织书记及村党组织第一书记参加会议。

**28 日** 墨竹工卡县举办2017年全县工伤预防知识培训班。培训邀请拉萨市人社局工伤中心、工伤科负责人授课，来自全县41家工矿企业105名企业代表参加培训。

# 政 治

## 中共墨竹工卡县委员会

【概况】 2017年，县委在南京市的无私援助下，深入贯彻落实党的十八大和十八届三中、四中、五中、六中全会精神，贯彻落实习近平总书记治国理政新理念新思想新战略，以做好迎接、学习、宣传贯彻中共十九大贯穿全年工作，全面推进“五位一体”总体布局，协调推进“四个全面”战略布局，紧扣“六大战略”，以推进供给侧结构性改革为主线，围绕全面建成小康社会这个目标，加强党的全面领导，大力实施“产业结构优化、农业发展振兴、民生福祉增进、城乡品质升级、发展环境提升”五大行动，解放思想、创新思路，负重奋进，推动各项工作取得新进展。

2017年，全县地区生产总值完成30.64亿元，同比增长10.20%，社会固定资产投资完成49.22亿元，同比下降38.90%，公共财政预算收入完成3.82亿元，同比增长16.25%，农牧民人均可支配收入实现13046元，同比增长16%；公共财政预算收入与农牧民人均可支配收入增速均超过地区生产总值增速。

【党建统县】 年内，墨竹工卡县全面加强党的领导和党的建设，认真贯彻落实中央和区市党委关于全面从严治党一系列决策部署，增强政治意识、大局意识、核心意识、看齐意识，坚决维护党中央权威和集中统一领导，严明党的政治纪律和政治规矩。认真贯彻落实中央和区市党委一系列重大会议精神，确保中央和区市党委的决策部署在墨竹落地生根。认真学习领会党的十八届六中全会、中共十九大和区市第九次党代会、区市党委九届三次全会等一系列重要会议精神，先后召开县委九届四次全会、县委九届五次全会和全县经济工作、农村工作、组织工作、政法工作、统战工作、环保工作等重要会议，对贯彻落实中央和区市党委系列重要会议

2017年8月20日，县委书记劳明伟现场测验水质

2017年9月21日，县委副书记索朗多吉组织召开墨竹工卡县脱贫困难户入户调查工作部署会

精神及相关领域工作及时做出安排部署，紧紧依靠全县各族干部群众抓好工作落实，经济社会发展各项事业均取得较好成绩。

【政治思想水平不断提高】 年内，牢固树立西藏海拔高坚定理想信念标准更高的思想，把学习领会习近平总书记治国理政新理念新思想新战略特别是治藏方略作为坚定信念、武装头脑、推动工作的强大武器，进一步坚定中国特色社会主义道路自信、理论自信、制度自信、文化自信。2017年，召集全县处级领导干部和县直各部门负责人开展13次以“四个意识”“两学一做”学习教育、“四讲四爱”、精准扶贫等为主题的集中研讨活动，及时学习领会中央决策部署和习近平总书记系列重要讲话精神，统一思想、深化认识，结合墨竹实际，认真研究贯彻落实的具体举措，使墨竹发展目标更加明确、发展路径更加明晰。

【干部队伍建设】 年内，以全面从严治党为出发点，加强干部驻村工作，127名优秀干部进驻40个行政村，办好事435件涉及资金446万元。强化选人用人全过程、各环节监督，加大干部实践锻炼、交流轮岗力度，打造政治强、懂专业、善治理、敢担当、作风正的干部队伍。年内，共调整干部88名，其中，交流23名，进一步使用12名。

【基层基础不断夯实】 年内，以“三个全覆盖”为抓手，优化党组织建设，充分发挥基层组织的战斗堡垒作用。全县40个行政村，调整为20个村党委、16个村党总支，下设村民小组党支部182个。投入7066.9万元，完成37个行政村村级组织活动标准化建设，其中新建21个、改扩建16个，涉及总投资7066.9万元，设立500万元村集体经济扶持资金，制定全县村集体经济收入10%的增长目标，不断提高基层党组织的凝集力。全县40个行政村，村村均有收入，最少的达5万余元，最多的达200余万元。

【村组织换届选举】 年内，严格按照“五个标准”要求，做到“老、中、青”相结合，扎实做好村组换届选举各项工作。通过选举，配备村组织班子成员383名，妇联主席40名、团支部书记40名，其中，村“两委”班子成员交叉任职165名，比上届增加24.8%，基层组织的力量进一步壮大。

【党风廉政建设】 年内，充分发扬党的优良作风，巩固作风建设成果，坚持不懈抓好中央“八项规定”、区党委“约法十章”“九项要求”和市委“八项要求”的贯彻落实，驰而不息整治“四风”，切实守住“底线”、远离“红线”、不碰“高压线”。2017年，共对40余家单位、20家餐饮娱乐场所开展监督检查1000余次，检查公车1222台次，发现问题4个，现已全部整改完成；共受理问题线索26起，其中，立案3起，结案13起、结案率达50%。共处理履职不到位干部10人，其中，党纪处分2人，组织处理5人，诫勉谈话3人。

【农村土地确权】 年内，已完成全县8个乡（镇）40个行政村7703户确权登记工作。除拉林高等级公路建设征地的3个乡镇918户外均已完成确权颁证工作，共计颁证6785户。共流转土地4606.822亩，年均租金达432.15万元。农村宅基地确权有新推进。已完成8个乡(镇)40个行政村农村宅基地(含房屋)和集体建设用地的外业测量及内业核查工作,共计测量8800宗,预计2018年初完成证书发放。农村集体土地确权有新突破。已全部完成8个乡(镇)40个行政村农村集体土地所有权外业测量与内业核查工作,共计测量250宗,预计2018年上半年完成证书发放。成功挂牌出让1宗工业用地和2宗商业服务用地,出让面积25亩,出让金1422.9万元。农牧民贷款程序有新优化。全县所辖乡村均已被评定为信用乡、信用村,累计发放贷款证11385户,颁证率达100%,使用率达99.73%,涉农贷款余额为7.26亿元、扶贫贷款余额为2.11亿元。

【生态环境保持良好】 年内,始终将生态保护立于经济社会发展首位,坚持生态环境保护党政同责、一岗双责,形成县委统领全局,各乡(镇)、单位各司其职,全社会齐抓共管的环保新格局。全年共投入4350万元,新建县城新区污水处理厂、扎西岗乡生活垃圾无害化处理厂。投入35.7万元,购买环卫垃圾车17辆,用于城乡环境卫生综合整治。投入4.25万元巩固"禁白"成果。投入200万元对40个行政村饮用水水源地进行保护,农牧民安全饮水率达到100%。投入1356万元,完成植树造林2482.2亩,封山育林6928亩。全县城乡垃圾清运率达到97%、垃圾集中处理率达到99%、城区生活污水集中处理率达到70%以上、森林覆盖率达43%、林草覆盖率达到75%,城镇人均公共绿地面积达到12平方米。

【文化生活更加丰富】 年内,共投入265万元,对全县公共文化设施设备、场地进行采购和维修,县、乡、村三级公共文化服务网络已全面完成。县级综合文化服务中心实现免费WIFI全覆盖,方便市民随时在线共享信息,接待群众4000余人次。新华书店年接待读者3000余人次,卖出图书1500余本,价值2500余元。数字影院于9月20日开播以来共播放电影10余场次,观影人数达500余人次。投入588.85万元,建设干部职工生活超市、健身中心、羽毛球场等设施。投资200余万元建设的墨竹工卡县广播电视台,自8月开播以来,共播出藏语新闻40余期,汉语新闻50余期、一周要闻30余期。继续加大力度保护普堆巴宣舞、直孔藏香制作技艺、直孔刺绣唐卡、直孔噶举派宗教音乐、直孔嘎儿羌姆5个国家级非物质文化遗产,塔巴陶瓷、甲玛谐钦、直孔藏医等5个自治区非物质文化遗产。共有9项县级非物质文化遗产保护名录被列入市级名录。开展以打击非法出版物、歪曲党史、国史等行为的专项整治行动,以打字复印店、音像制品店、KTV、朗玛厅等为重点部位,对县域文化经营单位进行集中排查25次,并排查出问题5个,整改完成5个。

【宁墨交融更加密切】 围绕2017年底基本实现脱贫摘帽的目标任务,南京市第八批援藏工作组将援藏工作重点与脱贫攻坚相结合,制定嘎则新区等6个发展规划,投入1‰以内援藏资金2.3亿元、1‰以外援藏资金1580万元,实施援藏项目27个。南京市第八批援藏工作组协调南京市8个区与墨竹工卡县8个乡(镇)结成

2017年11月11日,县委常务副书记汪东明在唐加乡调研

对子，10个市局单位分别与墨竹工卡县10个局（学校）签订《对口帮扶协作协议》，形成全方位、多层次的帮扶格局，全年共对接帮扶资金1200余万元。江苏省共派出24批次、200余人的党政代表团在墨竹工卡县检查指导工作。墨竹工卡县共派出2批次30余人赴江苏省学习考察。8名先心病、脑瘫等疾病儿童到南京接受治疗，8名广播电视工作人员赴溧水区电视台接受培训。

【特色城镇建设】 年内，着力打造松赞故里雪域名镇，甲玛特色小城镇建设规划顺利通过自治区评审。安排专项资金2000万元，实施甲玛乡特色小城镇风貌改造项目、甲玛乡水源地饮水工程项目；投资855万元的甲玛乡棚户区基础设施改造项目；投入4780万元，加快推进孜孜荣村（二期）搬迁安置工程。

【民生保障持续改善】 年内，为全县764名城市低保对象、3419名农村低保对象发放最低生活保障金485.13万元；为全县217名五保对象发放供养经费99.345万元，五保集中供养率达93.5%、意愿集中供养率达100%；为891名城乡居民核报销医疗救助金319.73万元；为10名优抚对象发放抚恤金16.81万元；为1152名残疾困难群众发放生活补贴118.932万元。

【教育事业】 2017年，共实施教育建设项目24个，总投资2000万元。深化控辍保学，巩固提高“两基”成果，学前三年入园率达94%，小学在校巩固率达99.39%，初中入学率达101.81%、巩固率达100%。共为8025名学生发放教育“三包”经费816.29万元，为6106名学生发放营养改善经费140.39万元。

【卫生服务】 墨竹工卡县8个乡镇已建成3个标准化卫生院，到2020年实现全覆盖。南京市卫生系统5名专家扎实开展组团式援藏工作。全年共为2583名农牧民患者报销医疗费用2588.44万元，为全县50339名群众开展包虫病筛查工作，筛查率达100%，扩大疫苗接种率为99.91%，儿童建卡、建证率均达到100%。

【脱贫攻坚】 年内，始终把精准扶贫、精准脱贫工作作为头等大事和第一民生工程，以脱贫攻坚统揽经济社会发展全局，努力做到扶真贫、真扶贫、真脱贫，围绕“六个精准”“五个一批”“八个到位”，因地制宜，综合施策，扎实推进精准扶贫工作。投入资金5.14亿元，实施产业扶贫项目36个，1597名党员干部与贫困群众结对帮扶，贫困发生率控制在0.25%以内，2017年，全县脱贫攻坚工作顺利通过自治区级验收。

（曹仁建）

2017年9月27日，县委副书记普布在墨竹工卡县推行“五个100%”教育目标任务现场会开幕仪式上讲话

【领导名录】

书 记
劳明伟
副书记、县长
旦增尼玛（藏族）
副书记
索朗多吉（藏族）
常务副书记
汪东明（江苏援藏）
副书记、常务副县长
郭昌标（江苏援藏）
副书记
普 布（藏族）

## 中共墨竹工卡县委办公室

【概况】 2017年,县委办公室紧紧围绕县委中心工作,以加强自身建设为抓手,以提高科学服务水平为支撑,不断增强政治、大局、责任、担当、创新意识,解放思想,与时俱进,求真务实,真抓实干,开拓创新,充分发挥参谋助手、督导检查、综合协调和保障服务作用,使办公室与县委在决策上合谋、节奏上合拍、工作上合心,圆满地完成了各项工作任务,保证和促进了县委及全县各项工作快速高效运转。办公室下设机要室、督查室、档案馆、农开办,现有工作人员20人,其中公务员14人,后勤岗位6人。

【党组织建设】 年内,始终坚持党的统一领导,始终坚持以党的建设统领办公室各项工作,时刻把党建工作放在心上、抓在手上、扛在肩上,做到一丝不马虎、一刻不放松、一点不耽误。全年共开展党组织生活20余次,撰写工作开展情况等材料80余篇;开展谈心谈话和批评与自我批评5次,办公室团结程度进一步增强。按照规定于5月开展办公室党支部换届选举工作,共选举出5名党支部班子成员,真正把政治素质高、群众威望高、工作热情高优秀人才充实进入支部,强化了支部力量。

【干部队伍素质有新提升】 年内,县委办公室积极适应习近平总书记提出的"五个坚持"的新任务和新要求,认真组织开展各种理论学习和教育活动,不断提高办公室干部职工思想政治素质和理论水平。年内,共开展集中学习12次,安排7人参加区内保密、档案等培训,安排6人到区外进行考察培训,全年累计安排干部外出考察培训20余人次。推进全县党委办公系统规范化建设。重点完成了各类文件的"一事一档"归档整理,共整理归档"一事一档"文件300余份。截至年底,全县8个乡(镇)、33个县直党委党政信息网使用率达到100%,全县办公室规范化建设不断取得新成效。

督查室工作人员严谨办公

【服务意识明显增强】 年内,县委办公室充分发挥领导的"耳目"和"外脑"作用,全方位、深层次、宽领域地为领导决策搞好服务。2017年共收到上级来文400余份,办理发文240余份,处理各级、各部门文件、传真、请示、领导批示500余份。筹备了县委九届四次全委会、县委九届五次全委会、经济工作会、农村工作会、重点项目开工、领导外出考察学习、迎接上级领导调研等活动。全年共承办各类大小会议100余次,各项任务均圆满完成。

【文秘水平不断提高】 年内,进一步规范公文流转程序,改进和完善公文的报送、处理和审批制度,公文处理工作进一步规范,做到安全、及时、准确。2017年,共撰写领导讲话、各类文件、上报材料300余篇,其中起草各类公文260余篇,领导满意率95%以上。

【坚持加大督查力度】 年内,制定全年督查工作计划,重点围绕县委、县政府工作部署,切实整合资源,坚持"既督事、又督人,既督结果、又督过程"的原则,把经常性督查、阶段性督查、综合性督查、专项性督查等有机结合,灵活运用分解立项、督查调研、催办督办,联合督查、跟踪督查、书面督查、电话督

2017年12月8日，县委办公室党支部组织党员干部集中学习十九大报告

促等多种形式，对脱贫摘帽、环境保护、安全生产、“村两委”换届、十九大安保及人民群众反映的热点难点问题进行重点督查，形成“议而决、决而行、行必果、果必报”的决策督查运行机制和“批必查、查必果、果必报”的专项督查运行机制。年内，先后督办区市县党委、政府交办事项及主要领导批示共33件，督办区市人大代表建议和政协委员提案24件，督办县人大代表建议87件，督办县政协委员提案75件，上报督查专报55期，开展各类专项督查200次，下发督查通知23份、督查通报9份，责成限期整改30次，整改率达100%。

【信息质量提升】 年内，坚持“围绕中心、突出重点、提高质量、注重实效”的原则，实事求是地做好上级党委重大方针政策、决策部署的信息反馈工作，着重报送重、大、紧急信息和群众广泛关注的热点难点焦点信息，及时传达县委的决策和指示精神。2017年，共上报动态信息1595条、专报84篇、约稿15篇，编发《党办信息》30篇，为各级领导决策部署提供了有力依据。

【档案管理规范】 年内，深入贯彻落实习近平总书记“让历史说话、用史实发言”的重要指示精神，贯彻落实《中共西藏自治区委员会办公厅、西藏自治区人民政府办公厅印发〈关于加强和改进新形势下档案工作的实施意见〉的通知》精神，坚持围绕中心、服务大局，深入实施“以人为本、服务优先、安全第一”战略，大力推进“三个体系”建设，完善档案治理体系，提升依法治档能力，各项工作取得重大进展，档案事业迈上了新台阶，开创了新局面。5月，新建的嘎则新区档案综合楼已投入使用。9月，选派1人参加全国档案局（馆长）培训，有效提高了档案工作人员的工作能力。采取悬挂横幅、发放宣传手册等方式对《中华人民共和国档案法》进行了全方位宣传，共计悬挂横幅5条、发放宣传手册400余册。

【机要保密安全】 年内，严格按照《中华人民共和国保守国家秘密法》等有关法律、法规，不断加大保密宣传教育、监督管理和技术防范力度，健全各项管理制度和工作责任制，加强对涉密人员的管理，努力提高保密工作法制化和规范化水平，保密工作取得明显成效。全年共收发明传电报和密码电报734份4588页（收531份、发203份），公文702份4212页，及时呈送县级以上领导传阅2518人次，实现“零”差错。为全县各单位检查维护涉密媒介212件，查出问题28个、现场整改28个，整改率达100%；共为全县112个涉密媒介制作了“身份证”，重新梳理、登记涉密人员59名，从严从实管理保密工作。

（曹仁建）

【领导名录】

副主任

龚 华 君

路 春 侠（女）

益西查巴（藏族）

机要局局长

唐 伟

## 墨竹工卡县人民代表大会常务委员会

【概况】 2017年，墨竹工卡县人民代表大会常务委员会在南京市人大无私援助下，深入学习贯彻中共十九大精神，高举中国特色社会主义伟大旗帜，坚持以马克思列宁主义、毛泽东思想、邓小平理论和"三个代表"重要思想、科学发展观、习近平新时代中国特色社会主义思想为指导，深入贯彻落实习近平总书记治边稳藏重要战略思想，坚持党的领导、人民当家做主、依法治国有机统一，坚持全面推进"五位一体"总体布局和协调推进"四个全面"战略布局，深入贯彻落实区、市、县第九次党代会精神，深入实施"六大战略"，紧紧围绕全县工作大局，依靠全体代表，依法履行职责，积极开展工作，充分发挥地方国家权力机关作用。人大常委会始终坚持正确政治方向，牢固树立"四个意识"特别是核心意识、看齐意识，自觉在思想上政治上行动上同以习近平总书记为核心的党中央保持高度一致；始终坚持和依靠党的领导，把人大工作放到全县大局中思考和谋划，保证中央决策部署和区、市、县委要求在人大工作中有效贯彻执行，统筹开展了监督、决定、任免、代表等各项工作和重要活动。

2017年，共召开常委会会议11次，主任办公会议11次，党组会议15次，听取和审议"一府两院"专项报告5次，配合自治区、拉萨市人大开展调研、视察和执法检查9次，组织本级人大代表视察和调研共1次，专题询问2次，做出决定决议8项。依法任免国家机关工作人员60人次。其中，决定任免县政府及其组成部门负责人32人；任职审判员4人，任免陪审员24人。建立任前发言制度，6人在常委会上表态发言。认真落实宪法宣誓制度，35人在常委会上庄严宣誓。

【严格落实县委决策部署】 年内，人大常委会始终坚持党的领导，紧扣中心，服务大局，切实把落实县委重大决策作为依法履职的着力点，做到思想同心，目标同向，工作同步。坚持议大事、促发展，紧紧围绕全县发展、稳定、生态三件大事，积极开展调查研究，依法、科学、及时作出决议决定。坚持党管干部和人大依法任免的原则，保证了县委推荐的人选通过法定程序成为国家机关领导人员。坚持党的领导作为做好工作的重要前提，带领人大全体党员干部及时领会，认真落实县委决策，始终做到与县委在思想上同心，目标上同向，行动上同步。坚持召开常委会会议，代表意见、建议、批评或者代表中存在比较棘手事情、拟做出的决议决定等常规性工作定期向县委请示报告。充分发挥人大常委会党组的领导核心作用，坚持做到重要工作党组讨论决定，年度工作计划、重要决议决定、重大问题等事前报请县委同意后再组织实施。高度重视县委交办的事项，尽职尽责，全力推动。高度重视村居换届，深入村（居）指导换届工作。深入联系乡（镇）、村指导检查、调研摸底、实地了解村换届选举工作的筹备情况和换届选举工作中存在的问题和遇到的困难，对选举的重难点村进行实时动态观察，及时掌握工作动态，确保村居换届顺利、稳妥、依法开展。

2017年4月24日，人大常委会党组书记、主任张尚福参加党支部"三会一课"活动

【依法加强监督工作】 听取审议墨竹工卡县2017年上半年经济运行情况的报告；听取审议2017年前三季度国民经济和社会发展计划执行情况报告。建议深入实施

产业强县发展战略，做大做强“双创”产业基地，加强供给侧结构性改革，进一步落实已经出台的政策措施，大力发展实体经济，高度重视创新的引领和驱动作用，继续营造有利于经济发展的良好氛围。督促县政府及相关部门向社会公开单位部门的预决算。探索预算绩效监督机制，对部门预算编制、执行和完成情况开展跟踪监督。听取审议2017年预算执行情况及预算调整情况报告，审查批准2017年县级财政决算，实现县人大对预算编制、预算执行、预算调整、决算的全过程审批监督，完善全口径预算管理，有效推进新《中人民共和国预算法》的全面贯彻落实。建议县政府做好预算信息公开工作，促进依法理财、民主理财、科学理财，积极推进预算信息公开，进一步打造“阳光财政”。加强预算编制论证，提高预算编制的合理性，减少预算调整的随意性。常委会领导分别带队，深入乡、村、组开展专题调研、政策宣讲、走访慰问、结对帮扶等，帮助协调解决困难和问题。严格按照精准扶贫精准脱贫工作总要求和总目标，针对联系乡（镇）实际情况，指导、督促乡（镇）精准“把脉”、精准施策，准确开方，找出贫困的根源，对症下药，指出脱贫的点子，结合本地的资源优势，明确精准扶贫措施，发现问题立行立改加紧整改落实，整改落实情况进行跟踪检查，扎实助推扶贫攻坚工作。

2017年6月23日，山南市隆子县、桑日县人大考察组一行在墨竹工卡县考察指导“人大代表之家”创建情况

开展生态环境保护工作的专题询问。2016年环境保护工作及考察中存在的问题的整改情况、环境综合整治、生态环境修复等热点难点问题进行专题询问。坚持把解决好人民群众最关心、最直接、最现实的利益问题作为工作的出发点和落脚点，着重加强对以改善民生为重点的城市建设、交通建设、农牧业建设、生态环境保护、医疗服务、教育事业、惠民政策、社会养老服务、政府性办实事等群众关注的问题开展监督，促进一大批民生事业的落实，使改革发展成果更多地转向民生、惠及百姓。听取审议政府工作报告，特别是依法行政方面执行情况。不定时开展法律法规贯彻实施情况的检查，保证相关法律法规正确实施。常委会主要领导积极参与法院、检察院重要工作活动，工作开展情况进行时时监督，针对性地提出审议意见，规范了司法行为。年内，组织常委会组成人员和人大代表视察法检两院工作开展2次，旁听法院庭审，建立健全了人民陪审员制度，查看检察院检务公开情况，增强审判、检察工作的透明度和公开度，促进了司法民主。

【充分发挥代表作用】 年内，墨竹工卡县9个“人大代表之家”均按照9有标准建成挂牌，并投入使用，各“人大代表之家”在服务群众，服务代表发挥了积极作用。保证各级人大代表在闭会期间开展活动有一个固定的场所，充分发挥代表的主体作用，丰富代表活动内容，提升了代表活动质量。6月，全市六县两区“人大代表之家”互观互学交叉验收考核时取得了第一的好成绩。坚持县人大代表列席县人大常委会会议制度，组织代表参加县人大常委会的各项考察、调查、检查和专题调研，法检两院活动，保证代表的知情知政权。继续实行县人大常委会组成人员联系代表和代表小组、代表联系选民制度，深入基层倾听代表和群众的意见建议，切实为代表和群众解决问题。保障代表活动经费落实到位，不断完善激励机制，开展代表履职能力评比活动和政府职能部门意见、建议、批评，答复办结情况评比活动，激发代表履职的积极性。常委会高度重视代表提出的意见和建议督办工作，为提高人大代表建议落实率，由政府分管县长领衔办理，常委会分管主任领衔督办，相关工作机构负责联系催办。常委会办公室会同督查室开展两次督查，推动建议办理程序不断规范，切实解决代表"被满意"现象，办理效果由答复满意向结果满意转变。推进群众关心的热点、难点问题的督促办理。全年邀请23名基层县级代表列席常委会会议，31人次代表参加常委会开展的考察调研等活动。派出部分代表参加市人大常委会组织的调研、考察、参观精准扶贫成果展、三环路考察等活动，代表素质和履职能力得到明显提升。常委会坚持从最广大人民群众的根本利益出发，致力于解决群众普遍关注的热点难点问题，根据代表提出申请，常委会积极走访，了解疾苦，从乡镇人大、政府，县人大酌情慎重层层研究科学审批代表办实事经费。在县政府高度重视下，过去一年，为基层代表安排办实事经费100万元，解决甲玛乡小学购买水车等涉及群众生产生活急需解决的17件实事。

【乡镇人大指导】 年内，人大常委会深刻认识加强基层人大工作的重要性，坚持和完善人民代表大会制度，不断推进基层民主政治建设。常委会领导分片联系指导乡镇。每位常委会主任均联系2个乡镇片区，在指导乡镇做好建设、发展、稳定的同时，定期参加乡镇人民代表大会等重要会议和活动，了解乡镇人大的工作现状，具体指导乡镇人大工作开展。每位常委会主任联系7名基层代表，指导代表履好职责、参加好小组活动、提好人代会和闭会期间的意见、建议，确保所有基层代表在任期内都与常委会主任建立密切联系。不仅邀请列席人大常委会，还邀请参加各类视察监督、执法检查等活动，全年共列席会议、参加各类视察64人次，使乡镇人大主席、副主席、专干在列席会议和参加活动中提升能力、推动工作。常委会主要领导带队，组织人大机关和乡镇人大干部开展观摩，召开现场推进会，交流前期进展，部署后期任务，点评成效和差距，促进乡镇人大互相学习比较，共同创新进步，完善软件档案资料，丰富代表履职实践。

【自身建设】 年内，按照县委统一部署，各位主任、副主任长期轮流在墨竹工卡县维稳一线指挥部带班、值班，在全国"两会"、中共十九大召开及各节点期间，人大常委会领导以及办公室工作人员全力下沉，实现"三无""三不出"的维稳目标，为墨竹工卡县的和谐稳定做出了积极贡献。坚持重大事项及时向县委请示报告。把思想政治建设摆在首要位置，精心组织，深入学习《中国共产党章程》《中国共产党纪律处分条例》、中国特色社会主义理论体系、习近平总书记系列重要讲话精神及党和国家的方针政策，学习区、市、县委会议精神。优化专委会和工作机构的运行机制。各专委会依法履行职责，牵头起草重要法规草案，对政府部门或社会组

2017年6月8日，召开墨竹工卡县第十三届人大常委会第11次党组会议

织起草的法规草案提前介入，认真审议。精心承办执法检查、专题询问、专项调研等活动，跟踪落实常委会审议意见研究处理情况。

（普布卓嘎）

【领导名录】

党组书记、主任

张尚福

副主任

刘登贵

王应祥

次旦卓玛（女，藏族）

普　桑（藏族）

## 墨竹工卡县人民代表大会常务委员会办公室

【概况】 2017年，墨竹工卡县人大常委会办公室高举习近平新时代中国特色社会主义伟大旗帜，全面贯彻党的十八大和十九大精神战略部署和中央第六次西藏工作座谈会精神以及区、市、县第九次党代会和自治区十届人大五次会议精神，以邓小平理论、“三个代表”重要思想、科学发展观、习近平新时代中国特色社会主义思想为指导，进一步深入学习贯彻习近平总书记系列重要讲话精神。坚持党的领导、人民当家做主、依法治国有机统一。积极发挥办公室综合协调作用，充分调动人大机关工作人员的积极性和主动性，圆满完成了全年的工作任务，为县人大及其常委会依法履职和机关有序高效运转提供了良好服务保障。

【做好综合性文稿起草工作】 年内，人大办公室高度重视文字服务工作，坚持把提高文字服务水平作为办公室一项重要工作，把好草拟、审核关，力求公文符合政策、法律法规，领会文件精神，贯彻领导意图，切合实际情况，努力提高文字的思想性、理论性、政策性、可操作性，通过文字服务，发挥办公室的参谋助手作用。认真起草好常委会年度工作计划、工作要点，力求使常委会的工作紧扣县委中心工作和全县发展大局，为常委会依法行使监督、决定、任免等各项职权提供优质服务，充分发挥“以文辅政”的重要作用。认真起草好常委会工作报告、工作总结，全面客观准确反映常委会过去一年所作的工作及提出今后一年工作思路，为常委会总结工作经验和谋划来年工作提供有益参考。年内，形成常委会各类文件103份，办公室各类文件65份。对所有来文来电都能及时准确地签收办理，未发生耽搁送阅、影响工作的现象。公文制发、文件收发和传阅都有时间要求和规定手续，操作符合规范。

2017年7月10日，人大办公室主任达瓦次仁、副主任苍巴回访县级人大代表督办检查建议、意见办理情况

【做优各项会议服务工作】 年内，以提高会议质量为重点，切实把好上会议题关、材料关、分组讨论安排关、常委会审议意见督办关，不断提高办公室服务水平。全年高效优质地完成人民代表大会、常委会会议、主任会议等重要会议38次，其中人民代表大会会议1次、常委会会议11次、主任会议11次，党组会议15次。

【做实服务人大代表工作】 年内，督办代表议案和建议方面，强化议案建议提出的质量和落实的力度。把代表议案建议提出的基本要求、范围和程序，纳入代表学习培训内容，组织引导代表从大局出发、从选民的普遍愿望出发、从解决问题的现实需要出发，提出高质量的议案和建议。对代表建议的落实，在坚持高规格转办、多层次督办、面对面答复的基础上，突出重点建议，抓住关键环节，采取例会听取汇报、组织人大代表视察等形式，督促承办机构强化措施、狠抓落实。7月，联合各乡镇人大主席团通过实地回访和电话回访的方式对在县十三届人大二次会议上代表提出的议案、建议办理情况进行了两次督办检查，并进行通报。对保障代表权益方面，从有利于代表执行职务出发，继续坚持邀请代表列席有关会议、定期走访联系代表、重大部署和重要工作向代表通报制度，让代表知情知政。对人大常委会召开的有关会议和组织的重要活动，尽可能多地吸收不同方面特别是基层代表参加。截至年底，代表所提的87件建议已全部办理完毕并答复代表，代表们对办理结果比较满意。

2017年12月23日，人大办公室工作人员开展代表补选工作

【办公室内部管理】 年内，认真组织县人大办工作人员进行业务学习，狠抓公文处理，不断提高办文质量。坚持公文处理的规范化，明确公文制发各个环节的责任，保证公文印制的质量和运转效率，并积极采用电子政务进行收发文件，大大提高了办文效率。年内，在文件收发和传阅、文档管理、值班制度以及财务管理等方面都认真执行有关规定，较好的完成各项任务，确保适应办公室工作新形势的需要，提高工作效率、工作质量和服务水平，保证了工作的开展。

【转变作风】 年内，人大办公室按照县人大常委会年度工作计划的安排，以深入开展“四讲四爱”和“两学一做”学习教育常态化制度化活动为契机，坚持把深入调查研究作为转变工作作风的突破口，就常委会会议审议的关于全县网围栏建设情况等议题，深入基层、深入群众、深入实际开展专题调查研究，充分听取和吸收基层意见建议，综合分析汇总形成调研报告，为常委会会议审议专项工作报告提供了重要参考依据。

【乡镇人大工作】 年内，协助常委会组织乡镇人大主席、副主任列席县人大常委会会议和参加常委会开展的专题调研等活动，认真审核乡镇人大会议材料，列席乡镇人代会作具体指导，切实提高乡镇人大干部的综合素质。了解“人大代表之家”的代表活动和学习情况，全力抓好乡镇人大规范化建设工作，进一步促进了乡镇人大工作水平整体提高。

【自身建设】 年内，人大办公室开展“四讲四爱”和“两学一做”学习教育常态化制度化专题实践活动，并认真组织实施，大力加强自身建设。根据《墨竹工卡县委员会关于推进“两学一做”学习教育常态化制度化的实施方案》的总体部署和要求，办公室党支部严格落实活动要求，积极行动、提前谋划、加强支部力量保障，理清党员思想状态，制订支部年度学习计划，广泛深入地做好党员思想发动，及时向全体党员传达学习教育的各项要求，激发党员投入学习教育的积极性和能动性，为开展学习教育筑牢思想基础。办公室严格按照实施方案规定的时间对集中学习、专题研讨、专题党课、民主评议党员、专题组织生活会等各项活动做出具体安排，并确保时间、人员、内容、效果“四落实”。党支部书记和成员紧紧围绕党支部的中心工作和全办工作大局开展好学习教育，加强党风廉政建设，认真执行中央“八项规定”，以上率下、以身作则，带头讲党课、带头学习，发挥引领示范作用，引导全体支部党员主动参与到“四讲四爱”和“两学一做”学习教育活动中，立足工作岗位、履职尽责，时刻铭记党员身份，自觉爱党护党，敬业修德，奉献社会。人大办党支部以机关党支部组织开展的党组织和党员突出问题排查为契机，以支部党员民主评议为依据，坚持问题为导向，带着问题学，针对问题改，在解决问题中深化学习，检验实效，认真组织开好民主生活会和组织生活会，抓好不严不实突出问题整改，解决不同程度存在的创新意识薄弱、党的意识淡化、宗旨观念淡薄、精神不振等问题，补足精神之钙、扫除行为之垢、强化担当之责，推动党支部的作风不断好转。

（普布卓嘎）

【领导名录】

主　任

达瓦次仁（藏族）

副主任

苍　巴（藏族）

贺　娇（女）

## 墨竹工卡县人民政府

【概况】 2017年，全县地区生产总值实现30.64亿元，同比增长10.2%；全社会固定资产投资完成49.22亿元，同比下降38.9%；公共财政收入（全口径）完成3.82亿元，同比增长16.25%；规模以上工业增加值完成15.02亿元，同比增长16.19%；社会消费品零售总额完成3.71亿元，同比增长12.3%；农村居民人均可支配收入完成13046元，同比增长14.49%。

2017年10月22日，县委副书记、县长旦增尼玛入户调研精准扶贫工作

【农业牧业】 年内，农作物播种面积达7.54万亩，粮食总产量2.46万吨，粮经饲比例为82：16：2。实施肥效试验田4.5万亩、高产创建田5.5万亩，推广“藏青2000”4.27万亩，实施良种繁育2700亩。严把农产品质量安全关，荣获市级“农产品质量安全县”。全县牲畜存栏19.3万头（匹、只），出栏率达到34.2%。扎实推进“万户百场十中心”工程，在唐加乡发展奶牛养殖示范户100户。

【工业经济】 年内，狠抓工业经济运行监控，完成招商引资项目15个，实际到位资金30亿元。实现工业总产值28.74亿元，同比增长40.46%，实现工业销售产值14.88亿元，同比增长26.83%，实现工业税收3.18亿元，同比增长78.5%。

【旅游产业】 年内，投资837.18万元，实施旅游基础设施项目6个。全年累计接待游客115.39万人次，同比增长13.6%，实现旅游综合收入2515.5万元，同比增长17%。

【净土健康产业】 年内，集中种植墨竹小油菜0.9万亩，质量认证达国家标准。投资6048.77万元开工建设现代农业示范园第一期工程。投入700万元，从青海、日喀则帕里以及斯布班禅牧场核心区购买育肥牛和种牛500头，在日多乡念村集中育肥。

【创业创新全面启动】 年内，加强国资监管，注册成立扶贫开发有限公司，重新组建城投公司，8个乡（镇）实现融资平台全覆盖。完成创业创新基地2个，3家国有企业入驻“双创”大楼。明确国有企业经营范围,整合运营甲玛砂厂,开工启动塔巴砂厂,国有企业带动作用逐步显现。

【基础设施更加完善】 年内,投入6096万元,实施水利基础设施维修和饮水安全巩固提升工程11个,改善灌溉面积2.57万亩,解决饮水安全1430户、8650人。实施新一轮农网改造,新建和改造高低压线路732公里。争取资金2.05亿元,改造318、349国道,维修仁青林等危桥5座,新增和改造农村公路127.43公里,行政村道路通畅率达97.5%。围绕“三个全覆盖”目标,投入7098.53万元建成37个标准化村组织活动场所。

【深改工作】 年内,完成政府机构改革,调整、取消行政审批事项8项,深入推进“营改增”改革,国库集中支付改革走在全区首位。农业农村、国资国企、财税金融等重点领域改革全面实施。农村土地承包经营权确权登记完成11.23万亩,发放证书6759户。完成40个行政村集体土地确权测量工作及建档工作,划定永久基本农田保护区12.38万亩,完成不动产登记测量8800户。成功挂牌出让1宗工业用地和2宗商业用地,出让面积25亩,出让金1422.9万元。注册成立扶贫开发有限公司,重新组建城投公司,国有企业初见效益。8个乡(镇)实现融资平台全覆盖。完成创业创新基地2个,3家国有企业入驻“双创”大楼。

【生态环境】 年内,加强旅游景区环境综合整治,扎实推进全区生态红线划定试点工作,编制完成土壤、水、大气污染防治行动计划方案以及突发性环境事件应急预案,环保目标责任制全面落实。加强水源保护,全面推行“河长制”,城镇集中式饮用水水源地水质达到标准。实施造林绿化工程,投入1356万元,完成植树造林2482.2亩,封山育林6928亩,全县森林覆盖率达43%。加快农村生活垃圾无害化处理,集中处理率达到90%以上。扎实推进生态环保工程,投入762万元实施环境综合整治、20个水源点保护等生态环保项目。

【受援工作】 年内,落实1‰以内援藏资金5225万元,争取1‰以外资金1080万元,实施县医院提升改造、塔巴村供水等援藏项目15个。先后有5名医疗专家在墨竹工卡县指导医学工作,20名先心病、髋关节脱位、脑瘫等患儿到南京免费治疗。南京市8个区与墨竹工卡县8个乡(镇)结成对子,全方位、多层次帮扶格局逐步形成。

【城乡发展】 年内,争取资金2.05亿元,改造318、349国道。拉林高等级公路墨竹至日多段建成通车。投入6096万元,实施水利基础设施维修和饮水安全巩固提升工程11个,解决1430户、8650人饮水问题。实施新一轮农网改造,新建和改造高低压线路732公里。投入7098.53万元建成37个标准化村组织活动场所。新增和改造农村公路127.43公里。

【教育事业】 年内,稳步推进“五个100%”教育目标,中考平均成绩比2016年提高12分。巩固提高“两基”成果,学前教育名列全市前茅,小学适龄儿童入学率、巩固率分别达99.87%、100%,初中

2017年10月9日,县委副书记、常务副县长郭昌标考察墨竹工卡农牧民合作社净土产品参加“2017年南京农业嘉年华”展销会情况

入学率、巩固率分别达 101.83%、100%。加强学校标准化建设，投入 5378 万元实施门巴学生宿舍供暖、县中学校舍维修等 10 个项目。实现优质教育资源共享，甲玛乡中心小学五六年级合并至南京实验小学。严格落实“三包”政策，下拨专项经费 2303.65 万元，受益学生 8658 人。

【文化事业】 年内，开放运行县级数字化电影院，投入 2600 万元修缮直孔梯寺“扎西果芒”殿、唐加寺等文化遗迹。9 项非遗项目列入市级名录。

【卫生事业】 年内，投入 2995 万元实施苏拉远程会诊等卫生基础设施项目，全民免费体检率达到 99.7%。全面启动医技人员绩效考核制度。包虫病筛查 50339 人，筛查率达到 100%。

【精准扶贫】 年内，全面完成 1209 户 5243 名建档立卡贫困户脱贫并通过自治区第三方考核验收，建档立卡贫困户人均可支配收入达到 8470.7 元，同比增长 35.7%，同步实现“三有、三不愁、三保障”，贫困发生率下降到 0.25%，群众认可度达到 97.3%，实现“贫困户脱贫、贫困村退出、贫困县摘帽”目标。全年累计安排扶贫资金 1.64 亿元，贫困群众实现稳定就业 1029 人。拉萨文创园搬迁点和县城易地扶贫搬迁二期暨小康安居工程安置点建设基本完成。

【社会保障】 年内，完成 4.43 万人社保卡数据采集，信息采集率达到 92%。收缴各类社保金 2744.26 万元，发放城乡居民养老金 949.77 万元。落实“两线合一”生活补贴 653.19 万元，为 1298 名城乡居民报销医疗救助金 396.13 万元，为 4183 名城乡低保对象发放资金 1863.48 万元，五保供养经费在区市每人每年 5910 元基础上，提高至 11310 元。投入 280 万元改扩建县级救灾物资储备库，投入 561 万元改造 62 户农村危房、维修 12 户直孔电站搬迁户房屋。实现农牧区劳务输出 1.96 万人次，农牧民增收 5800 万元，实现转移就业 9800 人，城镇新增就业 672 人，城镇登记失业率控制在 2.1%。

2017年2月24日，县委常委、副县长张德才看望慰问结对户

【党风廉政建设】 年内，以勤政廉政为行动指南，持续改进作风，履职效能更加提升。完成政府机构改革，调整、取消行政审批事项 8 项，深入推进“营改增”改革，国库集中支付改革走在全区首位。办理人大建议、政协提案 162 件，满意率和基本满意率达 98.8%。打造阳光政务，公开政务信息 370 余条，政府工作高效透明运转。深入开展“两学一做”学习教育，全面加强党风廉政建设。加大审计监督、财政监督，完成各部门十八大以来预算执行专项审计、40 个村 2014 年以来资金审查，对教育领域和培训资金进行审计，对涉农、扶贫资金和乡(镇)2016 年办实事经费全面自查，迎接区市扶贫领域专项巡视、督查 10 次。严格落实中央“八项规定”精神，“三公”经费支出 376.49 万元，同比下降 1%。强化行政监察，严肃执法执纪，全年受理问题线索 27 起，处理 27 人。

（王守军）

【领导名录】

县委副书记、县长

旦增尼玛(藏族)

县委副书记、常务副县长

郭 昌 标（江苏援藏）

县委常委、副县长

张 德 才（江苏援藏）

汤 官 中

张 家 松

副县长

益　　西（藏族）

龙　　刚

谢 雪 梅（女）

索朗多吉（藏族）

巴　　桑（藏族）

边巴扎西（藏族，挂职）

2017年4月10日，政府办公室集中学习

## 墨竹工卡县人民政府办公室

【概况】 2017年，政府办公室坚持以科学发展观为统领，认真学习贯彻中共十九大和十八届三中、四中、五中、六中全会，中央第六次西藏工作座谈会，习近平总书记系列重要讲话精神等，切实践行“两学一做”学习教育活动，大力开展“精准扶贫、精准脱贫”工作。办公室人员通过集中学习与自学等多种方式，不断加强业务知识的学习，强化自身建设，提高服务水平，实行主任会议制度、秘书会议制度和后勤会议制度，较好地发挥了参谋助手和综合协调作用，保证了全县各项业务工作正常有序地开展。

【信息工作】 年内，政府办公室建立主任抓，副主任分管，各位秘书负责的信息网络，增强信息的时效性和实用性。2017年，政府办公室围绕全县各项工作，尤其是关注全县经济社会发展中存在的热点、焦点、难点以及民生问题，加大信息收集工作力度，加以整理、分析并及时上报。加大墨竹工卡县门户网、市政府门户网站信息公开力度。合理利用拉萨市政务网，加大信息和公文的上报上传力度。2017年，办公室共采用、编辑、上报乡镇和部门信息280条。办公室积极参与全县各类下乡调研活动，并向县政府提出合理化建议，为领导决策提供了有效的参考，充分发挥了参谋助手作用。

【办文办会】 年内，政府办公室实行公文处理失误责任追究制度，专人监管、专簿登记、签字流转，急件及时办理，定期备份、装档，确保公文处理不延误、不泄密。起草文稿上，把握当前工作重点、反映工作状况、体现领导意图；重大材料起草，文秘人员集体讨论提纲和修改初稿；审核文稿时，对内容、文字、格式、时限严格把关，确保文稿质量。

2017年，政府办公室共办理政府红头报告（请示）126件、通知103件、批复235件、函74件，办公室红头报告（请示）33件、通知70件，函6件，办理上级来文761件。

办会方面，办公室带头精文简会，严格控制会议次数和规模，尽量开短会、开套会。会前拟定议程及时送审，并提出针对性建议，会议通知准确无误，会中服务细致周到，会后及时形成会议纪要。政府办对县政府全体会、常务会、县长办公会等高规格会议，坚持牵头做好会前准备工作，审核会议议题，并经县政府领导审定同意后提交会议研究，从源头上确保了会议的权威性。2017年，办公室承办县长办公会议、县政府常务会议35次，及时整理、编辑、下发会议纪要35期；承办专题会议113次，及时整理、下发会议纪要113期；做好视频会议系统管理，进一步推进了全县办公无纸化进程,承办各类视频会议60余次。

【法制工作】 年内,墨竹工卡县政府法制办公室按照拉萨市法制办要求,及时完成执法证考试报名及过期执法证统计工作,积极开展法制相关工作,为加快拉萨市法制建设进程履行好职责。继续保持与珠穆朗玛律师事务所的合作,为墨竹工卡县提供法律专业指导。积极帮助各部门、乡镇审核修订相关规范性文件和草案,履行好为推进墨竹工卡县政府依法行政保驾护航的职能。

【机关服务】 年内,政府办公室以服务为大局,严格管理政府、政府办印章,做到使用印章有登记。及时传达上级党委政府、相关业务部门和县委、县政府的决策部署,及时将各乡(镇)、各部门、广大农牧民群众反映的情况反馈给领导。会议通知、文件收发、文件传阅、档案管理等工作做到高效、高质。充分利用县文件交换站,促进公文交换工作规范化、制度化、科学化。利用西藏自治区乡镇党政信息网收发各类非涉密文件,提升文件传阅效率,降低公文交换成本。安排办公室每名正式干部(包括副主任)对口联系1名县级领导及县级领导分管部门,安排科级干部对接市政府办公厅各科室,做到了每人都有事干。

【对口帮扶】 年内,以全县大力开展精准扶贫工作为契机,深入推进政府办结对帮扶工作开展,抓好驻村工作,为民办实事办好事。政府办派出1名干部在扎西岗乡吉古村驻村,结合所驻村的实际情况,从不同方面给予帮助,急群众所急、想群众所想,圆满完成驻村任务。每逢节假日,政府办组织人员对联系点村委会及困难群众进行慰问,送去慰问品和慰问金,折合人民币2万余元。积极督促干部对结对户进行入户调查及送温暖,平均每人入户至少2次,慰问资金近3000元。

2017年9月28日,政府办公室召开《墨竹工卡县志(2001—2010年)》初稿评审会议

【党建工作】 年内,政府办公室高度重视党员的党性锻炼和对入党积极分子的培养,积极组织支部成员开展理论学习,鼓励支部成员在会上发言,努力提高党员队伍政治理论素养,并积极吸收优秀职工加入党员队伍。截至年底,共有16名党员,新增1名入党积极分子。办公室支部认真开展"两学一做"活动,积极响应县委和政府的号召,在人员不足的情况下仍派工作人员前往联系点驻村,加强组织建设,充分发挥先锋模范作用,工作中带头、生活中垂范,效果较好。

【党风廉政建设】 年内,按照"班子抓班子,班子带队伍,队伍促发展"的要求,努力提高干部队伍思想素质和业务水平,争创一流业绩。坚持不懈地抓好办公室的廉政纪律教育,紧密结合"两学一做"学习教育活动,组织办公室全体干部职工,深入学习贯彻中央"八项规定"和《中国共产党章程》《中国共产党廉洁自律准则》《中国共产党纪律处分条例》等纪律规定,进一步增强队伍拒腐防变能力。完善工作岗位责任制,坚决查处纪律松懈、作风涣散的人和事。同时,认真落实党风廉政建设责任制,形成分工负责、齐抓共管的局面。加强日常监督管理,严格执行领导干部廉洁自律的各项规定,提高全体人员廉洁从政、拒腐防变的自觉性,促进勤政廉政，推动各项工作取得新成绩。

【后勤工作】 年内，以热情服务为理念，积极协调干部职工的吃水、用电、住房、用餐等问题，为干部职工安心工作提供优质服务；严格实行车辆管理制度，加大对驾驶员的管理，为领导出行提供良好的服务；全面提升机关食堂服务质量，精心搭配营养。

（土旦旺久）

【领导名录】

主 任

向巴卓玛（女，藏族）

副主任

王吉泽

张亮子（女）

王守军（6月任）

## 中国人民政治协商会议墨竹工卡县委员会

【概况】 2017年，政协第二届墨竹工卡县委员会委员总数为95名（2名为机动），其中，党外委员56名，占委员总数的60.21%；党内委员37名，占委员总数的39.79%；妇女委员27名，占委员总数的29.03%；少数民族78名，占委员总数的83.87%；汉族15名，占委员总数的16.13%，增加8名；具有大专及以上文化程度的48名，占委员总数的51.61%；35岁以下的38名，占委员总数的40.86%；政协常务委员15名，占委员总数的15.79%。中共界21人、宗教界15人、工商界9人、教体文卫界17人、农牧科技界20人、群团界11人，共6个界别。

2017年3月29日，中国人民政治协商会议第二届墨竹工卡县委员会第二次会议

【重要会议】 3月29—30日，中国人民政治协商会议第二届墨竹工卡县委员会第二次会议在墨竹工卡县举行。会议应出席委员93人，实到78人。会议由政协党组成员、副主席杨传志主持。会议批准索朗桑布代表政协第二届墨竹工卡县委员会常务委员会所作的《政协第二届墨竹工卡县委员会常务委员会工作报告》，批准米玛代表政协第二届墨竹工卡县委员会所作的《政协第一届墨竹工卡县委员会常务委员会关于政协二届一次会议以来提案工作情况的报告》。与会委员列席了墨竹工卡县第十三届人民代表大会第二次会议，听取并讨论并赞同郭昌标常务副县长所作的《墨竹工卡县政府工作报告》和其他工作报告，一致同意政府工作报告及其他报告；审议通过《政协第二届墨竹工卡县委员会第二次会议关于常务委员会工作报告的决议》《政协第二届墨竹工卡县委员会第二次会议关于政协二届一次会议以来提案工作情况报告的决议》《政协第二届墨竹工卡县委员会提案委员会关于政协二届二次会议提案审查情况的报告》和《政协第二届墨竹工卡县委员会第二次会议政治决议》。会议期间收到委员提案76件，经提案审查委员会审查立案75件。县政协党组书记、主席索朗桑布作闭幕会讲话。

【常务委员会会议】 3月28日，政协第二届墨竹工卡县委员会常务委员会第二次会议在墨竹工卡县召开。会议应出席常委15人，实到10人。会议审议通过《审议通过召开政协第二届墨竹工卡县委员会第二次会议的决定》；听取《政协第二届墨竹工卡县委员会第二次会议筹备工作情况汇报》；审议通过《政协第二届墨竹工卡县委员会第二次会议议程》《政协第二届墨竹工卡县委员会第二次会议日程》《政协第二届墨竹工卡县委员会常务委员会工作报告（草案）和报告人》《政协第二届墨竹工卡县委员会常务委员会关于第一次会议以来提案工作情况报告（草案）和报告人》《政协第二届墨竹工卡县委员会第二次会议大会秘书长及副秘书长名单》。

3月29日，政协第二届墨竹工卡县委员会常务委员会第三次会议在墨竹工卡县召开。会议应出席常委15人，实到9人。会议听取《政协第二届墨竹工卡县委员会提案审查委员会关于政协二届三次会议提案审查情况的报告（草案）》；审议通过《政治决议（草案）》《常委会工作报告决议（草案）》和《提案工作情况报告决议（草案）》。

4月20日，政协第二届墨竹工卡县委员会常务委员会第四次会议在墨竹工卡县召开。会议应出席常委15人，实到11人。会议审议通过《政协墨竹工卡县委员会2017年度工作要点》《政协墨竹工卡县委员会委员反映社情民意信息工作暂行办法》《政协墨竹工卡县委员会关于聘任反映社情民意信息员的通知》。

5月18日，政协第二届墨竹工卡县委员会常务委员会第五次会议在墨竹工卡县召开。会议应出席常委15人，实到9人。会议审议通过《政协墨竹工卡县委员会创建"政协委员之家"工作的实施方案》《100万委员办实事经费中各乡（镇）申报的项目》《政协委员赴林芝考察学习的实施方案》。

2017年7月26日，政协党组书记、主席索朗桑布组织承办单位及委员召开提案督办协调会议

12月14日，政协第二届墨竹工卡县委员会常务委员会第六次会议在墨竹工卡县召开。会议应出席常委15人，实到11人。会议听取《政协第二届墨竹工卡县委员会第三次会议筹备工作情况汇报》；审议通过《审议通过召开政协第二届墨竹工卡县委员会第三次会议的决定》《政协第二届墨竹工卡县委员会第三次会议议程》《政协第二届墨竹工卡县委员会第三次会议日程》《政协第二届墨竹工卡县委员会常务委员会工作报告（草案）和报告人》《政协第二届墨竹工卡县委员会常务委员会关于第二次会议以来提案工作情况报告（草案）和报告人》《政协第二届墨竹工卡县委员会第三次会议大会秘书长及副秘书长名单》。

【提案交办】 政协二届二次会议期间，委员们积极履行职能、建言献策，共提交提案76件，经提案审查委员会审查立案的75件，占总数的98.7%；1件归为意见建议类，已作情况反映处理。在立案的提案中，农牧水电类提案23件、占总数的30.3%，教体文卫类提案12件、占总数的15.8%，民族宗教类提案7件、占总数的9.2%，经济交通类提案13件、占总数的17.1%，城建国土类提案4件、占总数的5.3%，组织人社类提案8件、占总数的10.5%，环境卫生类提案6件、占总数的7.9%，其他类提案2件，占总数的2.6%。总体来看，委员们贯彻秉承了习近平总书记以人为本、人民至上的执政理念，做到情系群众、为民解忧，各项提案围绕群众关注的热点难点问题，紧扣民生主题，体现了政协委员心系群众、真情为民的深厚情谊。为推动提案和提案办理取得更大实效，一方面，县委、县政府高度重视，要求县委办、政府办研究讨论提案审查和承办事宜，提出切实可行的推动措施。县政府主要领导亲自过问，并主持召开提案交办会，对提案进行交办。另一方面，县政协多举措落实提案，成立了提案工作领导小组，负责提案的跟踪督办。组织召开提案协调督办会、提案专题调研，了解提案答复、办理情况。将《关于解决唐加乡东布岗村田间水渠维修经费的提案》、阿旺次成委员提出的《关于解决门巴乡贴朗村虫草采挖点购置变压器经费的提案》以及旦增伦珠委员提出的《关于解决扎雪乡扎雪村水塘维修经费的提案》等12件重点提案纳入政协委员100万元办实事经费范畴中予以解决。表彰在提案工作中表现优秀的承办单位和政协委员，树立典型，这些提案真切反映了民生问题，得到了县政协的高度重视，纳入重点提案范畴，认真给予了解决。

【创建“政协委员之家”】 年内，为进一步推进墨竹工卡县政协工作有序开展，促进政协委员活动的经常化、制度化、规范化，切实把基层委员有计划地组织起来，把政治协商、民主监督、参政议政工作提到日程上来，把分散的个人或单位的资源优势整合起来，把委员在本职工作中的桥梁纽带作用、界别群众中的代表作用和在政协工作中的主体作用充分发挥出来，增强凝聚力、生命力，使基层政协委员可以更好地贴近中心、贴近实际、贴近群众，充分发挥“智囊团”“人才库”的作用，充分发挥联系面广、渠道畅通的优势，多建利民之言、多谋富民之策、多办惠民之事，使政协工作与县委、县政府的中心工作、与人民群众的需要结合得更紧密，在工作目标上的协调，在工作部署上的呼应，在工作措施上的落实衔接的更到位。丰富政协委员在闭会期间的活动，不断完善委员工作机制，以及委员学习、交流有固定场所，有具体内容，有活动经费，在县委、县政府大力支持下，为县、乡（镇）提供了45万元专项经费创建政协“委员之家”，并指定各乡（镇）党委专职副书记为负责人。县政协及时沟通协调，推动委员之家的创建。截至年底，县、乡（镇）（除日多乡外）“委员之家”创建工作已经完成。委员之家建成后，全面发挥作用，积极组织委员反映社情民意信息，开展调研视察、学习培训、宣讲等活动。

【调研考察】 年内，联合农牧局、水利局、环保局、林业局公安局、住建局等相关单位，分别于5月9—10日、11月2日、6月12—13日、9月27—29日围绕“墨竹工卡县环保工作和农牧业基础设施使用状况”乡（镇）‘政协委员之家’创建情况、“政协委员100万元办实事经费落实情况”“政协提案工作情况”“精准扶贫精准脱贫工作情况”“乡（镇）规范化建设情况”“河长制”“重点社情民意信息情况”等工作深入实地调研，与当地群众、党员干部及行业部门负责人座谈交流。12月5—10日组织委员在林芝市交流学习“新农村建设和产业脱贫”实施情况的同时，9月21日，陪同阿里地区日土县政协对墨竹工卡县“精准扶贫、文化产业发展、文化保护工作、特色产业发展以及政协工作好经验、好做法”开展调研，分别于8月10日和8月18日协助拉萨市政协围绕“市乡县三级政务服务体系运行情况和‘放管服’”“优化农牧业产业结构”工

2017年12月5日，政协党组成员、副主席索朗扎布带领委员在林芝市交流学习新农村建设和产业脱贫实施情况

2017年5月10日，政协副主席桑旦平措带队开展环保工作和农牧业基础设施使用情况调研

作开展调研视察。

7月14日，协助全国政协首长一行围绕“边疆少数民族地区公共文化服务情况”开展考察工作。6月9日和8月14日，协助西藏自治区政协在墨竹工卡县开展“自治区大学生就业”和“传承和发展民族传统藏医药”专题调研。在调研前，邀请政协常委、委员，县直相关单位负责人座谈交流，协商研究调研工作重点、方法措施等，听取行业部门意见建议，确保调研重点突出、成效显著，调研后及时总结了调研基本情况、查摆了问题困难、梳理汇总了意见建议，形成情况报告，上报县委，提交政府，为县委、县政府民主决策、科学决策提供参考依据。

【社情民意信息工作】 年内，政协委员共反映41条社情民意信息，其中，农牧水林类14条，经济交通类7条，环境卫生类4条，民族宗教类6条，教体文卫类6条，城建国土类2条，组织人社类1条，其他类1条。为使社情民意信息及时有效解决，经请示县委主要领导后，采取以下三项措施进行办理、转交或反映。由县政协与相关单位、政协委员沟通协商解决了8条。对于不能协商解决的信息，由政协提出交办意见，分类转交到统战（民宗）、发改、住建等9家承办单位办理，由各承办单位根据实际情况对委员进行答复，截至年底，24条信息已全部答复完毕。将群众关注度高、事关群众切身利益的9条信息作为重点，纳入调研范畴，形成情况报告报送县委、县政府研究并解决，现已解决或正在解决的5条。2017年，县政协对重点社情民意信息开展调研2次，实地了解基本情况，查摆问题困难3条，形成意见建议9条，向县委报送、向政府提交情况报告2篇。委员反映社情民意信息工作得到县委主要领导的肯定，并做出批示：县政协围绕社情民意重点信息，深入调研、主动协调，推进成效明显。

【培训工作】 年内，为进一步掀起“讲党恩爱核心、讲团结爱祖国、讲贡献爱家园、讲文明爱生活”喜迎中共十九大主题教育实践活动的高潮，切实增强“四个意识”、特别是核心意识和看齐意识，在思想上、政治上行动上与以习近平总书记为核心的党中央保持高度一致，组织委员开展“讲党恩爱核心、讲团结爱祖国、讲贡献爱家园、讲文明爱生活”喜迎中共十九大主题教育活动培训。为认真学习贯彻中共十九大会议精神，深刻学习领会习近平总书记十九大报告核心内涵，帮助委员进一步认清当前面临的新形势和新任务，更好地履行政治协商、民主监督、参政议政的职责，提升委员履职水平，组织委员开展“学习党的十九大精神”和“政协委员履职能力”专题培训。两次培训积极邀请区市专家教授为全体委员讲解了相关知识。

【座谈会工作】 年内，以“3·28”西藏百万农奴解放纪念日和“民族团结进步月”为契机，通过组织开展座谈会进一步教育引导委员牢记历史，以宣传党和国家的民族理论、民族政策、民族法律以及民族基本知识为途径，对委员开展爱国主义、集体主义、社会主义教育和“三个离不开”教育，不断巩固和发展平等、团结、互助、和谐的社会主义民族关系，牢记历史，认清是非，倍加珍惜来之不易的安定团结、发展进步的大好局面，毫不动摇地坚持共产党的领导，坚持社会主义制度，坚持民族区域自治，坚定不移地维护祖国统一和加强民族团结。组织委员重点以“新旧西藏对比、改革开放以来身边人身边事发生的巨大变化”和“各民族团结稳定发展、如何引导宗教与社会主义社会相适应”为题谈感想，进一步坚定了委员跟党走的决心，广泛团结各民族宗教委员维护民族团结、促进宗教和谐。

【民生工作】 年内，县委、县政府大力支持政协委员办实事解难事，专门划拨100万元经费。县政协积极与各乡（镇）、各相关单位沟通协调，确定办实事经费主要以委员在县“两会”期间所提出的提案为重点，经第五次政协常委会审议通过各乡（镇）所上报的有6个项目，其中水利1件、环保3件、卫生1件、供电所1件，所涉及资金60余万元。第六次政协常委会审议通过各常委所提的项目有9项，其中农牧1件、环保2件、水利2件、住建1件、发改1件、卫生1件、其他类1件，共涉及资金40万元。经实地调研、电话沟通了解到，政协委员100万元办实事经费投资的13个项目已全部得到了落实。与此同时，党员干部积极落实结对帮扶活动要求，多次深入帮扶户家中了解情况、解决问题，为其脱贫致富找门路、想办法，送去了价值2万余元的日常用品。

（尼玛央金）

【领导名录】

党组书记、主席

索朗桑布（藏族）

副主席

桑旦平措（藏族）

米　　玛（藏族）

索朗扎布（藏族）

杨 传 志

## 中国人民政治协商会议墨竹工卡县委员会办公室

【概况】 2017年，墨竹工卡县政协全面发挥政治协商、民主监督、参政议政职能，在党的建设、调研视察、提案工作、综治维稳及民生改善方面取得了成效。

【办文办会】 年内，认真对照《中国共产党机关公文处理条例》和《国家行政机关公文处理办法》的规定，对公文处理工作作了改进和完善，坚持严把起草关。办公室起草的文件，认真拟稿，精益求精，严格审核，要求所有文件必须经拟稿、缮改，经领导签发后，再对其进行仔细校核，使格式、内容以及每一个标点符号都准确无误。对上级文件及时登记传阅，应该保存的文件及时整理存档。认真贯彻执行上级关于切实提高会议实效的要求，严格按照务实高效的原则。年内，县政协共召开主席会议9次，常委会议6次，提案审查委员会工作会议4次，主任办公室议9次，委员座谈会2次，做了大量的会务服务工作，确保各种会议达到了预期目的；在二届二次会议期间，为确保大会顺利召开，办公室提前准备，分工协作，精细安排好会务、资料、后勤保障等工作。

【协调工作】 年内，充分发挥主观能动性，预先安排工作，做到事前勤沟通、事后多反馈，确保工作准备充分，衔接紧密。坚持原则性与灵活性相结合，及时向主席汇

2017年4月20日，墨竹工卡县政协组织召开创建“政协委员之家”动员部署会

报情况，统筹安排主席的活动，使各位主席之间的工作联结成一个有机整体，搞好主席之间的协调；主动加强联系，及时进行沟通，取得理解与支持，来加强与县委办、人大办、政府办之间的协调；经常与部门交流情况，协调处理好各部门间的关系。

【做好委员履职保障】 年内，优化“五大平台”，提升委员素质，激活委员履职热情，拓展委员履职渠道，创新委员互动形式，推动委员履职管理制度化，密切关注委员的工作成果，及时准确掌握信息资料，做好委员履职情况登记备案，切实增强委员的责任感，促进委员更好地履职。积极加强和改进政协民主监督工作，推动协商民主建设。在会议中发挥民主监督职能，在视察中发挥监督协调作用，在提案工作中发挥民主监督职能。政协二届二次会议期间，委员们围绕全县经济社会发展全局性问题提交提案76件，积极助解精准扶贫精准脱贫、经济社会发展、环境卫生改善等方面难题。与此同时，委员们在参加县委常委会、县长办公会、法院庭审、全县重大决策部署会议及反映社情民意信息中发挥了民主监督职能。办公室结合委员的实际情况和特点，做好委员参会的协调服务。搞好服务，做好政协全会、常委会、主席会议等会议的资料筹备、会议报到、资料发放、会议宣传等工作。明确专人作为乡镇联络员，协助搞好委员考察、调研活动的联络服务工作。

2017年10月26日，墨竹工卡县政协党员干部集中学习中共十九大精神

【开展调查研究】 年内，办公室按照政协墨竹工卡县委员会年度工作计划的安排，把深入调查研究作为参政议政、建言立论的基础和关键。政协办在开展调研时按照前瞻性、可行性和少而精的原则，突出三个重点、一个特点，选好角度、选准恰当、针对性强的题目、做到有所为有所不为。围绕县委、县政府的中心工作、县经济建设和以群众关心的热点难点问题为重点选题，根据政协的特点选题。组织委员深入基层、深入群众进行调研，广泛掌握大量第一手资料，形成有情况、有问题、有分析、有建议的调查报告，为县委科学决策提供了较好的参谋服务。

【干部队伍建设】 年内，积极组织党员干部深入学习中共十九大精神、习近平总书记系列重要讲话精神，深入学习党的十八大和十八届三中、四中、五中、六中全会精神，深入学习中央第六次西藏工作座谈会、区市县第九次党代会以及各级党委重要文件和会议精神，认真学习了习近平总书记关于全面从严治党的重要论述，将思想和行动统一到中央和区、市、县委的决策部署上来，树立起党员干部的看齐意识。贯彻落实中央“八项规定”、自治区党委“约法十章”“九项要求”、拉萨市委“八项要求”、县委“八项守则”、两个“准则”“条例”及纪委廉洁自律工作要求，在调研视察、考察学习、参观培训等方面，做到轻车简从，不搞迎来送往、宴请，不接受土特产、礼金，做到了廉洁自律。落实“三会一课”、组织生活会等制度，落实在职党员、离退休党员、中共界委员教育管理机制，落实党费收缴相关规定及个人有关事项报告制度和公车使用管理办法等。组织召开领导班子及班子成员民主生活会，党支部组织生活会。

（尼玛央金）

【领导名录】

主 任

刘彦峰

副主任

边巴玉珍(女,藏族)

丁 玲(女)

## 中共墨竹工卡县纪律检查委员会(监察局)

【概况】 2017年,墨竹工卡县纪委(监察局)聚焦执纪审查主业,认真学习十九大精神,深化中央"八项规定"精神及其实施细则执行,积极践行监督执纪"四种形态",深化巩固"三转",不断推进纪检监察体制改革,全县党风廉政建设和反腐败工作扎实开展。

【协助县委落实主体责任】 年内,按照党风廉政建设和反腐败工作要求,通过监督开展组织生活,定期开展约谈、述责述廉和质询评议工作等,督促各级党组织切实履行责任。2017年,共收集各乡(镇)、各单位述责述廉报告40余份,落实党风廉政建设主体责任和第一责任人定期报告300余份。利用20天时间,对全县各乡(镇)党委书记、县直各部门主要负责人及纪委书记共51人进行约谈。及时更新完善《墨竹工卡县落实党风廉政建设责任制考核方案》,成立专项考核组,县委书记劳明伟亲自带队,对全县8个乡镇及38个县直单位落实党风廉政建设责任制开展检查考核,针对检查考核中存在的问题及时反馈并责令限期整改。严把选人用人廉政审查关,严格执行《关于规范县纪委(监察局)出具廉政审查回复意见的办法(试行)》要求,规范和加强纪委廉政审查回复意见工作,2017年共对调动、提拔任用及评优评先的833名(其中涉及村组织换届人选398名)干部出具廉政审查意见,并在换届选举工作结束后,组织对新上任干部集中开展任前廉政谈话2次覆盖240余人次。同时强化责任追究,2017年共在全县通报曝光落实党风廉政建设责任不力的单位12家。

【巡视巡察反馈问题整改督促】 年内,认真办理市委扶贫领域专项巡察组巡察反馈问题线索和自治区明察暗访反馈问题,结合墨竹工卡县关于印发《关于对拉萨市委巡察二组专项巡察墨竹工卡县委扶贫领域工作情况反馈意见的整改方案》和《墨竹工卡县关于自治区纪委扶贫领域明察暗访反馈意见整改落实方案》工作要求,结合工作实际,积极联合县委、政府督查室采取查看痕迹资料、现场询问、实地走访等方式对各单位落实区市党委巡视巡察反馈问题整改情况进行督促检查,共开展监督检查19次,相关问题已基本完成整改并长期坚持。

【纪律和作风建设】 年内,墨竹工卡县纪委坚持执行中央"八项规定"及其实施细则精神一寸不让、持续用力,不断更新拓宽监督举报内容和渠道,完善公车管理等制度,及时下发严格执行廉洁过节纪律的通知,通过交叉检查与县内督查、专项检查与日常检查相结合的方式推进纪律和作风建设监督检查常态化。紧盯重点,对公车管理、办公用房、大操大办、党员干部参赌涉赌、党员干部信仰宗教或参与宗教活动、违规公款购买高档白酒等进行专项整

2017年3月20日,拉萨市纪委副书记、监察局局长赵大勇(右一)在墨竹工卡县检查指导监督执纪工作

2017年5月18日，拉萨市委巡察办副主任才华道吉（左）在墨竹工卡县调研检查成立县委巡察制度工作开展情况

治，对违反中央“八项规定”精神进行严肃查办。2017年，共组织开展明察暗访、专题检查110余次，签订《不参加任何形式的赌博活动承诺书》1301份，查处并在全县通报曝光违反中央“八项规定”精神问题1起2人，查处违反工作纪律2起3人。

【开展不作为慢作为专项整治】 年内，根据自治区纪委办公厅《关于进一步强化监督执纪问责着力整治不作为慢作为问题的通知》和市纪委《关于在全市纪检监察系统内开展行政不作为慢作为自查自纠工作的通知》要求，县纪委高度重视，及时召开重点工作专题安排部署会，明确责任科室、责任人以及整治工作要求，并组织县、乡、村三级纪检监察认真开展自查。结合扶贫领域监督执纪问责工作、中央环保督察组反馈问题整改工作以及巡视巡察反馈重点，认真在全县开展不作为慢作为整治。2017年，共开展整治不作为慢作为专项督查3次，检查单位6家，收集各乡（镇）不作为慢作为自查报告8份。加强查办惩处，根据县委、县政府主要领导指示精神，联合县委督查室、政府办、组织部、财政局、扶贫办采取查阅台账、入户调查等方式，对扎雪乡、尼玛江热乡、唐加乡、扎西岗乡2017年农村危房改造工作进展情况进行实地检查，对工作进展缓慢、监管力度不严的单位进行全县通报。对环境保护监管不到位等问题给予党纪处分2人，诫勉约谈3人，约谈1人，通报批评10人。

【开展扶贫领域监督执纪问责】 年内，为确保全县脱贫攻坚工作顺利开展，县纪委及时组织成立墨竹工卡县扶贫开发资金监督检查领导小组，制定《墨竹工卡县扶贫领域监督执纪问责工作方案》，累计召开扶贫领域专题安排部署会3次，联合县政府办、督查室、县委组织部、财政局等对全县扶贫工作开展情况、扶贫资金使用情况、项目开展实施分红情况进行监督检查，截至年底，共开展扶贫领域监督检查17次，8个乡（镇）纪委完成对辖区内扶贫领域资金使用情况全覆盖自查。2017年，共受理关于扶贫领域问题线索8件，已办结4起，正在核实4起；组织处理8人，对落实脱贫攻坚职责不力的2个党组织进行全县点名道姓通报曝光。

【遏制腐败现象蔓延】 年内，墨竹工卡县纪委（监察局）高度重视惩治腐败工作，通过完善惩治和预防腐败体系、健全反腐沟通协作机制、强化腐败问题办理力度、加强党员干部廉洁教育管理等方式，反腐压倒性态势已经形成并巩固发展。2017年，共更新完善全县327名副科级以上领导干部廉政档案，收集各单位惩防体系工作开展情况32份、企业助廉承诺书67份，将反腐败协调小组成员单位由原先的11个增加至13个。在全县通报曝光发生在群众身边的腐败问题典型案例3起2人。党员干部不敢腐的笼子越扎越紧，不想腐的自觉不断加强。

【国家监察体制改革试点工作】 年内，墨竹工卡县纪委全面贯彻落实中央和区市深化国家监察体制改革试点工作各项决策部署，及时成立墨竹工卡县深化国家监察体制改革试点工作小组，全面加强组织领导,稳步推进工作方案制定、转隶人员考察等前期筹划准备工作。按照进度安排,及时做好转隶人员确定、资产、线索移交,转隶方案制定等工作,并顺利完成墨竹工卡县监察委员会组件挂牌,纪委监委合署办公,内设机构设置、转隶人员调配、案件线索移交等工作。截至年底,墨竹工卡县深化国家监察体制改革试点工作已进入融合磨合阶段,下一步,墨竹工卡县监察委员会将在同级党委、政府和上级部门的坚强领导下,不断加强干部思想教育和专业培训,完善规章制度,探索整合反腐力量,努力实现对所有行使公权力的公职人员监察全覆盖。

【廉政教育管理】 年内,共在县委常委会上组织常委班子成员、各单位负责人集中学习关于违反中央“八项规定”精神、侵害群众利益不正之风和腐败问题、参与赌博、不作为慢作为等典型案例通报38次,以公开通报曝光强化反面典型警示教育4次,发放学习资料80余套10000余册。累计3次组织100余名党员干部参观市县廉政警示教育基地,2017年向党员干部发送廉洁提醒短信58次13500余条。

【规范执纪审查工作】 年内,墨竹工卡县纪委(监察局)高度重视执纪审查工作,结合工作实际,及时制定《墨竹工卡县纪委安全谈话工作应急处置预案》等制度,在执纪审查中要求执纪审查人员层层签订《墨竹工卡县纪委 墨竹工卡县监察局执纪审查安全管理责任书》,并严格按照《中国共产党纪律检查机关监督执纪工作规则(试行)》严格规范问题线索办理程序。全年共组织召开2次县委反腐败协调小组会议,结合工作实际和最新法律法规更新完善《墨竹工卡县纪检监察机关与司法机关联系制度》,进一步加强各成员单位之间的协作配合。2017年,县纪委监察局共受理问题线索27起,其中立案3起,结案13起(结案率达48%),正在核实10起。此外,共召开问题线索交办会、案情分析会26次,推进执纪审查工作有序开展。

【自身建设】 年内,县委高度重视纪检监察队伍建设工作,配齐县乡村三级纪检监察干部工91名,并提供充足的纪检经费,为开展执纪审查工作提供坚强保障。结合实际工作,县纪委聚焦主责主业,不断深化“三转”,2017年将参与的议事协调机构由之前的11个清理为现在9个,将精力聚焦主业,履职能力显著提升。为提高纪检监察队伍整体素质,县纪委为广大党员干部和纪检监察干部广泛征订《学思践悟》《中国纪检监察》《中国纪检监察报》《党风廉政建设》《廉政瞭望》以及执纪审查类业务用书累计80余套10000余册,2017年共组织集中学习9次,选派干部参加区市纪委组织的跟班、跟案、跟岗学习17人次,到南京挂职锻炼1人,参加区市纪委组织的执纪审查、十九大精神、监察体制改革等专题培训29人次,借鉴上级纪委经验,累计选派7名乡村纪检干部到县纪委跟班学习,全县纪检监察干部执纪审查水平整体有所提高。同时为加强纪检干部内部管理,对《墨竹工卡县纪检监察干部监

2017年7月25日,组织全县各乡(镇)党委、县直各单位主要负责人及各乡(镇)纪委书记、副书记、专干召开墨竹工卡县落实党风廉政建设“两个责任”专题会议

督管理办法》等12项内控机制进一步完善，进一步强化纪律约束。

（平慧琴）

【领导名录】

书　记

张子成

副书记、监察局局长

马发强

副书记

旦增卓嘎（女，藏族）

纪委常委、监察局副局长

尼玛欧珠（藏族）

纪委常委、监察局副局长、纪检监察室主任

占堆曲杰（藏族）

## 中共墨竹工卡县委组织部（编办、老干局）

【概况】 2017年，墨竹工卡县委组织部（编办、老干局）深入学习宣传贯彻习近平新时代中国特色社会主义思想和中共十九大精神，贯彻落实区市第九次党代会和区市党委九届三次全会精神，紧紧围绕“五位一体”总体布局和“四个全面”战略布局，坚持党的治藏方略和依法治藏、富民兴藏、长期建藏、凝聚人心、夯实基础的重要原则，牢固树立“四个意识”，增强“四个自信”，以严肃党内政治生活和强化党内监督为重点，坚持稳中求进工作总基调，落实新时代党的建设总要求和全面从严治党要求，按照全国、全区、全市组织部长会议部署，突出全面从严治党主题，聚焦主责主业，以推进“两学一做”学习教育常态化制度化、村组织换届选举、抓党建促脱贫攻坚、机构改革及创新老干部工作等契机，强化基层党组织政治引领功能和服务功能，为建设团结美丽健康幸福新墨竹，打赢脱贫攻坚战提供坚强组织保障。

【村组织换届】 年内，通过调查摸底、整顿软弱涣散、离任审查、调整设置党组织、宣传发动、制定人事安排方案等前期工作，严格换届程序、严把换届标准、严肃换届纪律，全县40个行政村圆满完成村组织换届选举工作。新一届村“两委”班子成员263名，下派干部5名，党组织书记40名、村民委员会主任40名，平均年龄41岁，其中，35岁以下65名，60岁以上4名；妇女干部44名，占16.7%，妇女干部担任村党组织书记或村委会主任的有3名；大专及以上文化程度2名，占0.8%，高中文化程度10名，占3.8%，中专文化程度2名，占0.8%，初中文化程度241名，占91.6%，小学及以下文化程度8名，占3%。同时，配备村务监督委员会班子成员120名、妇联主席40名、团支部书记40名。

【“两学一做”学习教育常态化、制度化】 年内，在“两学一做”学习教育常态化制度化上下功夫，深化拓展“学”和“做”，坚持全覆盖、常态化、重创新、求实效，推动“两学一做”学习教育融入日常、抓在经常。县委召开理论中心组“两学一做”学习教育，集中学习13次，撰写交流发言材料32篇、心得体会84篇，邀请自治区党校教授开展专题讲座3次；县委书记带头讲党课2次，其他班子成员讲党课14次。以抓党建促脱贫为抓手，继续推行“321”干部精准扶贫结对帮扶责任制，实现1597名党员干部职工结对帮扶建档立卡贫困户1688户、7513人全覆盖。以“四讲四爱”主题活动为

2017年10月28日，县委常委、组织部部长平措朗杰参加日多乡村“两委”换届动员大会

契机，组织农牧民党员参观学习12场次，开展每月主题党日活动260余次，播放爱国影片64场次。

【抓党建促脱贫攻坚】 年内，始终把脱贫攻坚作为头等大事和第一民生工程，以抓党建促脱贫统揽经济社会发展全局，建强基层党组织、夯实基层基础，充分发挥党的政治优势、组织优势、密切联系群众的优势，切实做到扶真贫、真扶贫、真脱贫，围绕“六个精准”“五个一批”“八个到位”，因地制宜，综合施策，对症下药，精准滴灌。成立由县委书记任组长，县长任常务副组长，其余县级领导为副组长的扶贫开发工作领导小组，形成了县、乡、村主要领导亲自抓，抓书记、书记抓，各级干部齐心干，上下联动、部门协同、组织领导的工作格局。按照“一次安排，一包到底、不脱贫不脱钩”的要求，以党员领导干部带头，其他党员干部职工全程参与的方式进行，形成“1对1、1对N、N对1帮扶格局”，建立了1597名党员干部职工参与贫困户结对帮扶1688户、7513人建档立卡台账，实现了党员干部职工结对帮扶全覆盖。

【“三个全覆盖”】 年内，继续推进“三个全覆盖”工作，全县40个村级组织活动场所标准化建设有序推进，设立500万村集体经济扶持资金，结合地域优势，发展壮大村集体经济。2017年，年收入达到100万元以上的村2个、50万—100万元的村2个、10万—50万元的村19个、5万—10万元的村16个、5万元以下的村1个。严格按照市委关于村级组织活动场所标准化建设全覆盖的要求，全县已达标3个，新建21个、改扩建16个村级组织活动场所已全部建成，29个已投入使用。在发挥县委党校主阵地作用，开展自主培训的基础上，依托区市党校和南京智力援藏教育培训资源，采取“走出去”和“请进来”等方式，对全县党员进行全覆盖教育培训。通过“村（居）党员干部文化素质提升工程”和“双语”培训工程，全县275名初中以下学历党员群众取得初中结业证书。

2017年1月20日，县委常委、组织部部长平措朗杰在尼玛江热乡慰问村“两委”班子和驻村工作队

【基层组织建设】 年内，严格贯彻落实习近平总书记在中共十九大报告中提出的“要以提升组织力为重点，把基层党组织建设成为宣传党的主张、贯彻党的决定、领导基层治理、团结动员群众、推动改革发展的坚强战斗堡垒”标准，强化基层党组织建设。坚持“月月有主题、月月有活动”，探索建立“1+10+X”新模式，密切党组织和党员联系，增强党员和党组织的凝聚力、创造力、战斗力。

根据《中共拉萨市委组织部关于开展村（居）党组织调整设置工作的通知》要求，全县40个行政村，调整为20个村党委、16个村党总支，新建小组党支部182个；探索“党组织+”模式，发挥基层党组织和党员在脱贫攻坚中的战斗堡垒和先锋模范作用，带动群众脱贫致富；配备下沉干部167名（含40名包村民警），办实事好事75件、涉及资金24.58万元，走访慰问群众7925人次、涉及资金26.78万元；全县共有非公有制企业7家、社会组织13家，均采取单独建、挂靠建的方式，实现党组织覆盖率达100%；加大中小学校党建工作力度，将县教育局和县中学党组织优化设置为党的基层委员会，充分发挥学校党

2017年3月28日，县委副书记索朗多吉，县委常委、组织部部长平措朗杰参加2017年第一次编委会

组织领导核心、政治核心作用。

【机构编制管理】 年内，严格执行中央和区市控编减编要求，科学优化编制资源配置，统筹好事业发展需要和严控编制之间的关系。严守机构编制总量管理“红线”，坚持不得突破编制总额的原则，行政事业编制分级分类管理，严格在拉萨市分级分类核定的行政事业编制总额内调剂使用编制，通过干部调整、提前退休等方式，积极消化超编人员，杜绝超编进人，有效控制超编人员“再生产”。严格按有关规定核定部门科级领导职数，干部选拔任用实行部门领导职数预审，有效防止了超职数配备干部，全年消化“三超两乱”干部25名。按照权责一致、权界清晰、分工合理原则，进一步深化政府职能转变，规范和理顺部门职能。按照24个政府工作部门“三定”规定，调整部门职责122项，界定部门间职责分工45项，建立健全和完善部门间协调机制2项。根据国务院、区市要求，权责清单事项取消3项行政职权、承接5项行政政权。

【丰富退休老干部生活】 年内，组织老干部开展形式多样的活动，开阔了视野，增添了生活乐趣。为纪念中国共产党成立96周年，56名退休干部集聚一堂，学唱红歌《没有共产党就没有新中国》。组织老干部继续开展“畅谈展望建言”活动、感党恩喜迎十九大暨“两学一做”学习教育知识竞赛主题党日活动、“回故里·点赞墨竹发展新成果”主题党日活动、市里的趣味活动。为确保环保工作宣传到位、到人，组织老干部在县里发放环保宣传手册800份，共计20场次。真诚服务，全力做好老干部疗养工作。12月，组织13名老干部去云南昆明疗养，为期15天，共计花费约24.8万元。在老干部中扎实落实“四到”，即生病到家看望、住院到院探望、重大节日到家慰问、生活困难到家解决，共慰问288名老干部，发放慰问金23.04万元。

【干部人事档案专项审核】 年内，坚持以《中华人民共和国档案法》《中华人民共和国档案法实施办法》《档案条例》为指导，以实现档案管理的规范化、标准化和科学化为目标，档案室现存干部人事档案1883卷，其中，在职公务员档案796卷（科级干部档案卷326卷，科员档案470卷），在职事业档案836卷（机关181卷，卫生148卷，教师507卷），离退休干部档案226卷，死亡干部人事档案15卷，新分配未到档案26卷。

（周　瑶）

【领导名录】

部　长

平措朗杰（藏族）

副部长

米玛旺堆（藏族）

袁　向　阳（1月任）

老干部局局长

德　　曲（女，藏族，1月任）

## 2018年墨竹工卡县第二批村党组织第一书记情况表

表1

| 序号 | 派出单位 | 派驻地(市) | 派驻县(区) | 派驻乡(镇) | 派驻村(社区) | 驻地海拔(米) |
|---|---|---|---|---|---|---|
| 1 | 工卡镇 | 拉萨市 | 墨竹工卡县 | 工卡镇 | 塔巴村 | 3800 |
| 2 | 工卡镇 | 拉萨市 | 墨竹工卡县 | | 格桑村 | 3800 |
| 3 | 县委办 | 拉萨市 | 墨竹工卡县 | | 工卡村 | 3800 |
| 4 | 甲玛乡 | 拉萨市 | 墨竹工卡县 | 甲玛乡 | 孜孜荣村 | 3900 |
| 5 | 甲玛乡 | 拉萨市 | 墨竹工卡县 | | 龙达村 | 3900 |
| 6 | 甲玛乡 | 拉萨市 | 墨竹工卡县 | | 赤康村 | 3900 |
| 7 | 门巴乡 | 拉萨市 | 墨竹工卡县 | 门巴乡 | 仁多岗村 | 4300 |
| 8 | 门巴乡 | 拉萨市 | 墨竹工卡县 | | 巴尔卡村 | 4200 |
| 9 | 门巴乡 | 拉萨市 | 墨竹工卡县 | | 德仲村 | 4300 |
| 10 | 门巴乡 | 拉萨市 | 墨竹工卡县 | | 达珠村 | 4300 |
| 11 | 县公安局 | 拉萨市 | 墨竹工卡县 | | 波尔朗村 | 4660 |
| 12 | 县公安局 | 拉萨市 | 墨竹工卡县 | | 贴朗村 | 4500 |
| 13 | 县委宣传部 | 拉萨市 | 墨竹工卡县 | 尼玛江热乡 | 章达村 | 3950 |
| 14 | 县环保局 | 拉萨市 | 墨竹工卡县 | | 羊日岗村 | 3950 |
| 15 | 尼玛江热乡 | 拉萨市 | 墨竹工卡县 | | 玛热村 | 3950 |
| 16 | 尼玛江热乡 | 拉萨市 | 墨竹工卡县 | | 其玛卡村 | 3950 |
| 17 | 尼玛江热乡 | 拉萨市 | 墨竹工卡县 | | 帮达村 | 3950 |
| 18 | 尼玛江热乡 | 拉萨市 | 墨竹工卡县 | | 仲达村 | 3950 |
| 19 | 尼玛江热乡 | 拉萨市 | 墨竹工卡县 | | 宗雪村 | 3950 |
| 20 | 日多乡 | 拉萨市 | 墨竹工卡县 | 日多乡 | 拉龙村 | 4370 |
| 21 | 日多乡 | 拉萨市 | 墨竹工卡县 | | 怎村 | 4300 |
| 22 | 县纪委 | 拉萨市 | 墨竹工卡县 | | 念村 | 4470 |
| 23 | 唐加乡 | 拉萨市 | 墨竹工卡县 | 唐加乡 | 莫冲村 | 3830 |
| 24 | 唐加乡 | 拉萨市 | 墨竹工卡县 | | 拉东村 | 3850 |
| 25 | 唐加乡 | 拉萨市 | 墨竹工卡县 | | 卓村 | 3850 |
| 26 | 唐加乡 | 拉萨市 | 墨竹工卡县 | | 东布岗村 | 3810 |
| 27 | 唐加乡 | 拉萨市 | 墨竹工卡县 | | 仲尼村 | 3860 |

续表 1

| 序号 | 派出单位 | 派驻地(市) | 派驻县(区) | 派驻乡(镇) | 派驻村(社区) | 驻地海拔(米) |
|---|---|---|---|---|---|---|
| 28 | 扎西岗乡 | 拉萨市 | 墨竹工卡县 | 扎西岗乡 | 扎西岗村 | 3980 |
| 29 | 扎西岗乡 | 拉萨市 | 墨竹工卡县 | | 仁青林村 | 4000 |
| 30 | 扎西岗乡 | 拉萨市 | 墨竹工卡县 | | 朗杰林村 | 4000 |
| 31 | 扎西岗乡 | 拉萨市 | 墨竹工卡县 | | 加尔多村 | 4000 |
| 32 | 县公安局 | 拉萨市 | 墨竹工卡县 | | 吉古村 | 4000 |
| 33 | 扎西岗乡 | 拉萨市 | 墨竹工卡县 | | 巴洛村 | 4134 |
| 34 | 扎西岗乡 | 拉萨市 | 墨竹工卡县 | | 斯布村 | 4300 |
| 35 | 扎雪乡 | 拉萨市 | 墨竹工卡县 | 扎雪乡 | 扎雪村 | 4000 |
| 36 | 扎雪乡 | 拉萨市 | 墨竹工卡县 | | 其朗村 | 3910 |
| 37 | 扎雪乡 | 拉萨市 | 墨竹工卡县 | | 塔杰村 | 3950 |
| 38 | 扎雪乡 | 拉萨市 | 墨竹工卡县 | | 米洛村 | 4200 |
| 39 | 扎雪乡 | 拉萨市 | 墨竹工卡县 | | 格老窝村 | 3906 |
| 40 | 扎雪乡 | 拉萨市 | 墨竹工卡县 | | 龙珠岗村 | 4300 |

续表 1

| 第一书记姓名 | 性别 | 民族 | 年龄(岁) | 文化程度 | 参工时间 | 入党时间 | 职务 | 身份 | 是否为驻村工作队员 | 备注 |
|---|---|---|---|---|---|---|---|---|---|---|
| 浦 仕 玉 | 女 | 汉 | 29 | 本科 | 2012.7 | 2011.3 | 塔巴村党委第一书记 | 公务员 | 否 | |
| 扎西群培 | 男 | 藏 | 30 | 本科 | 2011.12 | 2011.7 | 格桑村党委第一书记 | 事业人员 | 否 | |
| 李 学 龙 | 男 | 汉 | 34 | 大学 | 2001.12 | 2005.9 | 工卡村党委第一书记 | 公务员 | 是 | 驻村工作队队长 |
| 琼 达 | 男 | 藏 | 36 | 本科 | 2007.7 | 2009.5 | 甲玛乡文化服务中心主任、孜孜荣村党总支第一书记 | 事业人员 | 否 | |
| 达桑旺姆 | 女 | 藏 | 33 | 本科 | 2008.9 | 2012.8 | 甲玛乡后勤服务中心主任、龙达村党委第一书记 | 事业人员 | 否 | |
| 欧珠群措 | 女 | 藏 | 28 | 本科 | 2011.8 | 2014.5 | 甲玛乡副乡长、赤康村党委第一书记 | 公务员 | 否 | |

续表1

| 第一书记姓名 | 性别 | 民族 | 年龄（岁） | 文化程度 | 参工时间 | 入党时间 | 职务 | 身份 | 是否为驻村工作队员 | 备注 |
|---|---|---|---|---|---|---|---|---|---|---|
| 王峰山 | 男 | 汉 | 40 | 大学 | 1996.11 | 1999.4 | 门巴乡党委副乡长、仁多岗村党委第一书记 | 公务员 | 否 | |
| 格桑旺堆 | 男 | 藏 | 29 | 大学 | 2015.9 | 2015.10 | 巴尔卡村党总支第一书记 | 事业 | 否 | |
| 程利平 | 女 | 汉 | 38 | 大学 | 2006.9 | 2009.7 | 门巴乡党委副书记、德仲村党支部第一书记 | 公务员 | 否 | |
| 仁青 | 男 | 藏 | 34 | 大学 | 2011.12 | 2013.7 | 门巴乡党群办主任、达珠村党支部第一书记 | 公务员 | 否 | |
| 布琼次仁 | 男 | 藏 | 33 | 大学 | 2009.11 | 2012.7 | 县公安局刑警大队大队长、波尔朗村党支部第一书记 | 公务员 | 是 | 驻村工作队队长 |
| 欧珠次仁 | 男 | 藏 | 33 | 大学 | 2007.1 | 2014.7 | 县公安局工卡镇派出所副所长、贴朗村党支部第一书记 | 公务员 | 是 | 驻村工作队队长 |
| 杨雷 | 男 | 汉 | 27 | 本科 | 2014.1 | 2010.10 | 章达村党总支第一书记 | 公务员 | 否 | |
| 李维 | 男 | 汉 | 39 | 大专 | 1996.10 | 2000.7 | 羊日岗村党总支第一书记 | 公务员 | 否 | |
| 格桑曲珍 | 女 | 藏 | 37 | 大专 | 2002.7 | 2004.6 | 尼玛江热乡党委委员、人大副主席、玛热村党委第一书记 | 公务员 | 否 | |
| 欧珠旺姆 | 女 | 藏 | 29 | 本科 | 2014.11 | 2010.5 | 其玛卡村党总支第一书记 | 公务员 | 否 | |
| 扎桑 | 女 | 藏 | 37 | 大专 | 2003.7 | 2005.7 | 尼玛江热乡党委委员、副乡长、帮达村党委第一书记 | 公务员 | 否 | |
| 江白伟色 | 男 | 藏 | 31 | 本科 | 2012.7 | 2015.7 | 仲达村党总支第一书记 | 公务员 | 否 | |
| 顿珠罗布 | 男 | 藏 | 48 | 初中 | 2014.11 | 1997.7 | 宗雪村党委第一书记 | 公务员 | 否 | |
| 周长城 | 男 | 汉 | 31 | 高中 | 2004.12 | 2008.6 | 拉龙村党委第一书记 | 公务员 | 否 | |
| 米玛曲珍 | 女 | 藏 | 36 | 大专 | 2009.3 | | 日多乡后勤服务中心主任、怎村党总支第一书记 | 事业人员 | 否 | |
| 汪春春 | 男 | 汉 | 28 | 本科 | 2007.11 | 2012.5 | 念村党总支第一书记 | 公务员 | 是 | 驻村工作队队员 |
| 格桑曲珍 | 女 | 藏 | 27 | 本科 | 2013.8 | 2015.7 | 莫冲村党委第一书记 | 公务员 | 否 | |
| 次卓嘎 | 女 | 藏 | 27 | 本科 | 2013.8 | 2010.7 | 拉东村党委第一书记 | 公务员 | 否 | |

续表1

| 第一书记姓名 | 性别 | 民族 | 年龄（岁） | 文化程度 | 参工时间 | 入党时间 | 职务 | 身份 | 是否为驻村工作队员 | 备注 |
|---|---|---|---|---|---|---|---|---|---|---|
| 黄　洋 | 男 | 汉 | 32 | 大专 | 2008.8 | 2007.7 | 唐加乡党委副书记、卓村党委第一书记 | 公务员 | 否 | |
| 德　央 | 女 | 藏 | 31 | 本科 | 2010.11 | 2011.7 | 东布岗村党总支第一书记 | 事业人员 | 否 | |
| 巴桑次仁 | 男 | 藏 | 32 | 本科 | 2012.2 | 2012.7 | 仲尼村党委第一书记 | 公务员 | 否 | |
| 贾慧婷 | 女 | 汉 | 31 | 本科 | 2012.8 | 2015.2 | 扎西岗乡党群办主任、扎西岗村党委第一书记 | 公务员 | 否 | |
| 旺　堆 | 男 | 藏 | 36 | 本科 | 2010.11 | 2012.7 | 扎西岗乡农牧综合服务中心主任、仁青林村党委第一书记 | 事业人员 | 否 | |
| 郭浩然 | 男 | 汉 | 26 | 本科 | 2010.12 | 2010.10 | 朗杰林村党总支第一书记 | 公务员 | 是 | 驻村工作队队员 |
| 洛桑卓玛 | 女 | 藏 | 30 | 本科 | 2010.8 | 2009.7 | 扎西岗乡政务办主任、加尔多村党总支第一书记 | 公务员 | 否 | |
| 平措扎西 | 男 | 藏 | 30 | 本科 | 2009.11 | 2008.7 | 县公安局交警队大队长、吉古村党总支第一书记 | 公务员 | 是 | 驻村工作队队员 |
| 代江涛 | 男 | 汉 | 29 | 大专 | 2006.12 | 2013.9 | 巴洛村党总支第一书记 | 公务员 | 否 | |
| 拉巴央吉 | 女 | 藏 | 33 | 大专 | 2009.3 | 2009.7 | 斯布村党总支第一书记 | 公务员 | 否 | |
| 伍金塔杰 | 男 | 藏 | 34 | 大专 | 2006.12 | 2008.7 | 扎雪乡党委委员、人武部部长、扎雪村党委第一书记 | 公务员 | 是 | 驻村工作队队员 |
| 杨龙亮 | 男 | 汉 | 35 | 大专 | 2008.8 | 2010.7 | 其朗村党委第一书记 | 公务员 | 否 | |
| 巴　桑 | 男 | 藏 | 32 | 大学 | 2009.11 | 2011.7 | 扎雪乡文化服务中心主任、塔杰村党总支第一书记 | 事业人员 | 否 | |
| 拉巴旦增 | 男 | 藏 | 43 | 高中 | 1994.10 | 1996.7 | 扎雪乡政务服务中心主任、米洛村党委第一书记 | 公务员 | 否 | |
| 杨玉伟 | 男 | 汉 | 30 | 大学 | 2011.11 | 2014.7 | 扎雪乡副乡长、格老窝村党委第一书记 | 公务员 | 否 | |
| 仁青索朗 | 男 | 藏 | 28 | 大学 | 2014.11 | 2013.7 | 龙珠岗村党委第一书记 | 公务员 | 否 | |

## 中共墨竹工卡县委宣传部

【概况】 2017年,墨竹工卡县宣传思想文化战线齐心协力、众志成城,紧紧围绕学习宣传贯彻党的十八大、十九大精神主线,全面落实全国、全区、全市宣传部长会议精神,切实增强“四个意识”,坚定“四个自信”,为决胜全面小康、建设团结健康幸福小康新墨竹提供强有力的思想保证、精神力量、道德滋养和文化条件。

2017年,县委宣传部编制为13个(其中宣传部4个、县互联网信息办公室3个、县文化市场综合执法大队3个、县互联网评论中心3个);截至年底,实有人数12名(其中副县级1名、正科级1名、副科级3名、科员6名、事业编制1名)。

【理论武装建设】 年内,制定并印发《墨竹工卡县委理论学习中心组学习制度》《墨竹工卡县委理论学习中心组2017年度理论学习安排意见》以及《墨竹工卡县基层党委(党组)中心组2017年理论学习重点》。认真落实县委理论学习中心组理论学习实施意见。县委理论学习中心组采取县委书记负责制,实行学习签到制,全年,累计开展县委理论学习中心组学习13次,召开常委会学习45次,学习各级文件100余份,学习理论文章40余篇,撰写心得体会80余篇,撰写理论文章及调研报告12篇,邀请专家教授开展专题讲座4次,学习专栏刊登相关学习内容441篇;根据社会热点问题,围绕县委县政府中心工作,依托“微墨竹”“手机周报”等新媒体,大力宣传党的十八大和十八届三中、四中、五中、六中全会精神、中央第六次西藏工作座谈会精神、中共十九大以及习近平总书记系列重要讲话精神。积极征订发放各类党报党刊。年内,投入49万余元,面向全县各乡镇,县委各部委,县直各局、委、办,各人民团体,各寺管会,各村委会征订并发放《人民日报》《西藏日报》《党建》《大讲堂》等各类党报党刊。完善分配指标,配合上级部门推进《拉萨日报》(藏汉双语版)覆盖工程。年内,每期共征订《拉萨日报》(藏文版)7527份,《拉萨日报》(汉语版)189份。

【“四讲四爱”主题教育实践活动】 4月10日,召开墨竹工卡县“四讲四爱”主题教育实践活动动员大会。同时,县政府办公会议通过向实践活动拨款100万工作经费。

【领导重视】 年内,为推进实践活动深入开展,区党委副书记、自治区人大常委会主任洛桑江村深入墨竹工卡县基层一线,向联系点的干部群众、企业职工、教师学生、寺庙僧尼面对面宣讲中共十九大精神;区党委常委、市委书记白玛旺堆在墨竹工卡县检查考评重点工作时,提到要将“四讲四爱”活动同中心工作紧密结合起来,确保实践活动人人皆知、入脑入心,取得实效;区实践活动宣讲团副团长、西藏日报社党委书记王能生先后两次在墨竹工卡县调研指导实践活动;市实践活动副组长,市委常委、宣传部部长吴亚松和市实践活动第四督导组也分别在墨竹工卡县检查指导活动开展情况,提出宝贵意见。县委书记劳明伟多次在重要会议、重要场合和重点(中心)工作视察考察中作出重要指示,提出明确要求,

2017年10月28日,县委书记劳明伟在县敬老院出席“我们的节日·重阳节”活动

2017年12月8日，县委副书记、县长旦增尼玛在唐加乡宣讲党的十九大精神

为实践活动注入强大动力。

【宣讲员队伍建设】 年内，选拔出171名政治过硬、素质较高、善于宣讲的人员作为宣讲员，组成6个宣讲组（其中，干部宣讲员48名，德育教师11名，驻村工作队40名，农牧民宣讲员40名，僧尼宣讲员32名）。通过请进来和走出去，全面开启宣讲教育新征程。

【宣讲主题鲜明、成效显著】 年内，围绕“讲党恩爱核心”“讲团结爱祖国”“讲贡献爱家园”“讲文明爱生活”“回头讲”“党的十九大精神”6个专题开展宣讲1748场次（其中集中宣讲1207场次），基本实现了县域宣讲全覆盖，受众达20万余人次；中共十九大精神宣讲工作稳步推进，开展宣讲158场，受众人数达42950人次。其中，集中学习共4场，968人次，专家辅导15场，3826人次，县级宣讲骨干赴40个行政村宣讲40场次，受众10000余人次。

【33项系列活动稳步推进】 年内，在开展宣讲的同时，逐步跟进33项系列活动，利用各类时间节点，设计有效载体，巩固宣讲成果。坚持把宣讲教育的成果体现在群众言行和习惯中，采取活动对象爱听、爱看、爱参与的方式，开展文艺演出、知识竞赛、趣味运动等活动，特别是抓住“3·28”西藏百万农奴解放纪念日、“五四”“法制宣传”“七一”“十一”等重要节点开展系列活动，使活动对象通过开展系列活动更深层次地了解认知实践活动的目的意义，内化于心，外化于行。

【建章立制保障活动科学推进】 年内，进一步细化措施推进落实，围绕建立责任落实机制、健全工作机制、强化督促检查机制、完善追究问责机制等建章立制要求。年内，共新增各项制度99条，修订完善210条，其中，各乡村新增村规民约等各项制度66条，修订完善112条；寺庙新增寺规僧约24条，修订完善98条；学校新增校级班规9条。

【精神文明建设】 年内，墨竹工卡县充实完善精神文明建设指导委员会领导小组组成人员，明确各有关部门在墨竹工卡县精神文明建设工作上的职责，为全县精神文明建设工作的统筹协调指导提供了保障。于2017年8月荣获拉萨市2016年度深化全国文明城市创建“先进单位”称号。

【开展社会主义核心价值观宣传教育】 年内，制作路灯两侧铁皮红旗162个，共计投入76950元。为墨竹工卡县有条件的乡镇制作路灯红旗234个，制作社会主义核心价值观大型户外和广告8面，营造了践行社会主义核心价值观的良好氛围。按照名称规范、标识一致、场所固定、流程统一的要求，用“身边人讲身边事，身边事教育身边人”的方式，不断创新，增强实效，真正使干部群众在精神上受到洗礼，思想上受到震撼。年内，道德讲堂总堂共开展12期，各文明单位、文明乡镇也都积极开展道德讲堂活动，使之成为思想道德建设的前沿阵地、干部群众参与道德实践的社会课堂。

【“我们的节日”活动有序开展】 年内，本着节俭但不失隆重的原则，于春节、藏历新年期间对县城主要街道、公园和景区进行布置。

墨竹工卡县各乡镇、各驻村工作队和各寺管会开展了欢度春节藏历新年系列活动50余场次，县“四大班子”主要领导也于节日期间对墨竹工卡县坚守岗位的干部职工、敬老院老人、贫困户进行慰问，送去节日祝福。在清明节、端午节、重阳节等节日前夕，县文明办组织各乡镇及有关单位、各学校开展慰问孤寡老人文艺演出、关心关爱留守儿童、网上祭英烈等系列活动。使广大干部群众、青少年学生进一步了解了中华民族传统文化，加强了民族团结。

【“五下乡”活动】 年内，联合“五下乡”各成员单位，邀请自治区藏剧团、歌舞团、话剧团及县松赞民间艺术团成员赴尼江乡、工卡镇、甲玛乡为当地农牧民群众送去精彩的节目，发放法律、农牧科技、爱国爱教等宣传手册及歌碟10000余份，发放药品48种，价值10000余元，丰富农村精神文化生活，扎实有效推动农村精神文明建设。

【开展群众性精神文明创建活动】 年内，按照市文明办工作部署，墨竹工卡县积极申报2个乡村学校少年宫建设项目和4个学雷锋示范标兵及4个学雷锋示范点，拍摄并上报5个“童心向党”节目，向市文明办推荐11个市级文明家庭及10个优秀共产党员家庭。“3·28”西藏百万农奴解放纪念日期间，县委宣传部组织县直机关干部、中小学生、农牧民群众和驻地部队官兵约400余人参加了“升国旗·唱国歌”仪式，全县各乡（镇）、各驻村工作队、各寺管会也纷纷以不同形式开展了纪念活动；团县委联合县工会、县妇联开展了喜迎“3·28”签名寄语活动，推选中华小导游节目获得了优秀导师奖。

【建好未成年人思想道德建设阵地】 截至年底，墨竹工卡县有心理健康辅导站9个、乡村学校少年宫5个，申报少年宫项目2个。并完成了乡村学校少年宫大平台数据录入工作。为青少年学生提供了素质教育平台。县文明办结合“我们的节日”“四讲四爱”主题教育实践活动、道德模范巡讲巡演等在青少年学生中广泛开展社会意义核心价值观教育活动，活动参与度高、效果好，得到师生们一致好评，为墨竹工卡县未成年人思想道德建设添砖加瓦。同时，县教体局、团县委、县妇联等有关部门积极组织开展家长学校、格桑花爱心基金、参观爱国主义教育基地、学雷锋志愿服务等一系列针对未成年人活动，也为墨竹工卡县未成年人思想道德建设助力添彩。

【特色亮点工作突出】 年内，筹备墨竹工卡县第二届“孝老爱亲共建美丽墨竹”表彰大会，评选范围覆盖全县七乡一镇及所辖自然小组、全县卫生系统、教育系统、公安系统。表彰人员为模范14人、先进个人173人，表彰经费将投入22万余元；结合“四讲四爱”主题教育实践活动开展社会主义核心价值观宣传教育，宣讲场次达1748场次；制作2万册“四讲四爱”宣传手册发放至乡、村、寺、学校；开展“四讲四爱”主题合唱及演讲比赛，为墨竹工卡县干部群众践行社会主义核心价值观提供思想保障；制作《牢记嘱托砥砺奋进》宣传画册；制作内容涵盖精神文明建设的《墨竹宣传》季刊；制作音频150余张，并为各乡镇村配备高音喇叭，为下一步政

2017年11月26日，县委常委、宣传部部长丁剑一行在门巴乡检查考评重点工作

策宣传，提高精神文明建设水平提供有利工具；为墨竹工卡县有条件的4个乡镇及县城主干道安装路灯红旗234根，投入30余万元，营造和谐的社会氛围；2017年，墨竹工卡县报送的“文化寻根中华小导游”荣获中国未成年人网优秀导师奖；利用文化墙、大型户外广告、横幅宣传社会主义核心价值观；墨竹工卡县每年为精神文明建设提供财力保障，每年精神文明建设预算经费为15万元。

【对内对外宣传】 年内，不断加大与中央、区、市各级新闻媒体的沟通。充分发挥外宣点作用，进一步提升墨竹工卡县美誉度。全年积极联系、协助中国西藏网、西藏电视台、西藏日报社、南京市紫金文创研究院、拉萨电视台、拉萨晚报等相关媒体拍摄第二季直播西藏、十八大期间经济发展成效及“十三五”期间保持经济稳步发展举措、非物质文化及新农村建设、墨竹山水文化以及“四讲四爱”“精准扶贫、精准脱贫”“包虫病”等相关内容。全年接待媒体记者共30余批150余人次。与全区各类媒体积极沟通协调，全面宣传墨竹工卡在经济、政治、文化、社会、生态文明建设中取得的一系列喜人成就。年内，全县新闻稿件被区市媒体采用745条，其中，新华社新闻网刊登稿件15条，中国西藏新闻网刊登稿件174条，西藏日报刊登墨竹工卡县稿件146条，拉萨晚报刊登稿件260条，西藏电视台播放新闻30条，拉萨电视台播放新闻120条。

2017年9月12日，区、市两级“扫黄打非”净化专项行动第一督导组一行在墨竹工卡县检查指导“扫黄打非”工作

【网络正面舆论引导】 年内，制定《墨竹工卡县网络与信息安全突发事件应急预案》，转发《西藏互联网违法和不良信息举报奖励办法》，有效预防、及时控制和最大限度地消除信息安全各类突发事件的危害和影响。组织墨竹工卡县网评员对全市开展西藏百万农奴解放58周年各项纪念活动、春节、藏历新年、全国“两会”、端午节、“萨嘎达瓦”宗教活动等进行网上宣传。共转发区、市、县开展西藏百万农奴解放58周年各项纪念活动40条，全国“两会”35条，春节、藏历新年20条，端午节20条。在县政务网、网信墨竹、微墨竹等转载雪域青稞、西藏发布、网信西藏头条；2017年全民国家安全教育宣传报道；“四讲四爱”主题教育实践活动的网络宣传工作；开展了以“网络安全为人民、网络安全靠人民”为主题的网络安全宣传周活动。并根据自治区网信办举办“2017网络中国西藏节”系列网络文化活动，在全县干部职工中征稿，并推选优秀文章至拉萨市网信办。网评队伍作用发挥明显。

【网络舆情引导管控措施有效】 年内，互联网信息办公室建立自上而下的舆情信息收集、研判、报送、疏导工作机制。不间断监测舆情信息，及时掌握分析网民舆情苗头性倾向，加大舆情报送次数。围绕中共十九大、环保、民生等热点问题做好监测引导工作，全面掌握与事件密切相关的舆情信息。年内，在全体网络评论员努力下，舆情监测阅读量4万余次、组织引导发帖评论600多条，转发1250余条、跟帖300余条，共存档《互联网舆论监测日报表》310份。

【网络宣传教育有效落实】 年内，“微墨竹”“网信墨竹”、县政务网在显要位置开设“西藏百万农奴解放58周年”“精准扶贫精准脱贫”“村两委换届”“喜迎党的十九大”“跟我学”“四讲四爱”活动宣传专题、专栏，刊播专题810篇，点击量超过5000余人/次。按照市网信办要求，结合工作实际，利用现有平台，在微墨竹、网信墨竹刊载学习贯彻党中央、区市县委各项决策部署的宣传标语、“四讲四爱”、社会主义核心价值观、加强民族团结、安全生产、环境保护等主题宣传标语等，同时严格按照上级部门要求转发学习宣传贯彻中共十九大稿件指令。

**【网上对外宣传】** 年内，墨竹工卡县政务网站每周更新新闻30余条、供稿1520条，“微墨竹”对外发布信息1248条，制作专题7个，累计关注人数达5166余人，“网信墨竹”对外发布信息869条，累计关注人数120余人。拉萨晚报“今日墨竹”专版共投稿740条，同时完成了各乡（镇）、各单位微信公众号、政务微博登记备案工作。

**【文化市场综合执法】** 3月，荣获全区、全市文化市场综合执法“先进集体”。年内，共开展文化市场执法检查71次，出动执法人员358人次，检查经营单位655家次，出动执法车辆84台次，收缴盗版影碟797张，盗版歌碟21张，违禁歌碟9张，取缔流动摊贩3家，责令整改7家，停业整顿4家，警告2家，执法立案4起，罚款人民币12000元；同全县30家经营场所负责人签订《墨竹工卡县歌舞娱乐、网吧经营场所安全责任书》《守法经营承诺书》，增强业主依法经营管理的责任心和自觉性；积极会同相关执法部门在节假日、“两会”和中共十九大等重要时段对全县文化娱乐场所开展排查式、拉网式清查整治行动。针对打字复印店、音像市场、流动摊贩等进行了全面细致的清查，重点清查非法宣传品、非法印制、销售和展示反宣品等，确保节日墨竹工卡县文化市场的安全与稳定；每年“3·18”文化市场法制宣传日和三月、六月、九月综治宣传活动期间会同县文广局、县网信办等部门在国道沿线开展文化市场法制宣传日活动。大力营造全社会共同关心、参与文化市场管理的舆论氛围和法制环境；开展3次校园周边文化市场专项整治工作，确保校园周边文化环境整洁有序，切实维护青少年合法权益和身心健康，营造健康良好的成长环境。积极开展“藏独”反宣渗透专项行动。4月12日至5月21日采取日常检查与联合检查的方式在全县范围内开展清理专项整治行动。检查过程中，文化执法大队先后组织执法人员深入县乡两级开展清理专项整治行动共14次，其中联合检查8次、日常检查6次，共检查各类经营场所共145家。截至年底，墨竹工卡县文化市场井然有序；采取集中清理整顿和日常管理相结合的方式，积极配合县扫黄办开展扫黄打非“护苗”“秋风”“清源固边”“净网”等各类专项整治行动，坚决清理整治带有反动、淫秽、色情方面的经营行为，努力营造健康良好的文化市场环境；加强执法培训，提升队伍素质。按照“以人为本、依法行政、清正廉洁”的原则，狠抓队伍的思想、组织、纪律、作风建设，努力打造一支业务精通，纪律严明，作风硬朗的文化市场执法队伍，积极选派业务骨干赴其他省、区、市文化执法部门参加举办的各

2017年1月24日，墨竹工卡县文化市场综合执法大队在音皇KTV开展联合执法检查

类业务知识培训，大力提升执法队伍的行政执法水平和综合素质。

（四朗达措）

【领导名录】

部 长

丁 剑

副部长

格 桑（藏族，1月免）

韩 青（女，1月免）

达瓦次仁（藏族）

## 中共墨竹工卡县委统战部（民族宗教事务局）

【概况】 2017年，墨竹工卡县涉宗领域各部门深入贯彻落实党的十八大和十八届三中、四中、五中、六中、七中全会精神，特别是喜迎中共十九大，并深入学习大会精神，认真贯彻落实习近平总书记“治国必治边、治边先稳藏”的重要战略思想和俞正声主席“依法治藏、长期建藏”的重要指示精神，在市委统战部、市民宗局的精心指导下，在“导”上下足功夫，深入开展“四讲四爱”主题教育实践活动，巩固和加强创新寺庙管理工作，引导藏传佛教与社会主义社会相适应，取得了宗教和睦、寺庙和谐、佛事和顺的良好成绩。

2017年11月1日，西藏自治区党委副书记、人大常委会主任洛桑江村（左三）在墨竹工卡县扎西岗乡帮萨寺宣讲中共十九大精神

【惠寺利僧政策】 年内，建立健全寺庙教职人员岗位补贴制度，落实岗位补贴资金83.64万元，有效推动在职僧尼工作上的积极性；积极组织全县僧尼开展免费体检活动，体检率达100%，体检中重点筛查包虫病，并及时把体检结果反馈到僧尼本人，耐心细致地讲解身体健康状况，提高僧尼的健康意识，有效防范各类疾病的发生；在编僧尼全部纳入城镇居民最低生活保障范畴，落实低保金422.26余万元；在编僧尼全部纳入社会基本养老保险范畴，参保率达100%，60岁以上僧尼落实养老金5.22万元；在编僧尼全部纳入城镇居民医疗保险范畴，参保率达100%，享受县政府三大民生政策，实现100%医疗报销，累计医疗报销13人次，落实报销资金48.71余万元。真正实现“老有所养，病有所医”目的，不断增进了广大僧尼的福祉，进一步坚定了爱祖国、感党恩、听党话、跟党走的决心；走村入户开展僧尼家访活动，落实家访资金32.95万元，畅通僧尼家庭联系渠道，全力解决其热点难点问题，为僧尼在寺安心修行创造有利条件；寺庙基础设施建设落实563.04万元，其中自治区解决落实200万元，县本级财政解决落实363.04万元，进一步改善寺庙的基础设施。

【评选表彰活动】 年内，完成县级“和谐模范寺庙暨爱国守法先进僧尼”评选表彰工作及市、区级评选推荐工作，涌现出一大批和谐模范寺庙和爱国守法先进僧尼，并为社会跨越式发展和长治久安工作做出积极贡献，充分发挥模范带头作用，积极推动藏传佛教与社会主义社会相适应。共发放表彰奖金75万元；积极开展“民族团结进步模范集体和个人”评选表彰活动及市、区评选推荐工作。对10个模范集体，14名模范个人和2名模范家庭进行表彰，共发放表彰奖金11.2万元整，进一步增进民族团结凝聚力和夯实社会和谐稳定基石。

【党外人士座谈会】 2月12日，全县党外代表人士20余人欢聚一堂，共叙友情，共话未来，参加迎

2017年2月23日，县委常委、统战部部长扎巴桑珠主持召开全县党外代表人士座谈会

新座谈会，送去价值1万元慰问礼品。在会上，党外代表人士纷纷围绕全县和谐稳定和经济发展工作，结合自身实际，作了热情洋溢的发言，既有对县委、县政府的工作的赞扬和肯定，又有对进一步做好全县各项工作的建议和意见。发言真知灼见，充分体现同志们为党分忧为民解难的拳拳之心。

【开展走访慰问活动】 在春节、藏历新年期间，县委统战部、县民宗局组织牵头，同联系寺庙县级领导先后到各寺庙，对寺管委会（专职特派员）、驻寺派出所、寺庙高僧大德和老弱病残僧尼进行走访慰问活动，累计落实慰问金22.6万元，充分体现党和政府对驻寺干部和宗教人士的关心关爱。

【主动发挥作用】 年内，按照“护好自己的院、管好自己的人”的要求，墨竹工卡县每位活佛结合寺规戒律、法律法规等内容，开展座谈会，讲解历代高僧大德爱国爱教优良传统，对照现实，对寺庙、僧尼个人提出“寺庙争和谐、僧尼争先进”的殷切期望。同时，以身作则主动配合结对干部工作，引领寺庙僧尼协助落实寺庙维稳各项措施，并与驻寺干部一同排查涉稳隐患、整治环境卫生等工作，为涉宗和谐稳定特别是中共十九大寺庙维稳安保工作做了大量工作。

【非公企业基本情况】 年内，墨竹工卡县工商联认真履行职责，积极开展工作，深入贯彻落实区、市、县委关于加强非公企业工作的指示精神，立足实际，突出重点，探索实践，全县非公经济组织工作顺利推进。全县共有非公有制企业24家，其中有限责任公司12家，注册资金2.7亿余元，私营企业6家，注册资金22150万元，个体工商户5家，注册资金3740万元，股份有限公司1家，注册资金3000万元，集体企业1家，注册资金50万元。集体企业共有从业人员1246人。全县非公企业纳税金额共2.8亿元（矿山企业、民营企业、私营企业、个体工商户、民间施工队等）。

【非公企业党建】 年内，经过长期走访、调查等方式，已确定墨竹工卡县建立非公有制企业党组织的有5个（党员人数为3人以上），共有党员106名，预备党员3人，入党积极分子2人。

【惯例佛事活动】 年内，在区市县党委、政府的高度重视下，贯彻落实民族宗教政策，逐一审批每项惯例佛事活动，制订完善各类方案预案，做到安排部署有序，前期筹备充足。实现党委、政府认可，寺庙僧尼支持，信教群众满意，确保各项佛事活动与社会主义社会相适应。

【“四讲四爱”主题教育实践活动】 年内，以“四讲四爱”主题教育实践活动为平台，结合不同教派寺庙的实际情况，因地制宜、因寺制宜，一寺一策、因人施教，开展广大僧尼学政策、学法律、学文化、学优良传统、学教义教规、学十九大精神、学习近平系列讲话、藏文书法比赛、新旧西藏对比故事会及组织僧众参观拉萨城市规划建设展览馆、西藏博物馆、爱国主义教育基地等实践活动，切实增强广大僧尼的核心意识，强化“五个认同”，进一步提高僧尼严守法规戒律、抵制渗透破坏、坚持正见正行、努力服务社会的积极性和自觉性。2017年，共开展统战民宗集中巡讲85多场次，各寺庙管理机构集中宣讲190多场次，参加僧尼2300人次，发放宣传资料621册(份)，撰写心得体会1243份。

（次仁顿珠）

【领导名录】

部　长

扎巴桑珠(藏族)

副部长

扎　　桑(女，藏族)

民宗局副局长

尼玛次仁(藏族)

工商联主席

顿珠次仁(藏族)

2017年9月5日，总工会主席巴桑看望慰问扶贫结对户

## 墨竹工卡县总工会

【概况】 2017年，墨竹工卡县总工会深入学习贯彻中共十九大和习近平新时代中国特色社会主义思想以及中央、区市党委、全总、区总重要会议精神，牢牢把握正确的政治方向，以“促进发展、维护稳定、促进和谐、保障民生、履行职责、提高能力”为工作思路，主要深入开展基层工会组建、村(居)帮扶、困难职工帮扶、“八有”乡镇规范化建设等，切实履行维护职工合法权益的职责。

截至年底，全县驻县企业613家(含国有企业6家)。已建工会组织302家(其中企业工会147家、乡镇工会8家、村级工会小组40家、寺管会工会47家、县直机关工会45家、专业合作社工会小组15家)，现有会员10686人(其中干部会员1975人，企业会员2277人，农民工会员6434人)，新增基层工会组织5个；新发展会员1639人，全县40个行政村均已完成村级工会组建。基层工会涵盖法人单位157家，企业规范化建设达到一级标准2家，乡镇工会规范建设达标率98%。截至年底，已建“职工书屋”8个(企业2个，乡镇4个，村委会1个，寺庙1个)。

【提升队伍自身素质】 年内，为提升工会干部队伍自身素质，在注重政治理论和业务知识的培训的同时，更注重“创新”理念的培养，结合新形势下工会工作的新要求，组织工会干部认真学习中共十九大精神，11月24日，组织全县8个乡镇工会主席和专干16人以及7家企业工会负责人14人共计40人集中在县党校开展学习中共十九大精神专题辅导班，制作并发放中共十九大学习宣传资料50余本；另外2017年，总工会组织基层工会干部积极参加区、市两级总工会举办的各种培训12人次，特别是选派2名基层干部在江苏参观学习，通过培训学习，进一步更新了工会干部的思想观念，进一步增强工作的事业心、责任感，工作协调能力和水平也有了明显的提高。

【保障职工权益】 年内，为增强广大职工的法律意识和维权意识，构建和谐劳动关系，营造良好的社会环境。2017年，总工会以“3·24”“6·8”“9·19”综治宣传、“6·29”平安墨竹宣传日、“6·5”世界环境日、“6·14”安全生产、“5·15”全国助残日等宣传活动契机，先后在墨竹工卡县318国道沿线广泛开展以《中华人民共和国工会法》《中华人民共和国劳动法》《中华人民共和国劳动合同法》《安全生产手册》《女职工劳动保护特殊规定》为内容的普法活动，共发放“藏汉”双语普法资料2700余份、环保购物袋

2000多个。组织墨竹工卡县5家企业,76个班组数,2774名职工参加全市“安康杯”竞赛活动。根据“两个提高”“两个为零”“九个加强”的方针,总工会定期、不定期对相关企业进行安全生产监督检查,从而提高企业安全生产意识,预防和防止安全生产事故的发生,全力保障了职工的权益;与信访部门联系开展职工信访工作,参与矛盾调节,及时了解职工诉求,同时积极开展“2345”工程,助力工资集体协商提升增效。结合企业的经济状况以及职工工资情况,总工会将宁玛矿业有限公司、中金新联有限公司、巨龙铜业有限公司、墨竹工卡县供电公司确定为邀约企业、提升企业、规范企业、示范企业,维护了企业的整体利益和职工的合法权益,促进了社会、企业健康发展,构建了墨竹工卡县和谐稳定的劳动关系。

**【开展帮扶工作】** 年内,总工会围绕全县精准扶贫工作总体部署,充分发挥工会服务职工、服务发展的职能,切实履行工会组织在精准扶贫工作中的责任,2017年积极帮助全县40个行政村建立村级工会,协调县直单位、企业与村级工会结对帮扶,与县直相关单位、1家矿山企业签订《结对帮扶目标责任书》,并以“精准扶贫”为契机,通过多种途径积极帮助贫困户精选发展路子,制定脱贫计划,落实脱贫措施,努力改善贫困群众生产生活条件,确保如期脱贫。特别是通过组织开展“金秋助学”、大病救助、“五送”活动等富有特色和社会影响力的帮扶活动,有效促使农民工了解工会、认识工会。

“三大节日”来临之际,总工会对全县困难职工、驻寺、驻村点、警务站以及一线职工开展“送温暖”慰问活动,共慰问困难职工94户、5个驻寺点、6个驻村点、一线职工33人,送去慰问金23.84万元;开展“金秋助学”活动,墨竹工卡县受助学生共计有139名(区外110名,区内29名),区外标准每名学生4000元,区内每名学生2000元,申请到助学金共计49.8万元,全部已兑现到各乡镇;县总工会得知工卡镇格桑村农民工格桑达瓦、干部央吉、次尼三人得了重大疾病,需要长期治疗,根据病情,经请示分管领导,总工会从帮扶资金中分别解决3000元、4000元、3000元的医疗救助,为工会会员切实解决燃眉之急;在2017年“五一”劳动节来临之际,县总工会召开劳模座谈会,来自全县各行各业的劳模(6人)齐聚一堂,畅谈体会,发放慰问金5400元;积极配合上级工会要求,组织劳模和基层工会干部职工疗修养,2017年有2名劳模和2名基层工会职工赴北京、海南、杭州疗休养,解决了部分路费;在中共十九大即将来临之际,县总工会党员干部走访慰问尼江乡章达村结对帮扶的4户贫困户,送去价值850元的白糖、奶粉、罐头等生活用品,让每一位困难家庭都能切身体会到党和政府细致入微的关怀和温暖;11月,总工会在扎雪乡扎雪民族手工艺专业合作社举行农民工集体入会活动,并给农民工发放了会员证。此次有30名农民工集体入会;12月,组织安排一线职工15人赴海南、成都疗休养,极大地关心关爱一线职工。

**【丰富职工文化生活】** 年内,总工会联合市总工会在尼玛江热乡开展“喜迎党的十九大工会服务在基层”暨“五送”活动,为20名困

2017年9月10日,南京市总工会代表团与墨竹工卡县委、县政府代表参加“职工之家”项目落成仪式

难户家庭送去2万元的慰问金；由远大集团农民工艺术队送去精彩纷呈的演出，受到广大群众的热烈欢迎。同时，邀请县医院藏医、西医专家现场免费义诊，并给群众发放价值1万元各类藏、西医药品；总工会联合组织部、宣传部、团县委、妇联开展墨竹工卡县"四讲四爱"主题教育活动中开展喜迎"七一"中国共产党建党96周年知识竞赛活动；参加在华泰龙公司举行的"牵手甲玛 共创未来"为主题的大型集体婚礼，献上哈达并赠送礼品。总工会联合华泰龙公司，举办华泰龙公司第三届职工劳动技能竞赛。

11月15日，县总工会为尼玛江热乡"职工书屋"进行挂牌，并赠各种书籍300余册，价值3000元左右，使墨竹工卡县又多了一个"职工书屋"。职工书屋的建设在全县打造出一个宽广的学习平台，形成浓厚的读书学习氛围，真正做到了"职工书屋职工建，建好书屋为职工"。

【对接对口援藏工作】 对口援藏工作在维护祖国统一，维护民族团结、推动西藏跨越式发展和长治久安的伟大实践中发挥着重要的作用，开展好对口援藏对接工作，推动对口援藏工作形成深层次、广领域、全覆盖工会援藏工作新格局具有重大而深远的意义。为拓宽援助与受援职工群众的交往交流交融的平台，进一步推动墨竹工卡县工会事业和工会各项工作的发展，2017年，南京市人大常委会副主任、南京市总工会主席臧正金率队的代表团一行11人在墨竹工卡县考察对接工会对口支援工作，县委书记劳明伟、县委副书记索朗多吉以及在岗县级领导对代表团的到来表示热烈的欢迎，县委常委、副县长张德才及工会相关负责人全程陪同。表团一行还前往工卡镇2户困难职工家中进行慰问，并为每户送去2000元慰问金。另外考察团一行参加嘎则新区机关住宅A区参加由南京市总工会捐资200万修建的"职工之家"揭牌仪式，自此墨竹工卡县"职工之家"正式投入使用，这不仅极大地丰富了广大干部职工的业余生活，同时更好地引导和促进了广大干部职工业余生活的积极健康化。

（丹增白珍）

【领导名录】

主　席

　　巴　　桑（女，藏族）

副主席

　　尼玛潘多（女，藏族）

主任科员

　　多　　吉（藏族）

## 共青团墨竹工卡县委员会

【概况】 2017年，共青团墨竹工卡县委员会坚持以邓小平理论、"三个代表"重要思想和科学发展观为指导，深入学习中共十八大、十九大、中央第六次西藏工作座谈会精神和习近平总书记系列重要讲话精神，始终贯彻执行县委各项要求，按照团市委的安排部署，紧密结合青年工作实际，以强化基础为前提，以主题教育活动为载体，以推动团的各项工作实现新发展为目标，切实履行共青团四项基本职能，引导团员青年发挥优势，展现风采，争创业绩，建功成才，着力提升青年工作在全县"精准扶贫"战略中发挥突出作用，各项工作有序推进，取得了较好成绩。

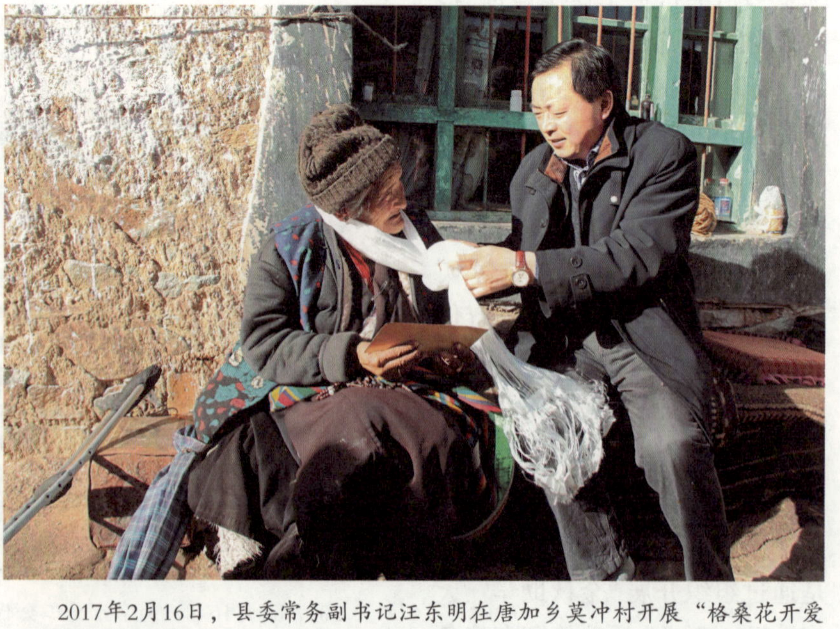

2017年2月16日，县委常务副书记汪东明在唐加乡莫冲村开展"格桑花开爱心基金"慰问活动

2017 年，墨竹工卡县现有 28 岁以下青年 17881 人，共青团员 3160 名，少先队 8 个，基层团组织 78 个，青年文明号 7 家，青少年维权岗 8 家。

【助力青年就业创业】 年内，团县委共整合投入各类创业就业帮扶资金 38.75 万余元，开办 2 期 50 人青年农牧民技能培训和 1 期残疾农牧民生活技能培训，同时积极引导墨竹工卡县青年进行创业，在团县委积极的组织下联合多个部门开展“青创墨竹 筑梦未来”墨竹工卡县首届青年创新创业大赛，使墨竹工卡县广大青年创业意识和热情空前提高，各类青年创业实体不断涌现，引导墨竹工卡县青年参与扶贫脱贫攻坚战。

【开展“格桑花开爱心基金”慰问】 年内，由县委常务副书记汪东明带队，对墨竹工卡县大病患者、贫困大学生、单亲家庭未成年子女、残疾青少年等涉及全县七乡一镇的 72 人进行慰问，送去慰问金 7.2 万元。同时为墨竹工卡县脑膜炎、双肾结石等患病青少年发放医疗救助金 28443 元。

【开展志愿服务活动】 年内，为传承雷锋精神，践行“奉献、友爱、互助、进步”的志愿精神，3 月 5 日，“学雷锋日”当天，8 名青年志愿者在 318 国道两旁进行打扫卫生活动并为过往行人发放环保手袋、环保宣传册；“重阳节”期间，5 名志愿者前往墨竹工卡县敬老院为孤寡老人送去过冬保暖物品；为让农牧民学生更好地完成寒假作业帮助学习困难的学生提高学习成绩，团县委积极组织 5 名返乡大学生对 30 名中小学学生进行寒假补习活动，并为他们发放学习物品；7 名西部计划志愿者在“六一”前开展“领一个微心愿 圆一个大梦想”主题关爱留守、孤残儿童活动，全县干部职工、驻县爱心企业、青年创业者和内地爱心人士共帮助 400 名青少年儿童圆梦。

2017年9月30日，团员青年在拉萨参观西藏自然科学博物馆

【开展中小学生安全自护教育】 年内，为提高墨竹工卡县青少年安全自护知识，在寒假期间，团县委积极组织开展青少年寒假期间安全自护知识宣传讲解活动。为增强墨竹工卡县广大青少年的网络安全意识，提高网络安全防护技能。5 月 3 日，团县委积极组织开展防电信诈骗安全知识教育。

【开展节假日活动】 3 月 28 日，为庆祝西藏和平解放 57 周年纪念日，团县委组织墨竹工卡县多所学校开展寄语签名活动，加强墨竹工卡县青少年爱国情怀。9 月 29 日，开展“奋斗的青春最美丽”让墨竹工卡县创新创业获奖青年分享创业经历和创业心得。为隆重庆祝“七一”建党 96 周年，扎实推进全县“两学一做”学习教育常态化、制度化。6 月 30 日，团县委联合多家单位开展喜迎“七一”建党 96 周年知识竞赛活动。

【做好奖助学工作】 年内，为继续激励学生更加勤奋刻苦学习，按照南京大学商学院“曙明奖学金”出资人赵曙明教授意愿，团县委委托教育局为墨竹工卡县学生进行“南京商学院曙明奖学金”发放，共对 20 名中小学生进行表彰，共计发放 1 万元的奖学金。在新学期开学伊始，团县委为保证墨竹工卡县新生大学生能够更好地完成学业更加努力学习，团县委利用“格桑花开爱心基金”为墨竹工卡县贫困大学生进行了学业资助。

【落实全团对口援藏工作】 墨竹工卡县是南京的对口帮扶县，近年来墨竹共青团与南京共青团的联系也更加紧密，特别是共青团系统援藏工作会议后，南京共青团对墨竹团的工作给予了极大地帮助，在团干部学习培训、团的工作经费上以及对墨竹工卡县青年帮助上都给予极大的支持和帮助。8月29日，南京青年代表团在墨竹工卡县进行交流，为墨竹工卡县捐赠全团对口支援资金13万元。9月20日，团县委充分利用自己职责开展“墨竹南京少年儿童手拉手”活动，学生们利用书信等形式进行交流，扎西岗乡南京希望小学共有600名学生收到了由南京学校邮寄来的书本、书包、文具盒等物品。

【青少年民族团结工作】 年内，团县委始终将青少年民族团结工作作为重要工作内容抓落实。以西藏博物馆、驻藏大臣衙门旧址、根敦群培先生纪念馆等爱国主义教育基地为平台，每年组织青少年前往拉萨参观学习，了解西藏和祖国内地的历史，了解西藏是祖国不可分割的一部分，激励广大青少年爱祖国、爱西藏。团县委首先组织26名青少年代表和5名西部计划志愿者到自然科学博物馆、清政府驻藏大臣衙门旧址陈列馆和根敦群培纪念馆进行参观学习。随后组织县中学55名团员和5名志愿者，到甲玛乡群觉古代兵器博物馆开展“传承民族文化历史争做有为团员青年”为主题的参观学习活动。

【少先队工作取得新成效】 年内，按照全团带队的工作原则，团县委作为少先队的直接管理机构把各学校的少先队工作作为团的工作的重要组成部分，与团的工作同安排同部署同落实，每年组织少先队辅导员进行集中学习，对少先队工作进行考核，对优秀少先队辅导员老师进行表彰奖励，安排赴内地学习交流等，为进一步完善和规范墨竹工卡县少先队鼓号队的建设，丰富学校校园文化生活，团县委在南京实验小学举行少先队鼓号器材发放仪式，为全县8所小学共计发放价值3万元的鼓号队器材。

【经费保障】 墨竹工卡县团委建设经费每个乡镇2万元；每个乡镇1万元预防青少年违法犯罪活动经费，以及从专项经费中列支2万元作为志愿者服务与管理经费。

（岳维莉）

【领导名录】

书　记

曹　伟（7月免）

副书记

米玛措姆（女，藏族）

## 墨竹工卡县妇女联合会

【概况】 2017年，墨竹工卡县各级党委和组织部门坚持“党建带妇建”，把妇建工作作为党建工作的重要组成部分，纳入党建和基层社会管理体制的配套组织建设。全县党政机关、教科文卫等事业单位建立妇委会16个、尼姑寺寺管会（民管会）建立妇委会5个、两新组织妇委会3个、建立妇女儿童维权站（岗）17个，家长学校10个，妇女儿童之家55个，“妇”字号企业14个。全县各级妇联组织深入贯彻落实《中共中央关于加强和改进党的群团工作的意见》《全国妇联改革实施方案》《西

2017年12月6日，县委常委、组织部部长平措朗杰，县法院党组书记、院长索朗多吉为“妇女儿童维权合议庭”揭牌

藏自治区妇联改革方案》要求，稳妥有序推进了全县村级妇联改革，“会改联”工作取得圆满成功。全县40个村共选举出260名执委，其中主席40名、副主席40名、兼职副主席124名。全县党代会代表220名，其中妇女代表92名；人大代表110名，其中妇女代表34名（区2名、市7名、县25名）；政协委员93名，其中妇女委员27名。

2017年12月28日，妇联主席德吉参加尼玛江热乡章达村“会改联”换届选举

【妇女儿童工作经费逐年增加】 年内，县委、县政府在推动落实妇女儿童优惠政策的同时，不断加大经费投入，并逐年增加。落实人均4.46元妇女事业经费12万元；妇儿工委办经费7万元；“两癌”妇女关爱金10万元；“十三五”妇女儿童发展规划编制工作经费7万元；乡村妇女儿童之家经费8万元，均列入财政预算。财政预算外经费：南京市妇联援助资金40万元；拉萨市妇联慰问和培训经费4万元。

【维护妇女儿童合法权益】 年内，开展“依法治县、巾帼在行动”为主题的妇女维权普法宣传活动和感党恩宣讲活动。通过悬挂藏汉双语横幅、发放宣传资料及宣传图册、接受现场咨询等多种形式，重点宣传《中华人民共和国妇女权益保障法》《中华人民共和国未成年人保护法》《中华人民共和国反家庭暴力法》等，共制作宣传图册2000余本，悬挂横幅55条，发放宣传资料3000余份，宣传覆盖率达90%以上；更好地维护妇女儿童的合法权益，促进社会安定和经济发展，县妇联联合县法院成立挂牌墨竹工卡县“妇女儿童维权合议庭”。

【组织活动凝聚人心】 年内，妇联开展丰富多彩的文体活动，丰富群众精神文明建设成果。在春节、藏历新年、“三八”国际劳动妇女节、“百万农奴解放日”“民族团结月”等节庆机遇，各级妇联组织开展“送知识、送健康、送温暖”一系列活动。进行宣传咨询、文艺会演、体育比赛、联谊活动、妇女健康体检等惠民活动；开展“巾帼心向党、喜迎十九大”，深入推进“四讲四爱”活动组织妇女参观爱国主义教育基地、爱国歌曲合唱比赛等30场次，参加群众20000余人次，县妇联为乡村“妇女儿童之家”解决经费8万元。

努力营造促进妇女发展的氛围，引导广大妇女积极参与到美丽墨竹的建设中；纪念“七一”党的生日，驻章达村工作队组织农牧民党员参观拉萨清政府驻藏大臣衙门旧址陈列馆、根敦群培纪念馆等爱国主义教育基地，帮助农牧民妇女党员深入了解党史和西藏历史，积极组织农牧民妇女党员参加由尼江乡党委、政府主办的“四讲四爱”主题教育实践活动爱国歌曲大家唱歌咏比赛，荣获合唱“一等奖”；联合县南京实验小学举办开展“践行四讲四爱，祖国在我心中”主题演讲比赛，共200余人出席活动；组织各级妇联收看党的第十九次代表大会开幕盛况，共计妇女15000余人参与。

【创业创新、提升素质】 年内，配合县人社局、扶贫办开展“春风行动”，宣传和介绍各种岗位，成功为72名建档立卡贫困户介绍岗位，激励农牧民妇女积极投身大众创业；为农牧民妇女搭建展示展销和宣传推介平台，直孔朗瑕传统针织合作社、德仲村美朵扶贫合作社、直孔热色藏药香加工合作社等先后参加拉萨藏博会、拉萨雪顿节、第二届西藏藏毯产业交易博览会、西藏脱贫攻坚经验交流展、南京农业嘉年华西藏净土产品展销等多次展览并获得奖项。尼玛江热乡羊日岗直孔朗瑕传统针织合作社被西藏自治区妇联、区脱贫攻坚指挥部授予“自治区巾帼脱贫攻坚示范基地”称号，奖励10万元；开展特色家庭创建，加大宣传力度，充分发挥妇女在弘扬家庭美德、促进社会和谐中的独特优势和作用，积极推荐各类妇女典型，向社会宣传妇女，展示墨竹工卡县妇女良好的精神面貌。全年1户家庭荣获2017年度市“最美家庭”称号，1户家庭荣获市“平安家庭”称号，尼玛江热乡致富女带头人桑旦获得市“双学双比女能手”荣誉称号。

【精准扶贫】 年内，开展巾帼在行动“迎新春—送温暖、关爱留守儿童、救助弱势群体”主题活动，走访慰问142名贫困母亲(残疾母亲、单亲母亲、贫困女党员、孤残及留守儿童)发放慰问金8.76万元；开展“蓝天春雷”行动为4名贫困家庭女大学生发放6000元资助金。

【妇女“两癌”宣传和救助】 年内，联合开展妇幼保健知识讲座，增强妇女保健意识，共宣传活动20次，妇女“两癌”免费检查人数13000余名。2017年，新增1名“两癌”患者得到拉萨市贫困母亲“两癌”专项救助金1万元，县妇联为全县21名“两癌”患者送去6万元关爱金，有效缓解她们的家庭经济困难。

【开展“恒爱行动”】 6月1日，开展“领取微心愿·圆梦助成长”送温暖暨践行“四讲四爱”喜迎中共十九大爱心传递活动。把全县干部职工、社会各界爱心人士捐赠的心愿卡礼物、爱心毛衣、衣物100件送到8所学校的401个孩子手中，开展“童心向党 关爱成长”。激励学前教育孩子们爱祖国、感党恩、听党话，跟党走，从小学习做人、从小学习立志，为偏远村幼儿园送去价值1.7万余元的学习文具、书包、玩具、鞋子等物品。

【婚姻家庭纠纷人民调解委员会正式挂牌】 6月16日，墨竹工卡县婚姻家庭纠纷人民调解委员会正式挂牌。

【“送医送药送健康”进寺庙活动】 年内，拉萨市妇联联合拉萨恒大医院在墨竹工卡县7座尼姑寺开展“送医送药送健康”进寺庙关爱活动。为300余名尼姑进行问诊、做了全面检查，发放2万余元常用药品和健康教育宣传资料。

【“情系格桑花、宁藏是一家”活动】 年内，为全县困难家庭捐助冬季御寒衣物书本48箱1500余件捐助物资；在妇联驻村点开展“健康促进手牵手、喜迎党的十九大”。邀请县人民医院医疗队开展以“章达村健康促进手牵手 喜迎党的十九大”“为了您和他人的健康，请熄灭您手中的香烟”为主题的义诊活动。此次义诊活动累计接待群众380余人次，发放健康教育资料400余份，发放药品价值近1万余元，邀请巾帼志愿者“雪域理发店”理发师为30多位老人理发。

【完善基础数据统计】 年内，完善全县县、乡、村妇联基础数据统计工作，妇女干部、女党员、贫困母亲、留守孤残儿童、建档立卡妇女

2017年6月1日，妇联开展“微心愿 圆梦”活动

儿童、寿星老人等32个信息库，做到情况明、底数清。

【驻村服务工作】 年内，妇联干部与驻村点结对4户，慰问困难群众，送去5500元慰问金。协助村“两委”解决群众反映的热点、难点问题，办实事、好事8件，共投入资金45万余元；为提高妇女儿童合法权益，优化发展环境，按照县政府要求制定出台“十三五”妇女儿童发展规划；进一步提高墨竹工卡县妇女干部履职能力和水平，加强对口援助单位的密切联系，开阔妇女干部视野，助推墨竹工卡县经济社会发展。

【组织妇女在南京学习交流】 年内，妇联组织带领部分乡镇妇联干部、村妇代会主任、寺管会妇委会负责人、农牧民妇女合作社负责人、县法院干部共14名妇女在南京学习考察交流，利用9天时间通过开展座谈交流，实地参观考察，学习南京妇联先进的观念及管理模式，同时学习基层妇联组织建设、维护妇女儿童权益、现代高科技农业项目等多方面的情况。

【南京市妇联代表团考察】 8月，南京市妇联党组书记、主席谈健牵头的南京市妇联代表团一行在墨竹工卡县考察交流，并看望援藏干部，进一步深化合作交流、共续援建友谊，促进两地交流交融。

（德 吉）

【领导名录】

主 席

德 吉（女，藏族）

副主席

尼玛彭多（女，藏族）

## 墨竹工卡县政府编译室

【概况】 2017年，墨竹工卡县政府编译室全面贯彻落实中共十九大精神，以习近平新时代中国特色社会主义思想为指导，不忘初心、牢记使命，锐意进取、埋头苦干，充分发挥藏语文工作为党联系广大人民群众的桥梁纽带作用，深入贯彻落实《中华人民共和国民族区域自治法》和《西藏自治区学习、使用和发展藏语文的规定（修正）》，坚持党的新时期民族语文方针政策，紧紧围绕党委、政府的中心工作，不断提高工作效率和质量，积极开展藏语文（编译）各项工作。

【提高自身业务知识】 年内，通过多种形式，加强学习中共十九大精神及习近平总书记一系列重要讲话精神，定期不定期组织学习专教活动的相关文件精神和《西藏自治区学习、使用和发展藏语文的规定》《拉萨市社会用字管理办法（试行）》以及新时期民族语文方针政策等业务理论知识，同时，在翻译工作中较好的工作做法和翻译技巧进行交流学习，不断加强巩固自身理论知识。另外，按照《关于派员参加拉萨市藏汉双语翻译培训班的通知》的要求，各乡（镇）选派1名翻译工作者参加藏汉“双语”培训班，进一步强调藏语文工作在基层中的重要作用及意义，使藏语文和编译工作更好地为党的中心工作服务，为规范全县藏语文工作奠定了良好的理论基础。

【社会用字宣传】 年内，为认真学习贯彻落实中共十九大精神和习近平总书记系列重要讲话精神，增强全民藏语文使用观念，推动全县学习、使用和发展藏语文工作，利用“12·4”法制宣传活动日，编译室开展以“规范语言文字，构建和谐社会”为主题的宣传活动，以悬挂横幅、发放资料等方式，向广大群众和干部发放《西藏自治区学习、使用和发展藏语文的规定》、语言文字规范宣传手册宣传资料，现场发放宣传资料100余份。为从源头上治理社会用字不规范现象，继续与县城各广告店签署制作门牌协议，并建立微信群，为广告店提供免费的校对服务，从而进一步理清了工作思路，创新工作方法，为推动墨竹工卡县藏语文科学发展奠定了良好的基础。

【做好藏语言文字翻译】 年内，按时完成精准扶贫政策解读、国民经济和社会发展计划（草案）、“两会”期间的政府工作报告、换届选举工作相关材料、议案报告及县直有关部门需要的各种大小型材料的翻译工作，翻译文件83项，翻译字数总量达到16万余字。在翻译中，根据有关翻译规定，保质保量，及时完成各类翻译任务，实现文件的双语同步印发，对存在疑惑的地方积极与相关单位进行沟通，严格审校把关，以强烈的事业心、高度的责任感投入了翻译工作中,保质保量、及时无误地完成翻译工作任务。

【开展社会用字检查】 规范藏语文社会用字工作作为加强民族团结、促进文字和谐的一项重要举措,按照年初工作计划,做好社会用字调研工作,联合县工商局先后对墨竹工卡县老城区、嘎则新区的个体工商户及318国道沿线所有个体门牌、标牌、广告牌以及针对喜迎党十九大的相关横幅、宣传标语等进行3次社会用字检查。经检查,墨竹工卡县域内共检查594家门面,其中藏汉错字、漏字、错译和翻译不完整、大小比例失调等问题的50家;关于喜迎中共十九大横幅、标语共15条,对3条存在问题当即整改到位;根据检查情况进行现场指导,对存在问题的商户下发整改通知书,主动提供翻译服务,现规范率达93%,做到发现一处整改一处,确保整改彻底到位。与2家新增广告店签订《制作标准门牌协议书》,要求广告店严格按照《西藏自治区学习、使用和发展藏语文的规定》和《拉萨市社会用字管理办法(试行)》要求,积极配合,主动参与到规范社会用字工作中来。

(卓　嘎)

## 墨竹工卡县政府法制办公室

【概况】 审查修改县政府各部门报送审议的规范性文件草案;监督县政府各部门、各乡镇人民政府规范性文件备案审查工作;办理有关法律草案、法规草案和部门规章草案征求意见函;监督全县行政执法责任制的落实;负责全县重大行政处罚备案、行政执法错案责任的追究;承办县政府管辖的行政复议事项;承办全县行政执法证件、行政处罚听证主持人证件及行政复议应诉人员资格证件的发放与管理;负责行政执法人员公共法律知识培训;为县政府领导和部门提供法律咨询服务;承办县委、县政府及县政府办公室交办的其他事项。

【完善程序制度】 年内,制定《墨竹工卡县人民政府工作规则》《墨竹工卡县人民政府会议制度》,对重大决策事项通过政府常务会议、县长办公会议等集体讨论研究,推进决策科学化、民主化、规范化。县法制办严格按照要求参与墨竹工卡县重大决策合法性审查,政府常务会、县长办公会研究重大事项前,一律由县政府办(法制办)审核通过后再上会研究,对重大合同事项一律由县政府聘请的常年法律顾问进行合法性审查。

聘请西藏珠峰律师事务所为政府常年法律顾问。充分发挥政府法律顾问作用,对重要决策提出法律意见和建议,对重要合同的起草等进行审查,并参与处理重大涉法事务,提供法律服务,发挥了积极作用。此外,墨竹工卡县还建立《政府工作决策顾问制度》,根据政府工作的实际需要聘用的具有较高政治素质、丰富工作经验的退休老干部,为县政府重要事项决策提供科学高效的咨询服务,推进科学决策、依法行政。

【规范执法行为】 年内,认真做好行政执法人员清理工作,对全县持有有效行政执法(监督)证并从事行政执法(监督)工作人员、持有有效行政执法(监督)证并不从事行政执法(监督)工作人员等四类人员进行清理。严格执行行政执法人员资格认证,实行行政执法人员持证上岗,按要求参加市政府法制办统一组织的执法人员培训和资格考试。2017年,共计68人参加培训,49人通过资格考试,完成2016年46名通过执法证考试人员的执法证发放工作。

【行政复议、应诉】 年内,明确县政府办公室(法制办)具体办理行政复议事项,县政府办公室(法制办)主要负责人和1名班子成员、1名工作人员共3人兼职行政复议人员。认真落实行政机关依法出庭应诉制度。2017年,墨竹工卡县未收到行政复议申请。

【组织保障】 年内,成立由县长旦增尼玛担任组长的墨竹工卡县法治政府建设工作领导小组,并根据人事变动进行调整。制定《墨竹工卡县2017年法治政府建设实施方案》《墨竹工卡县2017年度法治政府建设工作计划》,对2017年法治政府建设工作进行任务分解,明确责任单位。严格落实法治政府建设工作年度报告制度,向县委和县人大常委会报告全县

2016年法治政府建设工作开展情况，全县法治政府建设情况通过墨竹工卡政府网进行公开。

（土旦旺久）

## 墨竹工卡县信访局

【概况】 2017年，墨竹工卡县信访工作紧紧围绕习近平总书记关于信访工作的系列指示精神和自治区党委书记吴英杰关于重点问题要“防”、难点问题要“盯”、热点问题要“梳”、一般问题要“复”的工作要求，不折不扣地贯彻执行区、市、县党委、政府关于信访工作的一系列指示要求，始终坚持依法行政、为民执政的理念，不断完善体制机制，创新思路举措，全面提升信访工作效能和公信力，全力维护群众合法权益。做到了诉求合理的解决到位、诉求无理的思想教育到位、生活困难的帮扶救助到位、行为违法的依法处理，矛盾发现在基层，解决在萌芽状态。

【办理落实】 年内，信访局联合各乡镇、县直有关部门共排查300余次，经排查发现矛盾纠纷101件，涉及1109人，全部已得协调化解，帮助群众追回拖欠的工资、工程款、材料款等款项3712.093万元；年内，接待群众来信来访61件148人次。其中，上级转送25件48人次；本级登记36件100人次。全部得到化解，化解率达100%，帮助群众追回拖欠的工资、工程款、材料款等款项2312.23万元。实现“零”进京上访、无个人极端事件、无群体性事件的工作目标，为全市和全县社会和谐稳定做出了积极贡献。

【召开会议】 年内，召开工作安排部署会并与各部门、各乡（镇）签订目标责任，全面安排部署全年工作计划；组织各乡镇、县直有关单位、有关企业共召开全县信访工作联席会，认真分析全县信访形势，要求各参会单位认真做好矛盾纠纷排查工作，对易出现集体上访、越级上访的领域，制定相关预防措施，确保全县信访稳定；召开总结大会，全面认真总结全年工作开展情况，并对下一年工作进行安排部署，对存在的不足及时更正。

【主要做法】 年内，成立信访工作领导小组，完善信访各项制度。制定全年重要节点期间《处理信访突出问题和群体性事件应急预案》《信访稳定工作方案》；加大矛盾纠纷排查化解力度，确保矛盾发现在基层，解决在萌芽状态。严格按照“变上访为下访”的工作方法，借助乡镇、村委会、驻村工作队等基层组织的力量，采取定期排查与不定期排查相结合，切实深入基层，排查基层矛盾纠纷，确保矛盾发现在基层，解决在萌芽状态；充分发挥县级领导接访的作用，在受理信访疑难、复杂案件时，由县级领导进行接访，确保疑难、复杂信访案件及时有人抓、有人管、有效得到化解；加大“信访条例”、法律知识等方面宣传力度，有效引导群众通过合理、合法途径解决问题；认真规范运行网上信访，对上级部门转办、交办的案件及时接受并转送至责任部门，协助责任部门开展协调工作，网上按期结案，同时协调过程中的相关资料一一规档，做到一案一档；为提高群众信访知识，引导群众通过合理合法方式表达诉求，特制定“双语版”信访宣传大海报10套、农牧民信访宣传篇

2017年6月7日，县委书记劳明伟主持召开2017年第一次信访工作联席会议

6000本、逐级走访宣传册6000套，其中大部分发放到各乡（镇），其余发放给来访人员和矿企、建筑企业农民工。

（次 仁）

【领导名录】

局 长

史秀玉（女，藏族）

副局长

程 磊

## 墨竹工卡县创先争优强基础惠民生领导小组办公室

【概况】 墨竹工卡县辖7个乡1个镇，40个行政村。创先争优强基础惠民生活动范围囊括全部行政村，共40个驻村工作队，其中自治区级4个、市级16个、县级20个。按照区市开展创先争优强基础惠民生驻村工作统一安排部署，第六批选派的干部职工共有168人，其中自治区24人，拉萨市64人，墨竹工卡县80人。

活动开展6年来，墨竹工卡县在完成好建强基层组织、维护社会稳定、促进增收致富、深化感党恩教育、办好实事好事、落实惠民政策、推进扶贫开发“七项重点任务”的同时，积极开展“两降一升”、包虫病综合防治和推进美丽西藏建设等工作，结合墨竹实际，认真落实党的利民惠民政策，全力推进扶贫开发，驻村工作成效显著，农牧民群众生活逐步走向安居乐业、保障有力、家园秀美、民族团结、文明和谐。

2017年2月20日，县委常委、组织部部长平措朗杰在门巴乡巴尔卡村检查指导强基惠民工作

【建强基层组织】 年内，各驻村工作队结合“两学一做”学习教育和“一树两抓三比四提高”等活动载体，指导村级党组织严格落实“三会一课”“四议两公开”、村级民主管理、党务村务财务公开等工作，帮助驻在村“两委”开展培训班63场次，培训基层党员4530余人次，健全完善规章制度262条，帮助创办村集体经济实体8个。

【促进增收致富】 年内，驻村工作队始终以解决群众最关心、最直接、最现实的利益问题为重点，根据每个村的实际情况，结合自身专业特长和派驻单位优势，大力发展特色农牧业，加快发展高原种植业，提高群众农业生产种植养殖水平，增加群众收入。推进“志智双扶”工作，协助村“两委”制定40份发展规划，大力发展壮大村集体经济，实现从“输血”到“造血”的转变；发展种植养殖业，积极推广日喀则土豆等优质农作物，改变农作物结构，促进农业增收，增加群众收入；转移劳动力就业。因地制宜，发挥德仲村、日多乡温泉、甲玛铜矿、金矿等自然资源，直孔印象等文化资源，努力拓宽群众增收渠道，实现本地就业400余人。

【深化感恩教育】 年内，驻村工作队注重从舆论引导、搭建平台、创新方式加强农牧民感恩教育，让群众知道恩从何来，惠在何处，让群众自觉拥护党的方针政策，自觉遵守法律法规，让群众怀着知恩、感恩、报恩之情，更加珍惜今天来之不易的幸福生活，齐心协力共建美丽、生态、和谐、幸福的新生活。深入百姓家中、田间地头、虫草采挖点以集中宣传、入户宣讲、张贴标语、悬挂横幅等形式，学习宣传贯彻党的十八大、十九大、中央第六次西藏工作座谈会精神及习近平总书记系列重要讲话精神。开展各类中央和区市有关会议精神宣讲180余次，受教群众达

1.7 万余人次；开展新旧对比活动 52 场次，受教育群众 1.2 万余人次；开辟感恩教育宣传栏 180 余期，发放宣传资料 3600 余份。

【办好实事好事】 年内，驻村工作队紧紧围绕“强基础、惠民生、保增收、促和谐、抓发展”这一主题，切实解决群众关心的热点、难点问题，使驻村工作取得实实在在的效果。依托派驻单位后方支持，整合多种渠道资源，做到项目到村到户、资金进村入户，帮助修建防洪渠、温室建设、修路等多项民生项目 62 个，涉及资金 3719 余万元；帮助解决树苗、饲草饲料、农药化肥、种粮种草等好事实事 135 余件，涉及物资折合人民币达 144 余万元。邀请种养殖领域专家开展现场指导，培养种养殖能手 320 余人，依托各类岗位供给资源，实现就业 164 人。

【落实惠民政策】 年内，驻村工作队协助村“两委”做好各类惠民政策落实和项目管理，监督各项资金使用、发放、项目进展等工作确保政策落实到位、资金及时兑现。2017 年，组织群众开展政策宣传 160 余场次，参与群众 1.6 万余人次，发放藏汉“双语”政策明白卡 1200 余本，发放宣传资料 2000 余份，开辟惠民知识宣传栏 96 期；协助村“两委”做好各类惠民政策落实和项目管理，监督各项资金使用、发放、项目进展等工作，确保各项补贴奖励政策落到实处，真正让群众得到实惠，不断提高群众的幸福指数和获得感。

【推进扶贫开发】 年内，驻村工作队充分发挥驻村作用，当好服务发展参谋。按照区市县的部署要求，第一时间转换工作角色，精准发挥干部驻村作用，切实当好服务村级发展的“谋士”，依托“访民情、解民忧、办民事”主体调研活动，本着“看真贫、扶真贫、真扶贫”的工作原则，开展全覆盖式走访入户，入户走访摸排建档立卡贫困户 1684 户、7511 人，全面摸清贫困户家庭状况、致贫原因、收入来源，紧紧围绕“六个精准”“五个一批”等帮扶内容绘制村级脱贫攻坚作战“蓝图”，建立村级科学合理的扶贫机制，明确定位职责任务，细化工作措施要求，做到脱贫攻坚人人有任务，个个有责任，为全面打赢脱贫攻坚战奠定基础。驻村工作队结合“精准扶贫精准脱贫”工作，组织宣传教育 92 场次，参与群众 2.5 万余人，发放惠民政策资料 1.2 万余份；开展“党员干部素质提升教育”培训 64 场次，培养教育村“两委”班子及后备干部 27 人；开展精准扶贫宣讲 96 场次，组织专题扶贫会议 17 余次。

【促进“两降一升”】 年内，县强基办和驻村工作队把“两降一升”作为干部驻村工作的一项重要任务，积极协助配合当地卫生计生部门落实好各项政策措施，扎实做好农牧区孕产妇住院分娩相关工作，为实现“两降一升”目标做出积极贡献。驻村工作队组织发放宣传资料 4000 余份，开展集中宣讲活动 60 余场次，受教育群众达 1.8 万余人次，全县孕产妇死亡率为 0，婴儿死亡率为 0，住院分娩率为 98.83%。

【包虫病综合防治】 年内，驻村工作队为保障人民群众身体健康，积极开展包虫病综合防治工作，确保包虫病综合防治工作顺利开展，圆满完成 2017 年包虫病综合防治工作。包虫病防治工作覆盖 8 个

2017年9月8日，扎雪乡塔杰村驻村工作队派驻单位慰问结对户

乡镇，完成筛查 50339 人，占总筛查人口的 100.45%，共发现疑似患者 86 人，确诊患者 242 人；血清采集 34778 份，抽血率为 74.38%；血清采集 35886 份，抽血率为 75.10%（外地检查 2548 人，不计算在内）；已完成检测血清 34260 份，其中阳性 2169 份，弱阳性 762 份。发放宣传单 6000 余份，发放宣传资料 2.809 万余份，受益人群达 5 万余人次，制作户外宣传展板 24 个、悬挂宣传横幅 28 条，并多次发布至微信公众平台、西藏晚报等媒体，已圆满完成拉萨市要求的覆盖全人群 95% 以上的要求。

2017年12月7日，墨竹工卡县召开精准扶贫精准脱贫政策宣讲会

【推进美丽西藏建设】 年内，以“四讲四爱”主题教育活动为契机，发挥驻村工作队作用，开展文明生活教育，加强基层基础设施建设，加大宣传力度，维护社会稳定，构建和谐家园，摒弃陈规陋习，提升乡风文明素质，整治村落环境，推进县、乡、村生态文明三级建设，落实“河长制”治理工作，推进美丽西藏建设，改善村级环境。发放各类宣传资料 1.2 万余册，专题宣讲 120 余次，受教育群众达 2.6 万余人次；组织村民义务整治村落环境卫生、河道治理 1400 余次，参与群众达 9.6 万余人次。

【开展“两学一做”学习教育】 年内，驻村工作队始终把建强基层组织放在首位，不断巩固和拓展党的群众路线教育实践活动和“三严三实”专题教育成果，以“五个精准”为抓手，推进“两学一做”学习教育常态化制度化，帮助基层党组织坚持和发挥领导核心作用，强化政治引领功能，提升服务能力和水平，加强对群众的教育引导，使基层党组织的创造力、凝聚力和战斗力进一步增强。驻村工作队组织农牧民党员到拉萨军事博物馆、西藏博物馆等爱国主义教育基地参观学习 12 场次；开展每月主题党日活动 260 余次，播放爱国影片 64 场次，发放“两学一做”学习教育、藏汉“双语”学习材料 4000 余份，发放基层党组织“三会一课”纪律本 80 本，汇编发放基层党建指导手册 800 册，开展专题党课 140 余次，撰写学习笔记 1920 余次，撰写学习心得体会 320 余篇。

【开展“四讲四爱”主题教育】 年内，驻村工作队按照区、市、县党委关于开展“四讲四爱”主题教育实践活动的决策部署，驻村工作队紧密结合墨竹工卡县实际，将“四讲四爱”主题教育实践活动纳入驻村工作议事日程，明确活动对象，做到突出重点、讲求实效、环环相扣、层层递进、解决问题，确保实践活动接地气、全覆盖、落实效、永扎根，并取得了积极成效。开展宣讲 1748 场次，农牧民群众受教育众达 14.4 万余人次，开展“回头讲”宣讲 223 场，农牧民群众受教育达 19278 人次；发放以“四讲四爱”藏汉语挂历、便民服务卡，发放《宣讲提纲》400 余本，发放习近平总书记重要论述摘编 100 句读本 40000 余本，发放宣传手册 20000 余本。

（赵　冠）

【领导名录】

主　任

平措朗杰（藏族）

常务副主任

刘 登 贵

副主任

米玛旺堆（藏族）

# 军 事

## 墨竹工卡县人民武装部

【概况】 2017年是全面贯彻中共十九大精神的开局之年，是决胜实现国防和军队建设2020年目标任务的关键之年，也是加快推进陆军转型建设、全面提高新时代备战打仗能力的攻坚之年。墨竹工卡县人民武装部紧紧围绕深入贯彻学习十九大精神，以习近平主席新时代强军思想为指引，在警备区及县委、县政府的关心帮助下，在武装部官兵共同努力下，圆满完成以军事工作为中心的各项工作，年底被警备区表彰为“践行强军目标先进单位”，总体成绩迈上新台阶。

【政治工作】 年内，以“践行强军目标，做新时代革命军人”主题教育为主线，培育官兵胆性血性。围绕“三个维护”强化“四个意识”等教育内容，坚定官兵理想信念，培育忠诚品格。在中共十九大胜利召开之际，为深入贯彻十九大精神，武装部组织全体官兵收看大会直播并在会后及时制订学习计划，组织讨论交流，撰写心得体会和学习笔记。“两学一做”教育扎实开展，在大力抓好党员干部队伍党性修养和风气建设上取得显著成效。

【军事工作】 年内，坚持按纲施训、实战实训、依法治训、从严治训，按照训用一致、聚焦实战的原则，紧密结合武装部作战和维稳任务，深入开展针对性训练。3月，根据警备区军事工作指示和人武部年度训练工作安排，按照《民兵军事训练与考核大纲》，组织新入队民兵进行单兵战技术训练以及多个反恐维稳课目的训练，达到“战时应战，急时应急”的目标要求，全面提高了民兵遂行多样化军事任务的能力。针对藏历新年、“两会”、十九大、各种重大节日等重大活动期间武装部扎实抓好战备值班、战备演练和巡逻执勤，战备维稳工作得到有效落实。6月，县委书记带领县常委班子到人武部参加军事日活动，武装部组织

2017年4月16日，武装部组织矿企员工岗前军训动员大会

2017年8月1日，武装部部长陈文凯主持召开驻军警部队“双拥”工作座谈会

参训领导对手枪、步枪等多种轻武器进行操作使用和实弹射击，有力推动和保障了军事制度在地方党委的贯彻落实。

【“双拥”共建】 年内，在“双拥”共建中，县委、县政府投入资金大力改善武装部官兵工作环境和生活条件，每逢佳节，县委领导亲自率队到武装部进行慰问，给予官兵殷切期盼和深切关怀。同时，武装部主持举办了驻墨军警部队“双拥”座谈会，开展矿山企业入职员工军训工作，带领民兵参加地方植树造林工程，组织武装部官兵对驻地退伍老兵送温暖等一系列活动，巩固和发展了军民军政团结的大好局面，充分体现了军民鱼水一家亲的浓厚友谊。

【民兵整组】 年内，依据上级有关指示要求，以提高应战应急能力为目标，以提高质量为重点，坚持可靠、管用、精干的原则，积极协调各方力量，科学统筹，精细编组，保证了民兵队伍的新老搭配，增强了民兵队伍的稳定性、连续性、专业性。

【征兵工作】 年内，认真贯彻《中华人民共和国征兵工作条例》及各级的通知、细则，以保证新兵素质为抓手，确保兵员质量。在宣传中，通过发布公告、设立电子宣传栏、到各乡镇定点宣传等多种形式途径，充分调动广大适龄青年参军入伍的积极性。其间，因报名人数较少，征兵工作进展不畅，武装部会同县委领导连夜召开紧急会议，分析原因、研判形势、制定措施、分配任务、追讨责任，确保征兵工作的顺利进行。依照“严格标准、规范程序、公开透明、择优选取”的原则，有条不紊地开展体检、政审、定兵等后续工作，确保了向部队输送优质兵员。

（田 野）

【领导名录】

部 长

陈文凯

政 委

蒋万刚

副部长

康志强

## 墨竹工卡县公安消防大队

【概况】 墨竹工卡县公安消防大队成立于2005年4月8日，并于2007年10月31日正式进驻消防大队综合楼。2015年11月9日，墨竹工卡县消防中队正式挂牌成立。2016年5月，墨竹工卡县消防中队新营房及其附属工程正式开工。县消防大队成立后，多次在各项重大消防勤务工作中发挥了重要作用，特别是在“5·10”油罐火灾、“直贡梯寺猴年颇瓦大法会”“8·15”重大交通事故中更是出色完成抢险救援、执勤安保等任务。大队出色的表现，更是受到了县委、县政府以及各级领导的高度评价，被各级机关授予诸多殊荣。

【抓住新机遇，应对新挑战】 年内，墨竹工卡县公安消防大队全体官兵保持筑牢思想底线不放松，咬紧牙关全力以赴，确保消防事业持续蓬勃发展，维护一方平安。特别是十九大召开期间，大队全体官兵主动放弃休假探亲全员在位，自觉投入安保工作中，为共同维护好辖区安全稳定做出卓越贡献。人民军队为人民，墨竹工卡县公安消防大队在总队、支队两级党委的正确领导下，在墨竹工卡县委、县政府、县公安局等各级部门的关心和支持下，大队圆满地完成了全年度各项工作任务，为维护全县经济社会发展、社会局势稳定和人民安居乐业，做出了积极贡献。

【正规化建设】 年内，跟进部队正规化进程，强化部队硬件、软件双正规，以部队“两化”建设为总纲领，大力推动部队事业发展。

【打牢思想防线，提高党性觉悟】 年内，支部班子坚持各项政治理论学习，强化党建工作的主导作用，不断深入开展和推进“两学一做”学习教育常态化，始终以中共十九大等党的理论为领航标，始终将中国特色社会主义理论体系、习近平总书记系列重要讲话精神等时政知识纳入中心组学习、各级各类培训，保持支部班子的先进性。

【党风廉政建设】 年内，坚决贯彻中央、部局、区市各级关于廉政建设系列指示精神，严格落实“八项规定”“三项纪律”和群众路线相关要求，强化党纪党规在部队中的监督管理作用，深化消防部队执纪情况监督检查工作，强化领导干部监督机制、加强廉政教育和文化建设、强化反腐败惩戒机制等方面，面向部队内部和社会单位设置举报信箱、受理电话，广泛接收部队官兵对打骂体罚战士、侵占战士利益和辖区群众对执法不公、收受财物、吃拿卡要的有效监督。以铁腕治理腐败，杜绝部队内部出现不廉洁现象，维护部队声誉。

【完善数字化综合一体信息数据】 年内，以常态化实战演练为主，全面加强重点单位、重点场所数字化预案制定。先后组织开展文物古建筑、人员密集场所和危化品生产储备库等各类场所实战演练65次，修订完善各类执勤方案、灭火救援数字化预案46份，开展“六熟悉”120次，检查市政消火栓120处，做实做严了火灾扑救基础工作。

【对学校、企事业开展消防培训】 年内，为加强社会面火灾防控能力，提高学生、群众等弱势群体防火灭火能力，尽量将火灾扑灭在初期阶段，大队积极开展针对学校、县农行、电信局、移动公司、医院、村委会的消防培训共计40余次，大大地提高了全民防火意识，增强了全民防火灭火自救能力。

【推进微型消防站建设】 年内，墨竹工卡县共计成立七乡一镇微型消防站，矿山微型消防站1个，警务站微型消防站4个，加油、加气站4个、移动公司1个，逐步地缓解了地域广阔，救援难度大的问题，下一步将从提高微型消防站灭火能力入手，扩大现有优势，为积极推进微型消防站建设，做到灭早灭小打下坚实基础。年内，墨竹工卡县公安消防大队共执行二级以上战备178天，灭火、抢险救援17起，抢救被困人员15名、疏散人员36名，挽回财产价值50余万元；累计出动车辆76台次、警力605人次，高效完成了“两节”“两会”“萨嘎达瓦”“十九大安保”等各类消防安保任务18次，取得了重大消防安保任务“不冒烟、不发火、无纰漏、无事故”的突出成绩。

【紧抓防火重点工作】 年内，以夏季防火工作，冬季防火为抓手，根据不同时期防火特点，紧跟各项防火监督工作。落实“全警消防”，

2017年8月15日，交通事故处置

明确三级执法体系，做好消防安全工作，督改火灾隐患1350余处，有效夯实了社会面火灾防控基础。此外，针对辖区内寺庙多分布广的情况，墨竹工卡县公安消防大队对辖区寺庙，一个不落的开展防火检查，形成详细全面的火灾防控调研报告，为县政府、各寺管委决策提供了大量资料。

【开展防火宣传】 年内，充分发挥消防微信、微博平台作用，在“安全生产月”“综治宣传月”“防灾减灾月”以及“119”消防宣传活动期间，广泛宣传消防安全知识。在重要时间节点发放宣传资料，提醒社会单位及人民群众提高警惕，共计发放宣传资料6000余份，累计4.8万余元。同时，引导群众利用“96119”举报投诉平台，全面构建全民消防的良好工作格局。

【完善消防装备】 年内，在县委、县政府和总队、支队党委的帮助下，墨竹工卡县公安消防大队新添1台消防车和近80万元的消防装备，弥补了装备和战斗力的不足。

（陈　为）

【领导名录】

大队长

徐辉亮（8月免）

曲　达（藏族，9月任）

副大队长

落桑加央（藏族）

## 武警墨竹工卡中队

【概况】 2017年，武警墨竹工卡中队圆满完成以执勤处突维稳为主的各项工作任务，圆满完成县城维稳任务、十九大重要时期执勤安保任务，保护人民的生命财产安全，圆满完成日多检查站执勤任务。

2017年7月31日，县委副书记、常务副县长郭昌标，县人大常委会党组书记、主任张尚福，副县长益西，县民政局局长达瓦慰问中队官兵

【“双拥”共建】 2017年，促进墨竹工卡县军政军民和谐关系，共建文明树新风，共谋发展惠民生，共创平安保稳定。主要开展庆“八一”双拥座谈会，主要参加领导有县委副书记、常务副县长郭昌标，县人大常委会党组书记、主任张尚福，副县长益西，县公安局副局长晋美多吉，县民政局局长达瓦，县武装部部长陈文凯，及华泰龙集团代表、巨龙集团代表、县人民医院等。在“双拥”共建上，县委、县政府以及县各级领导的大力支持下，中队各项建设稳步提高，投入资金积极改善中队营区绿化、武化、正规化及生活设施，利用春节、“八一”、老兵退伍等时机对中队官兵进行慰问，极大地调动了中队官兵的工作积极性；中队参与县义务植树20人次，开展县法制宣传10人次。利用“五四”青年节、“六一”儿童节、重阳节、老兵退伍等时机，中队组织官兵看望慰问驻地敬老院，参与节目表演；慰问贫困学生阿旺郎杰，为他送去学习用具；慰问孤寡老人格桑，为她清理屋院，送去大米、面粉等生活用品，带领老人参观中队温室大棚，教导种植技巧。官兵用实际行动诠释了军民鱼水情的深刻内涵，为构建和谐墨竹、幸福墨竹、文明墨竹而努力，为创造安全稳定祥和的驻地而奋斗。

（黄崇伦）

【领导名录】

政治指导员

毛小龙

中队长

娄勇军（6月免）

孙远鹏（6月任）

# 法 治

## 中共墨竹工卡县委政法委员会

【概况】 2017年，墨竹工卡县委政法委认真贯彻党中央、区市党委的决策部署，深入推进平安墨竹、法治墨竹、过硬队伍建设，始终加强和改进对政法工作的领导，选好配强政法机关领导班子，不断提高政法队伍思想政治素质和履职能力，始终坚持从严治警，严守党的政治纪律和组织纪律，坚决反对公器私用、司法腐败，着力维护社会大局稳定、促进社会公平正义、保障人民安居乐业，为全面建成小康社会创造安全稳定的社会环境、公平正义的法治环境、优质高效的服务环境。

【综合治理】 年内，深入贯彻落实党的十八大及十八届系列全会精神和中共十九大精神，大力实施"党建统县、环境立县、文化兴县、产业强县、民生安县、依法治县"六大战略，以实现"三无""三不出"为目标，以加强和创新社会管理为抓手，着力加强政法队伍建设，着力加强矛盾纠纷排查化解工作和平安创建工作，着力加强社会治安综合治理基层基础建设，着力推进网格化和"双联户"服务管理，为墨竹工卡县经济发展和社会稳定奠定了坚实基础。2017年，在县委、县政府的正确领导下，分别获得自治区、拉萨市2017年度"先进双联户"创建活动先进县。

【平安创建】 年内，按照关于平安建设的一系列部署要求，强化责任意思、完善措施、健全机制、落实责任、夯实基础，全面推进"平安墨竹、和谐墨竹、小康墨竹"的建设，进一步完善平安创建工作机制，取得较好的成效。截至年底，墨竹工卡县评选出平安乡（镇）8个、平安村委会38个、平安寺庙24座、平安小区2个、平安单位38个、平安企业4个、平安学校14个，平安创建率96%；

2017年10月3日，县委副书记普布主持召开督查工作会议

2017年2月22日，墨竹工卡县召开综治工作表彰大会

同时获得市级平安乡(镇)8个、平安村委会28个、平安寺庙7座、平安学校10个、平安小区1个。

【网格和“双联户”服务管理】 年内，墨竹工卡县网格40个、联户单位757个、联户代表757名。2017年，发放联户代表民情日记本4000册，制作上墙联户代表义务及联户家庭公约4100张。通过网格平台及“双联户”工作，开展矛盾纠纷排查1360余次，调解矛盾纠纷120余起；排查各类安全隐患1500余次，整治安全隐患520余处；卫生整治1210余次；治安巡逻6230余次；登记流动人口17800余人；搜集情报信息140条，开展联户群众培训10期，参与人数750余人，通过培训上岗就业的260余人，切实取得新的更大的成效。

【送法下乡进企业活动】 年内，墨竹工卡县深化“法治稳县”战略，夯实平安墨竹基础，引导广大群众爱国爱党、遵规守法、团结和睦、共同富裕、文明向上，通过抓队伍、促形象，抓实效、促质量，抓教育实践活动、促民生，抓联户、促平安，抓法制、促守法，运用真实典型事例，通过通俗易懂的言语，采取有奖问答等多种方式，在七乡一镇和矿企开展送法下乡进企业活动。全县以“三月综治宣传月”“6月综治宣传周”“九月平安宣传日”活动为契机，发动8个乡(镇)、42家单位开展形式多样、内容丰富的综治宣传活动，切实营造“人人参与综治、人人共享综治”的氛围。

2017年，各乡(镇)、各单位结合业务实际，以悬挂横幅、设咨询点、发放宣传资料等方式，宣传各项法律法规以及惠民利民政策，其间共悬挂横幅60条，参与干部职工100余人，发放手册共8000余份，展示相关图片200余张，直接受教育群众10000余人，流动人口5000余人，赢得群众广泛好评，取得了良好的成效。

(旦增贡培)

【领导名录】

县委常委、政法委书记、公安局局长
　　其米多布杰(藏族)

副书记
　　扎　　仓(藏族)

综治办专职副主任
　　张 银 华(女)

副主任科员
　　格桑央金(女，藏族)

## 墨竹工卡县公安局

【概况】 2017年，墨竹工卡县公安局坚持以马克思列宁主义、毛泽东思想、邓小平理论、“三个代表”重要思想、科学发展观、习近平新时代中国特色社会主义思想作为行动指南，继续以十八大、十九大会议精神为工作引领，结合墨竹工卡县经济社会发展和公安工作实际，在县委、县政府和上级公安机关的坚强领导下，不忘初心、牢记使命，按照“六位一体”总体布局，统筹实施“六个全面”发展战略，实现了维稳防控能力有新提升、基层基础进一步夯实、立体防控成效明显、队伍素质整体提升，圆满完成党和人民交付的各项工作任务，有效维护了全县社会政治稳定和治安大局平稳，为促进全县经济社会发展和公安事业长足发展贡献了积极的力量。

【严厉打击各类违法犯罪】 年内，

坚持在抓好公安主业上下功夫、求突破，确保群众安全感、满意度明显提升。公安局坚持严打方针不动摇，紧紧抓住影响人民群众安全感的突出问题，以“九大专项行动”“三打击一整治”“安全生产大检查大排查大整治”“涉枪涉爆”等专项行动为主线，以“更快地破大案、更多地破小案、更准地办好案、更好地控发案”为总要求，持续对犯罪分子保持严打高压态势，充分发挥职能作用，严厉打击各类违法犯罪活动，切实对违法犯罪形成凌厉的攻势和强大的震慑。

年内，刑事案件共立案30起，破案24起（其中破2015年“诈骗”积案1起），抓获犯罪嫌疑人11名；受理行政治安案件37起，结案37起，行政拘留39人，罚款14人，罚款金额124100元。

【开展多发性侵财案件攻坚战】年内，公安局把多发性侵财类案件作为打击的重点，成功破获一批案件。3月17日，公安局成功破获一起信用卡诈骗案，追回涉案款8000元；7月11日，公安局破获一起入室盗窃案，并在48小时内将其抓捕归案。在随后的深挖犯罪工作中，该案嫌疑人交代其在甲玛乡、扎雪乡、门巴乡、唐加乡、工卡镇及达孜县、林周县等地流窜作案的事实，涉及案件14起，总计涉案金额约14.89余万元。在加大破案力度的同时，公安局还结合电信网络诈骗案件高发、频发、多发的趋势，联合县电信、县农行等单位积极开展防网络电信诈骗宣传，提高辖区群众的自我防范意识。

【多措助力经济建设】年内，针对墨竹工卡县重点建设项目多、各类矛盾纠纷、建设单位与辖区群众车队隐患较为突出的实际情况，专门开展了专项排查行动，对建设过程中可能出现的“车霸”“路霸”等情况进行专项排查，积极配合县水利局、环保局等单位开展非法采挖砂石、涉环保违建清理专项整治行动，为全县经济建设提供了和谐、稳定的社会环境。

【民爆品安全管理】年内，规范春节、藏历新年期间的烟花爆竹销售，开展民爆物品安全大检查。持续开展涉爆单位的不定期大检查，共检查涉爆涉危单位120家次，整改隐患13处；为贯彻落实赵涛副市长在墨竹工卡县调研期间的工作指示精神，全面落实民爆物品尤其末端管理的全覆盖。在市局治安支队的强力推进下，墨竹工卡县所有涉爆企业已推广完成民爆物品视频摄录监管体系的试点工作。6月16日，公安局又组织召开“最后一公里”暨爆破作业现场技防体系建设工作推进会，就视频摄录工作程序、摄录设备要求、经验做法进行收集汇总，并对《爆破录像拍摄实施细则》进行现场解读和统一要求。

【流动人口服务管理】年内，健全完善“以房管人、以业管人、以证管人”的管理服务体系，通过开展流动人口及出租房清理整顿等工作，进一步摸清流动人口基数，积极做好流动人口的日常管理，进一步将服务管理触角延伸到各乡镇、企业和施工工地，通过错时办证、上门办证等形式，及时获取、更新流动人口数据信息。2017年，全县登记的流动人口共计22380人，注销17306人。

2017年8月30日，公安部督察局专员陈新（前排右一）带队的第四督导组一行在墨竹工卡县公安局检查指导中共十九大维稳安保工作

2017年7月15日，拉萨市政府党组成员、副市长，市委政法委副书记，市公安局党委副书记、市公安局局长赵涛（左一）一行在墨竹工卡县公安局督导检查工作

【道路交通安全管理】 年内，共投入警力4450余人次，出动警车1398台次，流动测速315余次，共检查车辆88200余台次，查处交通违法行为469余起，行政拘留8人，隐患排查152起，共罚款112650元整。悬挂道路交通宣传横幅62余条，深入学校、企事业开展法制宣传28次，并在各乡镇分别组织交通安全主体法制宣传活动32次，展出宣传展板33次，发放各类宣传资料15300余份；开展“三超一疲劳”、黄包车和老旧车辆专项整治及“酒驾”“乱停乱放”等交通违法行为集中整治，整治中全体民警坚持不走过场，务求实效，突出重点，全力攻坚，取得显著成效，有效遏制道路交通事故的发生。

【消防安全整治】 年内，开展“消防安全暨治安秩序大检查大清理大整治”专项行动，重点对洗浴场所、人员密集场所、学校、重点单位进行安全检查，共检查单位150余家，发现火灾隐患6处，督促整改火灾隐患6处，下发《责令改正通知书》3份。为进一步拓展消防工作触角，夯实基础消防工作基础，实现有效处置初期火灾的目标。1月10日，公安局为12个微型消防站配发价值20余万元的灭火服、消防头盔、消防靴等装备。

【“护城河”查控工作】 年内，公安局日多一级公安检查站和甲玛中队克服高原缺氧、条件恶劣等不利因素，扎实开展“五逢一快”工作，坚决将一切不稳定因素防控在前端。年内，公安局“护城河”检查站共检查各类车辆299846台次，人员899539人次，物品1169401件次。抓获网上在逃人员5人，遣送“三无”人员163人，收缴散装成品油2530升，管制刀具120把。

【公安基层基础建设】 年内，投资近3300余万元的刑侦技术楼已建设完成，日多一级公安检查站、日多派出所、县看守（拘留）所等新建项目主体已经基本完工，后期工作正在有序推进。

【社会面动态治安管控】 年内，进一步完善视频监控建设，建成遍布全县七乡一镇、重点单位的视频监控点位，织密了街面巡逻防控网、城乡社会防控网、单位内部和行业场所防控网、技术视频防控网、网络社会综合防控网等5张社会治安防控网，有效提高对社会治安的驾驭能力。

【基础信息化建设】 年内，公安局坚持向科技要警力、向信息化要战斗力，多次召开会议研究部署信息化建设工作，积极协调县委、县政府出资购买舆情监控软件，截至年度，已通过舆情秘书软件搜集上报综合舆情288条，为上级网安、情报部门提供了一批有价值的线索及资料。

【十九大安保维稳攻坚战】 年内，公安局把推动落实上级各项重大决策部署作为首要政治任务，围绕迎接中共十九大胜利召开这一主线，以及维护社会稳定、打击违法犯罪、治理社会热点问题等公安中心工作，跟进制定队伍管理纪律规定，对违反上级制定的各项纪律尚不够党纪处分、行政纪律处分的民警、协辅警采取下发警示通知书、全局通报批评等方式进行管理。并根据9月1日自治区维稳指挥部视频会议精神和区公安厅《关于确保全区公安机关全员在岗全警投入中共十九大维稳安保工作的紧急通知》的总体要求，公安局于9月1日停止休假审批工作，从严控制事假、培训等外出人员，并将休假民警于9月8日前全部召回，有效确保人员在岗率。

【奖惩制度落实】 7月，公安局组织开展“七一”表彰大会，评选出优秀共产党员、优秀党务工作者、先进基层党组织，并予以表彰奖励，进一步激发基层党组织战斗堡垒和先锋模范作用。另外，公安局围绕十九大安保工作，对日多一级公安检查站和甲玛交警中队抓获网上通缉在逃人员进行奖励，通过严明奖惩，充分发挥激励机制，在队伍中营造良好的干事创业的氛围。

【落实常态化工作】 年内，公安局在每月1号组织全体民警举行升旗仪式，把升旗仪式列为工作常态，每个工作日，在县局大院内，按时播放广播，组织机关全体民警做早操并统一着装，并对在场民警警容风纪进行常态化检查。

【公安宣传报道工作】 年内，公安局申请“墨竹警讯”微信公众号，将公安工作动态全面推向社会，让更多的人支持理解公安工作；公安局还积极主动与拉萨市公安局警方热线沟通协调，对日多一级公安检查站、甲玛乡派出所的工作成效和先进经验进行采访报道，并被推送至西藏自治区电视台进行进一步宣传报道，有效激发了民(辅)警的工作热情。

【专题教育活动学习】 年内，公安局以“两学一做”学习教育为契机，通过深化“迎接十九大、忠诚保平安”“四讲四爱”主题教育实践活动，以“三会一课”为载体认真开展党内法规和习近平总书记系列重要讲话，制作宣传展板，营造学习氛围，不断加强基层党组织建设和提升党员民警政治理论水平，不断规范党内组织生活，并于每季度第三个月下旬组织政工监督室对各党支部的党建工作进行考核，以考核倒逼党建工作落实，对党建考核倒数的5个部门负责同志进行约谈。

2017年10月13日，县委副书记、县长旦增尼玛在高速匝道出口处公安执勤点，对基建项目工地进行检查指导

【深入学习习近平总书记讲话精神】 年内，学习习近平在接见全国公安英雄模范立功集体代表时的讲话和接见全国社会治安综合治理表彰大会代表时的讲话。公安局制订学习方案，并按方案的具体方法步骤，组织召开专题学习讨论会，要求全警要牢记总书记对公安工作提出的“对党忠诚、服务人民、执法公正、纪律严明”总要求，认真撰写心得体会，将讲话精神融入今后公安工作中，全局共撰写心得体会490份。另外，公安局将总书记提出的十六字总要求统一制作，在全局所有党委和支部会议室悬挂。同时，还组织开展学唱《中国人民警察警歌》、重温入警誓词等活动，确保理论学习掀起新一轮热潮。

【落实党委理论中心组学习会】 年内，结合《政治理论学习计划》，公安局每月组织一次党委理论中心组学习会，先后组织侯金知、印春荣、张树俭、廖俊波等先进事迹专题学习会，掀起向先进典型学习的热潮，并通过观看《警钟》《永远在路上》等专题教育片筑牢民警廉洁自律意识。

【党风廉政建设】 年内，按照市公安局和县委、县政府关于党风廉政建设工作的要求，为进一步强化领导干部党风廉政建设的主体责任意识，使领导干部认真履行“一岗双责”。9月21日，公安局召开墨竹工卡县公安局2017年述责述廉报告会，会议邀请退休民警代表及县纪委有关负责同志参加。县局党委7名班子成员和卡东便民警务站、治安大队、扎西岗乡派出所、德仲寺派出所、日多一级公安检查站等部门主要负责人作为基层所队代表结合工作实际，从理论学习、履行主体责任、遵守廉洁自律等方面进行了述责述廉汇报，并剖析了存在的不足和下一步计划。县局党委班子成员也根据会议安排，结合分管工作和个人履职情况行了述责述廉。汇报结束后，对局党委班子成员和述职人员开展民主测评，测评满意率为96%。

【带头上好党课】 年内，为全面推进“两学一做”学习教育常态化制度化工作，深化党课教育效果，进一步增强党员民警的党性修养和政治理论素质，贯彻落实习近平总书记“5·19”讲话以及全国公安厅局长会议精神，8月2日，以践行“对党忠诚、服务人民、执法公正、纪律严明”十六字总要求、推进“两学一做”学习教育常态化制度化、以优良作风迎接中共十九大胜利召开为主题，为全局民警上了一堂党课，将党风廉政建设融入课堂，要求大家做廉洁自律、对党忠诚的人民警察。

【严格落实“三会一课”制度】 年内，要求各支部书记严格按照每季度组织召开一次党课的组织要求，积极为部门民警上党课。公安局各党支部书记围绕“如何做合格党员”、如何践行总书记提出的“四句话”“十六字”总要求、“迎接十九大、忠诚保平安”等主题开展党课教育。通过党课教育，不断压实了第一责任人的主体责任，教育民警加强党性修养，增强民警廉洁从警意识，珍惜政治生涯，远离腐败。

2017年6月27日，公安局在县政府会议中心召开“迎接十九大、忠诚保平安”主题教育实践活动暨下半年公安工作动员部署会

【党委书记同党委班子成员开展约谈】 年内，主要围绕“一岗双责”落实情况、十九大安保工作落实情况、存在的问题、下一步工作计划等内容进行谈话，并下达了指标任务，提出具体要求，形成谈话记录6份。

【局领导同分管部门负责人开展约谈】 年内，每一位党委班子成员对分管部门都进行约谈，在党组织建设、纪律作风、廉政勤政、队伍管理、风险防控等方面出现的苗头性、倾向性问题进行提醒谈话，指明存在的风险和问题，讲清危害，提出整改要求。

【各部门主要领导同部门民警开展约谈】 年内，为确保队伍思想稳定，将思想和行动能够统一到县局党委的安排部署上来，各部门负责人结合部门实际和民警现状，了解民警所思所想，通过谈话教育的方式化解民警困扰，帮助民警克服麻痹大意思想，真正凝心聚力，将主要精力集中在公安工作上来。

【健康促进活动进警营】 年内，按照县委、县政府关于创建第二批健康促进县(区)的相关要求，公安局高度重视，认真准备，成立由一名副局长为组长，局办公室主

2017年3月6日，公安局组织开展维稳力量拉动演练

任、政工监督室主任、警务保障室主任为副组长，全局其他部门负责人为成员的领导小组，设立活动创建办公室。通过整理台账、制定措施等，大力开展内务卫生整治和健康促进，圆满完成县委、县政府交办的各项工作，在国家督导评估组在公安局检查验收时，评估组对公安局开展年度健康体检的数据分析、民警轮岗、建立健康档案等工作措施给予高度评价，督导评估组组长林世才指出，墨竹工卡县公安局作为边疆艰苦偏远县城，能将健康促进工作作为一项重点工作扎实开展，并充分利用现有资源开展民警健康数据分析和建立健康档案的经验做法值得自治区进行推广。

【驻村工作队扎根基层】　年内，严格执行每月例会制度。公安局每月组织召开一次驻村工作例会，县局党委听取驻村工作汇报，研究解决驻村工作中存在的问题。加强对农牧民宣传教育工作。围绕十九大安保和“四讲四爱”主题活动，要求驻村工作队要充分发挥公安民警的密切联系群众的职能优势，采取走访、宣讲、为群众解忧等方式，加强惠民政策、法律知识、安全常识等方面的宣传，深化工作措施的落实，得到了群众的认可，同时也进一步和谐了警民关系。要求党委班子成员均为驻村工作责任人。县局党委要求每一名党委班子成员都是驻村工作的责任人，都要关心驻村工作情况，并以政工牵头，抓好驻村工作的督导检查，确保各项工作能够如期完成。另外，公安局当前还将工作表现突出、业务能力强、作风扎实、群众工作能力强的民警进行遴选，并作为下一批驻村工作队队长人选。

【精准扶贫、主动主为】　年内，公安局承担130户的扶贫任务，县局党委将“精准扶贫、精准脱贫”工作作为一项党员民警紧密联系群众的重要活动，将130户贫困对象分配到局机关、业务大队等与群众接触较少的民警，并就如何扎实推进结对帮扶进行指导，要求民警详细掌握相关情况，通过一系列行之有效的帮扶措施，结对党员民警打破之前的“慰问”代替“帮扶”的惯例，认真出谋划策，扶贫工作正在有序进行。

（张　瑞）

【领导名录】

政法委书记、公安局党委书记、局长

　　其米多布杰（藏族）

拉萨市公安局副调研员、县公安局党委副书记、政委

　　孙　雁　哲

党委委员、副局长

　　赤列索朗（藏族）

　　晋美多吉（藏族）

党委委员、副局长、工卡镇派出所所长

　　汤　金　伟

党委委员、特警大队大队长

　　土登次仁（藏族）

党委委员、纪委书记

　　龚　红　梅（女）

## 墨竹工卡县人民检察院

【概况】　2017年，墨竹工卡县人民检察院坚持以习近平新时代中国特色社会主义思想为指引，以全区、全市检察长工作会议精神为指导，深入贯彻落实党的十八大、十八届系列全会和中共十九大精神，深入学习贯彻习近平总

书记系列重要讲话精神，全面贯彻落实中央、区市党委政法工作会议精神，以全面落实区市第九次党代会工作任务为目标，结合“两学一做”学习教育和“四讲四爱”主题教育实践活动，不断明确职责定位、创新工作举措、改善工作作风，扎实履行法律监督职责，为加快建设美丽家园幸福墨竹提供强有力的法治保障。

2017年7月10日，党组书记、检察长索朗旺杰在唐加乡调研

【刑事案件】 年内，检察院始终把依法打击刑事犯罪、保障人民生命财产安全摆在突出位置，认真履行批捕、起诉职责，坚持宽严相济刑事政策，深入推进社会矛盾化解，积极参与社会治理，保障人民安居乐业、社会安定有序。年内，共批准逮捕各类刑事犯罪嫌疑人9人，同比持平；起诉各类刑事犯罪嫌疑人9人，同比上升12.5%。

【查办职务犯罪】 年内，检察院坚决贯彻中央、自治区、市委关于反腐败斗争的决策部署，积极回应人民群众对反腐倡廉的新期待。年内，开展职务犯罪初查3件，立案查办1件1人，涉案金额520万元，属大案。在查办该案过程中，为充分做好调查取证工作，该院检察长亲自带队前往成都、北京等地开展调查取证工作3次，6月1日对其采取刑事拘留的强制措施，6月7日提请拉萨市人民检察院侦查监督二处批准逮捕。9月4日，因管辖问题，将案件顺利移交中国人民解放军北京总直属军事检察院查办。

【职务犯罪预防】 年内，检察院组织县组织部、企业领导、基层党员、公安干警等干部群众分5批次，共300余名，到预防职务犯罪警示教育基地开展职务犯罪廉政警示教育，成效良好，得到全县好评；自2017年行贿档案查询系统开通以来，县检察院将查询途径、查询须知等内容通过“两微一端”进行广泛宣传，让公众了解行贿档案查询的相关知识，共受理行贿犯罪档案查询4次；开展专项预防调查2次，重点开展了扶贫领域的预防调查工作，干警们多次到乡镇、贫困户家中了解扶贫措施、资金落实情况、项目进展情况，帮助完善扶贫措施，提高群众的满意度；干警开展个案预防2件，认真分析犯罪的根源、特点、手段，针对企业在管理中存在的问题提出口头建议2次。

【驻村帮扶】 年内，按照县委统一部署，县人民检察院3名检察干警组成驻村工作队于2016年12月5日进驻米洛村开展为期一年的驻村帮扶工作。为困难户、老党员、学生等送去各类用品，共计1.978万元；为群众解难事、办实事共计6件，涉及资金7.5万元；向各级单位共争取到资金44.2万元；组织群众技能培训2次，推荐1人参加全县技能创业大赛，安排贫困户就业3人，走访64户建档立卡的贫困户，完善贫困户家庭人员信息；大力宣传习近平总书记的系列重要讲话精神和惠农惠民政策，大力开展新旧老西藏对比活动22次；开展“四讲四爱”宣讲活动19次，展示宣传图片资料8次。

【精准扶贫】 年内，以实现贫困人口脱贫致富为首要政治任务，瞄准“两年脱贫、三年巩固”目标，按照“六个精准”“五个一批”要求，强化措施，精准发力，检察院23名干警与21户贫困户110人结对，开展走村入户活动4次，发放藏汉“双语”联系卡21张，再次核定结对认亲档案卡，对结对户的家庭人口、劳动力现状、子女就业入学、耕地面积、收入补贴、住房情况、社会保障情况做到动态掌握。

【法治宣传】 年内，为进一步改进法治宣传教育的方式方法，有步骤地开展法治宣传教育工作，县人民检察院正式成立法治宣传教育工作领导小组，制订2017年法治宣传方案，要求检察干警宣讲与农牧民群众、僧尼、未成年人息息相关的各类法律知识，增强其法律意识，共开展法治宣传教育活动21次，同比增长250%。其中，虫草矛盾纠纷排查法治宣讲2次，3.18国道边开展法治宣讲活动3次，法治宣讲进校园3次，法治宣讲进企业1次，法治进乡村12次，散发宣传资料800份，展示宣传挂图8幅，提供法律咨询16人次。

【法律监督】 年内，检察院紧紧围绕服务和保障民生，积极履行法律监督职能，切实维护人民群众合法权利，受理民行监督案件1件（为拉萨市人民检察院交办），经审查后，不符合抗诉条件，决定不提请抗诉；依法受理控告申诉案件1件，已办结；推动社区矫正执行监督工作重心由定期专项检查监督向常态化检察监督转变，加强对社区矫正各执法环节的日常监督，重点监督纠正和预防社区服刑人员脱管、漏管等问题，促进社区矫正依法进行。2017年，社区矫正人员共有6人（新增社区矫正人员3人），依法解除社区矫正人员4人。截至年底，墨竹工卡县社区矫正人员2人，其中1人由达孜县司法局协助矫正。

【“四讲四爱”主题教育实践活动】 年内，按照区、市党委关于“四讲四爱”主题教育实践活动的部署要求，县人民检察院成立以党组书记、检察长为组长的活动领导小组，于4月上旬召开“四讲四爱”主题教育实践活动领导小组办公室工作推进会议，向全院干警宣读《墨竹工卡县人民检察院关于开展“讲党恩爱核心、讲团结爱祖国、讲贡献爱家园、讲文明爱生活”喜迎中共十九大主题教育实践活动实施方案》。并本着“打铁必须自身硬”的要求，动员全体干警把思想和行动统一到区党委、市委及县委开展“四讲四爱”主题教育实践活动的安排部署上来，加强自身学习，每天确保2小时学习时间，确保将“四讲四爱”主题教育实践活动精神吃准吃透。由活动领导小组与本县各乡镇、各部门联系，结合墨竹实际，创新工作思路、工作方法、找准抓手，积极推动“四讲四爱”主题教育活动能在农牧民群众中形成影响，移风易俗，为决胜全面建成小康社会打牢思想基础，共开展法治教育、道德教育8次，编写活动简报25篇，获得了干部群众的一致好评。

【党建工作】 年内，深入开展党的理想信念教育，在党员干部和入党积极分子中进行党史知识教育，创新学习形式，建立检察系统党员学习微信群，精选学习内容上传，共享学习心得，发表意见，充分调动党员干部学习的积极性和主动性，共开展政治理论学习30次，“书记上党课”活动7次。并投资2万元，改善综合楼的党员图书室和活动室的硬件设施，规范党员活动场所。大力推进党

2017年8月15日，党组书记、检察长索朗旺杰带队在扎西岗乡吉古村开展村“两委换届”法律监督工作

2017年7月13日，检察院组织干警在扎西岗乡开展法治宣讲活动

风廉政建设目标责任制，认真落实“一岗双责”制，检察长与班子成员、班子成员与分管科室负责人层层签订党风廉政建设责任书23份，把责任书规定的各项任务落实到每个直接责任人的肩上，形成检察长亲自抓、分管领导具体抓，一级抓一级的领导体制和齐抓共管的工作局面；深入开展党务公开工作，坚决执行党组织议事规则，凡应公开内容都要做到阳光操作、公开透明，制定检务公开栏3块，对应该公开的10项事务进行了公开。同时，为切实改进领导干部作风建设，及时了解和掌握干部职工思想动态、工作情况和生活状况，由院党组书记、检察长牵头制定《墨竹工卡县人民检察院谈心谈话制度》，对谈心谈话中涉及干部个人生活、学习、工作上的实际困难，尽力解决；对被谈心谈话人存在的问题，及时督促整改。

【司法体制改革】 年内，为突出检察官的核心地位、优化检察资源配置，充分发挥检察官的业务骨干作用，调动其他成员工作的积极性，形成整体合力，提高案件质量和全面落实司法责任制，结合审查逮捕起诉、职务犯罪侦查和诉讼监督等三大类办案业务特点，配强配齐办案组，办案分为9个小组；根据高检院、区检院和市院关于案件质量评查工作的意见，结合基层实际，制定《墨竹工卡县人民检察院案件质量评查实施方案》，对评查时间、范围、内容、方法、步骤等予以明确规定，确保案件质量评查工作的规范、有序推进；主动向县人大及其常委会报告检察工作3次，向县政协通报检察工作3次，推送检察微信、微博30余期，邀请人大代表、政协委员和各界代表参与执法检查、视察调研等活动4次，收集代表委员意见建议10余条，整理归纳为3条，制定整改计划1份，整改措施5条，有力提升了司法公信力。

【国家监察体制改革试点工作】 年内，根据中共中央办公厅印发《关于在全国各地推开国家监察体制改革试点方案》的要求和区市县关于深化国家监察体制改革试点工作的安排部署，县人民检察院党组及时组织全体检察干警学深学透文件精神，使全体检察干警牢固树立“四个意识”。并多次召开会议，专题研究转隶干警关心的实际问题，与转隶人员谈心谈话6次，使检察转隶人员端正态度，凝聚改革共识，积极营造坚决拥护改革、积极参与改革的良好氛围。同时，按照相关文件精神，县人民检察院制定转隶人员、办案设备、案件线索移交清单，已划转编制6人，转隶3人，将相关设备都已移交，圆满地完成了上级所交办的转隶任务。

【素能培训】 年内，为大力提升检察干警的执法水平和执法能力，主动适应司法改革的新形势，县人民检察院扎实推进专业人才的培养工作，派干警在江苏省南京市检察院、自治区检察院、市检察院轮训10人次。通过参观学习、业务培训等方式培养年青干警，着力提升检察干警的业务能力。

（曹　静）

【领导名录】

党组书记、检察长

索朗旺杰（藏族）

党组副书记、副检察长

索朗云登（藏族）

党组成员、副检察长
　　肖　　静（女）

## 墨竹工卡县人民法院

【概况】2017年，墨竹工卡县人民法院牢牢把握司法为民公正司法主线，着力执法办案抓精品，司法为民抓精细，规范管理抓精准，队伍建设抓精良，深入推进法院各项工作。2017年，法院共受理民事、刑事、执行等各类案件209件，立案标的2532.2万元，审执结205件，结案标的1422万元，综合结案率98.09%，无超审限案件。当场登记立案208件，当场立案率100%，其中107件案件减、免、缓交诉讼费3.03万元。共办理群众来信来访14次，协助县相关部门处理各类信访问题10余次。成功调解3起由信访转起诉的涉矿劳务纠纷案件，案件总标的达220余万元，且已全部履行到位。

【民商事案件】年内，法院充分运用调判结合的方式化解民事纠纷，共审理各类民商事案件161件，审结159件，结案率为98.76%，其中调解126件、撤诉3件、按撤诉处理4件，调撤率达82.6%。在办理民商事案件时，着眼于创新工作方式以化解矛盾、案结事了、促进和谐为目标，妥善处理民商事纠纷，强化即时履行。对能够当场履行的调解协议，加大当场给付力度，采取要求义务人当庭给付、在调解书中明确给付时间及方式的形式，减少义务人不履行或拖延履行调解协议的问题，同时减轻权利人往返法院领款的诉累。截至年底，调解结案的126件案件当中，即时履行的达107件。首推"离婚证明书"。在拉萨市法院系统办理婚姻家庭纠纷案件领域中率先应用"离婚证明书"。由法院根据当事人意愿为其出具离婚证明书，仅证明当事人当前婚姻状况，不涉及其个人隐私。该项措施既免去当事人在办理离婚相关事宜时的尴尬情况，保障了当事人的隐私，也为当事人办理离婚后财产分割等相关手续时提供了便捷的证明方式。

2017年4月13日，党组书记、院长索朗多吉主持召开党风廉政建设和反腐败工作会议

【刑事案件】年内，法院始终贯彻宽严相济的工作原则惩治刑事犯罪，共审理各类刑事案件7件，已审结7件，结案率100%，公开开庭率100%。同时，为进一步加强妇女儿童及青少年权益维护工作，前往县中学开展预防青少年犯罪专题法制宣传，受教育师生达900余人，有效增强墨竹工卡县未成年人的法制意识，为预防和减少未成年人的犯罪行为、提升未成年人自我保护能力打下了坚实基础。同时，与县妇联联合举行墨竹工卡县"妇女儿童维权合议庭"挂牌仪式，"妇女儿童维权合议庭"的成立，标志着墨竹工卡县维护妇女儿童权益工作迈上新台阶。

【执行工作】年内，法院以开展的"雪域飓风"执行专项活动为契机，多措并举全力化解"执行难"问题，加强案件规范管理。提高审判管理信息系统和全国法院执行案件管理系统的运用度，加强执行案件的流程监控和收、执、结的节点调控，使得2017年所有执行案件都在审限内高效、快速办结，共办理各类执行案件41件，执结39件，执结率为95.1%，执行实际到位111.53万元，无超审限案件；灵活运用威慑机制。依法采取强制措施，2017年冻结划拨被执行人存款114万元，以强制措施确保案件顺利执行；运用执行联动机制，及时查控被执行人信息及财产线索，2017年共查询被执行人信息和财产900次以上，通过公安布控系统等措施查找到被执行人3名；公布失信人名，敦促其自动履行生效法律文书确定的义务。

【审判执行工作管理措施】 年内，推进院、庭长办案常态化，让领导“回归”法官本色，2017年院长共审理案件3件、院党组成员审理案件108件、各庭室负责人审理案件72件，院、庭长办案率达86.5%；按照司法体制改革要求，以下放案件签发权为契机，建立办案质量和错案责任问责机制，努力做到“让审理者裁判，由裁判者负责”；建立初任法官培养机制，由经验丰富的法官对初任法官进行“传、帮、带”，同时加强对初任法官的技能培养和学习培训，通过以上措施有效提升了法院新型审判队伍整体效能。

【“四大公开平台”建设】 年内，以“智慧法院”建设为抓手，依托审判流程公开、裁判文书公开、执行信息公开及庭审直播公开四大平台，对所有案件各个环节进行全程动态管控。在“中国裁判文书网”上公开符合条件的生效裁判文书31件，其余生效裁判文书也进行摘要公开；所有受理案件自立案起随案生成电子卷宗率达100%；科技法庭运用率达100%。同时，运用科技法庭公开开庭审

2017年3月21日，党组成员、副院长贡觉欧珠一行在其玛卡村开展法制宣传活动

理了一起故意伤害罪案件。

【主动接受监督】 年内，通过在立案大厅设立举报箱、邀请当事人填写廉政监督卡、开通诉讼服务中心来信来访热线电话等方式，主动接受案件当事人的监督；加大人民陪审员培训和参审力度，共开展人民陪审员专题培训2次，邀请人民陪审员参审11次14人；邀请2次县人大代表、政协委员在法院视察工作。

【充分发挥媒体宣传作用】 年内，被西藏自治区高级人民法院官方网站首页新闻报道6次、西藏法院微信公众号公开报道1次、墨竹电视台报道5次、微墨竹微信公众号公开报道4次。

【提高便民利民质效】 年内，结合“法律七进”，坚持“有案办案，无案法宣”的务实工作方式，深入农牧区开展巡回办案106次，行程3900余公里，全年共开展法制宣传24次，发放宣传资料5700余份，受教育群众达21500余人。积极制作藏文裁判文书。在提高藏文裁判文书翻译制作的基础上，扩大藏文裁判文书的送达，现只要一方当事人为藏族，均送达藏文版裁判文书，截至年底，共送达藏文版裁判文书90份。注重司法建议实效性。加强案例研判，挖掘案件背后共性问题，阐明理由，为部分县中直部门、乡镇下达12份司法建议，均被采用，取得良好的社会效果和法律效果。

【驻村工作】 年内，法院认真开展“强基础惠民生”工作，选派4名干警组成驻村工作队，全力协助尼玛江热乡党委、政府在其玛卡村开展驻村工作，工作队全年为群众办实事、办好事10余件，发放慰问金10000余元，并协同村“两委”完成包括村支部“两学一做”学习教育、短平快项目落实、

精准扶贫贫困户档案核实、村“两委”换届工作等各项工作,得到其玛卡村干部群众的一致好评。

【精准扶贫】 年内,法院24名干警与27户基层贫困群众结对开展精准扶贫工作,共开展精准扶贫集中调研5次,全院干警自筹资金12400余元慰问结对户群众,平均每名干警撰写民情日记4篇,截至年底,法院的27户结对贫困户群众已全部通过相关部门脱贫验收。

【党风廉政建设】 年内,法院共组织开展廉洁司法教育42次,平均每名干警撰写学习笔记40篇以上,撰写心得6篇以上。召开院党风廉政建及反腐败工作部署、推进会4次,把党风廉政建设及反腐败工作同法院审判执行工作结合起来同安排、同部署。年初院党组召开廉洁专题会议,要求全院干警做出廉洁自律承诺,同时组织全院各部门开展廉政风险防控自查工作,制定廉政风险防控实施细则及各庭室的廉政风险防控审核表;全院各级领导干部层层签订《党风廉政建设目标责任书》,确保责任落实到人。

(旦增曲珍)

【领导名录】

党组书记、院长

索朗多吉(藏族)

党组书记、副院长

廖 江

索朗德吉(女,藏族)

贡觉欧珠(藏族)

## 墨竹工卡县司法局

【概况】 年内,墨竹工卡县司法局以科学发展观,邓小平理论和“三个代表”重要思想为指导、深入贯彻落实中共十八大和十八届三、四、五中六中全会及习近平总书记系列重要讲话精神,落实“治国必治边、治边先稳藏”和“努力实现西藏持续稳定、长期稳定、全面稳定”的法制内涵,落实全区、市政法工作和司法行政工作会议及维稳综治工作会议精神,坚持依法治县和法治稳县战略,以开展“两学一做”学习教育为契机,强化素质管理,夯实基层基础建设,以积极服务保障民生,努力维护社会稳定为主线,深入推进司法行政各项工作,全面履行司法行政职能,奋力推进全县司法行政工作的创新发展,为构建和谐平安墨竹提供了有力的法律服务和法制保障。

【专题教育活动】 年内,司法局始终把党员干部职工的政治思想教育放在首位,认真贯彻邓小平理论、“三个代表”重要思想和科学发展观,深入学习总书记系列重要讲话指示精神,扎实开展“两学一做”学习教育活动。落实党章关于加强党员教育管理要求、面向全体党员深化党内教育的重要实践,是推动党内教育从“关键少数”向广大党员拓展、从集中性教育延伸的重要举措,是加强党的思想政治建设的重要部署。“两学一做”学习教育不是一次活动,要突出正常教育、区分层次,有针对性解决问题,用心用力,抓细抓实,真正把党的思想政治建设抓在日常、严在经常。结合县司法行政队伍建设实际,司法局认真组织、层层动员,广泛宣传,积极组织开展“两学一做”学习教育活动、使司法行政机关干部职工牢固树立了政治意识、执政意识、大局意识、宗旨意识和责任意识,

2017年7月19日,西藏自治区司法厅基层处副处长次珍(右一)在墨竹工卡县司法局检查指导工作

2017年6月22日，司法局局长王标堂主持召开民法专题讲座

为努力造就一支政治坚定、业务精通、作风优良、执法公正的高素质司法行政队伍，丰富“两学一做”学习教育活动成果做出积极的努力。

【组织队伍建设】 年内，为落实责任，强化措施，进一步完善司法行政各项工作机制，激发全县基层司法行政工作人员的积极性和创造性，不断推进司法行政工作的改革发展和队伍建设，司法局结合加强和创新社会管理、创先争优强基础惠民生、“两学一做”学习教育等活动，进一步建立完善了社区矫正、安置帮教、人民调解等司法行政职能工作机制，力争在机制上有创新、在方法上有突破，在措施上有完善。为加大司法行政干部职工的业务培训力度，年内司法局领导干部职工参加了全区社区矫正工作培训，有效地提高了司法行政工作者的工作水平和业务能力。

【普法依法治理】 年内，司法局坚持以科学发展观为统领，推进普法依法治理工作，把新时期中央对西藏的工作指导方针和强基惠民政策措施贯穿到深入开展以宪法为主要内容的法律宣传活动中。大力宣传宪法有关国家根本政治制度、基本经济制度、公民基本权利义务和国家政策的基本原则等法律知识，在全民中牢固树立宪法意识，维护宪法权威。广泛开展“法律七进”宣传教育活动。为推动“七五”普法规划开局，使法制宣传教育更加贴近实际，贴近生活、贴近群众，引导群众自觉参与、自我教育，司法局积极推动法律进机关、进农牧区、进单位、进学校、进企业、进寺庙活动，加大法制宣传的覆盖面和参透力，着力提升法制宣传教育的针对性和维护社会和谐稳定的实效性。年内，司法局为各乡（镇）和村委会设有法治宣传栏48个，县委宣传部组织开展的法律等“五下乡”活动，在中小学也设置有法治宣传栏9个；共组织开展各类普法活动54余次，发放各类法律宣传资料52304余（册），购买法律法规材料25种3783册，总价33915元，受教育干部群众达33687多人次。

【人民调解】 年内，全县各级调解组织按照创建平安墨竹、构建和谐社会的要求，大力加强领导，强化措施，充分发挥了人民调解工作作为维护社会稳定“第一道防线”的作用，人民调解、司法解释、行政调解初显成效。按照人民调解规范化建设和人民调解组织及调解员队伍建设整改意见书的要求，在专题调研的基础上，对人民调解组织和人员完成调整和整改工作。调整和整改后，墨竹工卡县有各类调解组织62个，其中乡镇8个，村40个，企业6个，专业性行业性8个；人民调解员人数342人，其中乡（镇）41人，村211人，企业37人，专业性行业性53人。截至年底，各乡（镇）和村委会场所设置率为100%，企业调委会场所设置率为95%。贯彻落实市司法局基层科关于在“三月份”“萨嘎达瓦”“雪顿节”及十九大等期间，人民调解的管理部署要求，乡（镇）司法助理员协同人民调解组织，开展所属区域矛盾纠纷的大排查大化解，把矛盾纠纷化解在萌芽状态，做到小事不出村，中事不出乡，大事不出县。

2017年，墨竹工卡县共立案调解各类矛盾纠纷21件，其中婚姻纠纷8件、邻里纠纷5件、劳动争议纠纷2起、财产纠纷1起、山林土地纠纷2件、房屋宅基地纠纷1起、其他纠纷2起，涉及当事人82人，涉及金额达230.81万元，调解成功率达到100%

【安置帮教】 年内，司法局与各乡镇签订《安置帮教目标责任书》，加强对基层安置帮教工作的督导检查力度，建立完善各项制度，有效地促进安置帮教工作的全面落实。司法局认真开展对刑释解教人员和重点人口的摸底排查和登记造册工作，加大重点区域、重大节日、重要活动的排查，坚持做到底数清，情况明，措施到位。截至年底，全县2017年刑释解教人员85人，一一建档立卡，采取一对一，多帮一的管控帮教措施。其中重点帮教对象35人，一般帮教对象50人；全年新增刑满释放人员12人，都已经衔接，并每人发放初步生活安置费2000元，共计24000元。

2017年，通过司法局和县“四业办”协调，对16名刑满释放人员进行驾驶技能培训，投入资金24000元。对8名正在服刑人员家庭对结给民政、妇联和团委，实现对正在服刑人员家庭的关怀。贯彻落实市司法局基层科关于在“萨嘎达瓦”“雪顿节”及十九大期间刑满释放人员的管理部署。司法局及各乡镇司法所工作人员借助社会维稳大环境，对刑满释放人员进行一次全面排查和走访，督促落实“6+1”刑满释放人员管理模式，做到底数清、情况明，不脱管、不漏管，杜绝重新违法犯罪。

【社区矫正】 年内，把社区服刑人员纳入《社区矫正实施办法》管理流程，严格按照规程管理，严肃纪律制度。墨竹工卡县登记在册的社区服刑人员4名。贯彻落实市司法局社矫科关于在“萨嘎达瓦”及十九大期间刑满释放人员的管理部署，由社区矫正工作负责人严格执行“五项”管控措施，督促落实“5+1”社区矫正工作模式。社区矫正工作者给每个社区服刑人员做笔录5次，集中开展法律知识教育5次。使他们自觉接受教育和劳动。继续完善网络监管。坚持定期不定期的传唤和回访工作，严肃警告，对不服从管理的坚决警告，杜绝社区服刑人员脱管、漏管和重新犯罪。

【法律援助】 年内，为12户困难家庭办理法律援助便民手册，宣传拉萨市“12348”法律咨询热线，推广墨竹工卡县法律援助绿色通“6132922”。2017年，法律援助民事案件1件，刑事案件2件，代写法律文书52件，参与信访调解案件12次，法律援助信访移交案件4件，面对面提供法律咨询22次，接受电话咨询7次。

（仁 旦）

【领导名录】

局 长

王标堂

副局长

旺 扎（藏族）

格桑玉珍（女，藏族）

2017年1月17日，司法局工作人员在唐加乡拉东村慰问结对帮扶户

# 经济管理

## 墨竹工卡县发展和改革委员会

【概况】 2017年，墨竹工卡县发展和改革委员会贯彻落实党的十八大和十八届三中、四中、五中、六中全会、中央第六次西藏工作座谈会精神，贯彻落实中共十九大和习近平总书记系列重要讲话精神，牢固树立新的发展理念，持续推进供给侧改革，始终坚持稳中求进、进中求好、补齐短板的工作总基调，奋力实施“六大战略”“六动措施”，聚焦精准脱贫，转变发展方式、挖掘发展潜力、破解发展难题，严守“三条底线”，继续保持了全县经济稳中向好的基本态势和社会持续和谐稳定的良好局面。

【任务指标完成情况】 2017年，全县地区生产总值实现30.64亿元，同比增长10.2%；公共财政收入完成3.8亿元，同比增长16.25%；农牧民人均可支配收入实现13046元，同比增长14.49%；全社会固定资产投资完成49.22亿元，同比下降38.9%；社会消费品零售总额达到3.7亿元，同比增长12.3%。

【受援工作】 年内，第8批援藏干部紧紧围绕“一个结合、两个融入、三个转变”援藏工作总方针，2017年落实1‰以内援藏资金5575万元，实施县医院提升改造工程、塔巴村供水工程、2个社区服务中心、嘎则新区小康安置片区幼儿园等援藏项目15个。15个项目中续建项目9个，都已复工，其中完工4个；新建项目6个，已开工4个，其中完工1个，未开工2个（金陵农贸市场已完成招标，正在签订合同；经一路已完成招投标，但因涉及环评手续变更，正在办理环评报告书，待11月开工）。

【商务工作】 2017年，碘盐配送任务在覆盖农牧区的基础上，增加本地城镇贫困居民。碘盐配送

2017年10月9日，发改委主任尼玛次旦向自治区重大项目稽查组汇报项目进展情况

11810户、人数为49549人，配送数量272.52吨，实现碘盐推广率100%；全县2017年编制完成《农村电子商务示范县》方案并通过自治区商务厅评审答辩。对全县七乡一镇积极宣传家电家具下乡活动，补贴兑付政策，开展展销活动，力争将市级下发的补贴资金全额兑付。

【粮食工作】 年内，每星期对库存的所有粮食储存安全、数量、质量、品种、地点、储备粮轮换、粮食收获年限等进行了全面检查，年初轮入自治区储备粮青稞450吨、大米200吨、面粉50吨。定期检查表明库存粮食账实、账表，经查账实相符，库贷相符；按照上级业务部门储备粮轮入轮出的相关要求，每半年轮换粮青稞450吨、大米200吨、面粉50吨；按照上级部门要求，已着手开展自治区储备库仓库功能提升项目的各项前期工作；拓宽粮食销售渠道，积极争取县域内销售大户供应粮食工作，上半年成功签订各学校及机关食堂放心粮油供应协议，并做到及时供应。截至年底，正在积极对接各大矿山企业粮食供应工作。

【价格监测监管】 年内，在节日期间以及十九大召开期间，对全县各大超市、蔬菜批发市场进行检查，并及时将价格监测情况报送县委、县政府。同时，对客运票价、液化气等价格进行督查。为做好墨竹工卡县涉案物品价格认定工作，保证涉案物品估价公平、公正，发改委严格按照区、市、县有

2017年5月21日，发改委工作人员在墨竹工卡县城开展宣传教育活动

关规定及办理程序执行，2017年办理物价涉案案件8件，涉案标的金额350491.8元。

【精准脱贫】 年内，计划有意愿搬迁户为593户2540人，其中拉萨搬迁219户865人，文创园搬迁点完成总工程量的98%。嘎则新区二期搬迁户为374户1675人，该项目总投资7.2亿，完成总工程量的81%，按照市级要求，已着手开展50户昌都跨地区搬迁的前期工作，完成嘎则新区易地扶贫搬迁二期安置房分配方案（初稿），完成大数据平台录入；协助推进产业项目。2017年，新实施精准扶贫产业项目19个，计划投资4.29亿元，其中已开工项目15个，完工项目10个，完成投资1.46亿元；完成上级考核巡查。以迁脱贫工作先后通过县级扶贫工作自验及自治区第三方考核组工作，正在组织开展市委巡查二组专项巡查整改工作；完善周边配套设施。投资600万元的2个社区服务中心现已开工建设，已完成工程总量的80%；2018年计划投资350万元，建设嘎则新区农贸市场；计划投资1580万元，建设嘎则新区小康安居工程南京实验幼儿园；计划投资1600万元，建设嘎则新区公共文化服务设施项目；计划投资1200万元，建设嘎则新区经一路项目，项目已完成所有前置工作，并已下达概算批复，预计2018年3月开工建设。

【项目服务】 年内，负责完成甲玛乡大型修理厂前置手续办理、设计、评审及批复，确保了项目年内开工建设，为全县项目招标、开标做好现场监管服务工作，协调市发改委、市评审中心、评审公司、设计公司，完成农业产业园区和藏医院项目评审及批复。

【党风廉政建设】 年内，全面落实党风廉政建设责任制，严格贯彻

落实中央“八项规定”,依托“两学一做”专题教育活动,深入开展廉政教育工作,切实能够把党风廉政建设工作和其他各项工作同部署、同落实。截至年底,召开党风廉政形势报告专题会议1次,召开党规党纪专题学习会5次,召开党风廉政专项会议9次、集中学习8次,并协助单位分管领导召开党风廉政专题学习会1次,签订党风廉政建设责任书8份,签订不参与赌博的承诺书8份,“三公经费”支出19万元,较2016年预算下降2%。

(次仁宗吉)

2017年7月13日,西藏自治区财政厅国库处副处长钟萍一行在墨竹工卡县财政局调研国库集中支付进展情况

【领导名录】

主　任

尼玛次旦(藏族)

副主任

次 卓 嘎(女,藏族)

## 墨竹工卡县财政局

【概况】 2017年,墨竹工卡县财政局紧紧围绕县委、县政府总体工作部署和本着“保增长、保稳定、保建设、保发展”的思想理念,以发展、服务大局,强化财税体制改革为目的,开拓进取、与时俱进,切实推进财政科学化精细化管理,强化支出责任和效率,保障地方财政收入稳步增长,为支持和促进墨竹工卡县经济和社会事业的发展提供了有力资金保障。

【预算编制管理】 年内,为继续深化部门预算改革,健全预算编制体系,完善预算编制流程,加强预算执行管理,优化财政支出结构,稳步推进财政科学化精细化管理。根据拉萨市财政工作会议和县委、县政府工作会议精神,在及时调整充实墨竹工卡县预算编制领导小组的同时,要求各部门根据部门工作实际合理编报本部门预算报财政。财政局紧紧围绕“量入为出、量力而行、统筹兼顾、突出重点、把握总量、收支平衡”的基本原则,结合拉萨市下达的财政总财力和县直各部门的工作实际需求,认真研究分析2017年部门预算编制,科学合理安排财政预算,并通过“三上三下”审定制定确定财政预算后,报县第十三届人民代表大会第二次会议批准通过。同时,根据上级要求将全县41家行政事业单位的职权范围及2016年财政决算、2017年财政预算在市政府、县政府门户网上进行全面公开。

2017年市级下达的总财力为120184万元,比2016年预算减少3.91%,其中本级一般财政收入38015万元,上级转移性收入67499万元,税收返还13422万元,调入预算稳定调解资金1248万元,政府性基金收入为2920万元。

【财政收入任务完成情况】 年内,为保障墨竹工卡县财政收入目标任务完成,切实提高部门协作力度,县财政结合市级下达的本级一般财政预算收入目标任务,及时与县国税局、发改、工信等相关部门进行协调,认真分析预测2017年可完成本级收入的情况及比例的同时,每季度对各工矿企业税收征收情况进行研判,及时与相关部门沟通,并形成每季度税收完成情况分析报告,从而使2017年财政任务目标在任务重、压力大的情况下,有望全面完成。

2017年,完成本级财政收入为38015万元。税收收入22790万元。其中增值税14888万元、企业所得税1704万元、企业个人所得税528万元、城市维护税2085万元、印花税719万元、资源税2603万元、城填土地使用税264万元；非税收入为15225万元。其中专项收入594万元、行政事业性收费收入6万元、税务等部门罚没收入870万元、国有资源（资产）有偿使用收入489万元、其他收入13265万元；政府性基金收入为2920万元。

【优化支出结构】 截至年底，总计支出为120184万元，比2016年同期支出数119550万元增加634万元，增长0.5%。其中，一般公共服务支出为46309万元，国防支出为89万元，公共安全支出为5309万元，教育支出为26865万元，科学技术支出为780万元，文化体育与传媒支出为989万元，社会保障和就业支出为5982万元，医疗卫生支出为9866万元，节能环保158万元，城乡社区事务支出为2329万元，农林水事务支出14481万元，交通运输101万元，资源勘探电力信息等事务支出为4262万元，商业服务业104万元，工商金融33万元，国土资源气象等事务支出为396万元，住房保障支出2125万元，粮油物资储备事务支出为6万元。

财政局除优先保证人员工资和行政事业机构的正常运转外，重点支持全县各项中心工作有效开展，按照“创新、协调、绿色、开放、共享”的发展理念，支持全县经济社会协调可持续发展和各项民生政策全面落实。加大对农牧业、精准扶贫、教育和医疗卫生等事业的发展投入力度，从而为促进城乡协调发展，加快社会主义新农村建设，巩固教育事业的发展成果和改善就医条件起到了良好的促进作用。

2017年，教育支出为26865万元，为年初预算的117.81%；社会保障和就业支出为5982万元，为年初预算的130.51%；医疗卫生支出为9866万元，为年初预算的139.98%；农林水事务支出14481万元，为年初预算的163.32%。公、检、法及维稳支出5309万元，为年初预算的89.31%，精准扶贫支出4380万元，为年初预算的100%。

【政府性基金收支情况】 2017年，墨竹工卡县政府性基金收入为2920万元。

【规范财政管理】 年内，为适应社会发展趋势，改变以往手工做账的落后现状，进一步规范县、乡级财政管理力度，切实推进乡级财政建设工作，保障财务各项财政资金用实用活。结合墨竹工卡县乡镇财务管理实际出台《墨竹工卡县乡（镇）财务管理制度》《墨竹工卡县财政局关于加强县乡财务衔接管理办法》的同时，组织相关人员对全县七乡一镇财政资金运行情况进行3次督导，并结合村级换届选举工作要求，对全县40个村委会2014年至2017年6月各项资金落实情况进行全面的审查，对部分乡镇资金使用不到位及存在的问题及时要求进行整改，以此不断提高乡镇财务人员的业务技能水平和规范财务管理。同时，通过财务电子化软件、系统局域网实现了财政业务开展全面监控。2017年，进行基层实地培训2次。

【部门资产管理】 年内，对全县各部门、乡镇、村车辆、专项设备、办公设备、房屋等进行全面细致的盘点清查及审计，并建立固定资

2017年2月13日，县委副书记索朗多吉，人大常委会党组书记、主任张尚福，县政协党组书记、主席索朗桑布参加全区财政工作电视电话会议

产软件系统管理的成果，切实发挥固定资产软件系统的效益，为本县各项固定资产的有效管理和合理使用提供良好的平台。8月，财政局邀请软件安装公司对全县各部门固定资产系统使用进行再次培训。参训人员80余人。同时建立完善《墨竹工卡县固定资产管理办法》，从而为规范墨竹工卡县固定资产管理，提高资产使用效率起到良好的推动作用。

【提高资金使用效率】 年内，为节约开支，切实使各项资金用在刀刃上，财政局严格按照财务管理各项法规、制度，制定《墨竹工卡县财政局考勤及信息管理办法（暂行）》《墨竹工卡县预算执行考核制度（暂行）》《财政扶贫资金管理实施办法（试行）》《2016年保障性安居资金管理办法（暂行）》《墨竹工卡县政府性债务管理办法（试行）》，配合县委组织部调整完善《关于规范墨竹工卡县干部职工正常福利发放暂行管理办法》，从而为有效的遏制各部门利用公款进行宴请、送礼、公车私用等行为，推动墨竹工卡县各项财政工作走向规范化、制度化起到良好的促进作用。截至年底，“三公”经费支出合计376.49万元与2016年同期相比减少了1%。

【财政资金监管】 年内，财政局结合全县财政工作实际，根据县委、县政府工作部署，利用财政一体化系统对其进行动态监控的同时，会同县纪委、县委组织部开展财政资金使用情况重点检查和自行组织监督检查共4次。其中，5月23日—5月27日对拉萨市巡察组巡察工卡镇、扎西岗乡反馈的问题线索整改落实情况进行全面督查，涉及资金2亿余元；6月至8月初联合县委组织部、县纪委对各村委会换届选举前2014年至2017年6月，资金落实情况进行全面审查，涉及资金1.4亿余万元；8月，组织财政干部对各乡镇2016年办实事经费落实情况进行督查，涉及资金1600万元，并财政自身邀请会计审计中介机构对各部门2016年财政预算资金执行情况进行自查的基础上，积极做好区、市督导检查、审计问题的整改工作，做到事事有人抓、事事有落实，从而为进一步严肃规范津贴补贴等合规使用，强化财政工作职责和提升各部门严格执行财经纪律等方面奠定了良好的基础。

为进一步加强本县财政预算执行力度，强化财政预算的严肃性，不断提高财政预算编制的科学性、合理性和有效性，制定《墨竹工卡县预算执行考核制度（暂行）》的同时，时时对各部门预算执行情况进行监督检查。

2017年9月8日，拉萨市审计局财经科科长邓丽（右排左一）一行在墨竹工卡县检查2014—2016年度预算执行和其他财政收支情况

【规范政府采购行为】 年内，进一步规范全县开展政府采购行为，明确政府采购范围和流程，根据拉萨市政府采购有关问题的文件，结合本县实际，制定《墨竹工卡县政府采购管理办法（暂行）》及调整充实县政府采购工作领导小组。并以此为基础，逐步探索政府购买服务机制和模式，初步制定《墨竹工卡县推进政府购买服务工作方案》。年内，全县开展政府性采购72次，总计支出资金2175.15万元，实现资金节约283.02万元。

【党建工作】 年内，财政局紧紧围绕县委、县政府的中心工作，以深入贯彻学习党的十八大和十八届五中、六中全会精神及习近平总书记系列讲话精神为指引，强化财政支部工作作风，团结和带领全体党员，切实抓好思想政治建设，及时将“两学一做”教育常态化、“四讲四爱”与支部工作结合起来，定期召开会议传达中央、区、市、县相关党建工作精神，开展相应的专题讨论及党员干部谈心活动三次，并利用下基层检查和培训等时机，广开言路征求对财政工作的建议意见，强化支部内部管理，全面接受群众监督，从而使财政局党员干部进一步明确工作方向，增强为民务实，以民为本的思想意识。2017年，共组织各类学习会20次，专题学习会6次，内部谈心谈话3人次。

2017年12月4日，达孜县财政局工作人员在墨竹工卡县财政局学习交流国库集中支付系统操作

【党风廉政建设】 年内，全县财政系统围绕财政中心工作，深入贯彻落实中央、县委、县政府、县纪委会议精神，按照县委、县纪委和市财政局的工作部署，落实管党治党政治责任，把政治纪律和政治规矩挺在前面，持之以恒落实中央“八项规定”精神，扎实推进全县财政系统党风廉政建设工作。

年内，精心部署安排。始终坚持把落实党风廉政建设责任制作为加强自身建设的重要内容。年初，按照县委、县政府工作部署，建立财政党风廉政建设工作计划、建立完善《墨竹工卡县财政局党风廉政建设廉洁自律制度》《墨竹工卡县财政局惩治和预防腐败体系工作制度》《墨竹工卡县财政局党风廉政建设民主监督制度》，不断提高财政党风廉政建设工作落实；细化责任分解。结合部门实际，与各党员干部签订《党员承诺践诺书》，提高落实党风廉政工作的机制，做到责任明确、任务落实；领导带头落实。按照党风廉政建设工作规定的要求，坚持从领导班子、科室负责人抓起，分别明确责任，切实加强对党员干部的管理和监督；抓好“一岗双责”。为切实加强廉政工作，保障“一岗双责”的有效落实，局党支部时刻督促提醒班子成员切实履行“一岗双责”，积极开展廉政谈话，落实局属单位负责人责任约谈1人次，做到早提醒、早告诫、早纠正，确保整改工作取得实效；严格重大事项报告。科级以上干部实行重大个人事项报告制度，局机关实职副科级以上干部3人填报个人重大事项报告上报县纪委。落实婚丧喜庆报告制度，填报婚丧喜庆事宜报告表；开展内控制度建设。按照分事行权、分岗设权、分级授权，强化内部流程控制，防止权力滥用，推进财政局逐步建立健全高效有序的内部控制运行体系。

【机关内部管理】 年内，财政局严格按照激励约束制度及科学管理的原则，进一步健全和完善学习、考勤、会议、财务、奖惩等制度，并根据职责分工由副局长负责各项制度的落实，确保到位，保证财政局机关各项工作的顺利有序开展，并取得较好的效果。

年内，在财务管理和资金使用上，财政局做到两个管理和专款专用，定期向县政府汇报财政工作情况和本级收入运行分析，并按要求及时对各项资金的收支情况进行政务公开，随时接受相关部门的监督检查；严格执行财政资金“一支笔”的财务审批制度，对专项资金实行报账制管理；为加强财政内部管理，进一步改善财政窗口形象，财政局结合党的群众路线教育实践活动和“两学一做”学习教育活动，切实制定局内部考勤管理制度、财政局领导班子及干部职工职责分工、财务资金审核管理办法等相关制度，保障财政工作进一步向科学化、精细化、规范化道路推进，并结合财税体制改革要求，强化财政本级收入的征收力度，成立《墨竹工卡县促税协税工作领导小组》。

【机关作风建设】 年内，财政局在完善机关内部制度建设、加强内部管理、提高工作实绩的同时，也把加强机关作风建设摆在重要的位置，完善机关工作作风制度，严格要求每一位工作人员都要把制度落实到工作行动中，认真履行“爱岗敬业、诚实守信、办事公道、坚持原则”的职业道德，文明热情接待办事人员，坚决杜绝“人难找、门难进、事难办”的不良现象。

（洛桑次仁）

【领导名录】

局 长

达瓦罗布（藏族）

副局长

洛桑次仁（藏族）

陈 芳（女）

## 墨竹工卡县审计局

【概况】 根据组织机构改革及《墨竹工卡县审计局主要职责机构设置及人员编制规定》，墨竹工卡县审计局于2017年7月成立。核定行政编制2名，其中科级领导职数1名，现实有行政3名，科级领导1名。墨竹工卡县审计局严格按照上级安排部署及要求，积极开展各项审计工作，同时严格遵守国家的各项法律法规，认真履行《中华人民共和国审计法》，突出重点，切实履行职责，提高审计人员业务水平，充分发挥墨竹工卡县审计工作创新财务管理的重要作用，较好地完成全年审计工作任务。

【业务工作】 年内，审计局积极抓好自身建设，提高理论知识，全力做好审计各项工作任务。积极配合县组织部、财政局开展村“两委”换届前的村级财务审计工作。确保换届工作公平、公正、良性开展；做好全县扶贫领域专项资金检查工作。根据县委、县政府安排部署，专门成立扶贫领域专项资金检查领导小组，对全县范围内的扶贫资金使用情况进行审计，并对存在的问题提出整改要求，确保扶贫专项资金安全高效使用；完成县财政预算开支执行情况“三年一审”工作。配合市审计局完成县财政预算收支执行审计工作，并将审计范围扩大到县公安局、卫生系统等领域；加大对财政预算执行情况的审计。在进行预算执行的过程审核时，针对财务收支、资产管理、决算内控制度执行等状况进行审计检查，将发现的问题，及时与各单位沟通，并提出整改意见。

【理论学习】 年内，审计局始终把理论学习列入重要议事日程，作为全局的重要工作来抓，用理论学习来促进审计质量提高、促进队伍素质提高，促进各项工作协调发展，确保审计工作有效开展。始终坚持以邓小平理论、“三个代表”重要思想、科学发展观为指导，认真贯彻落实中共十九大精神，紧紧围绕县委、县政府重大工作部署，扎实开展“四讲四爱”主体教育实践活动、坚持“两学一

2017年10月23日，县委副书记、县长旦增尼玛听取市审计局关于墨竹工卡县“三年一审”工作开展情况

2017年10月16日，局长尼玛曲珍在门巴乡达珠村慰问结对帮扶户

做”学习教育活动常态化，集体学习与自我学习相结合，坚持问题导向，结合工作实际，讲求实效，把思想建设、作风建设、纪律建设融为一体，充分发挥基层党员干部的作用，同时组织审计人员学习《中华人民共和国审计法》、参加业务学习，促使审计人员专业化、职业化水平不断提高。

【党建工作】 年内，审计局坚持以中共十九大精神及习近平总书记系列讲话精神为指导，按照“思想建党、制度治党、作风兴党”的总思路，着力于党建工作热起来、党内生活严起来、党内活动活起来，切实加强机关党组织建设，以抓党建促进审计事业发展。强化党员学习教育。党支部结合工作实际，积极贯彻中央、省、市、区、县委重要精神指示，制定学习计划，确保工作学习两不误；以“三会一课”制度为载体，重点组织学习党章党规和习近平总书记系列讲话精神；开展“两学一做”专题学习教育讨论活动；局长为全体党员干部讲2次专题党课，与大家进行讨论交流发言，强化全体审计干部的廉洁自律意识。每名党员结合自身思想和工作实际，围绕每月学习重点，撰写个人学习教育笔记，真正做到两手抓，两不误，两促进，使全体党员干部在学习上再深化，行动上再用力，确保推进学习教育取得实实在在的成效。

【党风廉政建设】 年内，审计局从思想教育、制度保障、责任追究三个方面入手，在干部队伍建设中构筑三条防线，全面推进机关的党风廉政建设。加强政治思想教育，构建自我保护的基准线。认真组织学习关于廉政建设方面的文件、规定、党纪政纪条规以及警示教育片；实行全过程监督，构建自我约束的警戒线。坚持把党风廉政建设融入审计工作的每个环节，做到“抓开局重部署、抓日常重落实、抓跟踪重反馈、抓典型重结合、抓机制重考核”；健全责任追究，构建自我监督的高压线。以审计相关制度为准绳，做到严格用制度约束全局干部的日常行为。通过实施廉政建设各项制度，促使审计人员依法审计、服务大局、谦虚谨慎、廉洁自律。

（索朗央金）

【领导名录】

局　长

尼玛曲珍（女，藏族，7月任）

## 墨竹工卡县国土资源规划局

【概况】 墨竹工卡县土地管理局组建以来归属于墨竹工卡县农牧局，属副科级建制。2000年，单位机构名称调整为墨竹工卡县国土资源规划局。2017年，墨竹工卡县国土资源规划局现有干部职工9名（党员8），下属单位：不动产登记局；其国土资源规划局正科级1名、副科级1名、科员3名、工人1名，不动产登记局事业编制3名。

【“两学一做”学习教育】 年内，为加强党员干部理论学习，提高政治思想素质和理论水平，局党支部集中学习10余次、集中学习和业余自学相结合方式发言讨论20余次，开展谈心谈话32人次，征求到意见建议72人次。同时，为持续贯彻落实中央“八项规定”，加强党风廉政教育，组织学习纪委通报案32次，进一步加强党员队伍在思想、组织作风、纪律等方面存在的问题。

【建设用地申报】 2017年,第一批次、第二批次城市建设用地审批报件,分别为甲玛乡特色小镇建设用地257.99亩;精准扶贫暨小康安居建设项目用地656.95亩,用地报件逐级上报至自治区国土资源厅待审批。

【成功挂牌出让3宗用地】 年内,按照《国有建设用地使用权出让规定》等相关法律法规的规定,经报县人民政府批准,成功挂牌出让1宗工业用地和2宗商业服务用地。出让面积共计25亩,总出让金1422.9万元。

【严厉打击违法行为】 年内,依法对全县境内土地、矿产违法行为进行了执法。涉及矿产违法案件4起,下发行政处罚决定书3起,收取处罚金23.68万元,进一步规范了违法违规行为。

【土地矿产卫片执法检查】 年内,完成2016年度土地卫片违法图斑17宗,涉及面积855亩(占耕地42.1亩),其中已整改7个,占地面积800.2亩(占耕地33.8亩),完成整改率93.6%;矿山违法图斑3宗,查处整改3个,已全部整改完成。

【开展矿山复工检查】 年内,联合相关涉矿部门深入一线,检查各矿山企业是否存在拖欠当地群众草场等各项补偿;是否存在土地纠纷;检查矿山企业登记的地质灾害安全隐患排查情况表或排查是否存在地质灾害隐患等,对不符合要求的企业责令限期整改,整改完毕后,涉矿部门反复检查验收,直至达到要求后方才准予企业进点开工生产,确保开工期间安全生产工作。

【矿山安全检查】 年内,全面检查各矿山企业及各乡(镇)周边的安全生产管理工作和地质灾害隐患排查、炸药库管理的使用、露天矿山采场和排土场边坡安全、尾矿库安全等情况进行全面排查,从各自业务角度就存在的问题提出了具体整改意见并要求限期整改。2017年共排查出50余个隐患点,增设30个安全警示牌。

2017年9月27日,拉萨市国土局党委书记索朗慈仁(左二)、拉萨市国土局副局长朱万江(左一)在墨竹工卡县国土局调研

【永久性基本农田划定工作】 年内,划定永久基本农田保护区面积12.3767万亩,完成上级下达的基本农田保护任务。同时,完成涉及32个村委会基本农田责任状的签订工作,并新设基本农田保护标志牌8座,保护界桩100个,进一步完善基本农田保护措施。

【不动产确权登记发证】 年内,完成全县农村宅基地和集体建设用地共计8000余宗的不动产外业测量、内业资料收集及系统数据录入工作。同时,完成6000余本农村宅基地不动产证书的打印和登记簿归档整理工作。

【集体土地确权登记发证】 7月,以招标方式确定集体土地所有权确权测绘单位,按规定时间完成全县集体土地所有权外业测量和资料收集(共计341宗)等工作,下一步继续开展系统录入和颁证工作,确保墨竹工卡县集体土地确权登记工作保质保量完成。

【环境突出问题整改】 8月,全县中央环境保护督察组转办案件中,国土局主办案件3个(1个不属实),协办案件8个;12个环境

2017年10月16日，局长尼玛央金在扎西岗乡斯布村慰问结对帮扶户

突出问题中，主办案件3个，协办案件3个，各项转办案件按照中央、区、市部门要求，全力推进案件整改工作。同时，制定整改方案，进一步巩固中央环保督察转办案件和12个环境突出问题办理成果，防治已整改的被举报环境问题反弹现象。

【精准扶贫脱贫攻坚】 年内，严格按照扶贫攻坚工作安排，充分发挥工作职能，为精准扶贫易地搬迁暨小康安居建设项目和精准扶贫产业发展提供用地保障，全力支持全县扶贫工作有序推进；局党员干部坚持不间断深入到结对户，了解详情，及时解决力所能及的困难，累计帮助物资折合人民币约1万余元。

【法律法规宣传】 年内，为提高农牧民群众的法律意识，从根源上制止违法违规的用地行为，邀请珠穆朗玛律师事务所专业工作人员，通过藏汉“双语”通俗易懂的语言和鲜活的典型案例讲解方式，对重点乡镇的村“两委”班子、联户长、村民代表，以及县直相关部门的工作人员进行土地管理法律法规培训会，取得良好的效果。发放国土相关法律法规知识宣传册200余份，相关业务咨询10余次。同时，开展第14个全国“土地日”和第35个世界“地球日”系列宣传活动，共发放宣传材料150余本，接受群众咨询16余人次。

（米玛扎西）

【领导名录】

局　长

尼玛央金（女，藏族）

副局长

拉巴次仁（藏族）

## 墨竹工卡县统计局

【概况】 墨竹工卡县统计局于2015年7月由原墨竹工卡县发展和改革委员会管理的统计局（副科级）调整为县政府工作部门（正科级）并加挂社会经济调查队牌子。共有编制6人，行政编制3人；事业编制3人。现有干部职工7人，正科级1人，副科级2人（事业编制副科级1人），科员2人，事业单位员级2人。

【基本职能】 承担组织领导和协调各乡镇统计工作，确保统计数据真实、准确、及时的责任。制定部门规章制度，指导各乡镇统计工作；组织实施全县人口、经济、农业等民情和经济实力普查，汇总、整理和提供相关统计数据；组织实施农林牧渔业、工业、建筑业、批发和零售业、住宿和餐饮业、商务服务业、居民服务和其他服务业等统计调查，收集、汇总、整理和提供有关调查的统计数据，综合整理和提供经济、旅游、交通运输、邮政、教育、卫生、社会保障、公用事业等全县基本统计数据；组织实施能源、投资、消费、价格、收入、人口、劳动力、社会发展基本情况、环境基本状况等统计调查，收集、汇总、整理和提供有关调查的统计数据；依法制定全县统计调查计划；定期向县委、县政府以及各部门提供全县统计信息；指导各乡镇统计分管领导和专干，加强业务知识积累，分享工作经验。

【法制统计建设】 年内，以“两学一做”学习教育常态化制度化为契机，增加十八届六中全会、统计法等学习，结合县委、县政府制定

2017年8月28日，南京市统计局党组书记、局长王国钧（左排左三）一行在墨竹工卡县统计局调研

的统计改革任务，进一步细化法制治统措施，明确责任分工落实到人头，法制统计建设持续深入推进。

【党风廉政建设】 年内，统计局以永远在路上的执着和韧劲推动全面从严治党，扎实推进党风廉政工作和反腐败各项工作。用习近平新时代中国特色社会主义思想统领统计工作，牢固树立“四个意识”，坚定“四个自信”，做到常提醒、勤教育，让“红脸出汗、咬耳扯袖”成为常态。

【开展干部教育培训】 年内，统计局始终把建成一支“业务常识精通、作风素质过硬”的干部队伍作为目标任务，坚持以人为本，要求全体工作人员要做到政治上“强”、业务上“精”。2017年，墨竹工卡县到江苏省统计局、南京市统计局两地参加业务知识培训7人次，积累了丰富的专业知识；为做好年底统计工作，夯实2018年数据质量，在11月组织各乡镇统计员通过以会代训的方式开展年底统计业务培训，培训达到了预期效果。根据各乡镇年底统计数据，完成了《2017年统计年鉴》资料的编纂。

【交流交往交融，建立深厚情谊】 年内，由南京市统计局党组书记、局长王国钧率队的南京市统计系统代表团一行6人在墨竹工卡县考察交流，深化两地统计系统的合作交流，巩固南京墨竹工卡一家亲的深厚情谊。县委常务副书记汪东明，县委副书记、常务副县长郭昌标代表墨竹工卡县委、县政府对代表团的到来表示热烈的欢迎，并召开座谈会。党组书记、局长王国钧与墨竹工卡县统计局签订《结对共建协议书》，并捐赠10万元。党组书记、局长王国钧表示，此行主要目的是推动两地统计系统的交流合作，相互取长补短，做到资源共享，切实推进南京墨竹两地统计系统的合作交流，巩固南京墨竹工卡一家亲的深厚情谊。墨竹工卡县的发展令人振奋，县容县貌变化大，处处凸显出高原净土的魅力。南京统计局将在人才培养、信息共享等方面尽最大的力量帮助墨竹工卡县统计局，深化两地合作交流。

【各项指标稳中向好】 2017年，墨竹工卡县地区生产总值实现30.64亿元，同比增长10.2%；规模以上工业增加值完成15.02亿元，同比增长16.1%；全社会固定资产投资完成49.22亿元；社会消费品零售总额实现3.7亿元，同比增长12.3%；公共财政预算收入完成3.8亿元，同比增长16.25%；农牧民人均可支配收入实现13046元，同比增长14.49%。全县农作物总播种面积达7.54万亩，其中粮食6.33万亩，粮食总产量2.46万吨；牲畜存栏14.25万头（只、匹），出栏率达37%；肉类总产量达到7905.96吨、奶产量14308.93吨、禽蛋50.92吨。2017年农牧业总产值实现5.3亿元，增长11.81%。

【推进三农普工作】 年内，成立以分管副县长为组长，各行业部门为成员的普查领导小组，明确职责分工，强化突出人员培训，切实为普查工作提供强有力的组织保障。深入贯彻落实普查工作相关文件精神，突出时间节点，及时动员部署，强化突出氛围营造、信息摸底、督导检查、数据核查、专用设备管理五项重点，切实推动普查工作依规有序开展。并按时完成8个乡镇40个行政村8746户农（牧）

户的相关数据的审核和录入。

【报表报送】 年内，统计局在创新工作方式方法的同时继续加强各类统计报表的报送工作。按时完成规上工业、限上批零、5000万以上固投等各专业联网直报企业一套表2016年年报和2017年定报催报工作；精确完成规下服务业、限下批零、规下工业等专业抽样统计工作。在数据上报方面，墨竹工卡县统计局加大审核验收力度，进一步提高统计数据的完整性、准确性、有效性，全面清晰的反映了全县经济社会的发展状况。

【开展统计调查】 年内，根据拉萨市统计局（调查队）的安排部署，墨竹工卡县统计局统筹力量，较好完成唐加乡抽样点共70户324人的人口抽样摸底、调查、录入、审核工作，及时了解人口动态；完成全县门巴、日多、工卡镇及唐加乡4个点共40户的群众安全感工作，为全县综治工作掌握相关信息；完成全县机关、城镇、农民、学生等四个不同行业66个调查对象的贸易网购调查工作。调查农村住户调查和土地流转调研。住户调查方面，按照不重不漏和全覆盖的工作要求，联合县强基办，对全县13907户农牧户进行入户调研，较好掌握了农牧民群众生产生活现状。土地流转方面，5月，统计局开展土地流转调研工作，全县土地流转935亩、占全县经营土地的1.19%，涉及群众76户380人，占农村户数的0.64%，此次调研全面掌握了农村土地流转现状、推进中的问题。

（边巴卓嘎）

【领导名录】

局长、调查队队长

格桑玉珍（女，藏族）

副局长

次仁白玛（女，藏族）

社会经济调查队副队长

唐 永 才

2017年3月20日，墨竹工卡县统计局召开全县第三次农业普查培训会

## 墨竹工卡县工业和信息化局

【概况】 原墨竹工卡县乡镇企业管理局，2010年机构改革更名为墨竹工卡县工业和信息化局，挂墨竹工卡县工业和信息化局、墨竹工卡县矿产企业发展局、墨竹工卡县商务局、墨竹工卡县投资促进局牌子，承接墨竹工卡县质监职能，核定编制5人，领导职数1正2副，2017年实有8人，其中干部6人、工人2人；支部现有党员5人，党员平均年龄为29岁。2017年登记备案采矿企业7家、采矿点8个；选矿企业8家，其中采选一体4家；探矿企业24家、探矿权37个、探矿点45个，探矿总面积1705.57平方米。

【经济指标任务】 2017年，规模以上工业企业实现增加值13.86亿元，同比增长27.07%；实现销售产值21.87亿元，同比增长27.07%；实现税收22314.76万元，同比增长27.07%；完成投入51.12亿元，同比增长19.06%；新增规模以上企业1家；全年完成招商引资57亿元。

【工业主要经济指标完成情况】 2017年，墨竹工卡县5家规模以上工业企业实现增加值16.14亿元，同比增长38.43%，完成全年任务的116.45%；实现销售产值14.88亿元，同比增长26.83%，完成全年任务的68.04%；完成税收31808.55万元，同比增

2017年10月26日，县委副书记、县长旦增尼玛主持召开2017年经济指标完成情况分析汇报会，县工信局汇报2017年工业经济经济指标完成情况及分析下一步工作措施

长 78.50%，完成全年任务的 142.54%；完成投入 23.08 亿元，同比下降 43.64%，完成全年任务的 45.15%；西藏中金新联爆破工程有限公司和中国葛洲坝集团易普力股份有限公司墨竹工卡分公司两家企业申报入规。

【强化工业经济运行监测调控】 年内，每月初召开工业经济运行分析会，做好对分解目标完成情况的跟踪、检查；加强对主导产业的运行监测，积极采取针对性措施保持工业健康平稳运行，全力以赴确保完成预期目标任务。建立健全预测预警机制，建立健全工业经济旬调度、月分析、季总结、年通报等制度，加强对已正常生产的企业和已竣工投产项目跟踪服务。加大工矿领域就业实行本地化力度，强化企业调研，及时发现、解决运行中苗头性、倾向性问题。与乡镇及时沟通，筛选运行质量好、发展潜力大的高成长型企业，作为入库企业的推荐后备企业，增加新的经济增长点，为全县工业平稳运行提供保障。

【定期进行企业调查研究】 年内，按照县委、县政府的工作部署，定期深入企业进行调查研究，及时掌握企业生产经营情况和区、市、县重点项目建设情况，找出企业发展过程中存在的困难和问题，进行总结梳理，提出合理化意见建议，为县委、县政府当好参谋；推进重点项目的建设进度，力促项目早建成、早投产、早收益。

【充分挖掘工业经济增长点】 年内，工信局多次会同县发改委、统计局到各矿区和各乡镇调查企业发展情况，督促各企业建立统计台账。通过掌握企业的生产经营情况，指导有条件的企业入规，着力培育工业经济新的增长点。

【确保工业主要经济指标稳步增长】 年内，工信局按照市政府下达的年度工作目标进行细化分解，制定并下发《关于下达 2017 年全县工业企业主要经济指标指导计划的通知》。在经济下行压力下，为确保工业主要经济指标稳步增长，工信局紧盯目标，采取工作倒逼方式，将各目标任务分解细化到各企业，将企业工业指标完成情况与年终评优评强挂钩。同时，进一步加强企业统计人员培训，完善规范规模企业统计制度，以避免出现漏报、误报等现象。

【强化企业服务】 年内，积极推行县级领导干部联系重点企业制度，采取电话交流、走访调研、座谈会、询问当地群众等形式，及时掌握企业项目建设进度及生产经营情况；为积极应对当前的经济形势和困难，促进全县工业经济平稳发展，工信局制订《关于建立全县工业经济稳定增长工作方案》，要求按照“一企一策”原则，深入企业开展面对面、一对一帮扶，掌握和了解帮扶对象当前急需县及县以上部门协调解决的突出问题，切实帮助企业抓好生产、扩大销售、拓展市场；充分利用企业服务网站、发放企业服务卡等途径，多渠道、全方位地统一受理办理企业反映的各类问题和服务诉求，建立《企业问题台账》，统一梳理共性和个性问题，及时交办相关部门办理解决，积极申报小中微企业财政扶持资金，加快企业发展步伐。

【拟上市企业调研和辅导】 年内，为进一步夯实墨竹工卡县企业上市工作基础，扩充上市后备资源，推动更多的优质企业进入资本市场，墨竹工卡县提出推进企业上市的工作措施和计划，并在全县范围内开展全面、细致的摸底统计工作。

【狠抓项目推进】 年内，明确专人负责落实工业项目推进工作，加强政企沟通，每月月初将项目概况表及推进情况汇总，了解项目的完成投资、进度、存在的困难和问题等建设情况。积极帮助企业协调立项、环评、土地、用电等问题，促进项目尽快开工建设；对进度较慢的项目，加强现场督查，及时协调解决问题；抓好竣工投产项目建设。对于已完工项目抓好达产达效，尽早使其发挥对经济增长和转型发展的拉动作用，为推进完成工业经济目标任务夯实良好基础。及时了解项目前期、建设、投产等情况，及时协调处理项目建设中所遇到的问题和困难，分析原因，强化调度，提高项目开工率、投产率、达产达标率，尽早发挥效益。强化项目督察机制，每季度对重点项目进展情况进行跟踪督查。

【加快经济转变】 年内，抓住主要环节，加快转变经济发展方式。鼓励和支持企业积极进行技术改造，在争取技改资金的同时要求企业自身加大技改投入力度，延伸产品链，提升产业和产品技术含量；推进兼并重组和淘汰落后产能，抑制部分企业产能过剩和重复建设。提高能源消耗、环境保护等方面的准入门槛；大力推进工业领域节能降耗和减排治污，促进资源节约型和环境友好型工业发展；以产业基地和工业园区建设为载体，促进产业集聚、集约式发展。

【节能减排和资源综合利用】 年内，按照区市要求及《墨竹工卡县"十三五"能源发展规划》，抓好重点规模以上企业的节能降耗工作。墨竹工卡县各规模以上企业每月定期报送能源消费统计报表和企业能源利用状况报告；工信局年初也与主要耗能企业签订了节能责任状，落实了企业节能目标。

【工业和信息化融合】 年内，工信局把两化融合工作作为"保增长、促发展、调结构"的重要抓手，利用信息技术改造和提升传统优势产业。通过组织和协调，墨竹工卡县大部分规模以上企业都根据自身需求与电信或移动公司签订合同，取得双赢局面，信息化技术在企业得以大面积推广，企业运行效率进一步提升，大力促进了工业和信息化的融合；按照要求完成对全县40个农村综合信息服务站点的日常管理及运行维护工作。

【质量强县】 年内，紧紧围绕市委、市府提出的加快"质量强市"的总目标，积极开展质量管理创先争优活动，以提高产品质量、工程质量、服务质量和环境质量为重点，坚持政府引导、部门协作、企业为主、社会参与，大力实施以质取胜战略方针，发展品牌经济，把质量强县工作作为一项基础性的系统工程，促进墨竹经济社会持续协调健康发展，较好完成市政府下达的质量强县工作任务，实现墨竹工卡县质量强县工作的稳步推进。

2017年12月27日，拉萨市招商引资项目推介会和净土健康产品展销活动在江苏省南京市农副产品物流会展中心举行

【招商引资】 2017年，招商引资项目共15个，其中旅游项目2个、工业项目11个、新能源项目2个，总投资62亿元。2017年任务为57亿元，全年实际到位资金34.1亿元，已完成全年任务的59.82%，下一步完善项目库建设，更好地引导优化投资结构，加快产业升级，2017年雪顿节正式签约项目1个，总投资8.25亿元，2017年商洽会意向签约项目1个，总投资3亿元。重点对外推介项目3个，其中墨竹工卡县甲玛大景区项目，投资预计0.5亿元；墨竹日多温泉项目，拟引进企业对日多温泉水进行深度开发，主要生产结晶粉提纯等产品。

【“两创”示范】 年内，根据《拉萨市小微企业创业创新基地城市示范工作方案》精神，县委、县政府高度重视，结合实际成立以县委书记劳明伟为组长，县委副书记、县长旦增尼玛为常务副组长，各相关部门为成员的“两创示范”建设工作领导小组，并制定下发《墨竹工卡县小微企业创业创新基地城市示范建设工作实施方案（2016—2018年）》，按照拉萨市“双创”的任务，墨竹工卡县“双创”工作正在有序开展。2016—2018年建设具有墨竹特色、特点的创新空间载体，加快特色产业2个基地建设、建设3个众创空间的任务、改造一条商业街区建设。

【安全生产专项整治】 年内，精心组织，统一部署，切实把安全专项整治活动作为当前安全生产的中心任务来抓，认真搞好让企业自查自纠，深入一线开展工作。切实加强现场混装炸药生产地面站、民爆仓库等重点区域的安全保卫工作，确保安全生产工作的稳定开展。

【综合治理】 年内，工信局围绕企业稳定与发展，悉心做好了信访及安全生产工作。工信局相关人员以高度的责任感，从维护群众合法权益出发，认真做好职工来信来访工作，有力维护职工正当权益，竭尽全力保障企业正常生产经营，在维护企业的稳定与发展的同时，也为社会的和谐发展做出了贡献。协同抓好职工保障工作。配合劳动部门，督促企业进一步完善养老、失业、医疗、生育和工伤保障“五保合一”的社会保障体系，努力织好企业稳定的“安全网”。抓好安全生产工作。坚持“安全第一，预防为主”的方针，从完善基础管理台账入手，加强对重点行业、重点企业的安全管理与检查。年内，始终坚持“安全第一、预防为主”的方针，认真贯彻党中央、自治区、拉萨市领导关于安全生产工作的系列重要指示精神，全面落实安全生产责任制和行政责任追究制，扎实推进企业安全达标活动，多次会同有关部门开展安全生产检查活动，着力排查和整治事故隐患，努力防止企业安全生产事故的发生。

2017年6月13日，墨竹工卡县召开2017年项目推进会议，工信局参加会议并对工业项目进展情况向参会领导进行汇报

【创先争优强基础惠民生】 年内，工信局按照县委的统一部署，联合县政协办、县纪检委组成4人工作队常驻唐加乡卓尼村，针对本村的基本情况，特别是对基层组织、道路、饮水、用电、就医、就学、农牧民安居工程、资源纠纷等基层基础工作中存在的一些突出问题和薄弱环节，进行深入细致的调查研究，提出对策建议；根据自治区《关于在创先争优活动中进一步深入开展基层组织建设

年活动》的通知要求，结合本村实际，制定具体实施方案，始终把打牢基础作为基层组织建设工作的一项重要任务，积极探索建立基层组织建设的长效机制，推动村“两委”班子工作逐步走上制度化、科学化、规范化。牢固树立“保稳定，促发展”的思想，制定村级发展规划和短平快项目。在全面了解村情民意的基础上，围绕群众反映最多、最急、最盼的问题，进行实地考察和论证，组织群众进行技能培训，帮助赋闲农牧民寻找致富门路。

2017年8月7日，墨竹工卡县首届“松赞杯”大学生足球、篮球联赛圆满闭幕

【“两学一做”专题教育】 年内，开展“两学一做”专题教育，深入学习贯彻中共十九大会议精神，深入学习贯彻习近平总书记系列重要讲话精神，紧紧围绕协调推进“四个全面”战略布局，着力营造中共十九大召开氛围，开展“四讲四爱”活动；切实学习好讲党恩爱核心、讲团结爱祖国、讲贡献爱家园、讲文明爱生活的主体。切实增强践行“两学一做”要求的思想自觉和行动自觉，努力在深化“四风”整治、巩固和拓展党的群众路线教育实践活动成果上见实效，在守纪律讲规矩、营造良好政治生态上见实效，在真抓实干、推动改革发展稳定上见实效。坚持用“两学一做”学习教育指导工作实践，以实际行动贯彻执行“两学一做”学习教育要求，发挥党员表率作用。

【下一步工作思路】 认真贯彻落实中共十九大精神，抢抓产业转型机遇，做大工业经济总量，加快新型工业化进程，在努力完成各项经济指标的同时，继续加大招商引资力度，加快天然饮用水开发，加强质量技术监督各项工作，推进工业转型发展、跨越式发展，及时跟踪监测相关商品的行情，对各类突发情况做好监控，及时反馈预警信息，不断加大对企业的协调服务力度。做到按时、按量完成拉萨市委、市政府下达的各项工业经济指标，组织召开三次以上的政企联席会，通过会议及时协调解决企业生产经营中存在的各类问题，不断增强企业与政府之间的沟通，做好工作的衔接，改善企业的投资环境。

（毛德政）

【领导名录】

局　长

　　达　多（藏族）

副局长

　　格　桑（藏族）

## 墨竹工卡县安全生产监督管理局

【概况】 2017年，墨竹工卡县安全生产监督管理局牢固树立“红线”意识和“底线”思维，以全面落实安全生产“党政同责、一岗双责”和企业主体责任为主线，进一步完善安全生产监管体制，夯实基层监管基础，强化企业落实主体责任，有效地遏止重特大安全生产事故的发生。

【构建安全监管新体系】 年内，制定出台《墨竹工卡县关于推进安全生产领域改革发展的实施方案》《墨竹工卡县安全生产党政同责暂行办法》，明确各级党委总揽安全生产全局的职责和各级政府属地监管责任。及时调整充实由县政府主要领导任主任的县安全生产委员会，每年与8个乡镇、30多个部门、企业签订安全生产目标责任书，根据“管行业必须管安全、管业务必须管安全、管生产经营必须管安全”的原则，安全生产责任书的签订，以责任状的形式将安全生产责任层层落实，进一步完善主要领导亲自抓、分管部门具体抓、责任企业细化抓的安全生产监管体系。

【非煤矿山复查验收】 年内，墨竹工卡县安全生产委员会制定并印发《墨竹工卡县2017年非煤矿山复产验收工作实施方案》，明确复产验收领导组织机构、目标任务、实施步骤、工作要求。自3月20日起，墨竹工卡县安全生产监督管理局联合国土、环保、工信、人社等部门对提出复工申请的非煤矿山企业开展严格的复产验收工作，严格落实开工验收各项措施，坚持“谁验收、谁签字、谁负责”的原则，有效保证验收质量，做到合格一个，验收复产一个，对未经开工验收擅自开工生产的，实施严厉处罚。

【非煤矿山领域安全监管】 年内，重点检查在建和生产的6家非煤矿山企业的安全隐患、安全生产主体责任落实、安全操作规程执行和从业人员安全教育、特种作业人员持证上岗情况，严格按照《安全生产事故隐患排查治理暂行规定》，全面加强对矿山、选矿企业的安全检查监管。要求企业认真落实领导带班等各项安全生产规章制度，强化隐患排查治理，完善各类应急预案，提高应对各类突发事件能力，加强矿区、厂区的安全巡查、管理，对非煤矿山企业开展执法检查198次，共查出安全隐患249处，现场整改249处，整改率达96%，下发各类执法文书167份，行政处罚375.18万元，停业整顿3家。

【危化领域安全监管】 年内，安全生产监督管理局高度重视危险化学品安全检查工作，紧紧抓住安全工作不放松，把安全当作事关企业生存发展、地方安全稳定的头等大事来抓，重点围绕重大危险源和经营企业的储存、运输、经营、使用以及矿山施工、建筑施工、道路修建施工、临时储油点进行专项检查28次，排查安全隐患75处，整改率达100%，行政处罚2万元，停业整顿1家。

【烟花爆竹领域监管】 年内，严格按照《烟花爆竹安全管理条例》的有关规定和区、市安监局关于烟花爆竹经营许可实施细则的通知要求，安全生产监督管理局在安全前提下，为进一步活跃节日气氛、拓宽群众增收渠道，结合墨竹工卡县实际，将烟花爆竹零售商的数量控制在5家，对配备了消防器材、经营场所及储存库房符合安全经营条件的商户于节前办理西藏自治区烟花爆竹经营许可证，并与之签订安全目标责任书。同时，对5家共10名烟花爆竹零售负责人、销售人员进行2次岗前安全培训教育工作（培训24人次）。在烟花爆竹零售期间，墨竹工卡县安全生产监督管理局加大检查、巡查力度，确保烟花爆竹零售、燃放无事故。

【汛期安全隐患排查】 年内，针对汛期的各项安全生产工作，及时下发《墨竹工卡县汛期安全生产联合检查工作方案》，明确检查内容和检查时间及方法步骤。7月12日，组织相关部门进行为期7天的汛期安全隐患大排查，共检

2017年8月19日，县委书记劳明伟，县委副书记、县长旦增尼玛主持召开全县第五次安全生产工作会议

查出汛期安全隐患40处，针对排查出的安全隐患及时下发《关于加紧整改墨竹工卡县汛期安全隐患问题的通知》，明确整改要求、整改时限、责任单位及责任人员，做到安全隐患“闭环”管理。

【督导反馈问题整改】 6月、8月、9月和10月，国务院安委会分别组织巡查组、督导组、督查组以及综合检查组赴藏进行巡查督导工作，期间对拉萨市和包括墨竹工卡县在内的部分县(区)安全生产工作进行巡查，并对督导巡查出的问题及时进行反馈。对于巡查出的问题和安全隐患，县委、县政府高度重视，县安委会及时制定下发《关于印发国务院安委会第八巡查组反馈问题整改任务分解的通知》《关于下发〈国务院安委会第十二督导组反馈问题和隐患整改任务分解表〉的通知》，并要求各行业监管部门认真对照，深入开展自查自纠工作，确保问题整改落实到位。

【安全教育宣传】 年内，为着力提高全民安全意识，树立安全发展的理念，安全生产监督管理局先后投入20余万元，制作以辖区内典型案例为题材的安全生产教育展板、新《中华人民共和国安全生产法》宣传册、宣传单等共计3.5万余份(个)，开展安全生产专题宣讲20余场次，全民安全意识不断提高，安全发展理念牢固树立。

【开展安全教育培训】 年内，为切实增强安全生产意识，提高安全

2017年6月7日，副县长索朗多吉带队涉矿部门在华泰龙开展安全生产月宣传活动

生产管理水平。安全生产监督管理局共组织矿山、选矿厂、危化品经营单位负责人、安全管理人员50人参加安全生产知识培训，切实提高从业人员安全生产意识和技能。为提高全局工作人员的业务能力，县安监局于10月初邀请自治区执法监察总队副队长对全局工作人员进行为期半天执法文书书写规范培训，在培训过程中，了解安全生产法律知识，掌握执法文书填写规范要求，进一步提高全局工作人员的业务能力，为下步矿山执法打下坚实的基础。

【创新安全监管方式】 年内，通过“专家查隐患、政府搞督查、部门抓监管、企业抓落实”的工作格局要求，安全生产监督管理局组织开展企业同行交叉交流的检查方式，大大提高企业安全生产监管工作的紧迫性、借鉴性，受到基层和企业的好评。在汛期、冬季和重大节日来临前，组织专家深入重点领域和企业检查事故隐患，提出隐患整改要求。通过“政府统一领导、部门组织实施、各方联合行动”的方法，集中在危险化学品、非煤矿山、道路交通、烟花爆竹、人员密集场所等安全生产高危行业和重点领域开展安全生产专项整治，一大批事故隐患得到及时消除。

【“两学一做”学习教育】 年内，按照县委的统一部署和要求，结合安全生产监督管理局工作实际，开展“两学一做”学习教育，研究制定各阶段实施方案，确保各阶段认真有序地开展。县安监局严格按照《墨竹工卡县安监局关于在全体党员中开展“学党章党规、学系列讲话，做合格党员”学习教育实施方案》，通过集中学习、个人自学等方式，定期不定期组织全局干部学党章党规、学系列讲话，开展讨论活动，并要求撰写

心得体会。安全生产监督管理局共集中学习23次，个人自学累计40学时，撰写心得体会16篇。

【学习中共十九大精神】 年内，安全生产监督管理局组织局全体干部、各矿山协管员，在值班室组织观看十九大开幕会，并认真听取十九大报告；先后组织干部认真学习中共十九大重要文件精神，深入学习习近平总书记代表第十八届中央委员会向中共十九大作的报告和中央纪律检查委员会工作报告，深刻学习修改后的党章，结合实际工作学习讨论了中共十九大提出的一系列新思想、新战略、新举措。切实引导干部把思想和行动统一到中共十九大精神上来，认真学习贯彻习近平新时代中国特色社会主义思想，团结奋斗、苦干实干，切实把中共十九大精神落到实处。

（张星星）

【领导名录】

局 长

拉 巴（藏族，3月任）

副局长

扎西罗布（藏族）

罗桑顿珠（藏族，6月免）

## 墨竹工卡县国家税务局

【概况】 2017年，墨竹工卡县国税局积极落实国家各项税收政策，深化改革创新，强化各税管理，持续推进“放管服”改革，深入开展“便民办税春风行动”，全面完成各项工作任务。2017年，共组织收入46400.31万元，较2016年同期增收15024.89万元，同比增长47.89%。完成全年税收任务的98.72%。实现中央级收入19462.42万元，实现县级收入23402.4万元。

【税收征管现状】 2017年，增值税完成29776.08万元，较2016年同期增收12622.19万元，同比增长73.58%；营业税完成-2.74万元，较2016年同期减收2686.6万元，同比减少100.1%；企业所得税完成5341.82万元，较2016年同期增收1173.43万元，同比增长28.15%；资源税完成5206.97万元，较2016年同期增收2578.03万元，同比增长98.06%；个人所得税完成1320.63万元，较2016年同期增收267.09万元，同比增长25.35%；城镇土地使用税完成264.12万元，较2016年同期增收226.62万元，同比增长604.32%；车辆购置税完成186.49万元，较2016年同期减收158.49万元，同比减少45.94%。

【组织领导】 年内，为保证各项工作的正常开展，强化组织领导队伍，自2014年起实行值班局长制度，每周安排一名局领导在大厅开展窗口服务工作。2017年继续坚持该项工作不松手，每周由一名局领导在大厅值班，协助大厅开展各项工作，同时为纳税人排忧解难，有效缓解了征纳矛盾，同时为可能发生的突发事件做好应急准备。打造基层学习型队伍，建立干部长效的学习机制，抓好落实对各项税务文件的学习和日常工作中对文件的学习力度。

【学习贯彻中共十九大精神】 年内，组织干部学习习近平总书记的工作报告，带领干部认真学习习近平总书记的报告，要求全体干部将理论学习和实际工作结合

2017年12月13日，墨竹工卡县国税局局长米玛曲热组织干部集中学习中共十九大精神

起来，准确领会十九大报告提出的新思想、新论断、新目标和新要求，学深悟透、中共十九大精神。加强贯彻落实、将十九大学习成果和实际税收工作紧密结合，贯彻到税收工作的各个方面。紧紧围绕“干好税务、带好队伍”的要求，以征管体制为重点，聚焦绩效考评指标，依法治税，深化“放管服”改革，落实各项税收政策，提高税收工作质量。

2017年12月24日，墨竹工卡县国税局副局长缪琳带领干部开展“环保税”征前宣传活动

【优化服务提品质】 年内，以“互联网＋纳税服务”为突破口，深入开展便民办税春风行动。在办税服务厅、国道318沿线、县政府等不同地点以散发宣传资料、租用318国道墨竹工卡县段核心区域的LED显示屏、开展讲座等方式进行税法宣传。深入推进网上申报和批量扣税义务，网上申报推行户数达91户，完成推行计划的75.83%。开展简并征期业务，为个体工商户减负。开展纳税信用等级评定和“银税互动”，开展“纳税人大走访”进一步便利了纳税人。

【税源管理】 年内，规范税务行政审批，规范税务行政处罚裁量权，积极创建“法治税务示范基地”。以全面走访基层调研数据为基础，以工商查询平台为依托，核查辖区内登记、纳税相关数据，收集纳税人意见和建议，截至年底，由国税局一把手带队，税源管理所及办税服务厅抽调人员组成清理队，共清理存量户及新增户疑点数据72户，及时向相关纳税人下达《事项通知书》《限期改正通知书》等涉税文书，加强税源管理，提高科学化精细化管理质量。

【提高征管水平】 年内，实行按月巡查制。为进一步强化税收征管，逐步实现科学化、精细化管理，在实行税收管理员分片、分行业管理模式的基础上，实行按月巡查制，由管理员对辖区内的纳税户每月进行定期检查，跟踪纳税户经营变动情况，及时做好税收法规政策的宣传，规范纳税户征收管理，逐步建立起以行业分类为手段、以采集纳税户动态信息为目标的征收管理模式，有效堵塞了税收漏洞，做到应收尽收。

【开展“环保税”征前工作】 年内，加强知识储备和业务培训。组织干部深入学习《中华人民共和国环境保护税法》，深入研读《中华人民共和国环境保护税法》政策知识。召开征前座谈会，与拉萨市国税局所得税科调研员和拉萨市环保局相关人员就环保税法中的税目、应税污染物当量值等内容进行探讨。在市局所得税科调研员的指导下，认真学习填表方法，申报流程。建立良好的沟通协商机制。积极与县环保局进行协商，由负责人到环保局协商环境保护税开征前的准备工作，明确双方对接人员，及时获取相关数据，强化与环保部门的信息共享，与环保部门建立涉税信息定期交换制度，为环保税的开征提供坚实的制度保障。

【税收政策落实有力】 年内，为确保国务院六项减税政策落地见效，结合工作实际迅速制定政策落实方案，开展减税政策宣传和业务培训，提升纳税服务质量，切实为纳税人送上减税新红包。通过办税服务厅、微信群、QQ群、公告栏等平台，图文并茂的做好国务院6项减税政策动态宣传，全方位、多角度、持续性的加强政策宣传和解读，扩大减税政策的知晓面。积极开展6项减税政策的业务培训，组织开展纳税人政策学堂、发放宣传培训资料和相关手册，对相关文件和纳税人关注的问题进行政策解读和办税辅导，确保6项减税政策宣传落实到位。

（卓 嘎）

【领导名录】

局 长

旺 久（藏族，9月免）

米玛曲热（藏族，9月任）

副局长

次旦桑珠（藏族，9月免）

常 建 英（9月任）

缪 琳（女，9月任）

纪检组长

吴 海 燕（女）

## 墨竹工卡县工商行政管理局

【概况】 2017年，墨竹工卡县工商行政管理局面对体制改革、职能转变等新任务，结合实际，主动作为，积极开展工商登记制度改革，稳步推进年报公示制度，扎实开展市场秩序整顿规范，竭力维护消费者合法权益，不断巩固党的群众路线教育实践活动成果，加强制度建设，规范队伍管理等方面取得一定的成效。2017年，全县各类市场主体2210户，其中个体工商户1783户、公司246户、农专181户；新增个体工商户288户、公司40户、农专7户，同比2016年分别增长12.8%、13.7%、3.4%。2017年，已完成县政府要求的新增市场主体总量任务。

【服务水平得到提升】 年内，始终把市场主体满意作为服务的最高标准，把服务市场主体作为履职的根本责任，进一步优化发展环境，不折不扣贯彻落实优惠政策，积极开展“擦亮服务窗口、创建满意行业”活动，窗口部门全天候为人民服务，准入时效明显加快。加强了各项职能的有机协调，高效率高质量地展示工商形象。

【安全生产企业监管】 年内，工商行政管理局认真对照《安全生产九大重点行业前置审批事项目录》，做好“先照后证”改革后履行“双告知”职责。截至年底，涉及后置审批的安全生产主体31户，其中企业24户、个人独资企业1户、农专5户、个体1户。按照要求已发放后置审批告知函25户，已并签字（盖章认领）。年内，工商行政管理局对4户企业停产、负责人失联的情况进行核实并作出处理意见。

【各类市场主体加快发展】 年内，推进商事制度持续纵深改革，进一步提升营商便利度，激发市场活力。牢牢把握发展第一要务，立足墨竹实际，落实优惠政策，放宽准入条件，积极培育市场主体，市场主体总量不断增加，规模不断扩大。

【年报公示】 年内，按照市工商局关于做好企业、农民合作社个体2016年度报告公示的总体要求，工商行政管理局高度重视，专门组织召开年报公示工作会议，并向分管县长专题汇报，取得县政府支持。制订实施方案，要求各乡镇政府积极配合年报公示工作；广泛宣传，通过电子显示屏、画报、宣传资料、手机短信等多种

2017年3月10日，拉萨市工商局局长陈跃东（左二）在墨竹工卡县工商局考察工作

形式，切实让广大经营户了解和掌握年报公示工作；远赴偏远乡村，帮助经营户做好纸质版年报材料。2016年度墨竹工卡县应年报公示的企业201户、农专157户、个体1492户，年报率分别为88%、90%、90%。工商行政管理局清理了多年积累下的名存实亡企业25户、农专18户、个体工商户154户，降低年报公示率。

2017年4月26日，墨竹工卡县工商行政管理局开展主题为“实施知识产权战略，支撑创新驱动发展”宣传活动

【实施商标战略，助推品牌兴县】 年内，为进一步推进商标品牌战略，工商行政管理局结合本县实际，第一季度从引导、培育、保护、宣传四个方面入手，大力实施商标品牌战略。主动到各乡镇、村（居）委了解有特色的农业、手工艺、畜产品，深入农牧民专业合作社，摸清情况，做好引导、培育商标工作，围绕墨竹工卡县特色经济，对有特色的产品，及时指导有关主体申请商标注册。年内，工商行政管理局对墨竹工卡县特色的农畜产品、藏药材、手工艺等项目大力实施商标品牌战略，实现品牌兴农，带动一方经济的目的。全县现有“有效注册商标”36件，正在申请21件，其中全区著名商标2件。

【商标、广告监管】 年内，严查商标违法行为，主动协调有关部门共同加强监管和打击侵犯商标专用权行为，切实保护商标所有人的合法权益。截至年底，查处侵权和假冒伪劣的仿冒郎酒歪嘴36瓶、娃哈哈纯牛奶5件，假冒小糊涂仙酒26瓶，查处一起石油销售公司侵犯注册商标专用权案；加大广告执法力度，在做好户外广告发布登记的基础上，对户外广告进行了专项检查，重点查处擅自发布户外广告和虚假违法广告。

【服务新农村建设】 年内，着力推动农牧区改革发展，积极实施农牧区市场主题孵化、市场体系优化、市场环境净化三大工程，支持农牧民专业合作社跨区域、跨所有制、跨行业发展，增强农牧区经济活力。积极探索和完善助农工作新机制，上门指导，跟踪帮扶，大力实施助农惠农工程，农村经济合作社组织进一步发展壮大。截至年底，共发展农牧民专业合作社157户，出资总额17228.6075万元，同比分别增长84.71%、146.71%。

【加大流通领域食品安全监管力度】 年内，深入开展重点食品、重点区域和重点场所食品经营专项整治，严厉打击非法添加非食用物质和滥用食品添加剂、销售伪劣食品等违法行为，食品安全突发事件得到有效遏制，食品经营主体资格、食品质量、食品经营行为监管力度进一步加大加强。

【营造公平竞争环境】 年内，坚持把市场监管作为第一责任，以新手段构建长效监管机制，努力实现监管职能全覆盖。突出流通领域食品安全监管，开展查处取缔无照经营、非法广告、强制交易和不正当竞争行为，保护知识产权，开展校园周边环境治理、扫黄打非等专项行动，加大打击传销规范直销力度，推进平安市场建设。围绕民生民利保安全，竭力解决人民群众的切身利益问题。强化信访矛盾纠纷排查调处工作，严防群体性上访事件。参与社会治安综合治理，努力维护社会稳定和谐。

【维护消费者合法权益】 年内，通过发放宣传资料，广泛宣传新消

2017年3月5日，墨竹工卡县工商局执法人员在商场检查

法，增强广大消费者的自我维权意识，结合日常的窗口登记工作，引导和教育经营者提高依法、诚信经营意识；依托“12315”申诉举报电话优势，把各类市场的监管和消费维权工作有机结合起来，积极调解消费纠纷，主动维护农牧民和广大消费者合法权益；七乡一镇设农牧区消费维权站，切实保护农牧区群众合法权益。

【非公经济党建工作】 年内，严格按照自治区工商局和市工商局的安排部署，把非公党建工作摆在重要议事日程，成立非公经济组织党建工作领导小组，制订工作方案，不断学习摸索和总结开展非公党员登记统计工作，截至年底，共登记党员96名，建立党支部1个。要求党员充分发挥先进性，致富思源，富而思进，为墨竹工卡县经济跨越式发展和长治久安发挥带头作用。

【打传禁传工作】 6月，墨竹工卡县打传工作树为典型，其打击传销各项工作制度、工作体系及政府主导、工商、公安为主力，各职能部门、乡镇政府、驻村工作队、“双联户”共同参与的打击传销综合治理工作经验在全市推广。针对传销组织“幸福一百”“善心汇”网络传销涉及自治区群众的这一情况，工商行政管理局立即组织公安、综治办等成员单位在本辖区内开展市场主体、农牧名群众组织参与传销摸排清查工作，杜绝了本县辖区有组织参与传销活动的发生。

【开展旅游市场专项整治】 年内，针对非法经营旅游业务、围追兜售、强买强卖、以假充真、以次充好，欺骗消费者等问题，积极采取有效措施，不断加强旅游市场的监管和专项整治。2017年，墨竹工卡县消费申（投）诉举报逐渐增多，其呈现出涉及金额大、消费群体多为内地游客的特点。部分游客维权意识较强，直接投诉上级政府部门或者在网上反映墨竹工卡县旅游消费市场的负面报道，对墨竹工卡县的旅游市场环境造成不良影响。为此，工商行政管理局充分发挥消费维权工作的主力军作用，采取四项措施做好调处消费纠纷、宣传教育、行政约谈和查处违法案件行为，切实优化本县消费环境。年内，共受理旅游消费者投诉13件，举报4件，咨询32件，办结率100%，为消费者挽回经济损失17.8万元。

【市场秩序综合整治】 年内，认真贯彻落实关于开展全县城乡环境综合整治工作的安排部署，与相关部门深入开展市场秩序综合整治工作，认真负责，主动作为，积极协调，明确整治目标和各成员单位的工作职责。共开展节日市场、食品市场等专项检查13次，查处假冒、过期、“三无”等商品18种、230公斤，价值1.5万元。

【案件查办】 年内，前三季度共查办案件3起，罚没款2万元。查处的某投资管理有限公司吊销营业执照案；查办“墨竹工卡昌忠石油销售有限公司”侵犯中国石油天然气集团公司注册的昆仑好客及uSmile商标专用权案，该案为墨竹工卡县工商局查办的首列注册商标侵权案；查办墨竹工卡尼达生态园销售土特产品虚假宣传案，此案是继上年查办旅游市场虚假宣传案后的又一例典型案件，得到区、市、县各级政府的肯定。

【党风廉政建设】 年内，与党员签订《党风廉政建设责任书》，进一步落实责任制，增强责任感。按照"严管、自律、服务、创新"的工作思路，以防范"两个风险"实现"两个安全"为目标，围绕"注册登记、市场监管、执法办案、工作纪律"四个方面，进一步强化领导班子和领导干部"一岗双责"的政治责任，继续深化工商廉政文化建设。

（郭　添）

【领导名录】

局　长

索朗次仁（藏族）

副局长

扎 西 吉（女，藏族）

林 智 勇（8 月免）

2017年8月15日，全国政协委员盛明富（右八）、中国农林水利气象工会副主席孙涛（右七）一行在墨竹工卡县气象局调研

## 墨竹工卡县气象局

【概况】 2017 年，墨竹工卡县气象局认真学习"两会"和十九大会议精神。进一步落实习近平总书记在十九大开幕式上的讲话精神，加强党风廉政建设，加强人才培养力度，提高气象工作水平。2017 年，墨竹工卡县气象局结合墨竹工卡县实情，提出具有针对性的创新性气象服务理念，在进一步加强地方气象事业建设的同时，不断提高防灾减灾水平，积极为墨竹工卡县经济发展、灾害防御和社会进步提供优质的气象服务。

【气象现代化建设】 气象现代化建设是一个不断完善的过程，墨竹工卡县气象局按照西藏自治区气象局党组和拉萨市气象局党组的指导要求，认真开展各项工作，不断完善各项基础设施建设。进一步加强墨竹工卡县人工影响天气作业点工作环境改造，在原有的基础上给全县 7 个作业点新增路灯，安装实景监控和电信宽带，配备电视机和办公桌椅等。

进一步加强墨竹工卡县局内环境改造和整治，在拉萨市气象局和县委县镇府的大力支持下，在气象局西南方购置一块新地，并在年底完成新地围墙修建；进一步完善人工影响天气安全生产工作，完成墨竹工卡县人工影响天气装备仓库及附属实景监控的建设；完成唐加乡人工影响天气高炮作业自动化和人影作业北斗远程申请系统；进一步加强业务现代化工作，完成全县 7 个乡的天气现象监控云系统的安装工作并开始开展乡镇天气现象监测工作。

【基本业务】 墨竹工卡县气象局为国家气象观测站，随着气象现代化建设进一步提高，本年度完成业务观测软件升级工作 4 次，提高了气象要素观测的准确性和及时性。为进一步提高墨竹工卡县重大灾害性天气预报质量提供了有力的数据保障。

【气象服务】 年内，气象局结合墨竹工卡县实际情况，找准气象服务切入点，认真学习贯彻 2017 年全区气象局长会议精神，切实增强责任感和使命感，提高气象服务意识，努力为地方经济建设和构建和谐社会做好全面精细的气象服务工作。按照要求努力为地方各部门提供所需的气象资料；及时主动地向有关部门报送天气预报；2017 年，共计发送气象预报预警信息短信 22 万条，制作节日专题预报 5 期，制作周预报 53 期，制作重要气象报告 6 期，制作天气公报 3 期，制作汛期气候预报2期，在2017年汛期内，墨竹工卡县气象局积极开展气象服务工作。积极响应县委、县政府，和县国土局、县水利局、县安监局联合开展气象防灾减灾工作，主动进行灾害隐患点排查，局内人员24小时轮班为门巴乡德冲村山体滑坡隐患点每3小时开展一次天气实况预警监测和发布，确保全县各级领导能够在第一时间了解该隐患降雨实况，为墨竹工卡县防灾减灾领导小组的决策工作和部署提供科学依据。为县委、县政府及有关部门提供重大灾害性、关键性、转折性天气的气象服务和汛期等关键时期的气象服务。

2017年3月23日，墨竹工卡县气象局组织全体职工开展"3·23"世界气象日宣传活动

【人工影响天气】 人工影响天气工作是公共气象服务体系建设的重要内容，直接服务于广大农牧民群众和农牧业生产，自墨竹工卡县开展人工影响天气作业以来，在农业防雹、抗旱、水库蓄水等方面发挥了应有的作用，产生了较好的社会和经济效益，2017年人工影响天气的开展对各乡镇小麦、青稞、油菜花等经济农作物的生产起到较大作用，通过与各乡镇人民政府开展联合调查，本年度人工影响天气作业中，农作物受益面积达到70342.1亩。

【防雷减灾】 墨竹工卡县自2010年防雷减灾工作开始，县气象局认真履行防雷减灾职责。2017年，县气象局积极响应国家防雷深化改革文件的精神，把防雷减灾作为全县安全生产工作的重点来抓，2017年汛期前对全县危化场地进行了一次全面的安全检测，做到防雷安全从源头抓起，认真做好雷电灾害的调查与收集，全县防雷减灾工作按照预防为主，防治结合的方针，已逐步走向规范化、法制化。

（甘臣龙）

【领导名录】

拉萨市气象局副调研员、县气象局局长

尼玛次仁（藏族）

副局长

永　红（女，藏族）

气象台台长

邹芳娥（女）

# 社会事业

## 墨竹工卡县民政局

【概况】 2017年，墨竹工卡县民政局认真贯彻党的十八届四中、五中、六中全会和十九大精神，紧紧围绕年度民政目标任务和精准脱贫、精准扶贫等重点工作，认真贯彻落实区、市民政工作会议精神，充分发挥了民政工作维护社会稳定，调节社会矛盾，促进社会和谐的职能，牢固树立"以民为本、为民解困、为民服务"的宗旨意识，求真务实，开拓进取，为顺利完成全年的民政工作任务奠定了良好的基础。

【社会保障】 年内，为按照城乡低保工作制度，对申请城乡低保对象开展入户调查、审批审核、评议听证、公开公示和建立档案进行管理。在2017年度城乡低保动态管理中，共调整农村低保对象53户307人（其中取消30户159人，变更21户143人，新增农村低保对象2户5人），取消城镇低保对象9户13人，新增城镇低保对象10户10人；为认真贯彻执行上级文件精神，墨竹工卡县民政局及时落实调整相关城乡低保对象补助标准，截至年底，全县764名城市低保对象、3419名农村低保对象共计补助资金1863.47万元；为贯彻落实党的十八届五中全会、中央扶贫开发工作会议精神，墨竹工卡县民政局从政策、对象、保障标准、补助水平、管理、工作机制、信息数据和社会力量等8个方面入手，积极推进低保线与扶贫线"两线合一"，发挥低保政策兜底脱贫的作用，2017年度共落实"两线合一"生活补贴资金653.1933万元。

【城乡医疗救助】 年内，为全面落实《拉萨市城乡医疗救助实施办法》，完善医疗救助工作机制，委派一名干部驻点县政府服务大厅，及时审核审批城乡医疗救助，确保每一份救助资金的支出都有民政部门审核。为切实贯彻落实

2017年2月27日，县委书记劳明伟一行与县五保集中供养服务中心孤寡老人一起欢度藏历新年

2017年2月25日，拉萨市民政局副局长卫智军（前排左三）在墨竹工卡县开展“三大节日”慰问

惠民政策，民政局与各区、市、县医保定点医院签订“一站式”即时结算协议。截至年底，共为1298名城乡居民核报销医疗救助金额396.13万元，切实方便困难群众享受医疗卫生服务，有效缓解困难群众就医难问题。

【农村五保供养】 年内，为认真贯彻落实《农村五保供养工作条例》，年末全县共有五保对象232名，已集中供养符合条件的五保对象217人，五保集中供养率达93.5%，意愿集中供养率达100%；根据《关于提高农村五保供养标准的通知》的精神，农牧区五保供养经费为每人每年5910元，已发放五保供养经费137.112万元；同时建立农牧区五保集中供养对象供养标准自然增长机制，在区市五保供养经费配套的基础上追加125万元，提高五保集中供养经费，五保集中供养对象人均年生活补助标准为11310元。为及时掌握五保集中供养对象的身体状况，进一步加强五保集中供养服务中心卫生安全管理，更新入住五保老人的个人健康档案，在墨竹工卡县人民医院的协助下，墨竹工卡县五保集中供养服务中心为住院集中供养五保对象开展免费体检活动。

【救灾救济】 年内，开展2016—2017年度冬春缺粮救济工作，按照每人每月30斤口粮的标准，及时为全县七乡一镇74户119名缺粮群众下拨3个月价值达2.35万元的春荒救济口粮5355公斤；建立健全灾害预警预报制度、信息上报、统计和救助制度，根据区市有关文件精神，确定全县51名灾害信息员（县级3名，乡镇级8名，村级40名），有效地提高墨竹工卡县防灾救灾能力；为进一步增强全社会灾害风险防范意识，广泛普及自救互救知识，墨竹工卡县减灾委办公室精心谋划、组织，在“5·12”全国防灾减灾宣传日开展以“识别灾害风险，掌握减灾技能”为主题的系列活动，共发放宣传资料800余份、悬挂横幅29条、张贴宣传图片20张；为进一步贯彻落实国家减灾救灾政策的落实，加强综合协调和应急保障能力，根据区市有关文件要求，完善了县、乡、村三级《自然灾害应急救助预案》；为大力加强防灾减灾能力建设，不断提升灾害紧急救援能力，墨竹工卡县已建立县乡两级救灾物资储备库各一座，已储备有棉大衣、棉衣裤、绒衣裤、棉被、棉褥、折叠床、救灾帐篷等价值500余万元的各类救灾物资，以保障突发公共事件中灾民的基本生活。

【社会福利】 年内，为有效解决经济困难的高龄、失能等老人养老服务保障，按照区、市有关要求，墨竹工卡县民政局全面开展经济困难高龄、失能老人信息核查统计，全县现有60周岁以上70周岁以下失能老人138名，70岁以上经济困难老人222名，发放资金21.6万元；为积极主动地研究老龄事业发展中出现的新情况、新问题，探索出解决老龄工作的新思路，墨竹工卡县积极开展55周岁以上老人统计台账建立，截至年底，全县共有55周岁以上老人5373名。

年内，为全面贯彻落实《中华人民共和国老年人权益保障法》，为全县80岁以上497名寿星老人共兑现2017年度健康补贴24.585万元；为保障全县60岁以上老人的基本生活，按照县委、县政府“三大民生项目”安排部署，大力实施幸福养老补贴工程，由县本级财政为全县3908名60岁以上农牧民群众发放2017年度幸福养老补贴资金1720万元。

**【“双拥”优抚】** 年内，根据自治区民政厅《关于转发〈调整部分优抚对象人员抚恤和生活补助标准的通知〉的通知》文件精神要求，及时落实调整相关优抚对象的抚恤补助标准，为全县10名优抚对象发放2017年度抚恤金共16.8万元；根据《中华人民共和国兵役法》《退役士兵安置条例》和《西藏自治区退役士兵自主就业扶持办法》的规定，墨竹工卡县民政局按优待金2.4万元/人和一次性经济补助5万元/人的标准，为全县20名2016年退役士兵发放资金172万元，在发放中对符合领取条件的退役士兵进行建档，确保发放对象的准确性，保证了资金不截留、不克扣，使优待金和一次性经济补助资金兑现率均达到100%。在2017年度夏季征兵工作中，把8月定为“征兵宣传月”，全面宣传征兵政策规定、工作程序等。

**【政权建设】** 年内，全县8个乡镇，40个行政村全部开展依法治村、村民自治工作，突出抓“四民主、三公开”制度的建立与落实，各村都设立公示栏和公示板，定期公开政务、村务和财务；依法健全完善村民自治章程和村规民约，规范村民代表会议和村民会议的内容。按照《西藏自治区关于进一步加强村(居)民委员会民主监督工作的意见》要求，墨竹工卡县40个村民委员会已经全部建立村民监督委员会，共产生村民监督委员会主任40人，监督委员会委员148人。

同时，出台《关于建立健全村务监督委员会制度的实施意见》《关于进一步加强村务监督委员会工作的通知》等文件，形成以落实村监委“七有”为抓手，以建立村监委工作运转机制为基础，以建立健全村监委履职保障机制与考核奖惩机制为支撑的工作格局，打牢村监委工作基础，确保村监委正常、高效运转。截至年底，全县基本形成一套村民监督委员会制度体系，全面提高了监督运行的规范化水平。

**【社会事务】** 年内，墨竹工卡县民政局严格执行《婚姻登记管理条例》，简化手续，方便群众，规范档案管理，完善各项规章制度，不断优化工作水平和服务质量。年内，共办理结婚登记565对，离婚登记73对；补办登记59对。

根据《行政区域界线管理条例》和自治区政府办公厅《关于开展全区第五轮县级行政区域界线联合检查工作的通知》的规定和要求，墨竹工卡县于8月中旬制定《拉萨市墨竹工卡县—山南市桑日县行政区域界线联合检查实施方案》《拉萨市墨竹工卡县—拉萨市林周县行政区域界线联合检查实施方案》，同时对墨—桑线、墨—林线行政区域界线及其两侧地貌、地物的变化、界线实地位置、界桩的损坏或移动、界桩文字清晰、危及界桩存在的现象、当地政府和群众是否在生产生活中自觉遵守，是否存在纠纷等情况进行了自查，并紧紧围绕贯彻落实《行政区域界线管理条例》、创建平安边界的主题开展宣传创建活动。

2017年7月31日，县委副书记、常务副县长郭昌标在县武装部慰问官兵

【社团管理】 年内，为推动社会组织健康有序发展，加强社会组织管理，规范社会组织行为，按照相关规定，民政局于4月1日起在全县范围对依法登记注册的13个社会组织开展清理、年检和软弱涣散社会组织党组织整顿工作。成立由县委组织部部长任组长，民政、水利、农牧、扶贫办、各乡镇党委书记、等部门负责人为成员的社会组织党建工作领导小组，下设办公室，具体负责协调社会组织的党建工作，制定出台《关于在全县社会组织加强党建活动的实施意见》，对有3名以上正式党员的组织，单独建立党支部；对一些党建基础薄弱、党员人数较少的社会组织派驻党建工作指导员。

截至年底，全县14家社会组织中共有108名党员，已单独建立党组织的社会组织共有8家，挂靠村党支部社会组织6家，社会组织党组织实现全覆盖。社会组织党组织开展以“五个好”和党员争做“五个先锋”的主题实践活动，努力提升党员工作水平，组织党员开展了志愿服务，结对帮扶，走访服务会员群众活动，帮助会员解决困难，落实“三会一课”、民主评议制度，建立健全了培训制度，有计划、分步骤地对广大党员进行党性教育和技能教育，努力提高广大党员的政治修养和能力素养，全县各业务主管单位对社会组织党组织活动开展加强督查指导。

2017年2月25日，局长达娃慰问结对帮扶户

【残疾人事业】 年内，为贯彻落实《中共中央国务院关于促进残疾人事业发展的意见》精神，墨竹工卡县残疾人联合会围绕残疾人“人人享有康复服务”的工作目标，为有效缓解贫困残疾人的家庭负担，改善了残疾人生产生活状况，年初为10户残疾人家庭发放“阳光家园居家托养”补贴1.5万元；对84名残疾车车主进行上门发放燃油补贴资金3.192万元；为1152名残疾人发放困难残疾人生活补贴和重度残疾人护理补贴资金118.932万元，进一步加强了残疾人权益保障，完善了残疾人社会保障体系。

【机关建设管理】 年内，认真贯彻落实中央“八项规定”精神、自治区“约法十章”“九项要求”和市委“八项要求”，按照党风廉政建设“一岗双责”的要求，健全完善“一把手负总责，分管领导各负其责，班子成员齐抓共管”的领导体制和工作机制。按照廉政建设“四大纪律”“八项要求”的要求，积极开展民主集中制教育、法制教育、“三严三实”“忠诚干净担当”等各项专题教育，在全局党员干部营造了良好的反腐倡廉气氛。认真贯彻《政府信息公开条例》，及时在局政务公开栏公开有关内容；深入开展作风建设，抓好民政系统的行风建设，提高服务质量和办事效率；大力开展专项执法检查，对救灾救济款等实行专项检查，严禁截留；公务接待严格控制标准，切实加大预防和治理腐败的力度，为民政各项工作健康协调发展提供了有力保证。

建立健全《关于进一步加强墨竹工卡县民政系统廉政风险防控机制建设的实施意见》《墨竹工卡县民政局议事规则和决策程序》《墨竹工卡县民政局党内民主决策制度》等制度和流程，进一步规范领导班子决策行为，提高科学决策、民主决策水平。同时，加大对重点领域、关键岗位和重要环节的风险防控，不断完善项目工作流程，确保项目管理各个环节阳光透明，确保权力在阳光下运行。建立了以局长为组长，各科室工作人员为成员的信访工作小组，切实认真开展信访和矛盾纠纷排解工作，实行24小时信访值班制度，确保群众来访能及时有效的化解。加大领导力度，确保把信访工作列入重要议事日程，常研究，把信访法规和文件列入宣传内容，常宣传；积极开展廉政文化“六进”活动，侧重抓进机关、进家庭和进农牧区活动，组织党员干部职工学习《中国共产党廉洁自律准则》和《中国共产党纪律处分条例》等规定，观看警示教育片4次；倡议全局领导干部职工家属当好“贤内助，廉内助”，发放廉政倡议书15份，强力构筑家庭反腐倡廉的牢固防线。

（吴　敏）

【领导名录】

局　长

达　娃（女，藏族）

## 墨竹工卡县人力资源和社会保障局

【概况】2017年，墨竹工卡县人力资源和社会保障局立足全县城镇失业人员和农牧民转移就业需求实际，开展了一系列职业技能培训，就业再就业培训76人（市下达目标70人），完成目标任务108%，培训合格率、就业率保持在90%、80%以上；农牧民转移就业培训人数（含实用技术培训）为1045人（市下达目标900人），完成目标任务的116%；职业介绍1815人（市下达目标550），完成目标任务的330%，介绍成功人数352人（市级下达目标275人），完成目标任务的128%；建档立卡户贫困人口转移就业（非易地搬迁类）533人，易地搬迁类建档立卡贫困人口转移就业496人（市下达目标312人），完成目标任务的159%，建档立卡贫困人口培训人数为773人（市下达目标380人），完成目标任务的203%；开发就业岗位575个（市下达目标500个），已完成目标任务的115%；开展人力资源洽谈会为1期（市下达目标2期），完成目标任务的50%；城镇新增就业人数为836人（市下达目标800人），完成目标任务的104%；其中就业困难群众就业人数为142人（市下达目标140人），完成目标任务的101%，其中城镇失业人员再就业人数18人（市下达目标150人），完成目标任务12%，其中小微企业新增就业人数为676人（市下达目标600人），完成目标任务112%；城镇登记失业率控制在2.1%；小微企业吸纳就业人数为4385人（市级下达目标3500人），完成目标任务125%；职业技能鉴定人数，144人（市下达目标200人），完成目标任务72%；农牧区劳动力转移就业1.22万人（市下达目标1.2万人），完成目标任务101%；农牧区劳动力转移就业为2.45万人次（市下达目标2.4万人次），完成目标任务102%；农牧区劳动力转移就业实现收入为0.63亿元（市下达目标0.62亿），完成目标任务101%；创业培训人数为28人（市下达目标30人），完成目标任务93%；创业成功人数为7人（市下达目标5人），完成目标任务140%；创业带动就业人数为24人（市下达目标15人），完成目标任务160%。

【高校毕业生就业服务】年内，困难家庭高校毕业生全部实现就业为83人（市下达目标100人），完

2017年7月6日，县委常委、副县长张家松参加人社局2017年“双创会议”

2017年3月23日，人社局局长格桑巴珠主持召开就业平台工作会议

成目标任务83%；组织实施高校毕业生见习6人（市下达目标15人），完成目标任务40%。

【社会保险】 年内，墨竹工卡县社会保障体系进一步得到完善，以五大类九小类社会保险为主要内容保障机制更加健全，全县社保覆盖面达到100%，综合参保率达到98%以上。

【城镇职工基本养老保险】 年内，全县城镇职工基本养老保险参保334人（市下达目标521人），完成目标任务的64%；个人征缴282万余元（市下达目标570万元），完成目标任务的49.5%。

【城乡居民社会养老保险】 年内，城乡居民社会养老保险实现参保人数为29000人（市级下达目标2462人），完成目标任务的1178%，个人缴费征缴基金210.04万元（市级下达目标210万元），完成目标任务的100%。

【城镇职工基本医疗保险】 年内，全县完成城镇职工医疗保险参保人数2880人（市下达目标2290人），完成目标任务的125%；城镇职工基本医疗保险征缴1712万元（市下达目标1681万元），完成目标任务的102%。

【城镇居民基本医疗保险】 年内，全县完成城镇居民医疗保险参保人数为1578人（市级下达目标1598人），完成目标任务的98.8%；个人征缴基金9000元（市级下达目标83万元），完成目标任务的1.08%。

【生育保险】 年内，全县生育保险实现参保人数为2395人（市级下达目标2050人），完成目标责任任务的116%，征缴基金127.7万元（市级下达目标130万元），完成目标任务的98%。

【工伤保险】 年内，工伤保险参保人数为4330人（市级下达目标4000人），完成目标任务的108%，工伤保险征缴基金为532.12万元（市级下达目标200万元），完成目标任务的266%

【失业保险】 年内，全县失业保险参保人数1154人（市级下达目标970人），完成全年目标的121%，征收失业保险金122.5万元（市级下达目标75万元），完成全年目标的163%。

【事业单位专业技术人员管理】 年内，完成全县事业单位岗位设置工作，确认78人初级专业技术人员资格，全县事业编制2017年信息采集工作顺利完成，共计人数805人。

【劳动监察】 年内，人力资源和社会保障局开展劳动监察专项检查14次。积极开展相关宣传工作，共发放宣传材料1000余份，接受群众咨询100余次。征收民工工资保障金800万元左右，处理劳资纠纷24起，涉及劳动者人数88人，涉及金额131万元，监督发放民工工资200余万元。

【工资福利】 年内，根据人社部文件要求，完成全县1059名干部职工高海拔工龄折算调标、住房补贴调标，正常晋升等各类变动。

【就业服务】 年内，成立墨竹工卡县人力资源和社会保障局高校毕业生创业孵化点，不仅为初创企业提供免费办公场地，切实发挥了创业孵化点载体作用；12月6日，精准扶贫未就业高校毕业生旦增次仁注册的墨竹工卡县悟多文化传媒有限公司正式入驻创业孵化点。

【就业再就业】 年内，开展订单式培训，保证建档立卡户对口培训，实现"零距离"就业；积极力促搬迁安置点产业发展，实现政府＋企业＋贫困户共赢；为前往城关区洁达公司做环卫工作的140余位建档立卡户群众，解决住房问题，开展岗前培训，做到墨竹工卡籍环卫工人在这个岗位上站得稳，留得住。

（德吉拉姆）

【领导名录】

局 长

格桑巴珠（藏族）

副局长

春 芳（女，藏族）

杨 勇（7月任）

## 墨竹工卡县净土健康产业办公室

【概况】 发展净土健康产业是实现经济转型升级、适应并践行新常态的生动实践。墨竹工卡县委、县政府高度重视净土健康产业工作，突出项目运作、创新工作方式方法、以一步一个脚印，力求项目抓出实效，以项目推动产业的发展，立足本地实际，以创新、担当精神全力推进产业标准化、规模化、市场化发展。

【出台产业扶持政策】 年内，净土公司积极参与全县产业扶贫项目建设，搭建企业融资平台，同时利用政府贴息扶持的形式，解决资金流转，增强专合组织负责人的责任心、事业感，促进农牧民就业，并按照投资比例和收入情况进行分红。

【强化产业发展持续性】 年内，墨竹工卡县净土健康产业累计整合投放资金7677.1万元（其中本级财政投资4400万元、整合国家投资3277.1万元），实施重点项目4个，项目受益群众680户。同时，县净土公司立足全县实际，在政策措施制定、项目施工建设用工本地化和壮大新型农牧业经营主体等方面不断寻求新的脱贫致富增长点，为墨竹工卡县打好脱贫攻坚战提供了强大动力。

【项目遴选科学化】 年内，为使项目发挥最大社会经济效益，在项目筛选上，充分酝酿、反复筛选。紧紧围绕现有产业项目优势和实地考察分析，经县直各部门、乡镇、企业（合作社），报请净土健康产业项目专题研讨会进行研讨。在项目立项上，严格做到科学合理。

【净土公司资金运作】 年内，按照独立的市场主体，国有投资公司的要求来加强县净土公司的制度化、规范化建设，使公司走上正常运转轨道。公司以"资金入股、资金借贷、利润分红"等方式向产业项目注入资金。

【不断开拓营销市场】 2017年，雪顿节、国庆节期间，墨竹工卡县积极组织8家合作社参加净土健康产品展销，设立"墨竹工卡县特色产品展示区"，全面展示墨竹工卡县净土健康产品。为把墨竹小油菜、清油成品、巴洛藏鸡蛋等墨竹特色农产品积极推介到内地市

2017年9月15日，在南京参加拉萨净土产品推荐会，拉萨市委副书记、市长果果（左二）在墨竹工卡县展销点考察

“万户百场十中心”工程，2017年墨竹工卡县在唐加乡建设100户万户奶牛养殖示范户

场，县净土公司于2017年1月下旬组织两家专合组织，专门赴南京参加江苏省首次西藏拉萨净土健康产品营销推介会，有力推动了墨竹工卡县农产品实现“农超、农市、农企”对接。

【项目管理】 年内，高度重视项目的运行管理，建立健全项目运行管理机制．在项目建设过程中加强监督，确保资金投向，保证项目建设内容、标准，符合计划书要求；项目投入运营后，组织开展“回头看”工作，总结分析项目实施的优劣及原因，提高项目运作管理水平。

【增强产业连贯性】 年内，注重产业发展的系统性与连贯性，如在加大力度建设优质饲草种植基地的同时，着手开展饲草料加工项目、实施荣多奶牛养殖场建设项目。以一环扣一环形式，有效保证政府产业政策的有效性、连贯性、一致性。

【加大宣传力度】 年内，通过拉萨电视台、西藏电视台、中央电视台等各大媒体，加大产业发展产品宣传力度。通过网络媒体宣传，营造浓郁的发展氛围，增强对发展净土产业的重要性认识，打造墨竹工卡净土产品在市场上的知名度与认可度。

【提供技术学习平台】 年内，按照建设一批、规划一批、储备一批的项目推进方法，深入调研、立足实际、明确目标、积极谋划，计划下一步将启动现代农业园区、斯布牦牛本品种选育项目、墨竹小油菜加工厂、标准化奶牛养殖中心、墨竹净土健康产品销售平台建设等几个健康产业项目。通过项目带动解决200多名农牧民就业问题的同时，加大力度培育净土产业发展所需专业人才。集中举办种养业使用技术培训，提高农牧民群众专业技能。通过把他们引领到产业项目发展中，促进产业的发展、社会的和谐发展。

（东　明）

【领导名录】

主　任

索朗拉姆（女，藏族，2月免）

扎　　西（藏族，2月任）

## 墨竹工卡县卫生和计划生育委员会

【概况】 2017年，墨竹工卡县共有医疗卫生机构46个，其中县级医疗卫生机构3个（卫生计生、县医院、县疾控），乡镇卫生院8个，村卫生室32个，诊所3个。全县卫生系统共有337人，其中卫生计生5人、县医院156人，疾控17人，乡村医生159人（正式职工49人，聘用乡医、村医81人，公益性岗位29人），县、乡、村三级医疗卫生服务网络和公共卫生服务体系已基本完善，医疗服务职能得到有效发挥。

【医疗人才“组团式”援藏】 年内，为进一步贯彻落实市委、市政府《关于深入贯彻落实医疗人才组团式援藏工作的实施意见》，对照《关于印发〈拉萨市医疗人才组团式援藏工作任务分解表〉的通知》的要求，逐一落实分解任务内容。2017年，5名南京市优秀医务人员在墨竹工卡县开展“组团式”援藏工作，积极落实“以院包科”对口支援模式，在学科建设、人才培养、疑难杂症处理、医院管理等各方面都发挥了积极作用。年内，共开展手术100余台，遵循“输血”支援的原则，进行手术示教，详细讲解各种手术的要点、难点，尽量让当地医生主刀。完成科室间各类会诊60余次，并利用远程会诊设备同南京鼓楼医院进行远程会诊8例；同时进行全院及科室讲座15次，教学查房24次，充分发挥“组团式”援藏医疗人才的价值。

【新型农村合作医疗】 年内，全县农牧民参加筹资人数为48535人，筹资率达到100%。2017年，免费医疗经费为2225.07万元，其中个人筹资97.07万元，家庭账户基金618.33元，占总资金28%，大病统筹基金1562.58万元，占总资金70%，风险基金44.16万元，占总资金2%。县本级财政继续投入2000万元报销农牧民群众住院费用自付部分；全年住院人数为3801人，共报销金额3762.3万元，解决了广大人民群众看病难、看病贵的问题，使最广大人民群众得到了看得见、摸得着的实惠，享受到了经济社会发展的成果。

【包虫病防治】 截至年底，墨竹工卡县共投入包虫病防治经费714.8万元，完成筛查50339人，占总筛查人口的100.45%，共查出包虫病阳性患者（确诊）242例和疑似患者86例，患病率为0.48%；血清采集35886份，抽血率为75.10%（外地检查2548人，不计算在内）；已完成检测血清35886份，其中阳性2281份，弱阳性762份；经南京市B超专家对242例阳性和84例疑似病例做了进一步排查确诊，全县共有135例，包虫病阳性病人和12例疑似病人。犬只捕捉移送工作顺利推进，共捕捉移送流浪犬5594只，犬只驱虫4411只，羔羊免疫2224只。

【健康促进创建工作】 年内，在县委、县政府的正确领导和区、市卫计委的关心和指导下，通过近2年的努力，对照国家级健康促进试点县（区）的考核验收标准，9月底验收组一行在墨竹工卡县进行终期考核，通过实地走访、查阅台账资料，认为墨竹工卡县在健康阵地建设、健康教育宣传、促进全民健康生活方式养成、控烟履约及健康政策落实等各方面均达到创建国家级健康促进试点县标准，经反馈最终评分为883分（总分1000分），墨竹工卡县顺利通过考核组的验收。

【人口和优生优育】 年内，共落实“一孩双女”和伤残死亡扶助政策资金49.44万元，扶助对象492人；西藏特殊子女家庭扶助对象63人，落实扶助金33.36万元；全县共完成出生缺陷一级干预250对，完成率100%，免费孕检完成400对，完成率80%；根据流动人口的分布特点，与单位法人签订计划生育责任书，及时掌握孕情动态，使用流动人口交换平台向流出地查询流入已婚育龄妇女信息，为312位育龄妇女建档，切实做到了同管理、同服务、同宣传。

【“健康墨竹”】 年内，根据《中共拉萨市委员会 拉萨市人民政府关于推进“健康拉萨”建设的指导意见》文件要求，结合墨竹工卡县实际出台《中共墨竹工卡县委员会 墨竹工卡县人民政府关于推进“健康墨竹”建设的实施方案》，对照“健康拉萨”各项内容，进行系统安排部署，成立专门领导小

2017年11月15日，拉萨市卫计委主任扎西德吉（右排右四）一行在墨竹工卡县考核验收2017年度卫生与健康目标工作

组办公室，配备专兼职干部，将“健康墨竹”建设经费纳入政府计划。

【卫生基础设施建设】 年内，总投资1340万元的墨竹工卡县人民医院120急救中心已开工建设，已经完成总工程量的70%，预计在2018年6月完工；投资1300万元的新建藏医院门诊、藏药制剂室和大门、硬化、绿化等附属设施已开工建设，现已完成总投资的15%，预计2018年6月完工；投资205万的高原移动医院（各乡镇一台移动X光机设备）已发放到各乡镇卫生院；投资150万元的苏拉远程会诊项目已开始设计并布线安装阶段；同时总投资550万元的尼玛江热乡标准化卫生院项目已经纳入2018年项目内容，县人民医院整体设计规划已经交由专业设计公司重新设计，县医院建设已经纳入政府规划。通过一大批卫生基础项目的实施，墨竹工卡县卫生基础设施建设得到进一步的巩固和加强。

【精准扶贫】 年内，墨竹工卡县共有1688户贫困户，7510名贫困群众，其中“健康扶贫”39名，占全县贫困人口总数的0.52%，全年共为建档立卡贫困户报销住院费用共计97.18万元。

为巩固完善农牧区医疗保障制度，有效解决“因病致贫、因病返贫”问题，按照县委、县政府和上级业务部门的部署要求，县卫计委严格落实精准扶贫，以助脱贫工作，详细掌握每一家“因病致贫”户的基本情况，为其建档立卡；建立全程健康服务联系制度，开展贫困乡村医生培训，提高救治水平；结合实际情况，宣传墨竹工卡县100%医疗报销等相关惠民政策，同时，通过减免贫困户新农保费用，提高报销比例等方式实现精准扶贫目的。

【医疗服务落实】 年内，通过南京援藏平台，派遣墨竹工卡县12名县、乡医务人员在南京进修学习6个月；对墨竹工卡县境内发现的白内障患者按照“发现一例，诊疗一例”的原则，由各乡镇负责送往区藏医院治疗，诊疗费用由县政府承担，截至年底90例；南京市儿童医院大力支持下，墨竹工卡县5名先心病、8名髋关节脱位患儿、4名脑瘫患儿、2名畸形患儿、1名唇腭裂患儿由县卫计委组织医护人员带队远赴南京市儿童医院接受治疗；墨竹工卡县卫计委安排县、乡、村医务人员与墨竹工卡县2万多户签订家庭服务协议，将医疗服务落实到千家万户。

（云 旦）

【领导名录】

主 任

拉 巴（藏族，2月免）

韩 青（女，3月任，5月免）

曹 伟（6月任）

副主任

巴桑卓玛（女，藏族）

2017年6月16日，卫计委主任曹伟答复拉萨市第十一届人大二次会议代表意见

## 墨竹工卡县食品药品监督管理局

【概况】 墨竹工卡县食品药品监督管理局于2011年成立，隶属县卫生局管理的副科级机构，与县卫生局一起办公。2015年，根据《关于组建县区食品药品监督管理局的通知》文件精神，县食品药品监督管理局调整为县人民政府工作部门的正科级建制机构，并于2015年11月正式挂牌。

2017年，县食品药品监督管

理局主要负责全县四品一械（食品、药品、保健食品、化妆品，医疗器械）的监管，现设有食品安全委员会办公室，食品安全监管、药品医疗器械安全监管和保健食品、化妆品监管办公室。监管对象有食品经营户数1089户（其中经营企业2家、农牧民专业合作社5家、食品流通个体经营户670户，餐饮服务单位363家，机关、学校、矿山企业、工地食堂49家），医疗机构43家（县人民医院，乡卫生院8家，村卫生室32家，诊所2家），药品经营单位2家（药店2家）。

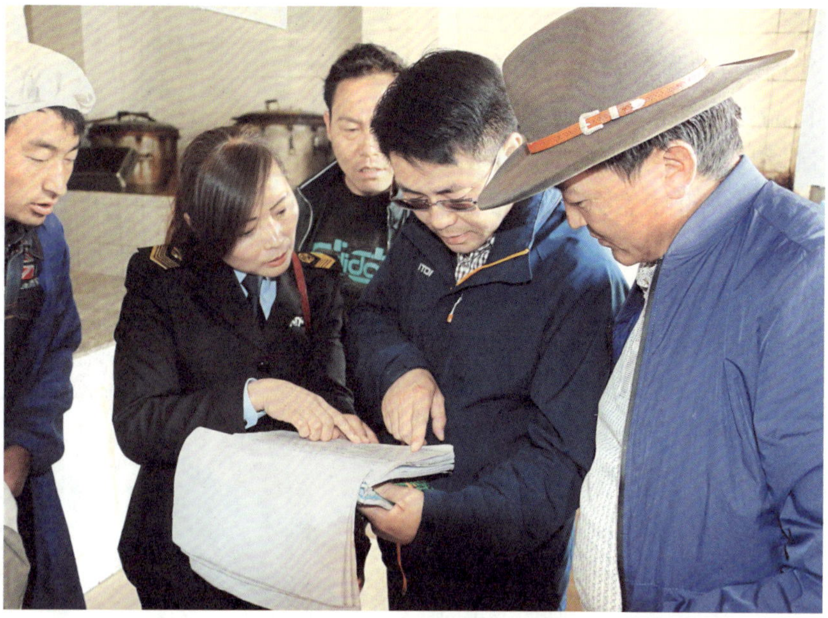

2017年6月9日，县委常委、副县长汤官中在县中学检查食品安全

【监管体系】 年内，及时调整充实食品安全委员会成员单位和组成人员，明确各食安委成员单位职责，各乡（镇）按照属地管理责任成立食品安全工作领导小组。现局工作人员6人，乡（镇）食品安全协管员8名，村一级协管员、信息员48名，已形成“县、乡、村”三级食品安全监管体系，确保机构、人员到位，为保障墨竹工卡县食品安全工作奠定了有力基础。

【工作部署】 年内，制定下发《墨竹工卡县食品药品安全专项整治行动方案》等文件16件次，并多次组织县食安委各成员单位、各乡（镇）召开食品安全专项检查工作会，安排部署食品安全检查工作。县食安委成员单位也制定相应的工作制度和计划，把责任分解，层层落实，为食品安全日常监管和联合专项检查提供了良好的基础。

【安全责任制】 年内，为全面落实区、市食品安全工作会议精神，更好地开展食品药品安全监管工作，县政府于5月召开全县2017年食品药品安全监管工作会议，并于9月召开创城工作推进会，与各乡（镇）、县食安委成员单位签订《墨竹工卡县2017年食品安全目标管理责任书》《墨竹工卡县创建国家食品安全城市责任书》，将目标任务分解、落实到各乡（镇）和相关职能部门。

【报送机制】 年内，在信息报送方面，各食安委成员单位、各乡（镇）定期将本单位开展的食品安全监管工作情况以书面形式报送县食安办，县食安办汇总后，以书面形式及时报送县委、县政府以及上级业务部门。年内，共编发信息137期。

【反应机制】 年内，修订完善《墨竹工卡县食品安全事故应急预案》《墨竹工卡县重大活动餐饮服务食品安全突发事件应急预案》，从事故定义、组织机构、工作职责、监测、预警、报告及事故应急响应和保障等方面作了更加具体的规定。

【食品安全监管队伍建设】 年内，组织开展食品安全从业人员集中培训1次，全县10所学校（托幼机构）负责同志及从业人员49人参加培训，县食安委各成员单位、各乡（镇）食品安全协管员43人参加培训；深入企业、学校食堂开展食堂管理人员和从业人员培训，受教育人数达100余人次。

【全面落实监管责任】 年内，县食药监局采取集中培训、流动培训相结合的方式，组织各乡镇专干、乡镇协管员、学校食堂管理人员进行食品药品安全监管相关培训，全年培训课时达到40小时。

【落实食品安全联席会议制度】 年内，为加强食安委成员单位对食品安全工作的沟通和协作机制，组织食安委成员单位定期召开食品安全联席会议，通报各部门食品安全相关工作开展情况，以及安排部署下一阶段墨竹工卡县食品安全工作方向，通过定期召开食品安全联席会议，有效加强了各食安委成员单位的沟通协作，为保障全县广大群众的饮食安全奠定了坚实基础。

2017年9月28日，食药局联合相关单位开展校园周边食品安全专项检查

【建立健全行刑衔接机制】 年内，为贯彻落实习近平总书记提出的“四个最严”要求，食品药品监督管理局与县公安局、县检察院完成制定《墨竹工卡县食品药品安全行政执法检察监督工作协作机制》《墨竹工卡县打击危害食品药品安全违法犯罪活动联动执法工作机制》，并通过召开食品安全联席会议，正式运行工作机制。

【食品安全保障】 年内，为确保墨竹工卡县节假日及县“两会”、十九大等重大活动期间的饮食安全，有效预防食物中毒、食源性疾病等安全事故的发生，在元旦、春节、“两会”“五一”、端午节等节假日和县“中、小考”重大活动中，开展食品安全保障工作。期间，组织协调县食药监局、县卫生局、县教育局、县农牧局等执法人员全面检查辖区内各类餐饮服务单位、食品流通单位，排查风险隐患，重点加强对节假日期人流量较多的场所、学校周边、学校食堂以及承担县“两会”重大活动餐饮服务单位机关食堂的监管。全县重大活动中未发生食品安全事故，有效保障了广大群众的饮食安全。

【食品安全抽检】 年内，按照国家总局、自治区局、拉萨市局要求，加大对农产品、乳制品、肉制品、果蔬类等日常消费的大宗食品检查力度。截至年底，共完成食品抽样任务17批次（其中国抽11批次、省抽6批次）以及农产品抽样56批次，抽样类别包括食用农产品、粮食加工品、淀粉及淀粉制品、餐饮食品四大类。针对抽检结合反馈，1批次农产品不合格，已严格按照核查处置程序办理完毕。

【量化分级及“明厨亮灶”工程】 年内，共完成量化分级管理工作涉及全县餐饮经营单位共363家，评级332家，参加量化分级管理单位数达到持证单位数90%以上，公示率达到100%。其中，评定为A级1单位，B级单位29家，其余为C级单位，未评级的10%主要为正在办理食品经营许可证及未能达到量化分级评分标准的餐饮单位，已责成相关单位限期进行整改再申请评审；食品药品监督管理局结合实际，积极部署，扎实开展全县餐饮服务环节“明厨亮灶”改造工作，全面推进。截至年底，全县共有43家餐饮单位（其中大型餐馆3家、机关食堂7家，学校食堂17家、小型餐饮16家）指导其按照要求进行“明厨亮灶”改造，14家正在推行中。

【食品生产经营企业主体责任落实】 年内，为加强企业主体责任意识，提高行业自律和诚信经营理念，组织执法人员在全县乡（镇）开展“创建国家食品安全示范城市，以优异成绩迎接中共十九大胜利召开”集中法制宣传活动，宣传活动共举行8场，经营单位参与人数达到约587人，现场咨询人数达到285人，发放《餐饮服务环节进货登记本》《食品流通环节进货登记本》共计634余本，发放宣传海报735余份，取得了很好的效果。

【专项整治】 年内，按照县委、县政府的指示及上级业务部门要求，结合墨竹工卡县工作实际，制定下发《墨竹工卡县食品药品安全专项整治行动方案》，扎实开展食用农产品农贸市场专项整治；农牧区食品安全专项整治行动；“地沟油”专项整治；餐厨废弃物专项整治；禽畜水产品抗生素专项治理行动；学校食堂食品安全专项整治；婴幼儿配方乳粉经营户标识标签规范和监督检查工作；旅游景区餐饮服务食品安全专项整治等工作。自开展工作以来，日常检查共出动车辆154车次，出动执法人员518人次，检查各单位食堂、食品经营主体2356余户（次），查处问题食品5类（主要为零食类及生鲜肉类），没收过期、变质食品300余公斤，涉及金额5000余元，口头责令整改单位130户（次），责任约谈单位6家次，下达责令改正通知书19份。自开展食品安全专项检查以来，全县食品经营市场风貌得到了很大改善。

【行政许可审批】 年内，县食药监局狠抓便民服务、落实为民宗旨，经过充分调研，精心设计，制定食品经营许可证办理流程图和办理食品经营许可证须知宣传折页2000本，方便食品经营户申请、换发食品经营许可证。规范行政许可行为，对每一审批事项逐一细化；抓住行政许可这一关，严把行政许可岗前培训、现场审核和申报材料关口，严格按照法律法规和办证流程要求落实行政许可受理制。2017年，共办理食品经营许可证407张，其中新办325张，旧证换新82张。

【推进食品安全社会共治】 年内，制定下发《餐饮服务环节进货登记本》《餐饮业食品留样登记本》《餐饮具消毒记录本》《食品流通环节进货登记本》及食品添加剂公示牌告知各食品经营单位为食品安全第一责任人，督促建立健全进货查验制度。结合宣传活动建立投诉举报机制，公开食品安全投诉举报电话“12331”“0891-6134041”。2017年，共受理投诉举报2起，对处理结果及时反馈投诉人，均表示较为满意，通过一系列举措打牢了食品安全共治共管局面的基础。

【药品化妆品医疗器械不良反应培训】 年内，为提高全县药品化妆品医疗器械不良反应监管人员的法制意识和从业水平，适应新形势下药品安全监管工作的需要，开展药品化妆品医疗器械不良反应监管专题培训，共计23人参加培训。

【医疗器械监督抽检】 年内，为加强医疗器械经营使用环节监督管理工作，按照拉萨市食品药品监督管理局2017年医疗器械省级监督抽验任务，抽验工作共完成四个批次的抽样，抽验样品含一次性使用无菌注射器（无菌）、脱脂棉纱布（块）、非吸收外科缝线、一次性使用无菌导尿管四个类型。

【药械日常检查】 年内，为进一步加强医疗机构药品和医疗器械经营质量管理，规范药品和医疗器械经营行为，开展药品、医疗器械经营使用单位日常监管和药械

2017年10月11日，食药局开展“共创国家食品安全城市 以优异的成绩迎接党的十九大胜利召开”集中法制宣讲活动

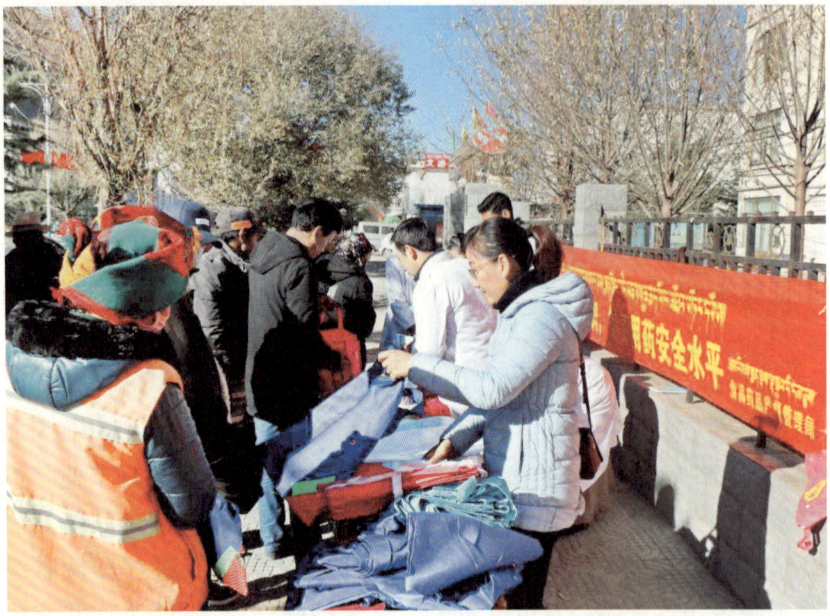

2017年12月8日，食药局开展食品药品安全知识宣传活动

专项整治工作。每月对县级药械经营使用单位（县医院、2家诊所、2家药店）跟踪检查12次；每季度对8个乡镇卫生院跟踪检查3次；全年对32个村卫生室跟踪检查，检查覆盖率达到100%，专项检查共30户次，出动执法人员78人次。检查发现部分单位存在管理制度不健全、索证索票不全、进货台账和产品销售台账记录不完整、从业人员对自身岗位职责不熟悉等问题，针对存在的问题口头责令整改单位4家次。

【创建国家食品安全城市】 年内，为贯彻落实区市创建国家食品安全城市总体工作部署，进一步推动墨竹工卡县食品安全整体保障水平，按照《墨竹工卡县创建国家食品安全试点城市工作实施方案》，结合创建国家食品安全城市工作任务分解72项指标，对照工作实际，现已有40项基本完成，其余项正在积极开展中。

【宣传工作】 年内，为全面普及食品药品安全法律法规。食品药品监督管理局结合"3·15"消费者权益日、"综治宣传月""12331"等节点组织协调各乡镇、各成员单位继续推进食品安全知识"五进"宣传活动，宣传活动主要采取设置宣传展板、发放宣传资料、现场解答等方式进行，截至年底，共计发放《食品安全小常识》《用药基本常识》《创建国家食品安全城市宣传海报》《"12331"食品药品投诉举报宣传海报》等宣传资料（册）10000余份，接受群众咨询2000余人次，宣传群众达15000余人次。创新宣传载体，利用"六一"儿童节、学生家长会等节点，深入各乡（镇）中心校现场向在校学生发放学生专版《学生食品安全知识读本》3000余本，全面普及新《中华人民共和国食品安全法》和食品安全科普知识，为创建国家食品安全城市深入推进奠定了基础。

【建立乡村级食品安全宣传平台】 年内，为推进食品安全共治共建工作，提高群众参与率、知晓率，县食药监局在村级设立食品药品安全宣传专栏，内容涉及食品安全公示、工作动态、知识宣传等，极大提高了村民对食品安全的关注、参与。

（官　清）

【领导名录】

局　长

宗　　吉（女，藏族）

副局长

拉巴仓决（女，藏族）

## 墨竹工卡县人民医院

【概况】 墨竹工卡县人民医院始建于1968年，1997年被评为全市第一家县级"一级甲等医院"。2016年4月被评为"二级乙等医院"，均走在拉萨市县级医院的前列。医院占地面积20428.4平方米，总建筑面积11552.2平方米，其中业务用房10070.8平方米，生活用房1481.4平方米。医院设有内、外、妇、儿、藏医、急诊、感染、五官、口腔及麻醉10个临床科室；药剂、病案、检验、放射、病理、血库、胃镜、手术、功能及供应室10个医技科室；院办、党办、医务科、设备科、护理部、信息科、后勤部7个行政职能科室。

2017年，有干部职工共163人，有正式党员40人，其中女性23人，少数民族党员32人。卫生技术人员138人（护理人员43人，其中聘用护士15人），后勤等其他工作人员 25 人。从专业技术职称结构分：副高 7 人，中级 15 人，初级 33 人；从专业技术学历结构分：本科 68 人，专科 69 人，中专及以下 26 人。

【业务数据】 门诊部：门（急）诊就诊 49518 人，其中急诊就诊人数 6227 人次；藏医部：门诊就诊 12255 人次，住院 73 人次；住院部：住院 2122 人次（内外儿 1166 人次，妇产科 956 人次）；完成手术例数 152 台次，高危孕产妇转诊 52 人次，新生儿转诊 77 人次。病床使用率 68.9%，平均住院日 8.8 天。

【藏医藏药】 藏医科成立于 1976 年，现藏医科总建筑面积 1421 平方米，设有藏医内科、外治科、藏西医结合科、口腔科、眼科、康复中心、药剂科、护士站等科室。年门诊量 12255 人次，住院 73 人次，其中治愈 22 人次，好转 51 人次；药浴 63 人次（一个疗程）；口腔门诊量 529 人次，其中拔牙 180 人次，补牙 150 人次，口腔治疗 199 人次；眼科门诊量 38 人次，治疗 7 人次。理疗康复治疗及外治项目治疗总人次 2414 人次。

【医疗质量管理】 年内，根据人员变动和工作需要，调整医院各管理委员会，出台突发公共事件医疗救治应急预案、医疗质量管理工作方案，同时严抓病历质量，加大十五项核心制度的执行落实力度。

【护理质量管理】 年内，严格实行院科两级质控考核，各级护理人员职责明确，各项工作制度健全，严格依法执业，规范护理行为，优质护理服务示范病房覆盖率达 70%。做到有检查、有反馈、有整改。

【医院感染管理控制】 年内，认真贯彻落实《医院感染管理办法》，根据《二甲医院评审细则》，严格落实医疗废物管理制度。委托第三方公司转运，完成院内医废产生量为 16418.84 千克，其中乡镇医院产量为 2847.26 千克。完善污水处理站的设备，购置流量计、余氯测试仪、压滤机，确保能够高效运转，加强了对药物投放和污水监测的记录与管理，强化污水设施建设、规范设备运行管理，确保医院污水处理达到排放标准。10 月，开展手术室器械辅料监测、手卫生检测及供应室生物监测等新项目。

【临床药学】 年内，住院部抗生素使用率 42%，门急诊抗生素使用率 23%，均符合卫生部专项整治要求，同时公布前十位抗菌药物用量及前十位医师使用情况，以促进门诊医师合理用药，有效遏制抗菌药物滥用情况。加强麻、精药品的监督、检查管理工作，严格执行麻、精药品的“五专一定”，确保采购、保管、使用的安全。

【优化人才队伍】 年内，采取送出去、请进来方式加强人才培养，先后派出医护人员 40 人次在区内、区外上级医院进行短期、长期培训，并积极邀请自治区级、市级专家现场指导 10 人次，以提高医院医疗技术水平。注重院内学习，常年在院内开展业务学习、技术考核。先后组织业务培训和讲座 20 次，组织全院理论知识考试 4 次，组织护理操作技术培训及考核 4 次，在医院营造了良好学习氛围。充分利用鼓楼医院与县医

2017年9月1日，阿里地区卫计委在墨竹工卡县医院进行安全生产督导检查

院之间的远程会诊平台，积极开展远程会诊工作，2017 年开展远程会诊 10 例，实现医疗资源共享，也使广大患者不用出县，在本地即可享受高水平医疗技术服务。

【岗前培训】 年内，为提升卫生院医疗服务能力与水平，方便农村患者就医，医院接受 5 名乡镇卫生院医师来院规培。

【健康宣教及义诊送药】 年内，开展各类下乡义诊活动 14 次，免费发放药品价值 6.1 万元，深受广大群众欢迎和称赞。

【开展包虫病筛查】 年内，医院计划完成全民健康体检暨包虫病筛查人数 6416 人，实际完成为 8985 人。包虫病筛查抽血人数为 8700 人，其中 110 人在外地体检，抽血率达到 96.83%，体检率及建立健康档案率均达到 140.04%。及时进行个人健康信息电子档案的录入和归档，完成健康体检结论反馈，提出科学合理的建议。9 月 16 日，根据拉萨市卫计委安排，抽调 2 名医护人员赴阿里地区协同阿里各县乡医护人员进行包虫病筛查，40 天共计体检 5900 人，B 超示包虫病阳性患者共计 68 人，疑似患者 2 人。

【开设戒烟门诊】 年内，通过积极努力、运作和协调下，深入墨竹工卡县各单位及 7 个乡镇的政府、学校、派出所等单位以及农牧区，对吸烟人群进行控烟宣传和一氧化碳检测，并免费发放戒烟药品。共检测 410 人次，对检测超标的发放控烟药品 600 盒，药品总价值 108000 元。

【优化服务举措】 年内，做好医院信息化系统的日常维护，为医院各项工作快捷、高效开展提供保障；深入开展优质服务活动，积极利用护士节、年终考核表彰大会等途径，大力表彰各类先进典型，激发正能量，促使广大医务人员在日常工作中勇挑重担、恪尽职守、不计得失、无私奉献，赢得了广大患者及家属的一致赞誉。

2017年9月26日，促进健康验收组在墨竹工卡县人民医院进行促进健康检查验收

【顺利成为西藏大学医学院实习基地】 年内，县医院与西藏大学医学院达成协议，成为藏大医学院实习基地，2018 年将有西藏大学医学院的实习同学进入县医院进行临床实习。医院还拟定，充分利用援藏资源针对实习考核总成绩的前两名实习生，根据其各自的兴趣，选送至江苏省南京市大型三甲医院的相应科室，进行 2—3 个月的实习。

【开展新技术新项目】 年内，在援藏医生的帮助下，检验科新开展了多项新技术，包括：发光项目、心肌项目、炎症项目、血凝项目、免疫项目、室内质控、空气培养、手卫生监测、手术器械辅料的监测、胃镜器械消毒监测、供应室生物监测、微生物培养鉴定和药敏试验。其中，院感监测、发光项目、微生物检测均为拉萨地区县级医院中首家开展。外科开展腹膜外间隙腹股沟疝修补术、胃穿孔修补术、小肠穿孔修补术等，均为墨竹工卡县首例。

【建立助产士队伍】 年内，在护理部的积极配合下，医院成立一支专业的助产士队伍，截至年底，人员前期培训已经完成，已安排 5 名成员在拉萨市人民医院和拉萨市妇幼保健院进修。

【完善信息化建设】 年内，通过调研后，对医院信息系统和基础信息库进行整改，部分软件模块已经上线，并在积极调试阶段。病人所有医疗信息全部数字化，满足以病人为中心的查询要求；设置排队叫号和分诊系统，实现患者不需要排长队看病、取药等检查报告，使患者满意度大大提高；为确保患者得到持续治疗和延续指导，也为医疗行为积累更多临床数据，医院建立病人回访制度并增加病人回访模块；为进一步提高治疗质量、合理分配卫生资源、节约患者医疗外成本，医院于2016年启用南京—墨竹远程会诊系统，使患者不出墨竹就能得到南京鼓楼医院专家的诊治；使用合理用药模块，对临床医生有效、安全、经济的制定给药方案提供一定的指导；使用临床路径模块，为单病种的诊断、治疗、康复提供一个诊疗标准化模式，有严格的工作顺序和准确时间要求，为持续改进医疗质量提供了新的管理模式；为患者减轻排队负担，减少非候诊的等待时间，医院设置自助发卡、缴费一体机和自助报告打印设备。

（王桑日草）

【领导名录】

党支部书记、副院长

贡　嘎（藏族）

院　长

黄　丹

副院长

旦达次仁（藏族）

## 墨竹工卡县疾病预防控制中心

【概况】 墨竹工卡县疾病预防控制中心位于工卡镇（原）县小学院内。负责全县的疾病监测、预防接种、健康教育、地方病防治、慢性病调查、统计、分析、突发公共卫生事件的处置、各种传染病、流行病的预防监测、统计、分析、报告和处置、全县卫生（包括学校卫生）监督，传染病防治监督；负责全县妇幼保健工作、包括孕产妇建卡、产前产后访视的监督管理。0—14岁儿童的系统管理统计，全县孕产妇及儿童死因分析报告。

2017年，疾病预防控制中心现共有职工18人，其中专业技术人员16人，驾驶员1人，公益性（后勤工作人员）1人。学历结构：本科11人、大专4人、中专2人，中专以下1人。专业结构：公共卫生9人、西医临床2人、藏医4人，其他3人。职称结构：专业技术中级3人、初级9人，员级3人；工勤高级1人、中级1人，其他1人。科室分类：中心办公室、地病科、流病科、结防科、卫生监督科、计免科、慢性病防治科、健康教育科、妇幼保健科。

【疾病预防控制】 年内，墨竹工卡县疾病预防控制中心根据《拉萨市卫生工作目标责任综合考评标准》《基本公共卫生项目和重大公共卫生项目任务分解》等相关文件要求，疾病预防控制中心2017年度顺利完成疾病预防控制及卫生监督相关工作任务。

【传染病防控】 2016年11月1日至2017年10月31日，全县七乡一镇以电话、网络形式共报乙、丙两类传染病10种220例，发病率为430.07/十万（总人口为51155人），乙类传染病发病7种208例，发病率为406.60/十万（总人

2017年5月27日，拉萨市卫计委主任扎西德吉（左三）在墨竹工卡县督查包虫病筛查工作

2017年9月26日，福建省卫计委专家代表团一行在墨竹工卡县华泰龙矿业有限公司考察健康促进企业创建工作

筛调查，根据高危对象的个体危险因素暴露及疾病情况，积极进行有针对性的个体化综合干预，并将其纳入短期、长期随访管理。6月26日—9月20日，墨竹工卡县共筛查1910人，检出高危对象336人，高危检出率17.59%。填写基本信息登记表1878人，签署知情同意书1910人，快速血脂检测1910人，快速血糖检测1910人，测量血压1910人，静脉采血1910人，检测肺功能1910人，采集尿样1896人，初筛问卷调查1910人。

口为51155人)，占发病总数的81.50%；丙类传染病发病4种12例，发病率为23.46/十万(总人口为51155人)，占发病总数的4.72%；其他传染病3种35例，发病率为68.41/十万(总人口为51155人)，无死亡病例，无甲类传染病报告。能够按时报告相关传染病疫情，未发生疫情漏报、瞒报和误报、重报等现象。

【结核病防治】 2016年11月1日至2017年10月31日，全县初诊病人登记数91人，病人登记管理28人，其中确诊新发阳性5例，复发阳性1例，无死亡病例，新发涂阴17例，复发涂阴3例。结核性胸膜炎3例，其他肺外结核0例。FDC药物覆盖率92.9%。管理占100%。查痰总数80例(其中随访查痰20例，初诊查痰60例)。

【基本公共卫生(慢病监测)】 截至年底，墨竹工卡县高血压病患者共1581例，管理人数共1581例，随访人数1581例，管理率达100%；2型糖尿病患病患者共55例，管理人数55例，随访55例，管理率达100%；重性精神病确诊患者19例，管理患者19例，均已建立档案进行随访管理，管理率达100%，并将19名精神病患者送往西藏自治区第二人民医院接受治疗，通过对患者的管理和随访及治疗，使群众得到良好的卫生服务，尽可能地满足慢性病患者的卫生服务需求。

【心脑血管高危人群筛查】 年内，为确保筛查和干预现场工作顺利实施，各乡(镇)均提前将辖区内年龄35—75岁的户籍居民情况进行摸底上报。筛查组按照既定现场工作流程，对筛查对象进行身份核实、知情同意书签署、分配项目ID、基本信息登记、血糖和尿液检测、肺功能、血压、身高、体重、腰围测量、问卷调查等一系列初

【死因监测】 1月至10月，墨竹工卡县共报告活产儿童总数745例、出生率14.60‰；本年度共报告死亡177例，总的粗死亡率为3.46‰。5岁以下死亡9例，占死亡总数的5.08%，无孕产妇死亡。经调查，发现死亡医学证明(推断)书漏报3例，漏报率达1.70%；出生医学报告漏报7例，漏报率达1.0%。经过漏报调查及时进行出生、死亡查漏补填和补报工作，合理使用漏报调查结果调整常规监测数据，提高死因监测工作的质量。

【常规免疫】 年内，乙肝疫苗三剂次应种2342人，实种2341人，接种率100%，乙肝疫苗首针及时率97.99%；卡介苗应种697人，实种697人，接种率100%；脊灰疫苗四剂次应种3110人，实种3110人，接种率100%；百白破疫苗四剂次应种3543人，实种3532人，接种率99.69%；含麻疫苗(麻

风、麻腮风）应种 2028 人，实种 2022 人，接种率 99.7%，其中，麻风疫苗应种 978 人，实种 977 人，接种率 99.90%；麻腮风疫苗应种 1050 人，实种 1045 人，接种率 99.52%；a 群流脑疫苗二剂次应种 1879 人，实种 1879 人，接种率 100%；甲肝疫苗应种 998 人，实种 996 人，接种率 99.80%；A+C 流脑疫苗二剂次应种 1679 人，实种 1678 人，接种率 99.94%。

【免疫工作】 年内，百白破疫苗补种率 100%，含麻疫苗（麻疹、麻腮风）补种率 100%，脊灰疫苗补种率 100%，A+C 流脑疫苗第一针补种率 100%，a+c 流脑疫苗第二针补种率 100%，A 群流脑疫苗第一针补种率 100%，A 群流脑疫苗第二针补种率 100%。

【儿童入托、入学预防接种证查验】 年内，墨竹工卡县查验儿童数 1913 人，查验率 100%，查验 1913 人，补种 55 人，漏种率 0.16%。

【地方病防治】 年内，墨竹工卡县疾控中心以县政府的名义与辖区内 8 个乡（镇）及拉林公路修建公司签订鼠防目标责任书；鼠疫自然疫源地宿主的密度调查总面积为 2360 公顷，见獭总数 115 只，投药堵洞数位 734，废弃洞为 280，布放鼠夹 337 只，捕鼠数 0 只，平均密度 0.05 只 / 公顷（控制在 0.5 只 / 公顷的控制线内）；采集鼠疫易感动物血清（主要为狗血清）200 份，经市疾控中心检测结果 1 份阳性（羊血），针对阳性羊血，对羊圈及周边环境进行了消毒处理，其余均为阴性；全年共发现病死旱獭 3 例，经快速检测，结果 1 例为弱阳性，经采样送至市疾控进一步核实结果，最终结果为阴性，其余 2 例均为阴性，将所有自毙旱獭就地消毒深埋处理旱獭残体；对疫情的报告制度做到“不迟报、不漏报、不瞒报”。

2017年4月25日，疾控中心工作人员在县医院对僧尼群众开展健康宣教活动

【碘缺乏病防治】 年内，墨竹工卡县划分 5 个抽样片区，随机抽取 300 户居民食用盐，进行半定量检测，碘盐食用率为 100%；抽取 200 名（8—10）岁在校学生进行甲状腺肿大 B 超检查及尿碘含量检测；采集 100 名孕妇尿样和家庭使用碘盐，将样品送往拉萨市疾控中心；对墨竹工卡县孕产妇、育龄妇女及 1—3 岁儿童人群投服应急碘油丸，在全县范围内开展“碘缺乏病防治”知识宣传活动，共发放宣传册 700 余张，覆盖宣传人数共达 45750 余人。

【大骨节病监测】 截至年底，墨竹工卡县共有 72 例大骨节病人，已进行药物治疗。年初市疾控中心地病科对墨竹工卡县辖区内 7—12 岁儿童大骨节病进行筛查诊断，共筛查 2095 人，其中临床诊断为 I 度有 4 人。

【包虫病流调工作】 8 月 15 日，圆满完成包虫病筛查各项工作，后续治疗、补犬工作、家畜驱虫等各项工作正在有条不紊地开展当中，按照《拉萨市包虫病综合防治工作方案（2017 年—2020 年）》的要求，县委、县政府高度重视，结合墨竹工卡县实际，制定《墨竹工卡县包虫病综合防治工作方案（2017—2020 年）》，成立以县长旦增尼玛为组长的墨竹工卡县包虫病综合防治指挥部，设立包虫病指挥部办公室及防疫筛查治疗组、犬只管理组、寺庙防治工作组等 8 个工作组。县委书记劳明伟亲赴一线督导包虫病筛查工作，有力地推动了筛查工作的开展。县长旦增尼玛主持召开包虫病综合防治工作专题县长办公会，安排部署相关工作，研究解决各类防治经费（耗材费、援藏专家经费、宣传经费、捕犬经费、办公经费等）共计648.1万元。分管卫生工作的副县长益西每两周召开一次工作推进会议，动态掌握工作推进，多次前往筛查一线指导工作，同时积极联系南京卫计委协调4名援藏B超专家赴墨竹工卡县协助开展为期45天的筛查工作。

为提高包虫病综合防治工作的全民参与性，在县包虫病指挥部的动员下，各级各部门广泛动员、积极参与，大力宣传包虫病的综合防治知识及筛查救治工作，大力普及包虫病防范措施知识。充分利用电视、网络等媒体平台，及时发布包虫病防治知识和免费治疗包虫病的优惠政策，同时各级各部门、驻村工作队充分利用“五下乡”“四讲四爱”“世界卫生日”等多种形式大力宣传包虫病防治知识。截至年底，共发放宣传材料28090余份，受益人群达5万余人/次，制作户外宣传展板24个、悬挂宣传横幅28条，有效提高了广大农牧民对包虫病的认识，积极教育引导广大农牧民群众养成良好的卫生习惯，使全社会形成共同参与包虫病防治的良好格局。

年内，按照拉萨市包虫病综合防治相关工作要求，墨竹工卡县积极筹备，并制定《2017年墨竹工卡县包虫病综合防治流调技术方案》《墨竹工卡县包虫病人群筛查治疗工作方案》，整合乡（镇）卫生院、县医院医护资源，精心组织开展墨竹工卡县包虫病全民筛查工作。县卫计委牵头整合全县医护资源，成立5个筛查组在全县范围内全面开展包虫病筛查工作，对筛查任务细分到组，责任到人，按照规定时间倒排，同时积极动员暑假返乡大学生参与到筛查工作当中，壮大技术队伍，为高质量地完成任务，将4名援藏B超医生分配到技术力量相对薄弱的乡（镇），流动式的服务，有效提高墨竹工卡县包虫病筛查工作的整体技术水平。截至年底，墨竹工卡县已完成筛查50339人，占总筛查人口的100.45%，已经圆满完成拉萨市要求的覆盖全人群95%以上的要求，共查出包虫病阳性患者（确诊）242例和疑似患者86例；血清采集35886份，抽血率为75.10%（外地检查2548人，不计算在内）。截至年底，已完成检测血清35886份，其中阳性2594份，弱阳性647份。根据《拉萨市包虫病人群筛查治疗工作方案》，经南京市B超专家对242例阳性和84例疑似病例做了进一步排查确诊，全县共查出包虫病141例，患病率为0.28%，其中129例阳性和12例疑似，将病例分型AE6例，CEⅠ13例，CEⅡ30例，CEⅢ21例，CEⅣ31，CEⅤ15例，未分型13例；按照拉萨市文件要求，根据病人B超病灶大小，将包虫病病人安排药物（<5厘米）和手术（>5厘米）治疗方法，需药物治疗有29人，需手术治疗有108人。截至年底，已接受治疗有51人，其中药物治疗23人（2人拒绝服药），手术治疗28人。

2017年11月17日，疾控中心工作人员在县南京实验小学开展传染病防治知识讲座

**【宣传工作】** 年内，利用各种形式，多渠道全方位地开展健康教育宣传活动。利用食品安全宣传周、慢性病系列宣传周、计划免疫宣传周、科技宣传周以及相关宣传日共宣传23期丰富多彩的健

康教育宣传活动，并进村（入户）、入乡、入学校、入寺院、入矿企业等方式共计发放各种藏汉为主的宣传资料36类9600余份、展出展板12种150张，发放安全套1200支，受益人数达到25000余人；通过多次开展戒烟、控烟活动之后，墨竹工卡县成人吸烟率控制在18.7%。加强性病艾滋病防治、相关传染病防治宣传力度，各乡（镇）增设性病、艾滋病广告5幅，积极开展对乡镇专干、居民、学生艾滋病知识培训和讲座共计6次，参会人次达918余人，发放宣传材料3600余册，提供1200余个安全套。2017年，HIV病人随访8次，其中没有死亡及重症病例。每月艾滋病咨询检测人数100人以上，登记工作已完成，未发现艾滋病、丙肝病病例。全年梅毒初筛阳性病例有30人，酒吧暗娼干预90余人；另外艾滋病海报及藏汉“双语”知识读本新增4种，宣传栏新增3栏。

【学生营养监测】 年内，墨竹工卡县有3所学校作为农村义务教育学生营养改善计划营养健康状况常规监测学校，已完成3所学校学生体格检查，共完成学生体检数为657人，其中有县南京实验学校6个班级共259人，扎西岗乡南京希望学校6个班级共261人，县中学有3个班级共137人，并均已完成网上录入工作。

【创建全国健康促进试点县】 年内，墨竹工卡县将“健康墨竹”建设作为县委确定的“六大战略”

2017年4月1日，疾控中心工作人员在工卡镇开展包虫病及全民健康生活方式讲座

（党建统县、生态立县、文化兴县、产业强县、民生安县）的重要组成部分，逐年加大对卫生健康工作的投入力度，特别是2016年启动“墨竹工卡县创建全国健康促进试点县建设项目”以来，先后实施一大批卫生健康项目建设（基础设施改善提升、医技人才培养、农牧民群众看病费用报销、高原病救治等），卫生健康事业得到长足发展和进步，据统计近两年来本级财政共投入卫生健康各类经费1.05亿元。为顺利完成健康促进试点县创建工作，墨竹工卡县成立由县委副书记索朗多吉为组长、分管卫生工作副县长益西为副组长的创建项目工作领导小组，下设创建办公室，安排专人（疾控牵头）负责创建工作，建立联席会议制度，同时与各乡（镇）、县直各单位、部分企业签订创建目标责任书，完善县、乡（镇）、村三级健康教育网络，明确各级专兼职健教工作人员，全县健康促进工作网络覆盖率85%以上，网络专兼职人员培训覆盖率90%以上，为创建工作奠定坚实的基础，同时前后共开展6次以政府牵头、多部门联合的督导检查，召开1次迎检动员部署大会。

基层阵地建设：对照考核标准，通过近两年的努力，墨竹工卡县60%的医疗机构通过自查已经符合健康促进医院标准，50%以上的学校也达到健康促进学校标准，机关、企业、乡（镇）及村居也基本上达到创建标准；在墨竹工卡县嘎则新区创建健康主题公园1处（总占地2万余平方米），在园内设置健康步道；全县人均体育场地面积大1.78平方米，60%以上的人口经常参加体育锻炼；94.87%学生体质健康达到《国家体质标准》。促进全民健康生活方式工作：积极开展“四类”全民健康生活方式行动工作，树立慢病防控工作新标杆。通过全民运动会的开展使得广大农牧民群众对

2017年3月28日，卫计委组织卫生系统职工开展趣味运动会

“人人拥有健壮身体、人人拥有健全人格、人人拥有健美体态、人人拥有健康生活”的追求蔚然成风。同时积极利用“3·28”百万农奴解放纪念日、“五四”“七一”“十一”等节假日、纪念日为契机开展一系列主题健康运动竞赛。不断加强控烟履约工作：认真贯彻落实中央两办《关于领导干部带头在公共场所禁烟有关事项的通知》精神，在全县机关单位，公共场所实施不吸烟、不敬烟、不送烟的良好风尚，统一制作禁止吸烟标识牌615块，已发放至辖区各机关、企事业单位等。同时县医院联合各乡（镇）卫生院走村入户开展戒烟宣传工作，通过服药等帮助一大批老烟民成功戒烟。积极开展“无烟单位”“无烟餐厅”“无烟食堂”等创建活动，经过多次开展控烟、戒烟活动后，墨竹工卡县成人吸烟率为18.7%，比起往年下降6.3%。

【学校卫生监督】 年内，墨竹工卡县共有10所学校，其中1所中学、8所小学、1所幼儿园，对各所学校饮用水和学校卫生开展定期或不定期卫生监督检查5次、其中联合监督检查1次、累计监督户数46户、卫生监督覆盖率达100%、卫生合格率达95.5%、各所学校食品从业人员体检率及两证持证率均达100%。

【公共场所卫生监督执法】 年内，墨竹工卡县共有24户公共场所，2017年发放卫生许可证10户（延续和新办）、从业人员共有890人、体检890人、发放健康证890人、两证持证率达100%。对从业人员培训卫生法律法规知识3次、累计培训110人次、参训率达95.5%、知晓率达93%、公共场所卫生监督5次，其中联合监督1次，累计监督120户。发放公共场所管理制度23份，已建立卫生监督举报投诉制度并公布监督举报电话。

【生活饮用水检测】 年内，墨竹工卡县需完成16个监测点采样62份（枯水期、丰水期），城镇集中式供水3个点、农村集中式供水14个点（农村学校7个点）。2017年共检测送样62份，检测结果及数据录入：枯水期和丰水期62份水质检测结果完成，录入国家饮用水水质监测信息网。根据《2017年农村环境卫生监测工作实施方案》要求，对扎雪乡、唐加乡、日多乡、甲玛乡、扎西岗乡等5个乡镇18个行政村90户、5所小学进行农村环境卫生监测和学校卫生状况监测工作。完成项目县基本情况调查表1份、监测点情况调查表18份、家庭入户调查表90份、农村学校卫生调查表5份。土壤采集样品及数据录入：检测蛔虫卵5克（18份）和重金属检测样品1000克（18份）。土壤检测结果（蛔虫卵和重金属）及相关调查表数据已完成录入工作。

【卫生监督协管员培训】 年内，七乡一镇共有16名卫生监督协管员，卫生监督协管员培训1次、共培训人数16人/次，协管员对所属辖区范围内学校卫生巡查32次、生活饮用水巡查28次、公共场所巡查20次。

【公共场所量化分级管理】 年内，墨竹工卡县辖区新开3家公共场所进行卫生监督量化分级管理工作，截至年底，墨竹工卡县24家公共场所实行量化分级管理。评审结果为：B级单位1家理发店，C级单位23家；沐浴场所7家，美容美发8家，住宿店8家。

【食品风险监测】 7月6日，采集牛肉1份、猪肉3份、羊肉1份、食用酱油1份、烧烤2份、灭菌纯牛奶1份（每份1000克），当天送至拉萨市疾控中心实验室检测。9月5日，采集本地产鲜牛奶2份、酥油2份、奶渣2份、烹制面制品2份（每份1000克），当天送至拉萨市疾控中心实验室检测。10月11日，采集水果3份、蔬菜2份（每份1000克），当天送至拉萨市疾控中心实验室检测，所有采集样品及时填写卫生监督行政执法文书（产品样品采样记录）。

【孕产妇管理】 2016年10月1日至2017年9月30日，墨竹工卡县发现孕产妇总数为1917人，其中孕妇数896人，建卡数896人，建卡率100%，产妇数1021人、分娩数1026，其中双胎5对，孕产妇系统管理1020人，其中住院分娩数1020人，住院分娩率99.9%，与2016年对比下降0.1%，新法接生数1008人、新法接生率99.9%，产前检查5次数1018人。产检率99.7%，产后访视三次数1021人，访视率为100%。筛选高危孕产妇数373人，其中高危产妇208人，高危住院分娩207人、住院分娩率99.9%，孕产妇死亡零例。

【儿童系统管理】 年内，墨竹工卡县0—7岁以下儿童数7598人，应系统管理人数7598人，实际系统管理人数7446，管理率97.9%。0—7岁儿童四病发病数307例，四病发病率4%，治愈率100%。儿童死亡情况：分娩总数1026人，其中双胎5对，出生活产数1009人，死胎死产17例、七天内死亡4例、围产儿死亡率20.46‰，与2016年对比上升0.09‰，新生儿死亡8例、死亡率7.9‰，与2016年对比上升2.26‰，婴儿死亡9例、死亡率8.91‰，与2016年对比上升0.45‰。

2017年8月4日，疾控中心妇保科工作人员在县医院对孕产妇进行母乳喂养宣传

【增补叶酸预防神经管缺陷项目】 年内，按照上级要求，墨竹工卡县大力开展全县卫生院长及妇幼专干关于出生缺陷的知识宣教培训，在全县范围内大力宣传叶酸增补相关知识，提高待孕妇女的优生优育意识，预防出生缺陷的发生，发放叶酸数2258盒，产妇在孕早期服用叶酸人数842人，服用率82.5%。叶酸服用依从人数851人，依从率83.3%。增补叶酸知识调查人数1232人，知晓人数1068人，知晓率86.7%。

【儿童营养项目】 年内，墨竹工卡县贫困地区儿童营养改善项目惠及8个乡镇满6个月至2周岁儿童，共发放营养包8090盒，应发放7001人/次，实际领取6094人/次，发放率达87.04%。

（普　珍）

【领导名录】

主　任

普　琼（藏族）

副主任

央金拉姆（女，藏族）

旦　增（藏族）

## 墨竹工卡县文化旅游新闻出版广电局（文物局）

【概况】 2017年9月，根据《中共拉萨市委员会办公厅 拉萨市人民政府办公厅〈墨竹工卡县人民政府职能转变和机构改革方案〉的批复》，设立墨竹工卡县文化旅游新闻出版广电局(墨竹工卡县文物局),正科级建制,为墨竹工卡县人民政府工作部门。

【保障群众基本文化权益】 春节、藏历新年期间,邀请西藏自治区藏剧团、歌舞团、话剧团分别在墨竹工卡县尼玛江热乡、甲玛乡、县中学开展以"助推精准扶贫2017年三大节日慰问演出活动"的"五下乡""三下乡"活动4场。

【通过第三批创建国家公共文化服务体系示范区中期验收工作】 墨竹工卡县委、县政府投入264.995万元,用于墨竹工卡县公共文化基层设施设备采购,设施场地维修,使墨竹工卡县公共文化基层设施进一步夯实。同时,创新服务内容、方式,采取延时开放,错时开放等措施,深化公共文化设施免费开放,使设施利用率和群众满意度得到进一步提升,县级综合文化活动中心实现免费WiFi全覆盖,方便广大市民随时"在线"共享信息。

【开展文化活动】 年内,利用基层文化阵地,先后开展"全民读书"活动、"和谐杯"乒乓球比赛、爱国主义电影免费放映活动、"喜迎中共十九大,流动图书下基层"活动,2017年接待群众3000余人,新华书店售出图书1000余本,价值15000余元。

【旅游产业】 年内,建设6个旅游产业项目共计投资837.18万元。2017年,实现旅游人次115.39万,同比增长13.6%,旅游综合收入2515.5万元,同比增长17%。

【开展旅游推介宣传活动】 年内,同德瑞传媒&lofter疯狂旅行团合作,开展墨竹工卡县文化旅游一日游活动。积极参加内蒙古包头市举行的"首届中国特色旅游商品大赛",墨竹工卡县达普林耐藏戏面具、直鲁藏香、直贡藏纸三个作品全部入围此次旅游商品大赛。9月,通过合众天成携手网易,在杭州网易园区举办主题为"雪域非遗传承,千年工匠精神"的墨竹工卡县非物质文化传统手工技艺展,取得热烈反响。

【规范监管旅游市场秩序】 年内,按照拉萨市人民政府、拉萨市旅发委相关要求部署,制定《墨竹工卡县旅游市场整治工作方案》,并成立旅游市场整治工作领导小组。对墨竹工卡县旅游市场进行45次全面检查、旅游环境整治监督检查50次;安全生产工作检查65次,发现存在安全隐患的单位(个人)10起,已全部整改完毕。处理游客投诉3起,结案3宗,结案率100%,赔偿及退还金额28000元。

【新闻出版广播影视工作】 年内,无线广播电视覆盖率、广播电视人口综合覆盖率均为99.6%。

【广播电视台顺利开播】 2017年3月,收到国家新闻出版广电总局批复同意设立墨竹工卡县广播电视台。为顺利开播,墨竹工卡县政府调剂9名工作人员(其中含6名专业技术人员、2名保安、1名驾驶员)和200万元设备款,4月在南京统一购置设备,7月初到位。6月底,在南京开展为期半月的岗前培训,于8月1日正式开播,并举办开播仪式,至此墨竹工卡县广播电视台在全市率先开播。共播放汉语新闻53期、192

2017年7月16日,墨竹工卡县文化旅游新闻出版广电局准备新闻节目播出工作

条；藏语新闻42期、127条；一周要闻52期，其中汉语版30期、藏语版22期。围绕墨竹工卡县工作全方位、多角度、深层次开展宣传报道，向区市各大媒体提供视频及稿件，其中拉萨电视台采用68条，《拉萨晚报》采用260条，《西藏日报》采用153条，微墨竹刊登500余条。

**【“户户通”“舍舍通”工程】** 年内，为墨竹工卡县七乡一镇40个行政村及自然村更换以及维修直播卫星设备。更换1756个支架、1589个高频头、641个遥控器、维修4562台机顶盒、529天线面。完成七乡一镇中央无线数字化覆盖补点工程的配电系统、通风系统改造、铁塔的维修、检测、粉刷及甲玛乡新建30米铁塔的工作。

**【电视转播工作有序推进】** 十九大期间，墨竹工卡县文化旅游新闻出版广电局深入贯彻落实国家新闻出版广电总局、区、市新闻出版广电局关于确保十九大安全播出工作，墨竹工卡县安排24小时双人值机，外出维修队24小时待岗，确保十九大期间安全播出。

**【开展电影放映活动】** 年内，认真实施农村电影放映“2131”工程。深入虫草采挖点、农牧区、寺庙、敬老院、部队、工地等地开展“百年小康路 长征再启程”“西藏百万农奴解放58周年电影展映”等为主题的电影放映活动，放映电影1960场，观影人数达183100余人次。天边之乡数字电影院对外试播，现已放映10余场，设备运行正常。

2017年8月4日，墨竹工卡县广播电视台举行新闻节目开播仪式

**【完成500户有线电视数字化改造】** 有线数字电视改造工程HFC（混合光纤同轴电缆网）接收网络线路施工于2017年7月中旬开始建设，光点铺设 –9 电缆6614米，–5 电缆2185米，安装光机13台，安装光站箱8个，覆盖用户508户，顺利完成主干线路铺设工作。机房内机柜与监视操作台安装到位，派出2名工作人员到市广电中心对运营支撑BOSS系统业务培训，顺利通过拉萨市广电局初验。

**【“扫黄打非”工作】** 年内，墨竹工卡县“扫黄打非”领导小组及办公室，以打字复印店、音像制品店、县城KTV、朗玛厅、手机电脑软件店等为重点部位，重点对中小学校园周边文化市场环境，对出版物经营单位、文化用品商店等场所进行摸底排查。年内，对墨竹工卡县域内的文化经营单位进行集中排查25余次，出动人力100人次，共排查出问题5个，已整改5个。

**【文物得到有效保护】** 年内，为加强文物保护与非遗保护传承有声有色，墨竹工卡县市级非遗尼玛江热乡其玛卡藏戏参加雪顿节第六届全区藏戏展演、市级非遗尼玛江热乡宗雪藏戏参加自治区举办的第三届唱腔比赛，获全区第三名。2017年，墨竹工卡县上报9项非遗项目被列入第五批市级非遗名录。加大对各寺庙文物保护巡查力度。牢固树立安全意识、责任意识，全年重点巡查大小寺庙19家、51场次，文物安全日常管理及文物建筑电气火灾隐患排除，做到警钟长鸣，加强各项安全措施，严防各类文物安全事故的发生。完成文物点立碑项目，利用墨竹工卡县文物经费20万元，通过政府统一采购，组织人员进点安装，完成50处文物点石碑安装工作。

（郭小霞）

【领导名录】

局 长

格 桑（藏族，2月免）

巴 桑（女，藏族，2月任，6月免）

李红霞（女，6月任）

副局长

次仁朗杰（藏族，6月免）

次旦旺姆（女，藏族，6月任）

## 墨竹工卡县农牧（科技）局

【概况】 2017年，墨竹工卡县农牧（科技）局严格按照县委、县政府统一部署，深刻学习领会党的十八大对"三农"工作提出的新任务、新要求，认真履行对"三农"工作的服务职责，切实发挥作用，协调配合，统筹推进，认真开展农牧业生产各项工作。主动深入乡（镇）、村组，开展调查研究，科学研判农牧业发展形势，准确把握农村社情民意，为破解农村经济社会发展难题提供科学依据。

【种植业】 年内，墨竹工卡县总播种面积7.73万亩，粮食作物播种面积达到6.3万亩，产量达到2.46万吨，比2016年增长0.03万吨；青稞面积为5.3万亩，产量达到2.2万吨，比去年增长0.1万吨。

全县实施肥效试验田4.5万亩，比2016年增长1.5万亩，高产创建田5.5万亩，比2016年增长0.5万亩，"藏青2000"品种推广4.27万亩、比2016年增长3.77万亩，实施良种繁育基地0.27万亩，新品种推广0.1万余亩。

【农用物资指标及调运情况】 2月，墨竹工卡县开始安排部署春耕春播物资调运，积极调配种子、化肥、农药等物资。2017年农牧局共计购买152万元种子，其中从本地老百姓手中购买69万余元的种子，从自治区农科院和曲水购买83万元种子，购买的种子全部发放给各乡镇农业项目田及300亩以上连片种植户。能够提升全县种子的纯度和净度；解决300亩以上连片种植种子，鼓励老百姓能够积极参与连片种植中，加大连片种植面积；解决老百姓种子销路，增加老百姓收入。购买化肥共计1380吨，其中二铵125吨、尿素285吨、复混肥900吨、氯化钾70吨。购买农药20.1吨，积造农家肥16万吨。

【春耕备耕工作】 年内，农牧（科技）局领导带队多次到各乡（镇）调研春耕备耕工作准备情况，春播备种及农家肥积造和农机具维修等情况，在未准备乡（镇）农牧局进行督促指导，给各项乡（镇）下发两次春耕备耕工作落实通知，化肥使用斤数及各农药使用情况详细写到，并要求各乡（镇）春耕春播期间必须统一选种、统一种子包衣、统一机械化耕作、统一播种、统一播量来实施春播工作，在春播期间农牧局下派技术人员到各点指导。

【草害综合防治】 年内，组织农技工作人员到各乡（镇）做好高温堆肥指导工作，提前让农牧民做好农家肥积造工作，并且要求高温处理，以杀死农家肥中杂草发芽力；做好土壤"京玛蘖"的处理工作，对农田进行浅耕细耙，使土

2017年9月20日，西藏自治区党委常委、拉萨市委书记白玛旺堆（中）在墨竹工卡县短期育肥基地调研

壤增湿、疏松、保墒，为土壤中野麦草等杂草种子萌发创造有利条件，诱发野麦草等杂草种子大量出苗后进行深耕，将以出苗的杂草翻入土中闷死；及时安排并指导化学防除工作，加大对新农药的宣传，农牧局把各农药使用方法及用量，在给各乡（镇）的通知上明确说明。

【防抗旱工作】 年内，按照市局要求，本着“有灾抗灾、无灾防灾、常备无患”原则，随时应对可能出现的各种灾情，安排部署防抗灾的各项前期准备工作，督促乡、村、组层层储备充足的饲料、饲草、药品、粮食等防抗灾物资，进一步加强灾害监控力度，县农牧局储备抗灾物资一共5吨粮食、60吨化肥、5吨农药，确保全县春耕生产工作正常有序开展。此外组织工作人员全面排查农田水利设施隐患，尤其是防寒基础设施排查已全部完成，能够应对极端天气变化，全力保障农业生产需求。

【开展农产品检测】 年内，农产品质量安全检测站以生产基地、农贸市场农残检测为重点，全年进行监管检测。同时，协助有关部门完成农贸市场、超市的果蔬进行农残检测，按时完成例行监测工作任务。年内，共抽检蔬菜、水果样品215个，例行检测样品合格率为99%，按月完成检测和数据上报工作。

【畜牧业】 年内，全县牲畜存栏193039头（匹、只），新生仔畜24049，仔畜成活率为99.43%，成畜死亡数为1834头（只），成畜死亡率为0.95%，牲畜出栏数37244头（只），其中牛出栏13982头、猪5475头、羊8750只、家禽9040只。肉类总产量达3849.8吨、奶产量2916.5吨、禽蛋75.75吨。

2017年6月13日，副县长龙刚主持召开农牧工作安排及党风廉政工作半年总结会议

【动物防疫】 年内，严格按照区、市重大动物疫病防控工作要求，开展O–I型双价疫苗、O–A–I型三价疫苗、猪口蹄疫O型灭活疫苗、猪瘟ST细胞疫苗、H5N1亚型禽流感疫苗等强制免疫工作，做到“县不漏乡、乡不漏村、村不漏户、户不漏畜、畜不漏针、针不漏量”的注苗要求，确保全年境内不发生重大动物疫情。

【动植物检疫】 年内，加强动物及产品的检疫，畜禽及产品实行准入制，凭检疫合格证上市交易，有效杜绝了病害动物及产品的流通，防止了动物疫病的扩散。加强对畜产品安全质量的监管、监控。动检人员做好上市畜禽及产品的日常查验，未经检疫或检疫不合格的动物及产品严禁上市销售。重大节日期间，联合工商、食药局、卫生等部门组成联合执法组，对集贸市场、经营户进行突击检查；实行市场准入制，把好市场准入关，凭检疫合格证上市交易，齐抓共管，建立长效机制。通过加强生产、加工、流通环节的监管监控，确保了畜产品质量安全，畜牧业得到健康发展。

【包虫病工作】 年内，农牧（科技）局开展包虫病防治宣传工作，确保群众积极参与包虫病防治工作，对全县4411家犬进行每月投药驱虫工作，并对犬粪便进行了深埋，同时下发包虫病疫苗、羊标识耳标，并对2224只羔羊进行包虫病免疫和加施耳标，将进一步加强推进农牧局县包虫病综合防治工作。截至年底，正对4411家

2017年9月19日，局长达瓦卓玛组织干部职工观看“每月一课”

犬进行狂犬病疫苗注射、植入芯片、建立养犬免疫档案。

【草原补奖工作】 年内，实施新一轮草原生态保护补助奖励机制政策，达到草畜平衡面积4807913亩，6735户，做到经济、生态协调发展，兑现封顶保底后草畜平衡资金1269.82万元，兑现156名监督员补贴84.24万元。

【基本草原划定工作】 年内，县草地总面积为568.81万亩，主要有3个基本草原类型，分别为重要放牧场、割草地和人工草地。为全面推进全县基本草原划定工作，于2015年3月19日开始组织县、乡、村基本草原划定专职工作人员分组开展草场类型确认、等级评定、四至界限核实以及实地测量工作，按照区、市、县基本草原划定工作实施方案及操作规程，坚持实事求是、因地适宜、统筹兼顾、应划尽划的原则，坚决做到走到位、问到位、看到位，不到实地不勾绘、不问到地名不上图、看不到实地现状不随意定界，认真细致的开展外业测量及数据统计工作，通过实地测量，全面完成割草地、人工种草地、重要放牧场等全县天然草原的类型确定、四至界限、面积测算、数据汇总等工作，已划定基本草原170块492.51万亩，约占草原总面积的86.59%，其中重要放牧场98块491.14万亩，割草地57块1.22万亩，人工种草15块0.16万亩。截至年底，正在衔接各乡(镇)、各有关部门进一步对基本草原划定初步面积和成果图进行最终的审核确认工作。

【草原生态监测】 年内，根据《西藏自治区草原资源与生态监测实施方案》的要求，2017年，农牧局按时完成对5个温性草原、5个高寒草甸草原样地30个样方的产草量测算及野外地面样地监测数据及景观照和俯视照的录入上报任务。根据2017年农牧局天然草原生态监测统计数据，10个样地平均盖度达65.63%，平均高度达2.94厘米，平均干草产量达205.2公斤/公顷。

【科技工作】 年内，全县共有科技特派员109人，其中自治区级科技特派员90人、市级科技特派员19人。2017年，农牧局结合工作实际，紧紧围绕“科技下乡、促民增收”这条主线，组织“科普进村”宣传活动和科技特派员培训，积极组织单位专技人员及科技特派员开展春防、春耕、技术指导、病虫害防治等工作，全面提升农牧民技能水平，提高群众转移就业与科学种养能力。截至年底，为科技特派员217人次兑现生活补助108.5万元。

【虫草采集】 年内，将虫草采集与“四业工程”相结合，按照班、排、连、营建制，进行军事化管理并统一发放帐篷，改变以往群众乱搭建帐篷、挤占帐篷的现象，减少矛盾纠纷隐患的同时，更有利于虫草采集服务与管理工作的开展。

虫草采集期间，结合“双联”工作目标，由各区域负责人、联户长、网格格长各司其职，相互协调、配合，负责虫草采集期间秩序维护和矛盾纠纷排查化解，实现了服务与管理工作的零距离。将农牧局县90%以上的重点人口纳入2017年虫草采集工作中，为他们解决虫草采集证。共有120名重点人口参与虫草采集。通过全面开展虫草采集服务与管理工作，2017年县虫草采集点采集人员4705人，较2016年减少839人，虫草采集总量为337.5公斤，实现收入4725万元左右。

【农牧业及产业项目】 3月15日，及时组织施工单位进点，对2016年项目进行复工，确保2016年项目全部开工建设。乡镇农牧综合服务中心建设项目明显加快，完成投资额255万元以上，完成率达85%。2016年，退牧还草暖棚圈建设670户，已全面完成350户，其余正在建设中，完成额度达420万元（总投资804万元）；门巴乡达珠村牦牛养殖基地建设项目完成投资284万元，完成率为70%。县农牧局项目工作人员每周都深入到项目建设点检查进度，及时与上级沟通，填报周报表。

2017年，县农牧业项目共计3个，分别是墨竹工卡县重大动物应急物资及冷链设施建设、墨竹工卡县草原监理站建设、墨竹工卡县草原防火站建设，总投资合计为1000万元，均为国投。截至年底，墨竹工卡县重大动物应急物资及冷链设施建设、草原监理站建设项目现已完成总工程量的45%，完成投资128万元；墨竹工卡县草原防火站建设项目前置手续全部办理完毕，现由自治区农牧厅正在组织评审。

种植类产业项目共计4个，即工卡镇藜米种植推广项目、尼玛江热乡直孔噶瑕农畜产品工贸有限公司农产品开发项目、扎西岗乡种草项目、朗杰林村小油菜种植项目，总投资共计880万元，已全部完成种植任务。

【土地确权】 年内，根据自治区和拉萨市农村土地（耕地）承包经营确权登记颁证工作要求，县农村土地承包经营权确权登记颁证工作自2014年11月至2017年12月，在县委、县政府高度重视，把确权颁证工作作为全县农村工作的一项重要任务，加之农牧局办的每一位工作人员的积极努力开展工作基础上，依次完成全县七乡一镇34个行政村167个村民小组，已完成登记总面积111162.52亩，承包面积106782.30亩、集体面积4380.22亩。入户调查7810，其中承包户7672户、集体138户。总地块76203承包地块74221集体地块1982.现已完成土地承包经营权确权登记颁证工作任务登记颁证户数7672户。除了涉及拉林二期征地3个乡镇的户外，全面顺利完成了全县农村土地确权登记颁证工作及向县档案管理办档案移交工作。

（旦增英色）

【领导名录】

局　长

达瓦卓玛（女，藏族）

副局长

洛旦扎西（藏族）

索朗拉姆（女，藏族）

2017年7月8日，唐加乡东布岗村召开农村土地（耕地）经营权颁证仪式

## 墨竹工卡县扶贫（农发）办

【概况】 2017年，墨竹工卡县始终把精准扶贫、精准脱贫工作作为头等大事和第一民生工程，以脱贫攻坚统揽经济社会发展全局，以实现贫困户全部脱贫、贫困村全部退出、贫困县摘帽为工作目标，围绕“六个精准”“五个一批”“八个到位”，因地制宜，综合施策，对症下药，精准滴灌，努力做到脱真贫、真脱贫，实现贫困人口“三不愁”“三有”“三保障”。

2016年初，共识别建档立卡贫困群众共计1686户7330人，8月动态调整后，共识别建档立卡贫困群众共计1688户7513人，年底动态调整后，共识别建档立卡贫困群众共计1684户7511人（1户5人返贫）。2016年脱贫479户2275人，2017年脱贫1165户5112人，未达到脱贫标准40户124人，贫困发生率下降至0.25%。

【加大扶贫资金投入】 2017年，扶贫开发领域共有建设项目19项，总投资为43897.67万元，其中区市县投资合计6694.61万元，2016年滚动使用结转结余资金5946.10万元，拉萨市融资平台公司第一批资金6554.00万元，银行贷款24703.96万元。

【援藏扶贫】 年内，围绕如期实现脱贫摘帽目标，在签订《对口帮扶协作协议》的基础上，南京市8个区与墨竹工卡县8个乡（镇）结成帮扶对子，10个市局单位分别与墨竹工卡县10个（学校）签订《对口帮扶协作协议》，形成全方位、多层次的帮扶格局。共对接帮扶资金1200余万元，制订嘎则新区等6个发展规划，投入1‰以内援藏资金2.3亿元、1‰以外资金1580万元实施安全饮水、村容村貌整治、医疗、教育、产业、道路、易地扶贫搬迁配套设施等援建项目27个，有效促进建档立卡贫困户教育、卫生、医疗等生活配套设施更齐全，为墨竹实现脱贫摘帽目标打下了坚实基础。

【政企合作】 年内，依托矿产资源优势，墨竹工卡县与县域内西藏华泰龙矿业开发有限公司、西藏巨龙铜业有限公司等10家大中型矿企公司开展“企地共建”工程，签订用工协议，改善用工环境，发展共建共享经济。企业订单式招聘，政府针对性培训，提高群众就业能力。根据华泰龙、巨龙两大矿企提供的用工需求，投入培训资金128万元，组织94名农牧民群众（其中建档立卡户53人），前往河南三门峡黄金培训学校，参加电气仪表工、破碎工、铁板给矿工、荧光分析工等12个工种培训专项项目，提升群众就业能力水平，促进贫困群众增收。2017年，矿企普通岗位人均月收入达到2500—4000元，技术性岗位人均月收入达到3500—6600元。截至年底，各大矿业先后吸纳墨竹工卡籍农牧民556人入职就业，其中建档立卡户73人。

【以业脱贫】 年内，全县实施扶贫产业项目共计19个，计划总投资4.39亿元，并专门建立项目库。截至年底，12个项目已完工，带动274户1108名建档立卡贫困户分红，共计分红270.58万元。解决贫困户就业岗位335个，人均月收入2000元以上。与城关区、市城投公司、市职介中心以及拉萨市各类企业对接，积极帮助建档立卡户寻求更多就业机会，结合“志智双扶”工作，扎实做好群众的宣传教育引导，鼓励贫困群众外出就业。截至年底，已实现建档立卡贫困户稳定转移就业1029人，其中通过政府组织实现稳定就业352人、政府引导就业596人、群众自主就业创业81人，人均月工资2800元以上。深入开展转移就业培训，2017年开展保安、保育员、挖掘机操作、厨师等培训19期，共计培训建档立卡贫困户735人。

2017年3月21日，副县长张家松在县脱贫攻坚指挥部办公室检查指导工作

【以迁脱贫】 年内，搬迁614户2639人，其中县城嘎则新区易地扶贫搬迁二期安置点项目搬迁390户1744人，拉萨文化创意园区搬迁点项目搬迁224户895人。拉萨市文创园易地扶贫搬迁建设子项目，已完成总工程量的98%；县城易地扶贫搬迁（二期）建设工程，已完成总工程量的98%。始终坚持“迁业并举”，确保挪穷窝、换穷业。与拉萨文化创意园搬迁点洛卓沃龙公司合作，开发精准扶贫就业建设项目，制作及销售民族传统工艺品，该项目拟投资1.3亿元，融资贷款9000万元已到位，并达成协议，项目建成后将解决全县220户搬迁户分红、300名建档立卡贫困户就业。

【以保脱贫】 年内，为保障和改善农村低保家庭生活水平，墨竹工卡县按照“按标施保、应保尽保、动态管理”的工作原则，大力实施城乡最低生活保障制度，全县建档立卡贫困户社会保障兜底222人，2017年发放资金86.89万元，人均补助达3914元。为保障全县农牧区60岁以上老人基本生活，实现农牧区老人“老有所养”的梦想，由县本级财政出资为全县农牧区60周岁以上老人逐月发放养老补贴，2017年已为全县8个乡镇共3876名农牧区60岁以上老人发放“幸福养老”资金共1821.35万元，其中为631名建档立卡贫困户老人发放资金共552.96万元。

【以补脱贫】 年内，全县4345个生态补偿岗位已全部落实到人，

2017年7月15日，县委书记劳明伟主持召开全县精准扶贫精准脱贫推进大会安排部署脱贫攻坚工作

落实生态补助资金1071万元，定向补助2909人，发放资金229.52万元，人均补助789元，确保建档立卡贫困户持续享受生态补偿红利，有效增加贫困群众收入。

【以教脱贫】 年内，对建档立卡贫困户中的2123名在校生继续进行教育资助。将建档立卡贫困户在校大学生的生活费提高至区外600元/月、区内500元/月，2017年为168名大学生发放资助金共计132.1万元。

【以助脱贫】 墨竹工卡县实施住院医疗100%报销政策以来，为方便广大农牧民群众，合作医疗领导小组办公室整合农牧区医疗、商业医疗保险、民政医疗救助和县政府自付医疗报销政策，由县医管办负责，实行统一报销，减少报销流程；在实行即时结算基础上，同上级公立医疗机构签订《先诊疗、后结算》服务协议，并安排3名工作人员，设立墨竹工卡县驻拉萨医疗卫生服务站，负责群众就医前、中、后的服务工作。截至年底，医疗救助贫困群众75人，报销金额84.39万元，群众住院就诊实现“零花费”，有效避免“因病致贫、因病返贫”现象发生。

（张福林）

【领导名录】

主　任

林文全（6月免）

伦　珠（藏族，6月任）

副主任

巴　桑（藏族）

## 墨竹工卡县林业绿化局

【概况】 2017年，拉萨市下达墨竹工卡县拉萨周边造林和重点区域造林建设总面积5100亩（人工造林3000亩，封山育林2100亩），总投资1367.5382元；截至年底，墨竹工卡县完成拉萨市2016年下

2017年5月3日，局长唐耀军组织干部职工召开2016年度组织生活会

达拉林高等级公路沿线植树造林项目，造林成活率达到90%以上。

墨竹工卡县拉萨周边造林和重点区域造林项目由于招标完成时间已错过最佳造林季节，为保证成活率，2017年开展水利灌溉设施工程和其他基础建设工程，苗木栽植于2018年实施。

【义务植树】 4月1日，墨竹工卡县林业局组织开展以“深入开展造林绿化，大力推进生态文明建设”为主题的2017年机关义务植树活动。县委、县政府领导亲自带队，县（中）直各部门踊跃参加，共计50家单位300余名干部职工参与此次义务植树活动，共栽植新疆杨、旱柳140余亩，成活率达到85%。

【林业有害生物防治】 自2015年墨竹工卡县发生严重的林业病虫害以来，为彻底解决病虫害问题，防止病虫害面积扩散、蔓延，墨竹工卡县林业局及时向上级部门和县委、县政府争取资金790.1524万元，同时积极开展病虫害防治工作。截至2017年3月，共完成林业病虫害防、除治2055亩。

6月8日，墨竹工卡县林业局组织县人大办、政协办、财政局及相关乡镇负责人、村组负责人、群众代表对2015年青杨天牛病虫害防治项目完成县级自验。为切实做好林业有害生物防治工作，消除腐烂病发生隐患，有效防控疫情，根据拉萨市森林病虫害防治检疫站要求，6月1—15日，墨竹工卡县组织在全县范围内开展了清理枯死树木工作，共清理枯死树木68933株。

【精准扶贫以补脱贫】 年内，为贯彻落实国家“生态补偿一批”以精准扶贫政策，推进精准扶贫工作，根据墨竹自治区精准脱贫扶贫政策要求，2017年墨竹工卡县林业局落实2859个生态补偿脱贫岗位，让有劳动力的建档立卡贫困户就地解决就业，在保护好生态环境的同时帮助贫困户就地就业脱贫。

根据墨竹工卡县实际情况和各乡镇贫困人口分布情况，墨竹工卡县林业局已将2859个“十三五”时期生态补偿脱贫岗位全部落实到人，并全部签订岗位责任书。

【森林防火】 墨竹工卡县是全市森林面积最大的县，森林防火工作任务繁重。2017年，为做好年度森林防火工作，墨竹工卡县完成对乡（镇）护林员培训工作，完善各乡（镇）森林防火的设施和工具，配套森林防火器材，并发放森林防火宣传手册。2017年，林业局利用各个宣传节点，不断深入宣传森林防火知识，共发放宣传册、宣传画3000余份，起到了良好的宣传教育作用。

【野生动物保护】 年内，墨竹工卡县林业局进一步加大野生动植物保护宣传力度，努力使广大农牧民群众了解、掌握野生动植物保护的相关法律法规，从源头上杜绝乱捕乱猎乱砍滥伐野生动植物行为的发生，及时查处违法案件，对典型案件予以曝光，起到教育警示作用。同时，按照区、市林业部门要求，切实加强野生动物疫情疫病防控工作，坚持应急值守、日常监测巡查和信息日报告、零报告制度，主要加强候鸟（黑颈鹤）高致病性禽流感等野生动物疫源疫病监控，成效显著。截至年底，墨竹工卡县未发现野生动物疫情疫病及相关隐患。

【中央森林生态效益补偿金】 墨竹工卡县是自治区首批实施国家重点公益林的县，经核定的中央森林生态效益补偿基金重点公益林面积为2574085亩，分布在全县七乡一镇，共有1082名管护人员。

年内，林业局为墨竹工卡县8个乡镇兑现2016年度森林生态效益补偿资金12547200元，其中甲玛乡568040.85元、工卡镇409792.70元、唐加乡769223.36元、尼玛江热乡2940948.78元、扎西岗乡1841186.44元、扎雪乡2215456.85元、门巴乡1893138.02元、日多乡1909404元，并由各乡（镇）兑现到管护人员手中。

【征占林地事件审核】 年内，墨竹工卡县林业局严格落实区、市、县相关征占用林地的法律法规，加大对未批先占、少批多占等违规案件的处理力度，同时加强宣传、沟通、衔接和监督，积极做好墨竹工卡县重点项目征占用林地的审核、报件工作，切实保护了森林资源，维护了植树造林成果。

【"两学一做"学习教育】 年内，墨竹工卡县在开展好业务工作的同时，严格按照中央"两学一做"学习教育的部署，坚持从严从实要求，精心谋划部署，创新实践载体，积极展开"两学一做"学习教育，全体党员主动参与到"两学一做"学习教育中，立足工作岗位、履职尽责，时刻铭记党员身份，自觉爱党护党为党，敬业修德，奉献社会。

年内，林业局党员干部多次深入唐加乡东布岗村，走访慰问结对帮扶困难群众及驻村干部，为困难群众解决大米，砖茶，水果等家庭急需生活物资，价值约合8000余元，拉近了党群干群关系，增进了彼此的感情，为下一步开展群众工作奠定了良好的基础。

2017年4月1日，林业局组织开展以"深入开展造林绿化，大力推进生态文明建设"为主题的2017年机关义务植树活动

【民生工程】 年内，为全面建设宜居县城、生态县城，打造良好的生态环境，2017年墨竹工卡县林业局实施嘎则新区防护林工程36亩，总投资为199.6393万元；在县城新建道路开展了道路绿化工作，绿化总长1233米，面积2096平方米，并安装护栏长度2800米，总投资145.848万元；对嘎则新区100户扶贫搬迁点进行小区绿化，栽植5米云杉468株，安装1000米荷兰网进行围护，在墨竹工卡县敬老院种植7米云杉50株，5米云杉134株，总投资123万元；购买10000株0.8米高侧柏用于校园绿化，总投资9万元；在海拔较高的门巴乡境内开展试点栽植工作，栽植3米云杉580株，总投资89.82万元。以上资金全部为县级财政资金。

墨竹工卡县林业局2017年对造林成活率不高的区域进行补植补栽，在扎西岗乡、唐加乡、工卡镇、甲玛乡等乡镇安排开展义务植树工作，在嘎则寺、曲贡寺等寺庙周围开展了四旁绿化工作，共计植树5.2万余株。

（莫少飞）

【领导名录】

局　长

唐耀军

## 墨竹工卡县水利局

【概况】 2017年，墨竹工卡县水利局认真贯彻党的基本路线、方

2017年9月25日，拉萨市水利局党组书记强巴江才（左二）在墨竹工卡县调研农村安全饮水工作

针、政策，坚持以科学发展观统领经济社会发展全局，深入贯彻区、市、县经济工作会议精神，积极采取有效措施，创新思路，锐意进取，实现了全县水利发展良好的目标，较好地完成了全年各项工作任务。

【农田水利建设】 2016年小型农田水利“重点县”建设项目，总投资2811.795062万元（其中县级配套111.795062万元），建设地点为工卡镇、唐加乡、扎雪乡及扎西岗乡。建设内容：渠道工程16处，新建改造渠道37.502公里，改建水塘工程5处，工程共新建渠系交叉建筑物773座，机井工程1处。蓄水总量为2万立方米，工程计划灌溉面积2.383万亩。该工程已完工并完成自验工作；扎雪乡其朗村水利设施建设工程，项目总投资为700万元，为援藏资金。主要建设内容为引水渠工程、渠道工程、金属机构设备及安装工程等，该工程已完工。

【农村饮水安全】 年内，实施建设墨竹工卡县塔巴村供水工程、墨竹工卡县日多乡饮水安全巩固提升工程、墨竹工卡县2017年农村饮水安全巩固提升工程、墨竹工卡县2017年小农维修养护项目、唐加乡莫冲村孜尼麦村和扎雪乡塔杰村饮水工程、其他农村饮水安全工程。该项目涉及工卡镇、日多乡、扎雪乡、唐家乡、扎西岗乡。项目总投资2187.33万元（其中援藏投资1200万元）。项目现已完成通水测试，通水率达到100%，有效解决项目受益区1430户、8650人（其中建档立卡贫困户34户、122人）的饮水困难问题。

【扶贫项目建设】 拉萨市2017年第一批脱贫攻坚统筹整合资金项目，总投资为396.88万元，其中国家投资390万元，县级配套6.88万元。建设地点为唐加乡和扎雪乡，主要建设内容为渠道维修工程2处，维修渠道1500米，工程建筑物12座，维修排洪渡槽挡墙60米，农田护岸工程1处，护岸长度1270米，工程计划灌溉面积1850亩，保护农田450亩，该工程已完工。

【新区防洪堤水毁修复工程】 总投资为151.22万元，其中50万元为国家资金，101.22万元为县级配套。建设内容为拆除破损浆砌块石护坡200米、新建砌块石护坡200米、河床清淤等。该工程已完工。

【农田水利维修养护项目】 总投资为161.5万元，其中50万元为国家资金，101.22万元为县级配套。工程建设内容为新建防洪堤190米，渠道1700米等，该工程已完工。

【“河长制”工作】 年内，及时成立以县委书记为组长、县长为副组长的“河长制”工作领导小组；已编制完成《墨竹工卡县全面推行河长制的实施方案》《墨竹工卡县全面推行河长制督查方案》。各乡（镇）也已成立领导小组，七乡一镇全部已编制完成实施方案，已设立县、乡级河长办。组织召开全面推行“河长制”工作动员部署会议。与各乡（镇）签订《墨竹工卡县全面推行河长制目标管理责任书》。已召开河长制工作专题会议4次，下发河长制相关文件10个。开展“管好自己的河——河长在行动”专项活动；在拉萨河墨竹工卡县段河道周边悬挂《深入开展水环境综合整治 努力构建人水和谐新墨竹》《全面实施河长制 共建美丽新墨竹》等一条条醒目的汉藏双语横幅；组织全县干部职工和各乡（镇）在全县河流沿线集中开展1次全面整治河湖周边环境卫生的活动，共300余名干部职工、800余名农牧民群众参加活动。已编制完成“全县河湖名录”和“河长制基础数据”工作，做到底数清、情况明，做到河湖名录及基础数据完整准确，为下一步河长制工作奠定了坚实基础。制作并树立县级河长公示牌16个，已印发河长制宣传海报4000份，印发河长制宣传手册4000套。

【防汛抗旱】 5月，修订和完善《墨竹工卡县县城防洪预案》《墨竹工卡县防汛应急预案》《墨竹工卡县抗旱预案》《墨竹工卡县山洪灾害防御预案》等各类应急预案报县政府审批后下发各乡（镇）、相关县直部门，并报拉萨市防汛办公室备案。召开墨竹工卡县防汛抗旱工作会议，与各乡（镇）防汛抗旱指挥小组签订《墨竹工卡县2017年防汛抗旱目标责任书》。储备防汛物资编织袋15万条、铅丝笼455圈、铁丝3吨、编织袋220条、彩条布20包、小型发电机3台。各乡（镇）、各企业自行筹集了防汛物资，也相应安排了防汛专项资金。年内，共发放防汛物资编织袋4.5万条，铅丝笼370圈，铁丝0.5吨。

【重点项目前期开展】 年内，墨竹工卡县尼玛江热乡灌区、墨竹工卡县新县城防洪工程，墨竹工卡县扎雪乡防洪工程，墨竹工卡县塔巴村排洪沟已完成所有前置手续，计划在2018年4月进行开工建设。

【水利行业安全生产】 年内，水利局共参与县委、县政府组织的汛期联合大检查12次，水利局共检查32次。重点检查各乡镇、企业（尤其是矿山尾矿库）防汛责任制、组织机构、应急预案、值班制度和防汛物资储备、抢险队伍、通信设施及其他各项汛前准备工作的落实情况；各类水利工程、防汛设施的运行安全以及在建工程的施工安全和度汛措施的落实情况等。

（旦增罗布）

2017年9月3日，局长边巴洛布陪同拉萨市水保站工作人员检查生态工程建设情况

【领导名录】

局　长

边巴洛布（藏族）

副局长

斯朗拥宗（女，藏族）

## 墨竹工卡县教育（体育）局

【概况】 2017—2018学年度，墨竹工卡县各级各类学校42所，其中初中1所，中心小学8所，幼儿园33所。义务教育阶段学生6402人，其中初中1781人，小学4621人。全县中小学现有教职工608人，专任教师604人，其中小学专任教师433人，学历合格率100%，初中专任教师171人，学历合格率100%。

【实现指标】 年内，小学适龄儿童入学率达99.87%，巩固率达100%；初中毛入学率达101.83%，巩固率达100%；学前三年入园率达91.53%，5月，素质教育通过自治区督导评估验收。

【春、秋季开学准备工作】 年内，组织中小学校长、教育局干部召开2017年度春、秋季开学工作动员会议，贯彻学习全区教育工作视频会议精神，安排部署2017年春、秋季开学工作。开学初，组织教育局教研室、安卫办、党建办、办公室等科室，联合县食药局、消防大队，深入全县中小学、幼儿园开展开学工作专项检查及常规管理检查。同时，接受区、市教育部门开学专项检查，受到检查组的一致好评。

【教育政策法规】 年内，根据《关于贯彻落实自治区第九次党代会精神确保"五个100%"实现教育目标的实施意见》，县教（体）局紧紧围绕政策主旨，以教研教改工作为主线，多措并举，强化措施，全力开展教育教学工作。专题研讨实现"五个100%"目标任务措施；组织数学教师召开数学藏汉教材的选用及过渡时期知识转折问题交流研讨会；制定全县小学数学及初中理化生教师脱岗培训计划；研究制定《提升初中实验教学效果方案》《全县理科教学质量提升工程方案》《"双语"教师队伍建设方案》；为全县部分小学配备了自然实验教学仪器设备；开展县校办分校试点工作。

【教研工作】 年内，召开2017年度教育工作会，明确2017年工作目标任务，开展一系列活动提升教研工作实效：开展片区教研活动，以片区学校为单位，通过校本教研的形式，开展如何有效听课、评课、说课、备课、批改作业为主题的片区教研活动；开展骨干教师考核评选工作，共评选出4名学科带头人、18名第二届县级骨干教师；开展县级教研员蹲校及骨干教师送教活动，重点围绕教学常规、教学管理、教研管理、实验课程开设情况，以教研员为视导，骨干教师上公开课的方式，规范课堂教学行为；制定完善《墨竹工卡县教育教学常规管理制度》《墨竹工卡县教学"五环节"解读及量化评分手册》；落实教学"四加强"；为部分学校建设录播室、电子书包教室及发放给各校网络宽带费及设备维护费；稳步推进全民健身活动，组织学校开展春季运动会。

【顺利完成中小考工作】 年内，墨竹工卡县本着学生自愿、家长同意的原则，积极开展2017年度中小考工作，顺利完成了统计报考学生人数、考生信息采集录入、户口信息审查及发放统计卷种等各项工作，并顺利圆满完成2017年中小考各项工作，未发生任何违规违纪现象。2017年，墨竹工卡县共有34名学生考上内地西藏初中班（校），中考成绩同比2016年提高了12分。

【开展学前三年"双语"教育】 年内，按照"五个100%"目标任务要求，墨竹工卡县逐步普及学前三年双语教育，投入70余万元添置幼儿园各类设备，并与有关部门联合招聘了30余名保育员、炊事员、保安。组成专项自查小组，开展全县学前双语迎检自查自评工作，并接受拉萨市学前双语督导评估。

【基层教师队伍建设】 年内，根据局办公会议研究，并提交县委、县政府同意，结合学校实际，补充各学校主管教学副校长、并调整充实部分学校教研主任及教务主任

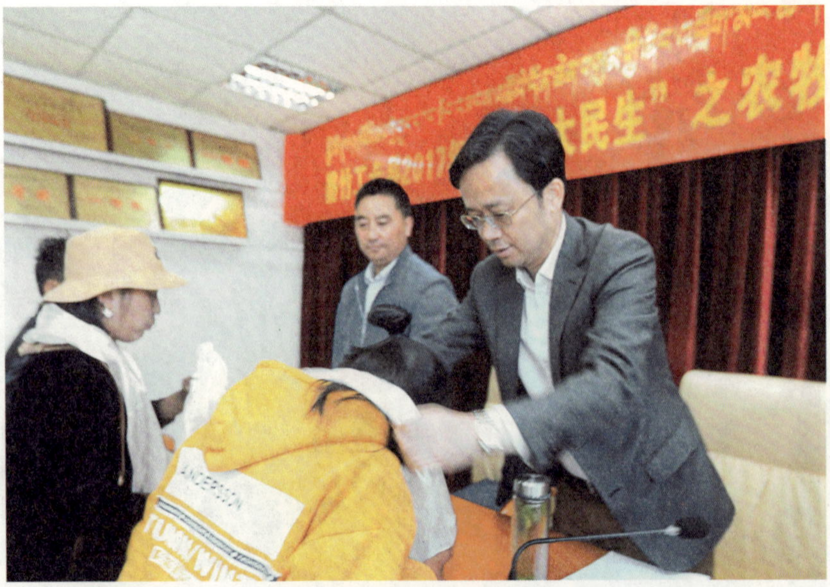

2017年8月16日，县委常委、副县长张德才主持2017年度"三大民生"助学金发放仪式

共24人。根据《墨竹工卡县关于推进“五个100%”教育目标任务之教师业务水平达标测试实施方案》,7月5日、6日统一组织开展2017年教师业务水平达标测试工作,全县中小学共计340余名教师参加测试。

【引进师资】 年内,根据市教育局安排,专门成立由副局长带队的人才引进工作组,到区外高校引进师资,引进26名区外师范院校毕业生。

【师资培训】 2017年,墨竹工卡县通过聘请南京教育专家、市直学校名师以及委托培训学校等形式,县本级财政投入专项经费50余万元,先后组织藏文书法、小学科学、数学以及中小学、幼儿园学科专题培训、引进教师岗前培训及幼儿教师跟刚培训共8次,参训教师达300余人次。投入专项经费13万余元,委托西藏诸子归培训学校对26名引进教师进行为期半个月的专业技能培训。

【经费管理】 2014—2016年县本级财政对教育投入分别为8279.75万元、6623.8万元、5955.88万元,投入比例达到25%、20%、21.92%,2017年县本级财政对教育投入达7171.3万元,投入比例达21.93%。截至10月,墨竹工卡县中小学、幼儿园享受“三包”政策的学生共8025人,其中中学享受“三包”政策的学生共1855人,小学享受“三包”政策的学生共4251人,幼儿园享受“三包”政策的幼儿共

2017年9月8日,教体局党委书记、局长嘎玛揶培为先进集体颁发奖杯

1919人。3—10月,上级为墨竹工卡县下拨的“三包”经费共为1924.56万元,其中县中学479.33万元、各中心小学、幼儿园1445.23万元。3—10月,墨竹工卡县中小学享受营养改善计划政策的学生共6106人,其中中学学生共1855人,小学学生共4251人。按照每生80元/月的标准,落实上级为墨竹工卡县下拨的营养改善经费共计390.78万元,其中县中学118.72万元,各小学272.064万元。

年内,县财政预算“三大民生”农牧民大学生资助金800万元,县教(体)局安排专人负责此项工作,并与各乡(镇)通力协作,认真进行在校生学杂费等相关票据收集整理、审核录入及资金兑现等工作。8月,举行2017年度“三大民生”之农牧民大学生学杂费发放仪式,分别于8月16日—19日、10月31日—11月3日,分两次深入各乡(镇)兑现2017年度资助金共1123万余元,惠及学生1600余人,其中建档立卡贫困户在校大学生168人,发放资金共计134万余元(其中生活费72万余元)。积极开展“以教脱贫”工作,2017年上半年前后2次安排人员深入各乡镇宣传国家、区、市、县出台的助学政策,及时兑现上级拨付的扶贫助学资金,2月为符合资助条件的140名建档立卡贫困家庭大学生,兑现拉萨市建档立卡贫困户家庭大学生生活补助共计61.9万元,7月为82名学生兑现自治区下拨的建档立卡大学生免费教育资金27.304万元。10月,为20名大学新生兑现家庭经济困难新生入学资助金14500元。

【南京援藏资源开展助学】 年内,在南京市援助墨竹工卡县工作组组长、县委常务副书记汪东明的积极协调下,3月,江苏广电西藏天路之旅爱心助学人士到墨竹工卡县日多乡中心小学开展捐赠活

2017年5月11日，墨竹工卡县教育局组织召开教育工作会议

动，为学校贫困学生捐赠了课外读物、学习用品和衣物。5月31日，墨竹工卡县举行“江苏润和奖学金”暨南京大学“赵曙明”奖学金颁发仪式，由江苏润和企业和南京大学赵曙明教授共捐助2万元，奖励40名墨竹工卡县中小学“学习标兵”“突出进步”两类学生。6月1日，由阳光财险江苏分公司主办的“助学圆梦活动”启动仪式在墨竹工卡县唐加乡中心学举行，爱心企业为唐加乡中心小学捐赠各类图书、医药包、书包及儿童服装。7月，溧水区实验小学与墨竹工卡县南京实验小学签订了缔结友好学校协议书，溧水区实验小学为墨竹工卡县南京实验小学捐赠了教师研训经费10万元。

【学校标准化建设】 年内，墨竹工卡县续新建开工项目10个，项目总投资5375.58万元，其中门巴乡达珠村、日多乡念村幼儿园、县中学学生宿舍等续建项目3个，总投资2592万元，国家投资1900万元，县级财政教育配套解决692万元，均已完工；嘎则新区小康安居南京实验幼儿园、门巴乡中心小学风雨操场、教工食堂、供暖项目等新建项目7个，总投资2783.58万元，国家投资690万元，县援藏资金1000万元，县级财政教育配套解决1093.58万元，在建未完工。

【党建工作】 年内，划拨党建工作专项经费，充实配备党支部书记，夯实基层党组织建设；进一步探索党建机制创新工作，签订《墨竹工卡县2017年中小学（幼儿园）党建工作目标管理责任书》《2017年党风廉政建设目标管理责任书》，全面部署党建工作；抓好基层党组织班子建设，实行党员领导干部“一岗双责”制度，增强基层党组织的战斗力；加强落实党建工作保障机制，每年逐年增加各学校党建专项经费。2017年为各党支部下拨专项党建经费21万元；做好党员的发展和教育工作，严格工作程序，严把发展党员“入口关”；大力加强对群团组织的领导。进一步加强对工会的领导，继续要求工会工作必须紧紧围绕实施“科教兴县”和教育优先发展战略，组织、动员、教育广大教职工积极投身新墨竹教育改革与发展；认真贯彻落实《中华人民共和国教育法》《中华人民共和国教师法》，突出维护职能，理直气壮地维护教职工合法权益；进一步完善教代会制度，在民主和法制的轨道上实现工会工作新的突破。

【德育工作】 年内，按时足额划拨德育专项经费，在拉萨市基础上本级财政为每生每年再增加50元。及时添加更新德育内容，把感恩祖国、感恩教师、孝敬父母等内容列入课程，利用特殊节日广泛开展维护祖国统一、加强民族团结、新旧对比及爱国主义教育。不断加强青少年法制教育，聘请公检法司等部门人员及退休干部、老教师担任学校法制副校长、校外辅导员，每学期不定期开展法制、爱国、健康教育等主题活动。

2017年划拨专项经费35万余元，用于校园文化建设，努力创建特色宿舍、窗口学校。全面动员部署教育系统“四讲四爱”主题教育实践活动，及时成立了工作领导小组，制定《教育系统“四讲四爱”主题教育实践活动实施方案》，为各学校下拨“四讲四爱”

及德育工作专项经费10万元，用于各学校制作展板、宣传栏及开展相关活动，为学校开展活动提供经费保障。为每所学校培养1名宣讲员，组织宣讲员深入全县中小学、县幼儿园开展宣讲活动，宣讲场次共达到16场，参加师生共计达108800人次。通过德育课前5分钟、班会课、家长会、每周一国旗下讲话以及组织演讲比赛、文艺会演、运动会、集中观看爱国主义影片、组织学生参观甲玛兵器博物馆、拉萨市青少年活动基地及参加第二届青少年科技大赛以及南京援藏活动等多种形式，选取10种类书籍、11种类海报，制作横幅60余条，刻录光盘20余张，全部下发至各学校，在广大师生中大力宣扬"四讲四爱"主题教育实践活动内容意义。

【着力推进校园和谐】 年内，成立由局长任组长的安全维稳工作领导小组，定期研究，部署、指导、督促全县教育系统安全稳定工作；各学校成立校长挂帅的相应机构，并为各学校安卫主任发放岗位津贴1.2万元；制定完善校园安全管理规章制度及各类突发事件应急预案，本年度组织校园安全维稳工作专项督导检查20余次，召开全县教育系统安全维稳专题会议10余次；墨竹工卡县专项投入12万余元，更新更换部分学校安保器材，为全县村级幼儿园配备保安装备和安保设备，投入6万余元，将中学监控接入到区市指挥平台，投入0.57万元，在校园周边安装减速带；学期初，联合县安监局、公安局、卫生局、交警大队及消防大队等部门，对学校食堂操作人员、生活老师、驾驶员、保育员、保安等后勤人员进行专业素质培训，保证所有后勤人员持证上岗，同时签订安全责任书；制定《教育系统安全隐患大排查、大整治工作方案》，每月由县教育局牵头，联合县安监局、食药局、交警、消防大队组成专项检查组，对全县各中小学、幼儿园的校园安全生产及安全隐患进行大排查大整治。重点针对校园内部的日常安全管理、校园内保、交通、食品、消防、疾病防控及校园周边隐患等方面采取地毯式排查，通过边排查边整治的方式，彻底消除学校内部及周边地区安全管理盲区、死角。此外，县教(体)局组织专人深入各学校对学生床铺存在的隐患进行自查，对部分床铺进行加固处理，整改床铺无护栏、护栏不牢固、床架松动等问题；成立专项督查工作组，不间断、无死角对学校维稳安防工作进行专项督查指导，确保县教育系统在"萨嘎达瓦""三大节日"及中共十九大召开期间局势持续稳定。

【拉萨市三类城市语言文字工作评估验收】 年内，为全面贯彻落实《中人民共和国国家通用语言文字法》，按照西藏自治区国家语言文字工作委员会《关于做好全区二、三类城市语言文字工作评估的通知》及《拉萨市人民政府办公厅关于做好拉萨市三类城市语言文字工作评估的通知》要求，墨竹工卡县调整充实专项工作领导小组，制定迎检工作方案，层层分解任务。聘请拉萨市语委办2名专家，组织县直相关部门进行普通话测试2次，共有73人参加，69人达标；召开迎接三类城市语言文字评估工作推进会及专题部署会，积极动员，有效推进评估各项工作。

（曲　珍）

2017年9月28日，墨竹工卡县举办推进"五个100%"教育目标任务现场会

【领导名录】
副局长
巴　　桑(主持工作,藏族,1月免)
党委书记、局长
嘎玛挪培(藏族,1月任)
副局长
李 天 龙
张 丽 丽(女)

## 墨竹工卡县中学

【概况】 2017年,墨竹工卡县中学以党的十八届五中、六中全会精神和十九大精神为指引,以迎接区、市“五个100%”教育目标验收为抓手,以提高教育教学质量、培养学生良好行为习惯为重点,抓常规促管理、抓质量促提升、抓内涵促发展,优化课堂教学结构,力促墨竹工卡县中学教育教学工作稳步健康发展。

【办学成果】 年内,完善理化生实验室,新增相应实验仪器设备;规范实验教学,开齐开足实验课;配齐师资,确保实验教学各类人员的落实,墨竹工卡县县中学(以下简称县中学)格桑扎西老师、罗松措姆老师参加全国NOC比赛,分获物理组、化学组一等奖;8月,县中学设置图书角,每个班级的图书每学期实行一次年级轮转,学校与每个班级签订图书使用协议书,截至年底,学校总藏书量达6万多册;积极搭建藏语、汉语交流互动平台,提高师生双语运用能力。

【师资交流】 年内,邀请拉萨江苏中学、南京摄山中学名师到县中学对数理化生学科会诊,并针对学校老师上课、备课、教研等环节出现的问题进行专项培训。与人大附中、摄山中学名师结对,拜师学艺,现场会当天,县中学罗杰次旺老师与人大附中老师给听课专家组上了一堂双师教学课,引起听课专家组的强烈反响。8月11日,江苏省组团式人才援藏“进藏送教”。10月11日,拉萨市江苏中学城乡结对交流研讨。11月6—8日,拉萨市教研蹲校,专家就老师们提出的实际问题和教学中遇到的困难和疑惑提出自己的观点和看法,并积极与老师们交流讨论,使广大老师都有所收获。

【班子建设】 8月,墨竹工卡县中学对原中层管理队伍进行了大刀阔斧的调整,让能干事、想干事的中层干部得到更多锻炼的机会,提高学校的管理质量;加大常规管理力度,保证教育教学扎实高效,着力狠抓备课、批改作业等教学环节,加大坐班检查力度,有效促进老师们的工作积极性;改革考评机制,对工作进行量化,实行目标管理,解决分工不明、责任不清、管理不善、干与不干一个样、干好干坏一个样的问题。

【党委工作,以党带教】 年内,根据党章、党规要求,县中学已具备成立党委的条件,8月28日,经中共墨竹工卡县委员会的批准,县中学成立党委。经选举,由杨发菊担任校党委书记,索朗次仁担任副书记,旦增格桑担任纪检委员,周文泉担任组织委员,罗松措姆担任宣传委员。10月23日,选举产生第一、第二党支部支委会成员,罗松措姆和周文泉分别担任第一、第二党支部书记。至此,学校党委会和支委会正式成立。开展“四讲四爱”主题教育活动,喜迎中共十九大胜利召开,在“四

2017年9月28日,墨竹工卡县中学五个100%现场会

讲四爱”主题教育活动的基础上，继续开展第四节点的“四讲四爱”主题教育活动，组织师生“回头看”，牢记党恩，不忘使命。同时，以县中学宣讲员为主，邀请校外宣讲员为辅的方式，宣传人次约2000人次。

年内，以学习习近平系列讲话和十九大会议精神为主。校党委制定详细的学习计划，各党员教师自主学习《决胜全面建成小康社会，夺取新时代中国特色社会主义伟大胜利》《习近平讲故事》《习近平七年的知青岁月》《习近平谈治国理政》，集中学习《十九大关键词解读》《十九大后新党章》等内容，并要求做学习笔记，撰写心得体会。本年度县中学党员教师共完成笔记30篇，非党员教师完成笔记20篇，撰写心得体会4篇；为杜绝“四风”问题在校党员教师中滋生，县中学组织党委会成员、支委会成员、党员教师认真学习《中国共产党纪律处分条例》和《中国共产党廉洁自律准则》，做到警钟长鸣，思想建设永远在路上。

【精准扶贫】 年内，县中学在继续开展“一帮一”工作的前提下，响应上级领导的号召，扎实推进精准扶贫工作。8月18日，索朗次仁和罗松措姆下乡了解贫困家庭的实际困难；10月17日，索朗次仁一行9人为贫困户送上价值3640元的慰问品；10月19日，罗松措姆组织学校教师为在县中学就读的学生捐款捐物。

2017年9月10日，墨竹工卡县中学教师节表彰大会

【课外活动】 年内，举行“新生拔河比赛”、新生参观德育体验室、参观纪念馆等活动，同时进行两次“黑板报”评比和一次“激情实践，美丽墨竹”实践活动；开展“五小公民，动感中队”的相关活动，该活动从8月20日开始共分四期进行，以“主题故事会”“读书角”“收集名人名言”“社会实践活动”为载体，增强了学生的团队意识；校团委组织全校班级进行以“感谢有您，老师”为主题的黑板报评比活动；举办“12·9”文艺会演，提高了师生们的爱国意识，树立了师生们团结、合作、向上的信心。

【德育工作】 年内，健全德育管理体系，提升德育工作者自身素质，成立由校长、德育主任、班主任和法制副校长组成的德育工作领导小组，从校长到基层的班级，形成一种垂直的联系，使学校的德育工作从组织系统方面做到联系密切，指挥灵活，步调一致，保证了学校德育工作的实施；抓好行为规范养成训练，实施常规育人，加强宣传，潜移默化，在行为规范养成训练中，注重宣传教育，利用板报等载体向学生展现行为规范养成的重要性及意义，利用国旗下讲话、早会课、主题班会契机向学生讲解训练的内容，让学生在耳闻目染中受到潜移默化的熏陶；细处着手，养成习惯，在活动中，循序渐进，指导学生从细微处入手，从学习生活中的小事做起，使学生体验到养成良好行为规范的重要及意义，树立信心，积极参与训练活动。

【教务工作】 年内，认真做好每学期开学前期准备及各项教学常规工作；为保证正常的教学秩序，教务处工作人员在寒暑假期间已开始针对教师紧缺等诸多困难，及时开展调整课程、安排任课教师等常规工作；根据新生分班考试成绩，分析分数段和各乡镇交叉进行编班、建档，安排任课教师，组织教材发放及新生入校军训工作；制定教学计划及教学进度，做好常规教学检查工作，配合教研室举办“墨竹工卡县中学第十三届赛课暨第四届教师教学技能”大赛。

【中考升学】 2017年，毕业生总数614人，其中参加中考毕业生总数613人。毕业录取流向：内地高中班（含散插生）录取9人，区内重点高中录取（含西藏民大附中）52人，区内普通高中录取232人，中等职业学校录取289人。

【教研工作】 年内，着力狠抓备课、批改作业等教学环节；开展集体备课、组内公开课，本学期，开展多种多样的教研专题活动，并到江苏中学、江苏实验中学进行观摩学习；完成月考及期末各项考试任务；8月29日—9月1日，第一届县级学科带头人（2人）、第二届县级骨干教师（6人）、第五届校级骨干教师（9人）分别进行展示课，白玛曲宗等7位新分教师进行汇报课；11月3—5日，进行墨竹工卡县中学教师第13届赛课及第4届教师教学技能大赛，20位参赛教师呈现了20节精心准备的展示课。罗杰次旺、华德美老师获一等奖，夏多扎西等四位老师获二等奖，嘎玛曲珍等6位老师获三等奖，觉拉姆、拉巴仓姆老师获最佳教学设计奖。

顺利完成整班移交工作，共接收553名新生；整理统计新生信息，核实新生入学情况，并进行及时反馈。

【职称评审】 10月25日，进行2017年高级职称评聘工作，12位老师参评，罗星敏等4位老师被聘任为高级教师；11月16—20日，进行中初级职称评审工作，共17位教师参评。

2017年5月4日，墨竹工卡县中学举办第二十届运动会

【义教工作】 年内，每周一、三、八日到各班级核实学生的到位情况；每周安排校车和跟车教师进行学生接送工作，保证学生安全到家；9月18日为校车购买保险，并对7辆校车进行检修保养；组织接送学生20次（总计40620人次），实现全年零事故发生；协同县交警大队对县中学校车驾驶员进行交通安全讲座，并签订《交通安全责任书》，促使驾驶员对新的交通法规有了更深的认识；组织全校学生听县交警大队主持的交通安全讲座。

【青少年活动中心取得良好成绩】 年内，获“优秀活动示范学校”、中国科协科普中国“校园e站服务示范点”称号；罗布次培同学获得男子50公斤级竞技比赛亚军；阿吉和贡觉曲珍获得了女子甲组个人奖和季军；棋类社团参加2017青少年“实践杯”小小藏棋王比赛，杨小龙同学获初中组亚军。

【总务工作】 年内，对各科室、各班级的财产和物品进行核查并登记入册，落实固定资产的管理工作。本学期分两次对学生使用的课桌凳进行清理统计，在用的、闲置的、损坏的都做了详细的统计并存放。不定期对学校电器进行安全检查，并将检查记录进行汇总，发现问题及时维修。同时，对学生损坏的课桌椅、门、锁、窗、水电进行维修；每天督促检查学校保洁员及时清理垃圾，发现问题及时整改，做到学校环境卫生整洁；积极配合各科室的工作，做好服务，保证各类活动正常有序进行。

（李　涛）

【领导名录】

党支部书记

杨发菊（女，藏族）

校　长

罗布次仁（藏族，7 月免）

副校长

索朗次仁（藏族，7 月主持工作）

2017年7月13日，南京市供电公司副总经理吴峻（右一）在墨竹工卡县供电有限公司调研

## 墨竹工卡县供电有限公司

【概况】 墨竹工卡县供电有限公司于 2013 年 12 月 25 日正式挂牌成立，由国网拉萨供电公司代管，是由墨竹工卡县人民政府出资设立的一家国有独资企业，主要负责墨竹工卡县七乡一镇的电力供应、销售和输变电、配电设施的建设、运维检修，担负着为墨竹工卡县工农业生产、居民生活、市政公用建设供电的职责。

公司现有职工 52 人（不含 2 名帮扶人员）。其中，大学本科学历 7 人，高中以上学历 16 名。按性别分类，男、女性分别为 36 人、16 人；按用工性质分类，正式工 35 人，其他用工形式合计 17 人。公司设经理 1 人，副经理 1 人，副经理为拉萨公司委派。公司下设 3 个部门，分别为综合管理部、营销部、运检部。公司办公楼 1 幢，占地 2600 平方米，办公面积 841 平方米，设有营业大厅一处及 11 间办公室。公司内部有职工食堂，公司现有工作用车 10 辆。

公司现辖 35 千伏变电站共 4 座，主变 4 台，总容量为 39150 千伏安；35 千伏线路 3 条，总长度 142 公里；10 千伏配电线路 12 条，总长度为 576.347 公里；配变 605 台，其中专变 309 台、公变 296 台。此外，公司共有 2 座水电站，总装机容量为 1610 千瓦。公司电网覆盖 5 万余人 13179 户，供电面积 5492 平方公里，2017 年售电量为 9536.2 万千瓦时。

【党建工作】 年内，供电有限公司党支部现有党员 13 人，其中正式党员 11 人、预备党员 2 人。2017 年，公司党支部紧紧围绕“四讲四爱”主体教育实践活动开展党建工作，初见成效；坚持把学习宣传中共十九大精神作为首要政治任务，紧扣“十个深刻领会”“六个聚焦”，着力在学懂弄通做实上下功夫。大会召开第一时间组织全体干部员工在公司大会议室收听收看了大会盛况，听取学习习近平总书记重要讲话；以“七一”党生日为契机，组织党员重温入党誓词，并捐款 1 万余元，慰问县敬老院百余名老年同志，为他们带去牛奶、油和面粉等物品。此外，党支部还前往甲玛乡孜孜荣村慰问党员贫困户，送上糌粑、油等共计 2600 余元的慰问品；始终把党风廉政建设和队伍建设抓在手上、放在心上，积极组织全体员工，通过各种形式，开展党风廉政教育和警示教育。通过学习、排查，坚决纠正和制止不正之风，杜绝“不正之风”，筑牢思想道德防线，增强遵纪守法意识，提高拒腐防变能力，打造了一支勤政、廉洁、高效、服务优良的供电队伍。

【安全生产】 年内，供电有限公司始终认真贯彻落实县委、县政府和区、市公司安全工作会议精神和各项安排部署，把安全工作落实到生产、建设、经营、管理等各个方面，确保安全生产局面的持

2017年6月29日，工作人员在唐加乡莫仲村更换变压器

续稳定。安全组织机构进一步完善。正式发文成立公司安委会，完善了安全监督体系，抽调人员成立安质部，购置一辆皮卡车辆专门用于安全督查；逐级分解落实安全生产责任，层层签订安全生产目标责任书，落实安全责任。编制大面积停电预案，开展反恐防爆演练、消防定期检查。圆满完成中共十九大期间、县党代会等重大保电任务；深入开展“安全生产月”和2017年度安全生产大检查活动，组织各种形式的电力设施保护宣传活动3次，并免费发放灯泡等各类价值近万元的用电设备，前往虫草采挖点开展安全用电宣传得到中国西藏新闻网报道。安全生产大检查活动排查病症隐患缺陷。开展安全专项学习15次，传达上级安全会议精神，梳理工作安全风险点，落实整改隐患问题；采取多项措施强化各重大节日期间保电工作，严格落实带班、值班制度，抢修人员24小时全天候坚守岗位、随时待命，确保突发事件反应迅速处理及时。

【精准帮扶，携手共建】 4月，国网南京供电公司的第二批对口帮扶人员到墨竹工卡县公司，不仅带来了内地公司先进的管理经验，还为公司全体员工捐赠了防寒冲锋衣和保温杯，给员工孩子送来书本、文具盒等学习用品。此外，帮扶人员充分利用各种教学机会，开展“讲安全”培训和专用工器具培训3次，促进每一名职工牢固树立起安全责任意识，掌握安全操作技能，把学到的安全知识运用到实际操作中去，强化安全学习，提高防护能力。

【农网建设】 年内，墨竹工卡县新一轮农网改造升级工程完成新建35千伏变电站3座、改建35千伏变电站2座；新安装配变216台，容量22500千伏安；新建、改造高低压线路共计731.834公里，其中35千伏线路136.7公里，10千伏线路183.428公里，400伏线路290.589公里，220伏线路121.117公里；户表改造11343只，总投资共计3.955亿元，工程解决了配网公共区域内的线路老化问题和原有的配变无法满足居民日常用电需求的问题。

【完成PMS项目采集建模】 9月，供电有限公司投入使用PMS2.0系统（设备资产运维精益管理系统）。在对口帮扶人员的帮扶工作下，工作小组历时2个月，顺利完成墨竹工卡县配电的12条10千伏线路12000余个设备点的外业采集和内业绘制录入工作，高质量完成相关数据采集建模工作，标志着墨竹工卡县公司电网数据化精益管理踏上新台阶。

【凝心聚力、争优创优】 年内，供电有限公司在上级正确领导和全体员工努力拼搏下，先后荣获中共国家电网公司党组“2014—2016年度国家电网公司文明单位”、国网拉萨供电公司“2016年度先进集体”荣誉称号及“劳模故事会”优秀组织奖、“安康杯”知识竞赛三等奖等。

（冯 晨）

【领导名录】

党支部书记、经理

扎西次仁（藏族）

副经理

旺堆次仁（藏族）

# 城市建设·环保

## 墨竹工卡县住房和城乡建设局

【概况】 2017年是“十三五”规划的重要之年,墨竹工卡县住房和城乡建设局紧紧围绕县委、县政府的工作部署,结合“十三五”规划内容及单位年初既定计划,切实履行部门职责,精心组织重点项目和城镇基础配套设施建设,着力抓好保障性安居工程工作,强化城乡一体化发展,突出重点,狠抓落实,较好地完成了各项工作目标任务,全县住房和城乡建设事业呈现出欣欣向荣、配套完善、稳步推进的大好局面。

【特色小城镇保护规划】 年内,结合特色小城镇规划总规和建设规划,实施了甲玛乡赤康村村容村貌整治工程、甲玛乡水厂水源地工程等,完成投资1900万元。特色小城镇一期风貌改造工程、特色小城镇棚户区基础设施改造、甲玛乡孜孜荣二期搬迁工程等项目完成可研设计及招标工作,总投资7100万元。

【危房改造项目】 年内,政府安排1000万元危房改造资金,实施七乡一镇62户经济贫困户和一般户进行危房改造,一般户翻建新建(D级危房户)每户补助5万元,经济贫困户翻建新建(D级危房户)每户补助7万元。农村危房改造对象评定程序由自愿申请—村级评议—乡(镇)审核,经公示无异议的,由乡(镇)人民政府与申请人签订危房改造协议,共落实改造资金421.5万元。

【市政基础设施建设】 年内,根据县委、县政府指示精神和县城总体规划,实施工卡镇卡东小组商品房附属工程、南京东路、经二路街道沿线改造、嘎则市民广场、嘎则新区重点环节亮化工程、嘎则景观公园、羽毛球场、政府生活区超市、经一路市政道路、社区服务中心、金陵农贸市场等市政基础

2017年7月17日,西藏自治区住建厅副厅长李健康(左二)在墨竹工卡县调研

设施工程，计划投资3500万元；

【村级组织活动场所建设】 年内，根据《拉萨市村级组织活动场所标准化建设工作实施方案》文件要求及市县“三个全覆盖”工作要求，墨竹工卡县坚持因地制宜，分类指导；坚持宜建则建，宜改则改、节约资金和土地要求，新建一批、改扩建一批、整合利用一批等方式，在全县40个行政村委会中，对34个村委会实施村级组织活动场所标准化建设工程，另有3个村委会实施村庄综合服务中心建设项目，项目总计投资7300余万元。截至年底，全部工程验收投入使用。

【精准扶贫易地搬迁工程】 为率先实现国家2020年步入小康社会目标，加快建设美丽幸福墨竹工卡，实现真正意义上的改革发展成果共享，结合精准扶贫易地搬迁、小康安居建设任务，统筹实施了墨竹工卡县精准扶贫易地搬迁（二期）暨小康安居工程项目，在嘎则新区新建1118套精准扶贫及小康安居居住用房，占地面积466亩，总投资7.2亿元。截至年底，完成精准扶贫小康376户搬迁群众房屋分配工作户，小康安居计划于2018年6月底交付使用。

【人居环境三年整治行动】 厕所革命：2017年，全区厕所革命项目由自治区住建厅牵头EPC总承包模式实施，建设指标43座，覆盖40个行政村级主要交通、旅游沿线。截至年底，已开工20座，剩余2018年实施，修建标准为1A级（62平方米）、2A级（92平方米）。环资类：实施墨竹工卡县县城污水处理及收集系统工程、扎西岗乡生活垃圾无害化处理工程两项建设项目，计划投入资金4350万元，全部申请国家投资。截至年底，已完成招投标，计划明年开工建设。

2017年12月13日，县委常委、副县长汤官中参加住建局年度工作总结会议

【援藏项目】 年内，墨竹工卡县援藏工作从全县实际出发，结合县城建设整体规划大局，要立足县城当前与着眼长远发展要求，科学规划，合理布局，以强有力的举措，稳抓项目推进，确保项目落地，实施尼江乡宗雪村村容村貌整治工程、嘎则新区小康安居片区社区服务中心项目、嘎则新区易地扶贫搬迁社区服务中心项目、墨竹工卡县嘎则新区易地扶贫搬迁配套道路（经一路）项目、墨竹工卡县金陵农贸市场等共计安排援藏资金3000万元。

【城镇住房救助】 全县符合租赁住房补贴廉租房条件的共有104户，258人，其中实物配租39户，131人，租赁住房补贴19户，27人，共计发放补贴82620元。

（旦增罗布）

【领导名录】

局　长

索朗扎布（藏族）

副局长

旦增罗布（藏族）

## 墨竹工卡县环境保护局

【概况】 2017年，墨竹工卡县环境保护局坚持以人民为中心的发展思想，牢固树立“四个意识”，坚持不懈地推动党中央、国务院和自治区党委、政府有关生态环境保护和生态文明建设的决策部署落地见效；以建设“生态墨竹”为

2017年9月26日，环保局局长普布次仁在华泰龙开展督办工作

目标，把生态文明建设放在更加突出的战略地位，统筹组织、协调和指导环境保护、生态创建、迎接中央和自治区环保督察等工作。

【环境质量状况】 年内，全面掌握县域环境质量现状，分析县域环境质量变化情况。根据相关法律法规和行业标准，研究制定《墨竹工卡县2017年环境质量监测方案》。委托拉萨市环境监测站和第三方有资质的监测机构对墨竹工卡县域环境空气质量、地表水质量、饮用水水源地水质定期开展环境监测。监测结果显示，墨竹工卡县环境空气质量符合《环境空气质量标准》一级标准，地表水、集中式生活饮用水水源地水质达到三类标准。

【中央环保督察】 年内，在中央环保督察组进驻西藏期间，转办给墨竹工卡县信访案件共有21件（主办15件、协办6件），所有信访案件已全部办结。案件办理中，对相关企业实施行政处罚252.6万元，均已上缴国库。为进一步做好转办案件督办工作，及时召开墨竹工卡县中央环保督察转办案件“回头看”工作部署会，进一步安排部署，总结经验教训，制定相应的后督察跟踪机制，按照整改一件、验收一件、销号一件的原则，扎实开展了转办案件“回头看”各项工作。

【环境执法大练兵】 年内，积极参与环境执法大练兵活动。加强环境执法队伍建设，提升环境监管水平，统一执法服装，配备执法设备，聘请环保专家，进一步规范严格执法、公正执法、文明执法的秩序，从而树立了执法队伍的良好形象。2017年，墨竹工卡县环保局被上级业务部门推荐参选全国环境执法大练兵活动先进集体。

【农村饮用水保护项目】 年内，不断加强饮用水水源地保护工作，确保人民群众饮用水安全。积极推广农村饮用水保护工程试点项目，2016年20个水源点保护工程项目任务已经完成，投入资金200余万元，2017年20个水源点保护工程项目当前办理前置手续，正在有序推进中。按照自治区农村饮用水源考核办法，每季度对农村饮用水进行检测，检测结果显示前三季度墨竹工卡县水质均已达标。

【工作经费保障】 年内，共投入生态环保资金1162万元。本级预算安排359万元生态创建工作专项经费，另外安排62万元作为县环保局专项经费（其中，创模经费10万元、水质检测经费15万元、环保宣传经费3万元、环保执法服装经费8万元、环保督察迎检经费20万元、全县环境监管网格化专项经费6万元）；上级下拨至墨竹工卡县重点生态功能区转移支付资金141万元，另外分别投入200万元和400万元，实施全县20个农村集中饮用水源点实施保护和扎西岗乡垃圾无害化处理设施项目。

【环境保护宣传活动】 年内，以“6·5”世界环境日为契机，积极开展“环境法治宣传教育”“平安宣传日”“环保宣讲进企业”“怎样当好环境监督员”等主题活动，传播环境法律知识，弘扬环境法治精神，进一步提高全民环保参与意识。年内，各类环保宣传活动共悬挂环保宣传横幅78条，张贴环保宣传海报300余张，免费发放环保宣传手册1800余册，免费发放环保替代品8000余个，接受群众现场咨询解答100余人次。

2017年12月5日，环保局牵头组织县职能部门开展中央环保督察问题“回头看”工作

【环保监管执法】 年内，认真落实《关于进一步做好拉萨市环境影响评价工作的通知》要求，严格执行环境保护前置审查制度，强化建设项目环境影响评价管理工作，依法、科学、公开、廉洁、高效地履行环评审批职责。截至年底，对全县项目建设网上备案134个，出具建设项目环境影响报告书（表）预审意见25期，无一例违法、违规、违纪审批，同时督促项目单位严格落实“三同时”制度；截至年底，对全县辖区内矿山企业、医疗机构、项目单位、私人企业、个体商户等开展197余人次环境保护工作检查，并对存在的12起环境违法行为，进行立案调查，共处罚金138.74万元。依法征收排污费1.1万元，依法向9家个体工商户发放排污许可证。同时为维护国家生态安全，加强墨竹工卡县生态环境保护建设，并深入推进生态扶贫工作，保护生态环境、改善民生，把扶贫工作与环境保护工作结合起来，发挥环保局行业优势，从建档立卡贫困户中聘选34名环境监督员。

【污染防治】 年内，制定《墨竹工卡县大气污染防治行动计划工作方案》，定期组织监管部门对墨竹工卡县辖区内重点公路项目以及矿山企业施工作业区进行检查，对冲洗设备缺失或者不完善的单位，责令限期整改。对水泥、沙石等易造成扬尘污染的施工原材料要求采取喷淋、覆盖措施，降低扬尘污染。在县域内开展淘汰燃煤锅炉整治行动，稳步推进墨竹工卡县淘汰燃煤锅炉工作。即时开展300平方米以上的餐饮行业安装油烟净化设备工作，加大对县域内中小型餐饮企业油烟排放的日常监管。

【生态创建】 自开展生态村、生态乡和生态县创建工作以来，本级财政先后投入生态创建专项资金2500万元。截至年底，全县7个乡镇、40个行政村已经成功创建为自治区级“生态乡”“生态村”，2016年12月初，荣获“自治区级生态县”称号，率先在拉萨市六县两区中实现生态建设“三级同创”目标任务。为实现生态创建全覆盖，墨竹工卡县甲玛乡自治区级生态乡现场考核问题整改情况报告已于6月1日上报拉萨市环保局，并已通过初审，待市环保局上报环保厅进行终审。墨竹工卡县的生态建设工作取得明显成效，在环境支撑能力、生态产业发展、环境污染整治环境质量和生态环保意识方面有了不同程度的提升，为下一步国家级生态县（生态乡）创建工作奠定了坚实基础。

【环保监管网格化】 年内，为进一步提高环境监管水平，切实保障辖区生态环境安全，有效强化环境监管主体责任，县政府制定《墨竹工卡县环保监管网格化建设实施方案》。建立以属地政府为环保监管责任主体，整合辖区内负有环保监管职责的各部门监管力量及其相应的环境管理资源，建立“属地管理、分级负责、全面覆盖、责任到人”的网格化环保监管体系，建立各级网格内环保监管“五定”机制，确保网格边界清晰、责任主体明确、目标任务具体、考核评价客观。

【巩固"禁白"工作】 年内，加大辖区内一次性塑料袋销售、使用环节的执法监管力度，做到堵塞源头、控制流通、寻求替代，按照统一部署、分级实施、各负其责的工作机制，进一步巩固全县"禁白"工作成果。全年共投入4.2万元，悬挂环保宣传横幅11条，张贴环保宣传海报300余张，发放环保宣传手册1700余册。组织县工商、城管、商务、卫生等成员单位，共出动了4次30余人，对县域内的农贸市场、商户、超市等进行执法检查，共暂扣一次性塑料袋40余公斤，同时向县城、各乡（镇）沿街商户、旅游景点等相关单位发放环保袋1.5万个。

【环境综合整治】 年内，进一步加大农村环境卫生综合整治力度，全面开展全民参与环境综合整治活动。2017年，全县共组织开展集中整治环境10次，组织农牧民群众1.3万余人次，动用车辆412余台次，清理各类垃圾1000余吨。

（彭连峰）

【领导名录】

局　长

普布次仁（藏族）

副局长

巴桑旺堆（藏族，7月任）

## 墨竹工卡县城市建设投资经营有限公司

【概况】 墨竹工卡县城市建设投资经营有限公司成立于2017年8月15日，注册资金5000万元，经营范围主要包括工程施工、代建、项目管理和技术咨询服务；砖、砂石、商混等建筑材料生产销售；机动车辆综合性能检测、河道疏浚以及房地产开发等业务。

【代建项目建设】 年内，代建项目4个，代建投资总额2631万元，其中日多检查站项目完成90%、日多法庭项目完成95%、工卡镇法庭项目完成70%，净土楼装修项目完成20%，完成投资2196.2万元；完成新区项目收尾。新区收尾项目2个，总投资4019.68万元。其中公安局业务用房、净土健康产业园项目已完工并分别交付公安局、工信局；完成资质意向洽谈。为增加基建税源，公司分别洽谈区内、区外多家施工企业，综合施工资质等级、业务范围和经营情况，已基本完成意向洽谈对象3家，每家收购资金在100万—130万元。

【砂石厂建设】 年内，完成收购整合方案。已起草编制《墨竹工卡县城投砂石加工有限公司发展方案》，联合县财政局委托四川大公资产评估有限责任公司，开展11家砂石厂固定资产评估工作，完成资料收集和现场核实工作，律师顾问全程参与，确保收购整合工作合法、合规。联合县国土、水利、环保等相关部门完成2家标准化砂石厂手续办理工作。

建成运营甲玛砂厂。办理完成甲玛砂厂环评、能评、风评、用地、备案等相关手续，并投入运营生产，重点负责1000户小康安居、G318国道改造等重点项目。截至年底，砂石产量达到45000方，实现产值237.16万元。

开工启动塔巴砂厂。联合工卡镇、国土局开展征地事宜，并同步编制完成塔巴砂石厂（商混站、砖厂）建设项目施工组织方案，于12月6日进场施工，确保明年基建项目材料稳定供应。

2017年10月18日，墨竹工卡县城市建设投资经营有限公司组织全体员工集中观看中共十九大开幕式

2017年11月13日，墨竹工卡县城市建设投资经营有限公司与评估公司对各砂石厂进行设备核实工作

【车辆检测项目】 年内，由县公安局牵头，会同住建、人社、环保等部门赴宏发检测公司参观学习，并联合住建、代建公司会同设计、材料供应商现场踏勘，编制墨竹车辆检测中心项目整体规划和资金预算。完成人员招聘工作。联合公安局、人社局开展车辆检测中心人员招聘工作，面试初审人员30名，其中建档立卡户9名、墨竹籍大学生12名。

完成制定运作模式。赴宏发检测公司、城投检测公司学习检测中心运作模式、管理方式，并了解质检、环评等相关手续办理事宜，并已起草制定《墨竹工卡县城投车辆检测公司管理运作方案》，确保项目建成后实现规范运营。

【规范运营城投公司】 年内，完成城发公司股东变更事宜，并新注册成立国有独资企业，编制公司章程和管理制度，合规注资1000万元，完成老城区商业楼5亩用地出让工作。

【建立现代企业制度】 年内，结合公司主营业务和工作需要，分别制定《财务管理办法》《人事管理办法》《安全生产管理办法》《合同管理办法》等各项规章制度，确保砂厂运营、合同签订、资金拨付、人员招聘等工作按规执行。

【党建工作】 年内，规范国有企业党的建设工作，发挥企业党组织的领导核心和政治核心作用，经申报县委组织部同意成立公司党支部，并修改完善公司章程，将党建工作列入公司章程，建立党的领导和公司治理相统一的有效机制。

（旦增卓嘎）

【领导名录】

董事长

扎西玉杰（藏族，8月任）

总经理

格　桑（藏族，8月任）

# 交通·通信

## 墨竹工卡县交通运输局

【概况】 墨竹工卡县交通运输局于2017年7月由原墨竹工卡县发展和改革委员会管理的交通运输局，调整为县政府工作部门（正科级）。现有行政编制3人，事业编制1人，实有干部职工4人，正科级2人，科员1人，事业单位员级1人。

【基本职能】 推进墨竹工卡县综合交通运输体系建设，统筹规划公路行业发展，建立与综合交通运输体系相适应的制度体制机制，优化交通运输主要通道和重要枢纽点布局，促进交通运输方式融合，组织拟订全县综合交通运输发展战略、规划、政策和规范性文件，指导、协调、监督全县公路发展战略、规划、政策和规范性文件的拟订，指导综合交通运输枢纽规划和管理，负责交通运输行政执法检查和监督。

承担道路运输市场监管责任。监督实施全县道路运输执行相关政策、技术标准和运营规范。指导全县城乡客运及基础设施管理和维护，承担有关重要设施的管理和维护。制定全县交通运输行业科技发展规划并监督实施。指导全县交通运输信息化建设，监测分析运行情况。指导公路行业环境保护和节能减排工作，承办县人民政府交办的其他事项。

【法制统计建设】 年内，以"两学一做"学习教育常态化制度化为契机，学习十九大精神，结合县委、县政府制定的交通改革任务，进一步细化法制治统措施，明确责任分工落实到人头，法制统计建设持续深入推进。

【党风廉政建设】 年内，墨竹工卡行县交通运输局以永远在路上的执着和韧劲，推动全面从严治党，扎实推进党风廉政工作和反腐败各项工作。用习近平新时代中国特色社会主义思想统领统计

2017年12月11日，县委常委、政法委书记、公安局局长索朗多布杰在冰雪路段检查指导工作

工作，牢固树立“四个意识”，坚定“四个自信”，做到常提醒、勤教育，让“红脸出汗、咬耳扯袖”成为常态。

【农村公路实施项目】 年内，墨竹工卡县实施农村公路项目14个，共改建道路127.427公里，总投资1.6亿元，已完成投资1.03亿元。其中，2016年续建项目7个，共改建道路73.473公里，总投资9265.24万元，完成投资8338.7万元；2017年第二批新建实施项目7个（其中2个为精准扶贫产业路项目），共改建道路52.954公里，总投资6563.3867万元，完成投资1969.02万元。

【国道改造项目】 国道349大中修墨竹工卡县嘎则至直孔电站段大中修工程，共改造里程道理22公里，投资2800万元，已完成投资2800万元。

【危桥改造】 年内，根据自治区公路局提前实施“十三五”公路危桥改造工程急需项目，墨竹工卡县涉及阿沛桥（甲玛乡赤康村）、巴扎岗桥（尼江乡仲达村至巴尔卡村桥）等5座危桥改造项目，共投资1657.83万元。

【第三批计划实施项目】 年内，第三批申报项目8个，总投资1.4亿元，共新增里程66.144公里，新建桥梁3座73米，已完成办理相关前置手续，待市局审批；上报拉萨市农村公路进村入户项目69个，预计投资1.3亿元，新增改建道路138.6公里，共新建桥梁24座，196米。

2017年8月16日，交通运输局局长林文全、副局长洛桑多吉在施工点检查指导工作

【高等级公路项目】 国道318线林芝至拉萨段公路改造工程路线全长64.497公里，项目总投资为45亿元，全线分为4个合同段实施建设。项目总体建设目标工期截至2017年6月，有效期建设工期为18个月，现该段工程已收尾，正执行试通阶段，总工程预计2018年10月底终验。

【征地拆迁及补偿资金兑现】 林拉高等级公路二期建设项目红线内总合同的征地拆迁补偿资金为182418103.96元（含林拉二期协调经费400万元），均已到位。现各项补偿资金兑现情况为：征用耕地1815.16亩，补偿资金70201313元；征用林地1149.493亩，补偿资金15000883.65元；征用草地2888.719亩，补偿资金24554111.5元；全县涉及民房、院墙拆迁、障碍物拆移、临时安置、搬迁补偿、商品房、线路改迁、日多公安检查站、日多公安派出所等共计43项，涉及补偿资金72661795.81元。

在林拉高等级公路建设征地拆迁资金中，扣除耕地复垦资金每亩8333元，共计复垦资金15125728.28元；国有林地每亩13050元，共计资金13349367元，沙棘林补偿245500元，合计资金28720595.28元在县财政国库账上外，其余资金均已兑现完毕。

【精准扶贫】 墨竹工卡县以林拉高等级公路重点建设项目为契机提高群众收入；实现运输本地用车，3个乡镇共计445辆农牧民车辆参与运输。截至年底，各标段分别兑现运输费，一标段3851.9921万元，二标段3644.83万元，三标段3159.756万元，四标段1500万元，共计资金12156.5781万元。另日多乡车辆参与中铁十二局和中铁二局米拉山隧道项目运输，截至年底，兑现运费4991.2668万元。参与运输车辆实现平均增收38.5万元。积极组织当地剩余劳动力群众投入林拉高等级公路建设项目，当地群众参与沿线四个标段务工4114人次，已兑现报酬4287.2万元，提高了当地群众现金收入。涉及林拉高等级公路建设的六个参建单位，本着自愿的原则，积极参与墨竹工卡县精准扶贫事业，先后投入资金468.86万元，对沿线乡镇村组帮扶开展了乡级卫生院硬化、村组道路硬化、修建牧区便道、购置教学设备等。

【协调工作】 国道318线林芝至拉萨段公路改造工程各参建单位按照指挥部要求全面复工以来，在县委、县政府高度重视，多次召开专题会议进行安排部署。同时为切实解决因林拉公路修建造成的农牧民群众生产生活不便等问题，5月23—26日，由县委副书记、常务副县长郭昌标带队，组织米墨指挥部和县协调办成员以及涉及公路沿线的乡镇主要领导、协调专干、村委会、小组组长、联户代表等赴实地进行了全线排查。本次排查出涉及渠系变更、牲畜便道、管涵等问题28个，在米墨指挥部的大力支持和配合下，通过现场分析提出方案，各项问题基本已得到解决。

保护环境是林拉高等级公路建设中重要的一环，在墨竹工卡境内有六大公司项目部，分别是中铁二局、中铁十二局、沈阳市政、中交一公局二分公司、中铁二十局、中交一公局六分公司。根据县政府要求，6月20—23日，全县境内排查红线之外用地情况，并一对一安排监督责任人。从统计情况看，全县已涉及35块用地，主要用于各项目部驻地、梁场、取料点、钢筋场、便道等。其中，在日多乡境内有21块地；扎西岗乡境内有11块地；工卡镇境内有3块地。按公司分，中铁二局有1块地（米拉山斜井）；中铁十二局4块地（米拉山隧道）；沈阳市政有6块地（一标）；中交一公局二公司有12块地（二标）；中铁二十局9块地（三标）；中交一公局六分公司5块地（四标）。

积极参与和协助解决拖欠民工工资问题。林拉高等级公路涉及面广，拖欠民工工资和工程款现象较为严重，为了县境内的社会和谐稳定，林拉协调办先后参与和协助解决8起拖欠民工工资行为，协助解决3起当地交通运输费用拖欠问题和砂石料提供费用拖欠问题。

【农村公路管理主要做法】 年内，坚持从促发展的规划全面发展，请求南京市规划设计院科学规划，形成路网，提高通行能力，让公路在农村四通八达，避免盲目、无序、重复投资建设，为墨竹工卡县农村公路建设奠定坚实基础。

加强资金管理，提高资金使用效益。对项目建设费用，严格按照专款专用的要求，完善各项财务管理制度，严禁截留或挪作他用。实行财务公开制、定期审计，严把资金建设使用关，杜绝各类不合理的开支，切实保证把有限的资金用到刀刃上。

强化工程质量管理。在县级道路建设实施过程中，严格实行“四制”管理，即法人制、招投标制、监理制、公示制。为保证工程有效控制，对整个道路工程施工阶段严把监督，确保树立“建设一条、优良一条、收益一条”的质量要求。

2017年12月19日，交通运输局组织客运站驾驶员及工作人员安排部署春节、藏历新年期间道路运输工作

**【各项指标稳中向好】** 2017年，墨竹工卡县地区生产总值实现30.64亿元，同比增长10.2%；规模以上工业增加值完成15.02亿元，同比增长16.1%；全社会固定资产投资完成49.22亿元；社会消费品零售总额实现3.7亿元，同比增长12.3%；公共财政预算收入完成3.8亿元，同比增长16.25%；农牧民人均可支配收入实现13046元，同比增长14.49%。全县农作物总播种面积达5.05万亩，其中粮食4.3万亩，粮食总产量2.46万吨；牲畜存栏14.25万头（只、匹），出栏率达34.49%；肉类总产量达到7004.03吨、奶产量14308.93吨、禽蛋50.92吨。全年农牧业总产值实现5.3亿元、增长11.81%。

**【市级农村公路养护补助资金使用情况】** 为推进墨竹工卡县农牧业产业化和新农村建设提供优质、高效的服务，进一步规范墨竹工卡县农村公路养护管理工作，公路日常养护迈入常态化、规范化轨道。交通局定期不定期对养护质量、资金兑付情况进行跟踪问效，专款专用农村公路养护补助资金。2014—2017年，墨竹工卡县农村公路养护补助资金共266.08万元，到账养护资金共238.46万元，按农村公路养护里程分配，已拨付八个乡镇及企业施工单位共计养护资金186.23万元，2018年保障抢险突发事件预留养护资金52.2万元，其中利用9.4万元，架设门巴乡贴朗村保通钢架桥。

**【农村公路养护管理资金使用情况】** 2016—2017年，墨竹工卡县交通业务经费（含农村公路养护）预算共31.1万元，其中4个乡镇及企业施工单位发放农村公路养护经费30.06万元；2017年墨竹工卡县交通业务经费初步预算共31万元，已拨付日多乡、门巴乡养护经费共11万元。

2017年8月13日，交通运输局对客运站车辆开展全面安全检查

**【农村公路养护管理】** 年内，坚持"统一领导，分级负责"的原则进一步落实分级管理养护责任，认真落实养管责任主体，不断提升农村公路的通行能力和服务水平，年初与各乡镇签订《墨竹工卡县农村公路养护管理》目标责任书，按照《墨竹工卡县农村公路养护制度》明确各乡（镇）的养护路段、养护标准和养护要求。实现"有路必养、有路必管"体制。研究制定养护工作方案，统筹年度管理养护工作，并把精准扶贫建档立卡62名交通管护员也纳入农村公路养护队伍，制定分片包段目标责任长效机制，全面加强了县乡公路养护工作，彻底扭转过去因乡镇无专职管理机构、无专职管理人员造成乡村公路失养、缺养或管理不到位的局面，极大地方便了人民群众出行，加快了人流、物流和信息的流通。

**【农村客运公司组建】** 根据市委、市政府召开成立农村客运公司有关会议要求，为规范全县客运班线经营管理模式，墨竹工卡县天墨交通客运公司于2017年1月18日工商部门注册成立，并委派政府工作人员担任公司法人。

成立以县委副书记、常务副县长郭昌标为组长，各相关单位为成员的客运班线专项治理工作领导小组，已办理完道路运输经营许可证，完成兑现车辆残值补偿、签订协议奖励资金、新车购置等工作。三级客运站建设场地选

2017年7月12日，交通运输局开展交通事故案例展板活动

址在嘎则新区，并已办理完相关前置手续，墨竹工卡县农村客运班线改革工作正在推进中。

【环评办理情况】 2013年以来，墨竹工卡县涉及国家级黑颈鹤野生保护区内项目2个，为2015年唐加乡至卓村4组公里工程及2016年唐加乡卓村一组公路工程，项目性质为改建。唐加乡卓村至4组公路工程于2015年10月29日，自治区林业厅下发《西藏自治区林业厅关于墨竹工卡县唐加乡卓村至4组公路工程涉及雅鲁藏布江中游河谷黑颈鹤国家级自然保护区相关事宜的复函》，于2016年12月31日拉萨市人民政府认定环境影响评估报告；唐加乡卓村1组公路工程于2017年5月22日，自治区林业厅下发《西藏自治区林业厅关于墨竹工卡县唐加乡卓村一组公路工程项目涉及雅鲁藏布江中游河谷黑颈鹤国家级自然保护区相关事宜的复函》。根据《中华人民共和国环境保护法》第十九条及《中华人民共和国环境影响评价法》第三十一条，未经环保审批部门未审查批准项目，建设单位不得开工建设要求，唐加乡卓村1组公路工程项目正在办理相关环评手续，未开工。

【生态恢复】 根据《交通建设项目环境管理办法》，墨竹工卡县交通基础设施建设尽量避让自然保护区、珍稀动植物保护区等环境敏感区，从环境保护角度对规划、选线方案进行深度优化，充分吸纳各方环境保护的意见建议，确保建设项目从源头上最大限度地防止生态环境破坏；项目实施完成后，县交通局及时组织设计、施工、监理单位，对照项目环境影响评价文件，全面排查施工过程中遗留的环境问题，提出恢复工作方案并严格落实。在后期生态恢复中，经过农牧、林业等相关部门的检验检疫，坚决防止外来有害物种入侵，确保墨竹工卡县生态安全。

【安全生产】 年内，按照中央和区、市安全生产工作会议关于安全生产工作的重要指示批示精神，按照“全覆盖、零容忍、严执法、重实效”的要求，制定《墨竹工卡县交通局2017年下半年安全生产大检查工作实施方案》，深入开展安全生产大检查工作，加大道路隐患排查整治力度，严格查处各类安全生产违法违规的行为，认真排查墨竹工卡县境域内国道、省道、县道、乡村道路安全隐患，特别是易发生山体滑坡、泥石流、雨水冲刷桥梁、涵洞等路段，对排查出存在安全隐患的道路，及时设立警示标牌，影响安全通行的道路进行封闭，并制定保通方案，确保第一时间配齐配备人员、机械，保障道路安全通行。

（旦增格列）

【领导名录】

局　长

林 文 全（7月任）

副局长

洛桑多吉（藏族，7月任）

## 林芝公路分局墨竹工卡公路养护段

【概况】 2017年，墨竹工卡公路养护段紧紧围绕区、市、县党委、政府、区交通运输厅党委、区公路局党委、林芝公路分局党委总体部署，全面贯彻落实党的十八大及十八届三中、四中、五中、六中、七中全会精神，深入学习贯彻习近平总书记系列重要讲话精神。结合自身实际开展工作，抓紧对全线进行油路补坑以及其他工作，攻坚克难，全体干部职工保持了昂扬的斗志和较好的状态，全身心地投入到公路保通工作中，抢抓机遇、扎实工作，较好完成了2017年度目标任务。

2017年9月2日，西藏自治区交通厅党委委员、区纪委驻交通厅纪检组组长边巴次仁（左一）一行在墨竹工卡公路养护段督导检查党建工作

【养护生产完成】 年内，墨竹工卡公路养护段严格按照公路养护相关标准，坚持以公路日常养护作为工作重点，实行公路养护常态化，着力在改善路容路貌，在提高路况质量上下功夫，做到路面病害处理规范、及时并加强公路路面清扫，及时清除路面碎落物、垃圾及堆积物，保持路面整洁；定期清理边沟、桥涵等排水设施，保证排水沟无淤泥、堵塞，桥面清洁无杂物，涵洞畅通无堆积物；加大路肩、边坡整修力度，路肩顺直无缺口，路肩、边坡绿化平整美观，无杂草及生活垃圾，路宅路田分界清晰。

2017年，日常工作量共计备路面料104立方米、铺撒融雪剂140吨、铺路面料89390平方米、清雪除冰1400.66立方米、疏通涵洞29次/134道、路面修补平方米、整修路肩124876平方米、清理碎石401.71立方米、清理白色垃圾9063.64公斤、清扫路面654422.6平方米、更换安全消防设施12个、清理边沟243105米、维修涵洞3道、院内除草327平方米。2017年小修工程工作量共计修补路基缺口608立方米、清理塌方1945立方米、局部修理路肩墙291立方米、更换涵洞盖板8块、清理泥石流279.5立方米、局部修理排水系统7立方米、修补涵帽9平方米、油路补坑31287.3平方米、土路补坑26120.44平方米、修理交通安全设施12根、灌缝11803.5平方米、新挖边沟340米、罩面25362.71平方米。

【公路应急与抢险保通】 年内，制定并完善《雨雪季公路抢险保通预案》《道路防御雨雪冰冻气象灾害及值班制度》和各项管理制度；坚持24小时领导带班值班制度和信息报送制度，加强灾害信息报送工作；加大异常天气和重点路段巡查力度；加强应急仓库的管理，建立出库、入库以及月度盘点清单，及时补充抢险物资、确保抢险应急物资齐备完好。

【开展公路小修工程】 年内，合理安排小修工程季度、年度工作计划，轻重缓急做好病害处治；做好小修工程质量监控，制定外业工程完成情况台账，指导并督促施工队执行操作规范、工艺流程，贯彻执行施工规范和验收标准。

【预防性养护】 年内，认真开展公路病害的调查和数据采集整理工作。根据公路技术状态和通行能力，结合管辖路段地理环境和气候条件实际，明确预防性养护具体措施，积极学习了解有无新工艺和新材料以运用到养护工作中。结合道路实际2017年对G318线K4540+500—K4540+584、K4568+000—K4549+000、K4590+000—K4592+000、K4600+000—K4602+000处的连续坑槽进行集中修补，共计约30504平方米。

【桥梁涵洞养护维修】 年内，做好桥梁、涵洞经常性检查工作。按照轻重缓急并结合管养桥梁实际状况编制桥梁养护维修计划，积极制定灵活、有效的整治方案。对宁中桥、扎西岗桥进行维护，确保全段桥梁的安全畅通。在6月22日达孜2桥出现险情，墨竹工卡公路养护段及时启动应急预案，积极投身抢险保通工作，努力克服困难，组织人员架设钢架桥，保障道路通畅。

【创建“美丽公路”】 年内，提高公路服务供给能力，深入贯彻“五大发展理念”，推进公路服务供给更好地适应需求变化。美化公路路容路貌。以国道进出口为着手点，在改善国道路容路貌、恢复附属设施和桥梁美化上下功夫，全面提升路域环境水平，全面推行标准化养护；继续推行“三个结合”“三个转变”“一个理念”，切实加强预防性养护、季节性养护、桥隧养护。重点实施G349线、G561线路面病害治理，G318线预防性养护，突出公众优先、服务优先、质量优先。

【路政管理】 年内，依据《中华人民共和国公路法》《公路安全保护条例》《西藏自治区公路条例》等法律法规，结合以往在工作中获得的第一手经验，继续开展路面管控及超限运输治理工作，依法查处各种违法侵占、占用、破坏公路路产路权的案件，对全段管辖公路的安全警示标牌积极维护和管理，努力营造安全、畅通、便捷的公路交通环境。狠抓基础工作，强化队伍建设，工作热情积极，圆满完成了各项管理任务，有效地维护公路路产路权，确保公路完好、安全、畅通。

【宣传工作】 年内，为认真贯彻上级各项精神和全面提高人民群众的爱路护路意识，墨竹工卡公路养护段路政管理以“路政宣传月”为契机。5月22日、23日，墨竹工卡公路养护段路政所联合林拉高等级公路达孜养护点路政、交警。在国道318线、国道561线沿线以广播、宣传单、宣传册、展板、横幅等方式走县串乡，对过往司机、群众、摊点、施工队伍发放宣传材料并进行讲解，《中华人民共和国公路法》藏汉双语宣传册、《西藏自治区公路条例》藏汉双语宣传册及《国家治理车辆超限超载宣传单》《超限超载认定新标准》《保护公路环境是我们共同的责任宣传单》《卡车之友》等动漫宣传单。深入矿区、沙石厂送法上门，解答疑问；对沿线各县、乡发放路政管理告知函，利用墨竹工卡公路养护段大门的电子显示屏对公路法律法规进行24小时滚动宣传。活动期间，共出动人员26人次、车辆6台次、行驶里程达600多公里、发放宣传材料2600份、接受法律法规宣传咨询人数达1000余人。通过系列宣传途径，营造了广大人民群众关心公路、爱护公路、保护公路的社会氛围，从而有效提高公民爱路护路和遵规守法的意识，提升公路管理和报务水平，保证人民群众安全便捷出行。

【路巡路查，确畅通保平安】 年内，为有效强化路面管理，加强公路巡查力度、密度。在墨竹工卡公路养护段管辖的四百多公里的国道、乡道，通过以工区巡路员巡逻和路政执法人员巡查相结合，形成纵横交错的路巡路查网，能够实时掌握管辖公路路域环境，及时制止违反公路法规的行为和处

2017年10月18日，组织干部职工观看中共十九大开幕式

理涉路事件。充分发挥各工区专职巡路员的机动灵活性的特点，保持经常性的公路巡查，特别是在雨雪及极端恶劣天气和敏感时期，严格执行24小时公路巡查和信息报送制度，增强违法案件的查处力度，有效保障路产路权不受侵害，确保公路的完好、安全、畅通，做到防微杜渐。

【依法行政，维护路产路权】 年内，坚持路巡路查的良好作风和规范，着重加强对建筑控制区的管理，路政许可事中事后的监管，发现问题及时处理，有效保障路产的完好、公路的畅通。在处理路政案件过程中，坚持依法办案，按照程序执法、严格执法、文明执法，坚持路政人员当场收缴，确保路产赔偿费的及时收缴。2017年，共办理路政涉路许可3起，办理超限运输通行证146起，收取路产损害赔补偿费3834元；处理路政案件7起，收取路产损坏赔补偿费37150元；超限超载运输1起，收取公路损害赔补偿费1240元。破案率100%，结案率达100%。

【路域环境整治】 年内，与国省干线沿线乡、检查站签订门前“三包”责任书，并告知路政办案电话，要求协助查处或举报涉路违法行为及非法占利用公路、公路用地；6月6—8日，墨竹工卡公路养护段路政所开展路域环境集中整治行动，对国道318线、国道561线、国道349线、Y137线上的乱搭乱建、乱堆乱放、未经许可擅自设置的非公路标志等妨碍、影响公路交通安全畅通的违法现象进行了全面整治。此次整治行动共出动人员16人次，清理违法设置非公路标志26块，拆除乱搭乱建2处，清理违法堆放物11处，水果摊位6处。

针对Y137线纳金山段出现多处倾倒生活垃圾及建筑垃圾的现象，严重影响路容路貌，同时也对环境卫生造成严重污染，对此墨竹工卡公路养护段路政所于29日、30日、31日进行专项整治。此次专项整治共出动人员15人次，车辆3台次，清理垃圾3处。加大对纳金乡嘎巴村路段进行24小时不间断巡查，同时要求十七工区巡路员积极配合，重点关注；依据《公路安全保护条例》提出申请，要求属地县级人民政府对墨竹工卡公路养护段管养路段未确权路段进行确权，便于墨竹工卡公路养护段路政管理工作的开展。

2017年6月22日，“达孜2号桥”铺装钢架桥—抢险保通

【路政执法事中事后监督】 8月17日，墨竹工卡公路养护段开展针对管辖路段路政许可事中事后监督检查工作。针对拉林高等级公路建设涉路许可项目及其工程接近尾声恢复安排情况进行检查。对擅自变更路政许可范围或者超出许可期限的涉路工程项目，及时督促当事人整改或办理变更、延期路政许可手续，超期或未按施工方案施工的，责令当事人停止施工，并依法给予相应处理。在日常巡查中发现未经许可违法实施的涉路施工项目、非公路标志标牌，并视情节要求当事人恢复原状或补办路政许可手续。

【保通工作】 3月22日至5月11日，墨竹工卡公路养护段开始对国道318线路面进行全面修复及罩面工作，路政所认真负责保通，圆满完成保通工作。6月22日，墨竹工卡公路养护段管养路段K4610+879达孜二号桥出现险情，桥面右侧桥板出现多处裂缝，

2017年7月1日，墨竹工卡公路养护段举办“迎七一·感党恩”暨夏季职工运动会

果断采取措施，迅速对通过桥梁的车辆实施管制、分流，并协调达孜县交警协助。经请示林芝公路分局，在原有桥梁上架设钢架便桥。路政所负责此次险情的保通工作与大型车辆的分流任务，并与达孜县交警进行协助。路政工作在各兄弟单位及达孜县交警的协同下，圆满顺利地完成交通疏导与分流工作，历时4天分流工作，共分流大型车辆2000余辆，未造成堵车现象及交通事故。

【应急演练】 年内，墨竹工卡公路养护段路政所结合辖区实际情况，制定路政突发事件应急方案并根据方案进行有效的应急演练。为突发事件的发生做好充分的前期准备，提高突发事件的处置，应变能力。

【内业资料“明、清、齐”】 年内，执法人员严肃认真工作，努力推进路政管理内业规范化管理，及时上报各类报表，每一案卷都要做到归档及时、准确、有效，无错漏现象发生，票据管理认真执行“收支两条线”规定，及时上缴赔补偿费，按时上缴、核销票据，每月底和财务进行核对，确保票、款相符无差错。实行票据领发、保管、登记、使用、核销由专人负责，未出现任何差错。同时对路政人员实行岗位责任，细化工作、落实到人。

【执法队伍建设】 年内，墨竹工卡公路养护段开展多次路政执法业务学习，并积极参加交通运输部举办的第四、第五、第六期路政培训班，到达孜养护点进行业务交流学习，聘请交警及武警教官对交通执法手势，军姿进行培训，提高整体执法形象。坚持“公开、公平、公正”的执法原则，全面推行“阳光执法”将执法程序、标准、要求和结果等内容。进一步公开接受车主、业户的监督。健全制度建设，建立奖惩机制和完善考核机制，制定考核细则，客观真实记载执法人员的工作成绩，突出贡献及失误、错误，最大限度地调动广大执法人员的工作积极性和创造性。

【安全生产】 年内，墨竹工卡公路养护段的安全生产工作，始终贯彻“安全第一，预防为主”的方针，牢固树立安全责任重于泰山的意识，重点在于落实，为做好养护段安全生产工作。年内，同分局和段属各工区层层签订《安全生产目标管理责任书》，明确工作职责，落实主体责任。结合工作实际不断完善《安全生产隐患排查治理与安全风险预控制度》《安全生产事故应急预案》《重大突发事件应急预案》，开展经常性安全生产隐患自查自纠工作，建立安全隐患排查工作台账。定期开展安全生产学习，每月召开安全生产会议，每季度召开一次安全生产工作专题会议，分析当前安全生产形势，排查隐患，防微杜渐。定期开展安全生产培训工作，进行养护作业区设置理论及实地操作培训并配备了齐全的养护作业牌，爆闪灯，对讲机等设备。以“安全生产月”活动为契机，不断提高广大干部职工的安全意识和安全作业技能。

【党建工作】 年内，把握喜迎中共十九大这条主线，以“两学一做”学习教育常态化制度化和“四讲四爱”主题教育实践活动为契机，把党支部的思想建设、作风建设、组织建设与养、管为主要内容的生产业务工作紧密结合起来。

年内，党内组织生活有“三会一课”等规定动作、“党员示范岗”、建立“四讲四爱”承诺墙，打造“廉政文化走廊”等创新动作，党组织活动场所达到“九有”“六化”标准。制定党建工作要点，印发《2017年墨竹工卡公路养护段党建工作要点》。组织专题学习，组织专题学习12次，讲专题党课3次，参学党员干部310人次。观看爱国主义教育片5次，上报各类学习党建信息35期。建立公众号信息交流平台，阅读及点击量达到5000次。红色主题教育彰显特色，利用“五一”“七一”“十一”等节庆日，组织党员在生产一线开展“亮身份、明职责、树形象”主题实践活动10次。先后参加达孜二号桥抢险保通、G561线、G349线雨季公路抢先保通等工作。规范议事和决策程序，对“三重一大”等重要事项集体研究、决策，把群众最关心的权、钱、人、事等事项重点公开。清晰党务动态，畅通党务公开渠道。精神文明创建凝心聚力，7月，成功举办职工运动会；先后推荐自治区时代楷模集体和个人；推荐践行“两路精神”先进典型；开展义务植树、拔河比赛等各类活动8次，参与人数160人。阳光党建工程利民惠民。按照分局要求继续推进“五小一院”建设，开展庭院绿化，建立干部职工文化活动室。开展“三大节日”慰问活动及生活困难职工、重大疑难病患者慰问活动，走访慰问249人次，发放慰问金13万余元。

【党风廉政建设】 年内，制定《2017年党建工作要点》《2017年党风廉政建设和反腐败工作要点》《党风廉政建设学习计划表》，与党员签订党风廉政建设承诺书46份，签订《不参加任何形式的赌博活动承诺书》39份；坚持聚集主业。严格执行《公路局财务支出党政领导会审会签制度》，落实中央“八项规定”。2017年，召集各工区各股室负责人共12人进行，集体廉政提醒约谈1次。

年内，严格按照《西藏自治区公路局贯彻落实建立健全惩治和预防腐败体系2013—2017年工作规划》的部署和要求，结合工作实际，制定贯彻实施办法，完善《惩防体系工作规划》《财务制度管理办法》《段党风廉政建设责任制》等廉政建设制度。在工作会上，将反腐败工作与公路养管工作同安排、同部署。签订《党风廉政建设目标责任书》；在段党支部会、段长办公会、党员大会及各项专题会议中，均安排纪检委员出席或列席会议全程参与和监督；组织开展党风廉政建设和反腐败工作专题学习16次、380人次接受教育，组织观看警示教育片10次、200人次接受教育；严格执行《公路局财务支出党政领导会审会签制度》；严格监督落实中央八项规定，加强公车使用、公务接待等方面的督导检查，全年未出现腐败问责情况。

【排查安全隐患】 年内，为促进安全生产，避免和遏制触电伤亡事故和重大电气火灾事故的发生，提高用电安全管理水平和规范人员的用电安全行为，2017年开展12次电气火灾自理自查检查，加强用电安全基础管理；积极有效预防火灾事故，保证全段干部职工生命财产安全。组织1次火灾事故应急演练，在段部和工区共配备80个干粉灭火器，及时检查有效期，做好安全记录。对各商品房的电线、插板、消防设施进行检查，对存在的问题要求限期整改，确保安全；加强食品安全监管，不定期检查食堂菜品餐具的安全卫生，切实保障职工人身安全。

（顿　珠）

【领导名录】

党支部书记

段锡格

段　长

阿　旺（藏族）

副段长

普布次仁（藏族）

纪检员

次吉卓玛（女，藏族）

## 墨竹工卡县电信局

【概况】 2017年，中国电信集团公司墨竹工卡县电信局以“用户至上、用心服务”为服务理念，全面贯彻落实中共十九大精神，加快推进墨竹工卡县通信信息化建设步伐，助力政府建设大数据精准扶贫平台，以党建统领下促进企业共同发展，加大农村网络建设进度，让农牧民早日享受互联网信息带来便利和福利。不断落实企业战略转型，坚持地方稳定第一责任和企业发展第一要务，发挥企业在互联网信息建设中的主力作用，扩大网络覆盖范围，扩充客户服务渠道，不断提升客户服务能力，努力实现企业持续健康发展。

【项目建设】 年内，及时响应政府号召，全力启动"普遍服务打造智慧家庭宽带市场的行业标杆"，投资800余万元，初期建设25个行政村光宽资源，年内，实现40个行政村的普遍服务项目建设，为推动拉萨市墨竹工卡县农村宽带建设、促进城乡基本公共服务、带动农村经济社会和信息化水平不断提升，通过天翼高清为核心集合智能组网，智能网关，高清智能电视，手机客户端等智能应用来进一步提高客户的信息化生活品质。同时为客户日益增长的信息通信需求，通过公司援藏项目，结合墨竹工卡县精准扶贫相关要求，继续投资近700万元在尼玛江热乡仲达村三组等偏远区域新建11个基站，解决了当地农牧民的通信需求，实现与政府和外界沟通联络。

全面升级和优化全县40个行政村无线网络信号，加大农村光宽的覆盖，有效落实国家提速降费一系列政策，让老百姓真正享受"提速降费"带来的红利。

【抢险保通】 年内，为建设第三条国家一级干线，从墨竹工卡县至日多乡铺设48芯光缆，对后期开通川藏一级干线奠定坚实的基础。狠抓通信抢险保通工作，通信应急能力全面提升。通信线路始终将应急抢险工作贯穿于整个通信管理工作，按照提前预防，提前整治的原则，完善通信应急预案和各种规章制度，成立通信应急保障小组，配备应急设施（车辆、小型发电机、卫星电话、便携式UPS），设立抢险机制，定期开展线路巡检，易发生险情的地段采取重点通信设施保护和宣传措施，确保区域二级干线畅通和升级一级干线的准备工作。

2017年11月10日，新扩建后县域通讯核心商圈

【企业发展】 年内，为加快农牧区全面建设小康社会步伐，搭乘中国电信网络优势和信息应用优势，积极实施"互联网＋农村"建设，助力政府开展惠农利农服务和精准扶贫工作。在县域和各乡镇新建10个室外自助缴费点位，方便了老百姓的缴费和业务办理。年内，利用天翼惠农等政策，对3000多个电信用户承担养老保险、医疗保险等共计38.7万元，终端补贴共计62.8万元，话费补贴360余万元，与政府和企业一同为打赢脱贫攻坚战做出更大更多新贡献。

（白玛伦珠）

【领导名录】

局　长

白玛伦珠（藏族）

副局长

琼达次仁（5月免）

## 墨竹工卡县邮政分公司

【概况】 2017年，墨竹工卡县邮政分公司认真贯彻落实集团公司和区、市分公司各项决策部署，积极应对复杂多变的市场环境，积极进取，2017年通过墨竹工卡县分公司全体干部职工共同努力，克服各种困难和市场环境的不利因素，圆满完成各项目标任务，取得一定成效。2017年，实现业务收入194.87万元，完成年度预算的

101.49%。

【企业发展】 年内,全县乡邮投递服务工作覆盖七乡一镇、40个行政村、48座寺庙、年服务里程达8万多公里。乡镇通邮率达100%,村村通邮率达100%,最大限度地满足偏远山区邮政通信的需求,同时,还承担墨竹工卡县各乡镇、各学校、各企事业单位等机构的投递服务工作,为墨竹工卡县经济发展和农牧区文化建设做出贡献。

【乡邮建设】 邮政公司为进一步加大乡邮工作力度,不断提高管理水平和服务质量,以高度的政治责任感,延伸服务深度,全体员工把认真做好邮政普遍服务作为己任,投入乡邮管理工作中,在巩固乡邮成果的同时,不断提高乡邮通信的覆盖率,确保乡邮工作的通畅。

【服务宗旨】 年内,墨竹工卡县邮政分公司一直秉承"人民邮政为人民"的服务理念,加强与当地政府部门沟通联系,切实履行好普遍服务义务,以优质的服务赢得当地政府、企业及基层群众的一致好评。为更好地做好服务工作,墨竹工卡县邮政分公司高度重视邮政服务重要性,充分认识到提升服务质量是邮政企业的法定责任和发展的根基,正视和解决当前邮政服务方面存在的问题,不断增强服务能力、服务本领,强化服务质量管控,提升服务质量,走"靠服务开辟市场、靠服务壮大实力、靠服务树立品牌、靠服务赢得竞争"的发展之路。

墨竹工卡县分公司将一如既往地紧紧围绕区、市分公司的经营指导开展工作,严格落实各项经营决策,以企业发展为中心,在区、市邮政分公司和县委、县政府的坚强领导下,求真务实、真抓实干、开拓创新,扎实完成全年各项工作任务。

(王　栋)

墨竹工卡县邮政分公司

【领导名录】

经　理

格桑贡嘎(藏族,4月免)

王　　栋(4月任)

## 中国移动通信集团西藏有限公司墨竹工卡县分公司

【概况】 墨竹工卡县移动营业网点设立于2004年,2007年6月墨竹县移动分公司正式成立。自成立以来始终秉承"正德厚生 臻于至善"的企业核心价值观,以"有价值、可持续"为经营理念,努力以"客户为根、服务为本"为职业操守,服务墨竹工卡县各族人民群众。全体员工自力更生、积极进取。在公司上下各级班子的正确领导下成功实现机构调整,网格划分,TD覆盖。用户规模从公司成立之初的4854户增长到现在当前的2.1万户,运营收入呈逐年上升趋势,8县公司中内部贡献占比为17.75%,已成为区域市场最有实力和最有竞争力的通信运营商。

墨竹工卡县分公司现有在岗员工7人,驾驶员1人,乡镇区域经理8人,解决当地就业人员10人,占总员工人数的62%。在县公司经理绕春艳的领导下,墨竹工卡县分公司现有自办厅1个,合作营业厅3个。各级渠道代理店30余家,其中10家为空厅代理。2009年率先突破千万并获得省公司嘉奖。截至年底,全县共有基站40个,覆盖8个乡镇,37个行政村,网络覆盖率为95%。

2017年10月14日，移动分公司工作人员在日多乡现场促销

服务日多乡、扎西岗乡、甲玛乡、唐加乡、尼玛江热乡、扎雪乡、门巴乡，共七乡一镇的客户。

【市场经营规模逐见成效】 年内，墨竹工卡县移动分公司主动开拓市场资源，不断提高人员营销水平。全年累计新增客户9387户，客户总量2.1万余户，新业务使用客户数累计达15663户。其中彩铃业务普及率达78.76%.新业务收入比重达到30.97%，成为运营收入增长的主要方向。新增客户市场占有率为71.68%，期末客户市场占有率为71.10%，市场主导地位得以巩固。持续推进品牌整合，着力提升品牌影响力和竞争力，“全球通”高端品牌形象和价值不断提高，“神州行”和“动感地带”品牌市场带动作用逐渐增强。不断加快渠道建设，认真兑现服务承诺，积极改进渠道管理，核心社会渠道控制力和价值贡献不断提高。进一步加大集团客户市场开发力度，从单一产品植入到综合的信息化解决方案，实现集团客户的“无缝”服务，打造有效的商业“价值链”，促进双赢。积极宣传推广移动智能终端，实现七乡一镇全面展示，有效发挥综合捆绑和黏性作用。

【员工综合素质全面提升】 通信行业作为窗口，作为服务行业，每一位员工对外展现的一言一行都代表着公司整体形象，因此墨竹工卡县分公司在拉萨分公司各职能部门的有力支撑下定时或不定时的对营业人员、集团客户经理、渠道管理人员进行业务知识、服务技能、营销方法等方面的培训，极大地增强了员工对自身以及企业可持续的关注度，激发了员工们的学习热情。年内，成功营销1.4万笔。打造了一支业务技能过硬、综合素质较高的员工队伍。

【班组建设呈现和谐氛围】 墨竹工卡县分公司“318”班组成立于2012年年初，共有成员8人。本着“开心工作、快乐生活”的一帮平均年龄只有25岁的年轻团队，通过内容丰富、形式多样班组技术知识交流活动，分享工作经验，齐心协力，共同解决工作难题。贯彻执行向“双标”学习，班组成员扶贫解忧，多次为公司内部困难职工捐款、捐物。生产之余，班组成员与友好单位的班组进行交流座谈活动、积极参加县政府组织的各项体育运动和联谊活动，营造了良好的班组氛围及社会口碑。

墨竹工卡县移动分公司全体员工在拉萨分公司的正确领导下，将以前所未有的激情与豪迈，自力更生，积极进取，坚决完成各项工作任务。持续为公司、为墨竹工卡县创造更大的价值。

（梁　伟）

【领导名录】

经　理

饶春艳（女）

## 联通墨竹工卡县营业部

【概况】 中国联通拉萨分公司墨竹工卡县营业部自2010年成立以来，秉承“以客户为中心，用户服务促进发展”的服务理念，以为用户提供优质通行服务，促进社会和谐为己任，倾力做到“消费请客户放心，服务让社会满意”。

【推进投资模式转变】 年内，按照公司要求推动建立规划指导下的项目滚动块管理机制的要求，高度重视投资建设管理,梳理投资管理流程,完善投资管理制度,探索建立投资责任追究和投资评估体系。以4G,宽带基础传输网建设为重点,逐步完善县,乡和交通主干道网络覆盖,实现县、乡4G高速上网。

【实现产品客户规模增长】 年内,联通墨竹工卡县营业部在拉萨分公司的领导下结合季度业务发展主打产品及重点指标的改善,提升用户规模,鼓励经营单元全面开展促销活动,充分抓住节日营销契机,以指标改善为抓手,促进规模发展与效益提升,实现产品客户规模增长和社会渠道快速拓展的双丰收,2017年营业部共完成主营收入290万元。

【开展教育实践活动】 年内,通过教育实践活动,正风肃纪见到成效,工作作风明显转变,真正服务于墨竹县群众,县联通营业部积极的组织下乡送通信,业务宣传等促销活动共计70余多次(包含存费送手机,存费送礼中高端手机8折抽奖活动等),开展移动业务。

【持续深化重点领域改革】 年内,联通墨竹工卡县营业部在县委、县政府和上级公司领导下,团结

2017年10月1日,营业员唐加乡东布岗村宣传联通3G业务

平博、锐意进取,坚持以发展为中心,积极应对困难和挑战,采取有力措施,加快业务发展步伐;做好行业信息化和新业务推广;抓好精细化管理,做到管理到位,责任分明,认真搞好服务管理与考核,根据实际情况完善,细化管理办法,制定合理的激励措施,改善服务短板,确保服务质量的稳步上升,提高客户满意度;完善县级基层组织机构设置,分类标准,引导基层经营单元规模效益发展。

【团队建设】 年内,将加强对营业员的全面管理。进一步梳理和优化工作流程,科学分工,强化服务意识,提升服务质量。对营业员现有分工进一步细化,视工作需要,合理安排工作任务。要求营业员学好业务知识,提高业务推广能力,提高工作效率和质量。将加强财务管理,开源节流,以最小的支出换取最大的收益。

联通墨竹工卡县营业部将进一步加强与当地政府及相关方面的协调和沟通,在为地方、为客户服务的同时,取得地方政府及相关方面对联通工作的最大支持,在互惠互利中促进工作任务的圆满及超额完成。

(色 珍)

【领导名录】

经 理

色 珍(女,藏族)

# 金　融

## 中国农业银行股份有限公司墨竹工卡县支行

【概况】 中国农业银行墨竹工卡县支行位于拉萨市墨竹工卡县工卡镇14号，成立于1995年7月1日，于2009年10月与全国农行一道成功上市，更名为中国农业银行股份有限公司墨竹工卡县支行。服务面为县城及七乡一镇40个行政村，是唯一在乡镇上有网点的金融机构。截至年底，所辖1个县支行7个营业所，全辖现有人员46人，其中管理员10人，业务人员26人、后勤人员2人，中保强盾保安公司保卫8人。根据业务性质分设有会计、出纳、信贷、联行代理国库业务等，主要经营存款、贷款结算及代理人行、农发行业务。

【业务辐射范围】 中国农业银行网点遍布中国城乡，成为国内网点最多，业务辐射范围最广的大型现代化股份商业银行，业务由最初的农业信贷、结算业务，发展为品种齐全，本外币结合，能够办理国际、国内通行的各类金融业务。主要包括存款服务、综合业务、外汇理财、人民币理财、代客境外理财、银行卡、汇款及外汇结算保管箱租赁缴费服务、代发薪服务、出国金融服务、电子银行服务、私人银行、融资业务、国内支付结算、国际结算、基金相关业务、企业理财服务、金融机构服务。

【"三农"服务】 年内，墨竹工卡县支行通过全体员工的共同努力，业务取得新的拓展，各项业务经营稳步健康发展，信贷资产质量明显提升，内控管理水平进一步提升，特别是作为县域支行在"三农"服务和支持当地经济发展工作方面取得良好成效，并在2017年度获得中国农业银行拉萨分行县域支行综合业绩第一的优秀排名。

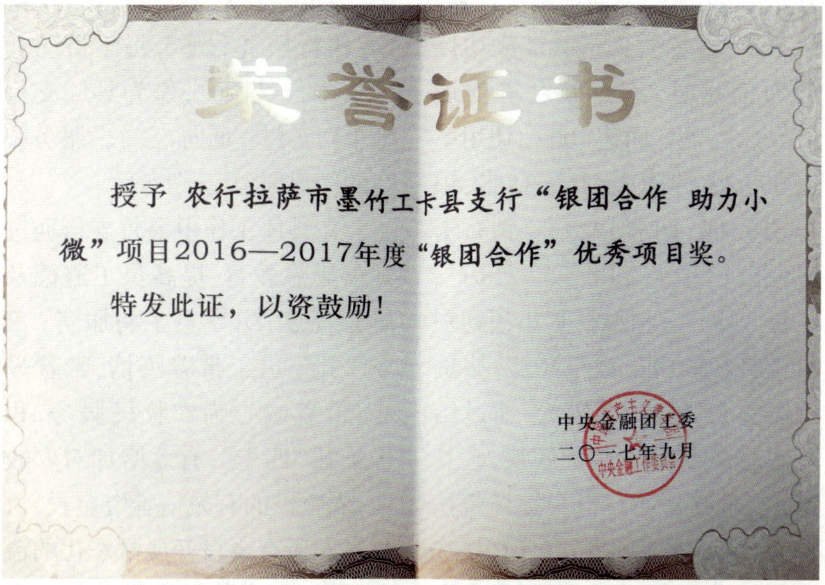

荣誉证书

授予 农行拉萨市墨竹工卡县支行"银团合作 助力小微"项目2016—2017年度"银团合作"优秀项目奖。

特发此证，以资鼓励！

中央金融团工委

二〇一七年九月

2017年9月，农行墨竹工卡县支行申报的助力小微项目获得团中央银团合作优秀项目奖

2017年2月6日，农行西藏分行党委委员、副行长王洪（右一）在墨竹工卡县支行调研

【经济发展】 截至年底，墨竹工卡县支行各项存款余额为118589万元，其中对公存款余额为84873万元，储蓄存款余额为33715万元。各项贷款余额为182982万元，其中涉农贷款余额为69503万元，公司贷款余额99811万元，个人贷款余额为13668万元。截至年底，支行不良贷款余额为0万元，全年无一笔新增不良贷款。截至年底，墨竹工卡县被成功评定为信用县，累计颁发贷款证12873户，颁证面达100%，使用率达99.82%，其中金卡5634张、银卡5192张、铜卡1223张、钻石卡824张（一星172户、二星278户、三星374户），精准扶贫小额到户贷款证1750张，截至年底，扶贫贷款余额为28232万元，通过给能人贷款带动农牧户残疾人、贫困户，通过与钻石卡户签订帮扶协议（执行扶贫利率）每年帮扶贫困户。截至年底，已办理惠农卡4172张，各项指标均得以圆满或超额完成。

【“三农”业务发展】 年内，按照全国农行工作会议和区、市两级行长年初会议的安排部署，墨竹工卡县支行始终坚定不移地深化“三农”工作，不断提高金融服务水平，努力为农牧民提供普惠制、广覆盖、多功能、可持续的金融服务，通过与钻石卡户签订帮扶协议（执行扶贫利率），每年带动和帮扶本县贫困户，作为县域支行上下切实树立面向“三农”服务城乡的经营理念。

在具体工作中墨竹支行通过开展思想教育、提高员工道德及思想高度、引导员工将服务“三农”引导员工带着感情、带着爱心、带着诚心为农牧民服务，积极依托“四卡”，有效增加对农牧业、农牧民的有效信贷资金投入，通过对所有乡村开展常态化的流动服务，向农牧民宣讲普及金融政策和信贷产品知识，大额资金兑现时为农牧民提供上门服务业务，同时，对广大农牧民开展诚信教育，有力提升本县农牧民整体信用环境；通过加强与县各级政府的沟通联系，积极争取党政部门的理解与支持，因此银政、银企关系非常融洽，实现共赢。墨竹支行在贷款投向上，积极为符合农行信贷相关管理办法规定，符合准入条件的农牧户发放农、林、牧业以及建筑、运输、批发、特色产品、民族手工业等贷款，满足其有效金融需求。

通过强化“三农”金融服务及管理，提高风险管控水平，不断提升本行“三农”服务能力，不仅涉农信贷资产质量保持较好水平，同时有力支持地方经济发展。近年根据上级行有关“惠农通”工程方案，墨竹支行予以高度重视，切实感受到开展此项工作是农行又一项惠农具体措施和手段体现，能够对金融空白行政村农牧民带来就近便利的金融服务。截至年底，完成40个村累计安装54台的POS机布放，组织专人认真开展前期政策宣传解释工作，积极争取党政机关和农牧民的理解和支持。

【办公及硬件设施】 年内，已完成两个营业网点的电子化转型工作，此举为县城内“三农”客户提供了便捷的电子化服务。

【配套设施】 针对支行近年来年轻员工逐年增加的现状，支行积极争取资金，完成支行职工之家和洗浴中心等配套设施建设，加强食堂管理，彻底解决员工一日三餐的后顾之忧，尽量给员工营造优异的工作环境。

【综合营销】 年内，墨竹工卡县支行各项存款呈现稳中有升，总体完成情况较好。2017 年墨竹支行储蓄存款增长较快，超额完成全年任务指标，贷款业务发展情况，贷款增长较好，呈现“三农”贷款与个人贷款齐头并进的势头，其他各项指标完成情况较好。

【基础管理】 年内，开展组织实施员工合规文化建设活动，员工整体合规理念、合规意识明显提升，继续实行差异化绩效分配体制，切实激发员工工作积极性，充分体现奖励机制的作用，认真开展对所辖内的尽职监督检查，做到及时查漏补缺，减少差错和工作中瑕疵，促进各项业务操作合乎程序规定以及制度要求。

【安全运营】 年内，墨竹工卡县支行未出现任何一起大小风险操作事件，确保安全运营。2017 年针对运营、会计、信贷、安全保卫等环节加大规范化、科学化、标准化建设，开展各业务条线的“三化三达标”创建前期准备基础工作。

【集中学习】 年内，墨竹工卡县支行利用每周二下午下班后的休息时间，组织全辖青年员工集中学习业务类管理办法、集中探讨新型业务，召集支行全体党员干部开展党课 12 次，提升了全体党员干部的党性，提高了员工合规操作意识，强化职业道德素养。

【安全保卫】 年内，墨竹工卡县支行将严格按照安全保卫工作条理、条例，逐条开展检查对照工作，确保无任何隐患地开展墨竹支行安全生产工作。

【安防教育】 年内，不仅圆满完成重大节日的安防工作，同时确保全年无论守库、押运、值班以及营业期间的安全无事故，平时墨竹工卡县支行主要采取加强对员工的安防教育，引导员工自觉履行各项安防制度规定，严格相关纪律，层层签订安防责任书，加大对所辖网点的监督检查力度，对违反安全保卫的行为及时进行教育引导，及时达到惩戒目的，领导做到在注重业务经营的同时，狠抓安全保卫工作，从而确保了安全运营。

（欧曲罗布）

【领导名录】

党支部书记、行长

索朗丹增（藏族，12 月免）

达桑次仁（藏族，12 月任）

副行长

索朗念扎（藏族，12 月免）

尼玛旦增（藏族）

韦 章 明（1 月任）

## 西藏银行股份有限公司墨竹工卡县支行

【概况】 2017 年，西藏银行股份有限公司墨竹工卡县支行（以下简称墨竹支行）始终高举中国特色社会主义伟大旗帜，以邓小平理论、“三个代表”重要思想、科学发展观为指导，认真贯彻落实中共十九大会议精神、习近平总书记系列重要讲话精神，中央、全区经济、金融工作会议、金融业支持西藏经济社会发展座谈会精神和区党委、政府“金融撬动”战略，

2017年9月6日，西藏银行董事长白玛才旺（中）在墨竹工卡县支行调研

以年初总行下达的工作任务为主线，稳步开展各项工作，取得了较大成绩。

【存款工作】 年内，墨竹支行多次组织员工到全县各机关企事业单位、乡镇、寺庙等地开展业务发展和营销活动，并取得优异成绩。2017年，墨竹支行各项存款余额23468.35元，较2016年增加5150.01万元，增长率为28.11%。其中，对公存款余额8810.77万元，较2016年增加1180.18万元，增长率为14.87%，日均余额6075.59万元，完成全年计划指标的83.87%；储蓄存款余额14657.58万元，较2016年增加5，150.01万元，增长率为54.17%，日均余额12662.89万元，完成全年计划指标的102.32%。

【贷款工作】 年内，墨竹支行继续加大个人贷款和对公贷款力度，加快信贷业务健康快速发展，促进了当地实体经济稳健提升。2017年，墨竹支行各项贷款余额197，886.34万元，较2016年增加10000万元，增长率为5.32%。其中，对公贷款余额179400万元，较2016年增加10000万元，增长率为5.9%；个人贷款余额18，486.34万元，较2016年增加9，858.13万元，增长率为114.7%，日均余额为13，582.81万元，完成全年计划指标的119.59%。

【严格审查开户质量】 年内，墨竹支行新增借记卡27128张，其中贵宾卡43张，普卡27085张；代发工资账户数累计14户，较2016年增加3户(有效户3户)，增长率为27%。对公开户数累计79户，较2016年增加32户，增长率为68%。

【丰富产品种类】 年内，墨竹支行开通网上银行(企业)业务、电话银行、MSP设备营销，方便了广大客户的生活；继续实施开卡免受工本费、年费，境内跨行转账免费等优惠政策，吸引了一大批客户前来开户办卡；继续施行银信通业务免费办理和使用的优惠政策，实现了存取款、个贷还款等短信提醒功能，办理该项业务日益增多；根据市场和客户需求，支行在业务产品和渠道建设等方面积极探索，逐步与网上金融服务接轨，给自身发展带来更大的机遇。

【完善风控体系】 年内，墨竹支行专门成立以负责人陈春渠为组长，钱双、索朗多杰为副组长，其他所有员工为成员的风险管理小组，全面负责支行风险管理工作；建立监控巡查制度，指定专人不定期检查监控设备，发现问题及时上报维修，同时，对进出监控室人员实时进行登记。2017年，墨竹支行进行监控巡查共计87次，其中配合公安调取监控1次，应客户要求查看监控2次；加强信息风险管理，完善信用风险制度体系，每笔贷款在贷后必开展贷后检查工作，发现问题，及时解决；完善反洗钱制度，多次开展反洗钱宣传活动、反洗钱培训活动和反洗钱自查评比工作。

【安保工作】 年内，墨竹支行制定《押运安保制度》《日常安保工作制度》《营业期间值班工作制度》《员工住宿区值班制度》等并严格落实；加强维稳和综治工作，坚持在节假日带班、值班制度；深入开展消防演练、安全教育和不定期安全检查；落实钞车押运及寄库管理工作。2017年，墨竹支行四名安保人员全面做好了安保工作，确保了支行一直处于安全平稳营运。

【内部管理】 年内，墨竹支行结合自身发展实际，在管理缺失的空白领域制定了一批规章制度；对于已有的规章制度，结合发展实际需要，加以完善，同时严格按照总行要求，加强自身管理；做好内部审计工作，全面自查了支行2016年费用支出，重点进行业务审计、信贷风险审计和新建办公大楼及员工住宿楼审计；加强财会管理工作，将总行下达的年度综合经营计划和各项目标任务分发到前中后台，基本完成了各项计划和目标任务。密切监控二代支付系统运行情况，保证资金及时入账，准确处理贷款发放确认等工作；强化消保管理工作，开展金融知识普及宣传活动34次。2017年，未发生客户投诉。

【积极配合检查】 年内，墨竹支行积极配合自治区银监局、人行拉萨中心支行的专项检查，全力配合总行的调研，同时配合做好巡视工作，实事求是反映情况，发现问题，立即采取措施，视情况现场

2017年11月8日，基本建设管理部组织相关人员验收西藏银行墨竹工卡县支行营业办公楼及住宿楼

或事后整改。

【队伍建设】 年内，墨竹支行共有30名员工。其中，外包人员8人，实习生5人；男员工15人，女员工15人；员工平均年龄31岁。2017年，墨竹支行重点配齐了营业部、业务部、综合部等各个岗位人员，保证每个岗位至少有1人专职负责，明确分工、相互监督、相互制约，确保支行顺利开展各项工作；为激励员工积极性，选拔1人担任上一级职务；完善员工效绩考核办法，开展业务评比工作，每周二上午开展专业技能比赛，激发员工不断提升自身业务技能水平；组织员工积极参与总行组织的各项学习和培训。11月至12月，墨竹支行选派白玛拉西、余萍、益西曲珍赴成都参加2017年全行优秀员工素质提升培训学习。9月，墨竹支行索朗多杰到厦门大学参加管理培训。支行认真开展员工学习教育和培训工作，每周一、三、五组织晨会，每周二、四组织集中学习各项规章制度、上级文件精神和业务知识等。

【打造企业文化】 年内，墨竹支行开展丰富多彩的集体活动，如知识竞赛、文娱活动和民族团结教育等，统一思想认识，增强团队凝聚力，加深各民族之间的了解、团结和友谊，相互关心、帮助和学习；为员工谋福利，改善食堂伙食，提高用餐质量，新建员工宿舍，缓解住房压力，组织员工体检，及时了解自身健康状况；严格规范着装和言行举止，开展学习教育培训，增强支行员工的集体意识和服务意识，对客户服务热情大方周到，对工作耐心细心有责任心，赢得了广大客户的一致好评，树立了良好的企业形象。

【"两学一做"学习教育】 "两学一做"学习教育，是中共中央办公厅下发的一项重大政治任务，是面向全体党员深化党内教育的重要实践，是推动党内教育从"关键少数"向广大党员拓展、从集中性教育向经常性教育延伸的重要举措。2017年，墨竹支行开展集中学习教育，严格按照学习计划组织全体党员集中学习党章党规和习近平总书记系列重要讲话精神；开展"创先争优、争当优秀共产党员"系列活动，每月评比优秀共产党员，给予精神和物质双重奖励；开展个人自学，向每位党员派发《中国共产党章程》《习近平系列重要讲话读本》《习近平谈治国理政》《分清历史是非坚决反对分裂》《西藏反分裂斗争简史》《西藏银行"两学一做"学习读本》等读物，要求每位党员利用空余时间，认真开展自学，并做好笔记和心得体会。

【党的建设】 年内，墨竹支行组织全员学习《党的十九大精神》、中央"八项规定"、区党委"约法十章"和"九项要求"及《中国共产党廉政准则》《中国共产党纪律处分条例》《西藏银行领导干部警示诫勉制度》《西藏银行公务接待暂行办法》等各项规章制度，开展警示教育，教育引导员工严格遵守纪律，树立良好工作作风；每两周开展一次思想政治教育活动，逐步提高员工的政治理论素养，教育引导员工在思想上、行动上始终与党中央保持高度一致。2017年，开展思想政治教育活动共计24次；通过学习宣传、专题研讨、民主生活会等方式，在思想作风、组织纪律、党风廉政等方面使每

2017年12月30日，西藏银行墨竹工卡县支行党支部召开2017年民主评议

个党员有了新觉悟。

【成立党支部】 9月20日,正式成立西藏银行墨竹支行党支部,墨竹支行行长陈春渠任支部书记,韩林娟任支部组织委员,崔志军任支部组织委员,嘎玛曲培任支部宣传委员。自成立后,墨竹支行党支部顺利发展1名党员,3名入党积极分子,为党的发展注入了新鲜血液;支部开展了丰富多彩的党员活动。8月15日,墨竹工卡支部组织党员及部分群众参观清政府驻藏大臣衙门。加强党员、预备党员的爱国热情和维护祖国统一的坚定信念,也进一步了解中国共产党为新中国、新西藏做出的贡献,增强了同事们加入中国共产党的热情。定期、不定期开展党支部学习会,着重学习中央系列重要会议和习近平总书记系列重要讲话精神、区党委重要会议精神。2017年,墨竹支行开展学习会共计24次,让每位党员熟知党和国家的大政、方针、政策,稳步提高政治素养和政治理论水平。

（巴桑普赤）

【领导名录】

行 长

陈春渠

副行长、营业部主管

索朗多杰(藏族)

副行长、业务部主管

钱 双

# 乡（镇）概况

## 工卡镇

【概况】 工卡镇位于拉萨市以东约68公里处318国道两侧，是墨竹工卡县的政治、经济、文化中心，全镇下辖3个村，19个村民小组，共1574户，5492人，劳动力3015人，流动人口2086人。牲畜总头数12253头（只、匹）；全乡五保户9户，低保户65户，228人，残疾人173人；乡机关干部47人，其中公务员28人，事业人员16人，工人3人，借调人员3名；党员共有532名；农牧民党员459名，其中预备党员11名，入党积极分子38名。

【经济发展】 2017年，工卡镇农村经济总收入为14475.85万元，其中第一产业收入8307.78万元，第二产业收入1084.2万元，第三产业收入5083.87万元。农牧民人均可支配收入达15027.04元。

2017年8月25日，西藏自治区党委常委、拉萨市委书记白玛旺堆（中）在工卡镇检查党建促脱贫工作开展情况

【农牧业生产】 2017年，粮食播种面积共12016.97亩，其中青稞8234.22亩、油菜花2362.75亩，冬小麦1200亩，确保了农牧民口粮安全。

推广“藏青2000”连片种植2380亩，成功推广连片种植藜麦1000亩，有序组织373名群众采挖虫草，收入达335.7万元，养殖业、种植业及农房参保率达100%；工卡镇共有温室大棚174栋，其中外租146栋，群众自种28栋，每栋平均年收入约7000元，全年温棚收入约为121.8万元，大大提高群众温室大棚种植积极性；完成动物防疫疫苗注射工作，牲畜进行疫苗注射共1.2万头，（其中牦牛5465头，黄牛3947头，绵羊680头，山羊977头，鸡1637只，猪234头）牲畜注射率达到95%；牲畜出栏3080多头（其中牛2408头，山羊300头，绵羊89头，家禽107只，猪176头），提高牧业商品化，增加农牧民群众的现金收入；按照上级草补补助奖励标准，共实现2017年牧草补助资金26.9万元，2017年已将草补资金全部发放至牧户手中。

2017年7月8日，县人大常委会副主任、镇党委书记次旦卓玛在工卡村冰箱村指挥防洪抗汛

【项目建设】 年内，工卡村集资房项目初见效益，首次为304户群众分红150万元；着力推进村级活动场所标准化建设，投资436.87万元，建设周转房、厕所、仓库等项目；积极配合拉林公路建设，完成征地1379.3亩、兑现补偿1961.846万元。

【社会保障】 年内，完成全镇2428人新型农村养老保险收缴工作，收缴保费24.75万元，参保率达100%；完成全镇5375人新型农村合作医疗收缴工作，收缴16.12万元，参合率达100%；完成全民参保数据信息采集工作的100%，全部采集完成。

【民政工作】 年内，将上半年幸福养老金85.26万元全部兑现至399名老人手中；将低保资金80.35万元兑现至65户228名低保群众手中；为分散五保户9人9户兑现资金5.139万元。

【教育工作】 年内，有免费教育在校生148人，适龄儿童入学率100%，巩固率100%，初中入学率100%，巩固率100%；全镇2017年考入区内外各类高等院校的农牧民大学新生共计51人（大学本科21人，专科生30人，录取到区外院校31人，区内院校20人，免补生20人）。此外，2017年全镇大学新生中共有5名学生来自建档立卡贫困家庭，3名学生来自低保户；兑现2016年“金秋助学”资金11.2万元，落实2016年生活补助和学费共计89万余元。

【卫生工作】 年内，全镇开展食品药品联合专项检查共10次，对县辖区内的商铺、农贸市场等进行检查，对销售过期食品药品等违法行为进行了有效打击；工卡镇联合县医院、防疫站和工卡镇卫生院对县幼儿园、县小学、县中学以及农牧民群众进行包虫病、慢病筛查和健康体检工作，共计8732人次，抽血率达96.91%，发放宣传手册8000余份；对98名儿童查验预防接种证，40名儿童接受补种。

【安全检查】 年内，对全镇所辖400余家各商户、企事业单位、19个村民小组、3个加油站、网吧、酒吧等娱乐场所进行专项安全生产、消防安全大检查，建立专门检查台账和火灾隐患排查工作记录表；制定工卡镇2017年“安全生产月”活动方案，分别在县城、格桑村、工卡村设立宣传点，通过悬挂横幅、发放藏汉“双语”宣传材料等进行安全生产宣传活动，共发放各类宣传材料600余份、参与活动人数达800余人；联合县消防进行消防演练，各村委会和部分商户代表参加演练，强化了消防应急知识，为十九大的胜利召开提供安全保障。

【林业工作】 年内，足额发放2017年退耕还林补偿款4.18万元；向21户39名护林员足额发放2017年度护林员补助金1.87万元。

【水利工作】 年内，投入120万元维修墨达灌区水渠项目，现已全部完工；镇（村）成立防汛应急抗旱应急队伍达200多人，定期对河道进行检查，2017年防汛工作组织人力1200余人，物力使用编织袋约12000个，铅丝笼100卷，大型机械装载机2台，挖掘机3台，有效解决汛期出现的各种问题，保障人民群众的生命和财产安全；工卡村4组、格桑7组农村灌溉蓄水池投资80多万，现已全部完工投入使用；投资1200万元为塔巴村修建自来水全部完工，已正常投入使用，受益人数达1200多人。

【国土住建】 年内，小康安居工程要求统计核实，计划在县域集中安置194户，异地集中安置142户，就地安置335户；协调住建局对工卡镇3个村委会每村修建12套周转房；2017年农村经济困难户危房改造4户，计划20万元用于危房改造。

【文化工作】 年内，购置并完善工卡镇文化综合服务中心的器材和图书；每月开展一次文化服务活动，丰富了农牧民群众的业余生活；积极参加墨竹工卡县"四讲四爱"喜迎中共十九大主题教育实践活动爱国歌曲大家唱歌咏比赛，并荣获一等奖。

【环境保护】 年内，工卡镇牢固树立"生态优先"发展理念，加强生态环境保护，加大对草原、天然林地的保护工作，推进生态环境建设。环保迎国检，全面排查整治违法违规建设项目，并围绕整改清单和阶段任务，组织专人巡查督促，建立工作台账（包含影像及图片）并汇总，并建立工作简报制度，宣传工卡镇迎检工作动态。截至年底，已基本整改完毕；对照"大气、水、土十条"的要求进行整改，全面整治燃煤小锅炉，减少污染物的排放；全面控制污水排放，确保人民群众饮用水安全；全面推进"河长制"，开展河道非法采挖专项整治行动，强化饮用水水源地和辖区河段的环境保护，提升城乡环境面貌，为创建"国家级生态县"贡献力量。

【精准扶贫】 年内，工卡镇建档立卡贫困户172户、714人，贫困户劳力353人。强化组织促脱贫。成立领导小组，安排专职工作人员5名，统筹协调精准扶贫脱贫各项工作。签订扶贫脱贫目标责任书，召开21次扶贫开发工作推进会议，开展宣讲10余次，进行扶贫知识测试80余人。按照结对帮扶的要求，127名党员干部与172户贫困户结对子、成"亲戚"，年内，每名党员干部走访结对户至少5次；壮大产业促脱贫。已见效益的产业项目有3个（塔巴苗木花卉基地、格桑工程机械租赁、那美那广告传媒有限公司）；藜米种植推广，流转13户贫困户土地104.05亩，每亩增收1000元。抓好搬迁促脱贫。2017年，搬迁到县城53户、227人，搬迁到拉萨7户32人，已完成分配工作。落实补贴促脱贫，全镇现有以补岗位306个，截至9月已兑现上半年岗位资金68.85万元，人均2250元，下半年兑现资金22.95万元，共计91.8万元。发展教育促脱贫，现有在校大学生221人，其中建档立卡贫困户大学生28人，成人教育1人。2017年上半年，兑现学杂费及生活补贴共计56万余元。做好保障促脱贫，建档立卡贫困户低保户共44户155人，兑现贫困户低保资金3.9万元。建档立卡寿星老人共计3人，上半年发放资金450元/人，共计1350元。五保户6户6人，分散五保户共6户6人兑现资金3.42

2017年10月31日，工卡镇召开"先进双联户"创建评选活动表彰大会

万元。“幸福养老”工程中建档立卡贫困户47人、发放10.1万元。贫困户中残疾人21人，落实好残疾人救助金，同时为他们提供技能培训、就业创业等服务。

**【村组织换届】** 年内，成立换届选举领导小组，以及村组织换届选举指导小组，组织党员、群众民主测评村组织候选人，满意率达98%。按照2017年的换届要求，进行换届选举，在2017年换届中，在各村成立基层党委，每个村党委下设4个党支部，于9月10日前圆满完成12个党支部的选举工作。

**【“两学一做”学习教育】** 年内，在“学”上下力度，制定学习计划和学习内容，每周四组织全镇干部进行集中学习。组织集中学习34次，开展讲党课14场，开展藏汉“双语”学习8次，每名党员人均抄写笔记30篇以上，机关党员人均撰写心得体会5篇。在“做”上下功夫，严格执行“三会一课”制度。6月14日，召开推进“两学一做”学习教育常态化制度化工作推进会研究推进工作。7月28日，召开镇党委务虚会找查问题7条，镇党委班子成员结合工作实际形成调研报告10篇。

**【“四讲四爱”教育活动】** 年内，工卡镇在“四讲四爱”主题教育实践活动中，深入村委员会、村小组、寺庙、田间地头、茶馆、虫草采集点等地域宣讲，共开展宣讲活动82次，涉及宣讲受教育群众15666人次。设立宣传标语4个，制定展板4块，发放影碟600余张、特色季度期刊800余份、钥匙挂扣500余个、宣传手册1650余份、习近平总书记重要论述摘编100句6500余份，开通“幸福工卡”微信公众平台。组织28名农牧民群众参加合唱比赛、1名群众参加演讲比赛，取得合唱比赛一等奖、演讲比赛二等奖，组织3名干部参加“四讲四爱”主题教育实践活动迎“七一”建党96周年知识竞赛，取得一等奖。同时，还开展“3·28”西藏百万农奴解放纪念日、“五四”文体活动、“美丽乡村人人有责”环保活动、道德讲堂、抢险抗洪等一系列特色活动。

**【党风廉政建设】** 年内，召开党风廉政工作安排部署会，制定党风廉政年度计划、成立领导小组，与各村签订党风廉政目标责任书，每季度召开一次党风廉政建设推进会。镇党委和第一责任人严格执行定期报告制度，领导班子成员严格落实“一岗双责”。组织干部职工学习违反中央“八项规定”精神等典型案件17次，镇党委书记讲廉政党课1次。组织镇村干部参观廉政警示教育基地2次。元旦、春节藏历新年等重要节点，重申廉洁过节纪律6次，开展监督检查15次。积极配合县组织部对村“两委”换届财务审查工作。镇机关及各村实行“三务公开”制度，定期更换公开内容。

（苏韩梅）

2017年4月17日，工卡镇召开一届委员会第二次全体（扩大）会议

**【领导名录】**

县人大常委会副主任、党委书记
　次旦卓玛（女，藏族）

党委副书记、镇长
　周　君

党委副书记、人大主席
　央　吉（女，藏族）

党委副书记
　钟其荣

纪检书记
　普布卓嘎（女，藏族）

人武部部长

扎西平措（藏族）

党委委员、组织宣传委员

尼玛卓玛（女，藏族）

副镇长

益西旺久（藏族）

央金卓嘎（女，藏族）

周　玲（女）

哈比布拉（回族）

党群办公室主任

格桑拉姆（女，藏族）

政务办公室主任

达瓦卓玛（女，藏族）

经济和社会事务办公室主任

拉巴仓决（女，藏族）

2017年10月10日，县委书记劳明伟在甲玛乡检查指导工作

## 甲玛乡

【概况】 2017年，甲玛乡辖3个村委会，14个村小组，其中4个为巨龙矿业公司搬迁小组，共有1182户，4540人（其中女性2415名），全乡劳力1727人（其中女性817名），有农家书屋5个，乡域内辖两大矿企。乡政府共有在编干部职工50名，驻村工作队3个。乡完小1所，教师20名，学生285名，乡幼儿园1所，教师4名，学生199名。乡级卫生院1所，医务人员共7名。全乡宗教活动场所有5座（寺庙1座、拉康3座、日追1座）。全乡共有5个党支部（村委党委2个，村党总支1个，乡机关党支部、小学党支部各1个），14个党小组，党员人数共364人。

2017年，以墨竹工卡县2017年经济社会发展目标任务为中心工作，根据甲玛乡基础产业为农牧业，主导支柱产业为矿产业和旅游业的实际，按照“一村一产”的特色，力争实现甲玛特色小城镇建设。2017年，完成地区生产总值10868.4万元，其中第一产业收入2484.29万元；第二产业收入2770.46万元；第三产业收入5613.69万元；农牧民人均纯收入16507元，同比增长8.6%。

【党员队伍建设】 截至年底，甲玛乡共有党员364名，其中农牧民党员312名（龙达村党员123名，赤康村党员112名，孜孜荣村党员77名），党员数占农牧民总人口数的7%。2017年，全乡农牧民党员有312人，较2016年增长8.9%。甲玛乡建立入党积极分子、预备党员信息档案，为今后的党员信息库录入工作奠定了基础。

【明确目标，落实责任】 年内，根据县委组织部党建工作安排，并结合甲玛乡党建工作实际情况，制定《甲玛乡党建工作计划》，明确目标，落实责任，并按照“定、查、评、改”四步工作法，3个村委会相继制定党建工作计划。

【党员教育培训】 年内，加强乡党委中心学习组的学习，增强领导班子的整体功能。根据县委对加强干部教育培训工作的要求，建立完善乡党委中心学习组学习制度，制定学习计划，为在全乡范围内迅速掀起学习、宣传、贯彻中共十九大精神的热潮，进一步提高全乡干部职工的思想道德水平，以中共十九大精神和习近平新时代中国特色社会主义思想统领全乡党员干部的各项工作，结合甲玛乡工作实际，制定《中共甲玛乡党员干部学习贯彻党的十九大精神工作方案》，以每周四下午组织集体学习讨论和自学形式开展学习，做好笔记。包括，自治区第九次党代会、区党委九届三次全会和拉萨市第九次党代会、市委九届二次、三次全会精神内容。同时，开展中共十九大精神宣讲活动，做到全乡农牧民党员群众、青少年学生和寺庙僧尼知晓中共十九大精神的主要内容。通过开展多种形式的培训，切实提高干部职工的素质；有针对性地适时举办党员干部培训。进一步解放思想、更新观念，打开干部的工作思路，抓住机遇，促进甲玛乡经济发展和各部门工作的开展。

2017年7月10日，县委常委、副县长汤官中在甲玛乡开展维稳督查

【“两学一做”学习教育】 年内，甲玛乡党委高度重视此项工作，结合实际，成立甲玛乡“两学一做”学习教育实践活动工作领导小组，召开专题教育动员会，充分利用宣传栏及其他宣传工具进行宣传，营造浓郁的活动氛围。在全乡范围内，推进“两学一做”学习教育常态化制度化情况为：扎实推进“两学一做”学习教育深入开展，持续推动全面从严治党，突出“关键少数”并向基层延伸，甲玛乡结合自身实际，制定《中共甲玛乡关于推进“两学一做”学习教育常态化制度化的实施方案》。

【村级活动场所建设】 年内，为更好地促进农牧民党员的学习，甲玛乡3个村党组织均建立农家书屋和党员活动室，农牧民党员定期参加党支部的学习和讨论，各党小组均有自己的活动场所。

【“一对一”结对帮扶】 年内，根据县委统一安排部署，甲玛乡认真开展大下访活动，结合甲玛乡干部一对一结对帮扶，每年藏历新年期间均走访慰问“三老”人员，困难党员及贫困户，发放大米、面粉、砖茶、食用油等。

【召开民主生活会】 年内，根据县委组织部关于召开全县党员干部民主生活会的通知，甲玛乡组织全乡党员干部召开民主生活会，认真学习中共十九大和十九届一中、二中全会精神及习近平总书记系列重要讲话精神。会上，党员干部之间互相交流思想、查找问题，为下一步开展批评和自我批评打好了基础。

【党风廉政建设】 年内，加强群众监督和自我监督，财产公示制度，深入学习《中国共产党党内监督条例》《中国共产党纪律处分条例》，以身作则，率先垂范；按时上下班签到，结合不定时抽查，确保干部在岗率，加强干部组织纪律；加强八小时外的作风监督。

【纪委监督】 截至年底，乡纪检队伍6名，其中1名乡纪检书记，1名纪检副书记、1名纪检专干，3个村委会各有1名村级监督员（下沉干部），也均已成立村民监督委员会，共有成员13名；加强廉政教育，努力提高党员领导干部拒腐防变的能力。结合“三严三实”专题教育活动和“两学一做”学习教育，全乡干部群众听取廉政党课20余次，观看相关教育题材电影5次，召开专题座谈会3次，进一步提高了党员干部廉洁从政意识，在全乡党员干部中形成了拒腐防变、自警自重的良好氛围；健全制度，规范行为，结合当前甲玛乡面临的新形势，经乡党委、政府研究决定，完善《干部职工具体工作限时制度》《干部职工工作失误追究制度》《干部职工接访群众制度》《领导干部定时汇报工作制度》；加大对乡政府、学校、卫生院以及3个村各项方针政策、执行情况的监督检查力度，确保民主集中制及“三务公开”“惠民资金”“扶贫资金”落到实处。

【明确分工、落实责任】 年内，各村按照村“两委”班子成员和下沉干部各自的优点及特长进行分工，在明确各自责任的同时，有效的带动“两委”班子成员和下沉干部的积极性。另外，各村还制定详尽的下沉干部管理办法，将下沉干部的值班当班制度合并到村委会“两委”班子成员的日常作息当中；结合自身特点，创建自己的特色工作点。

【精准扶贫、精准脱贫】 年内，进一步规范甲玛城乡发展公司管理，拓宽思路，争取拿到施工资质，拓展公司经营范围，逐步转变只依靠运输的局面，真正让全乡群众长期收益；严格按照《西藏自治区贫困人口脱贫考核办法》所明确的考核程序及考核内容，对甲玛乡建档立卡贫困户脱贫措施落实情况、家庭经济收入情况、就业情况、生产生活条件情况进行了详细的了解并登记造册；通过入户核查贫困户家庭经济状况，对达到脱贫要求的贫困户开展宣传政策活动，从思想上进一步引导贫困户主动申请脱贫，甲玛乡有建档立卡贫困户107户427人，通过落实“六个精准”“五个一批”部署，甲玛乡人均收入最低达到4120.5元，最高人均收入48324.85元，截至年底，106户、424人贫困户均已脱贫，1户、3人暂未脱贫，2017年易地搬迁22户、76人。

【农牧业发展】 年内，部署做好春耕备耕、水渠清淤维修工作，及时落实农药化肥及农机具等各种涉农补贴；动员全乡力量，包括相关部门、村组、辖区企业做好防洪抗旱工作。全乡耕地总面积516.6公顷，2017年种植青稞173.34公顷、1090.32吨，冬小麦26.67公顷、140吨，油菜268.05公顷、874.16吨，其他作物24.13公顷。全年粮食产量1248.32吨，蔬菜产量827.2吨，山羊绒产量0.71吨，肉奶产量分别达到1308吨、543.32吨，牲畜总数12350头（只、匹）。

【重大动物疫病防控】 年内，从县兽防站领取健胃散2桶、青霉素钾1箱、磺胺脒片2箱、安乃近注射液1箱、硫酸新霉素可溶性粉1箱、注射用硫酸链霉素1箱、安痈定注射液30盒、阿莫西林可溶性粉1箱、桃花散1箱、硫胺嘧啶钠注射液1箱、硫酸卡钠霉素注射液1箱、硫酸庆大霉注射液1箱，完成全乡12000头牲畜的疫苗注射工作。重点做好汛期气象信息预报和灾害防治工作，定时收集发布农业气象信息，不定期发布重点农业信息，提前做好各项防灾减灾准备。

【壮大村集体经济实力】 年内，甲玛乡各村充分利用资源优势，千方百计引导农牧民增加收入，大力发展集体经济，各项经济指标逐年攀升，基层组织为群众办实事、办好事的能力不断增强。2017年，龙达村砂石厂和石灰厂为村集体经济创收145万元。另外，全乡共有65人前往门巴乡进行虫草采挖，乡党委、政府高度重视此项工作，精心组织群众统一前往采挖，抽派干部全程协调管理各项问题。2017年，甲玛乡采挖群众总收入达23.03万元。

【草场承包经营】 年内，草场工作坚持“草场共有、承包到户、自

2017年5月23日，党委书记平措旺堆慰问“三老”人员

主经营、长期不变”的指导方针，阶段性地完成了草场承包工作任务。确定草场承包工作专干，明确第一责任人，完成甲玛乡3个村的牲畜清点工作；与各村签订目标责任书，明确责任、细分任务；制定补奖表，按照县补奖办的要求，完成2017年度各村补偿表，与2016年相比2017年甲玛乡共减畜407831.11绵羊单位（龙达减畜45160.14个绵羊单位，赤康减畜83676.77个绵羊单位，孜孜荣减畜278994.20个绵羊单位）；兑现草原生态保护奖励资金，共兑现资金569795.32万元（龙达兑现资金57040.4万元、赤康兑现资金98369.7万元、孜孜荣兑现资金414385.4万元）。

【建设和谐矿区】 年内，针对两大矿区热点、难点问题，专门制定问题反映工作机制。由村小组组长、联户长向村委会及时反映问题，村“两委”班子第一时间到现场处理，处理不了的问题及时向乡政府上报，再由乡政府牵头与矿企群工部沟通、协商，共同处理好各种矛盾纠纷。加强企地党建共建工作机制。2017年，甲玛赤康村布拉小组、赤康小组、仁青岗小组与孜孜荣村前进小组因华泰龙矿区白色垃圾导致牲畜非正常死亡100头，兑现资金83.11万元；积极兑现搬迁补偿款。巨龙一期搬迁共兑现补偿资金1.5亿元；二期已完成核算工作1400万元左右；甲玛城乡发展公司和工贸公司各兑现运费3260万元、1566.4863万元，进一步规范甲玛乡矿业运输等发展秩序，为群众增收致富拓宽渠道。

【加大投入，促教育】 2017年，有新入校大学生39名，兑现大学生学费共计146050元、书本费15080元、住宿费22610、生活费78000元，乡慰问12000元，各项费用总计273740元；2017年兑现101名在校大学生学杂费621350元。教师节表彰优秀教师（2人）、优秀班主任（3人），发放奖金10000元。

2017年4月13日，甲玛乡召开“四讲四爱”主题教育实践活动动员部署会

【落实各项政策，惠民生】 甲玛乡甲玛工贸公司和甲玛城乡发展公司，2017年人均分红893.8元。龙达村石灰厂为龙达贫困户人均分红270元；全年兑现2017年度低保资金155351元、15户、45人，兑现全乡3名分散五保户全年供养金17730元，为10名高龄失能老人发放补贴6000元，为41名寿星老人发放健康补贴20700元，2017年残疾人54人“两项补贴”52800元，为323名“幸福养老”工程60岁以上老人发放补贴1384200元；完成新型农村养老保险金收取工作，截至2017年参保人员为1889人，共收取养老保险金188900元。

【深化文化工作，促文明】 年内，根据县文广局的安排，积极开展“户户通”活动，发放民用卫星收视器150余户；加大乡村电影放映力度，全年共播放各类影片90余场，丰富农牧民群众娱乐活动；与团县委合作在甲玛乡文化站召开“迎大庆、促和谐”运动会，为甲玛乡迎大庆活动营造出浓郁的舆论氛围；结合实际广泛开展农家书屋活动，全乡共建立农家书屋5个，乡文化站新购图书225余册、共计1万元，书籍种类较全，包括藏文版农业种养殖知识书籍等，为甲玛乡农牧民提高科技种养植水平拓宽渠道。

2017年12月18日，孜孜荣村进行村“两委”选举

【卫生事业、环境整治】 年内，甲玛乡全民健康免费体检率达98.68%（共体检4480人），孕妇住院分娩数92人，住院率100%，新生儿死亡0例，死亡率0%，婴儿死亡数0例，死亡率0%。农村医疗合作保险参保率达100%（上缴130530元），参保人数4480人。进一步加大环境整治工作力度，2017年甲玛乡在县补贴10万元的基础上共投入7800元用于环境卫生整治的各项支出（包括环卫工人工资、清扫、清运、填埋场、垃圾运输、基础设施建设等），保证街道辖区、各村街巷无明显垃圾、无卫生死角、无乱贴乱画；成立了甲玛环卫队，提高甲玛乡环境卫生清扫工作水平；采取每月集中清理措施，由乡领导带队对街道沿线各路段的乱搭乱建、乱堆乱放、占道经营等乱象进行集中整治，全年共拆除乱挂标语、广告牌30余副，成效显著。

【安全生产】 年内，甲玛乡以人为本施政理念统领全局，全面实施《中华人民共和国安全生产法》，特别是元旦、春节和藏历新年期间，专门召开安全生产专题会议，成立安全生产领导小组，成立了社会治安综合治理办公室，配备专职人员，健全规章制度，建立安全生产网络体系，做到有人抓、有人管、有人查、有人办；对群众加强防火意识大力宣传，对重点防火单位，针对其特点，检查了其消防器材、应急预案等，提醒商店、企业、广大群众“关爱生命 关注安全”；检查小组对各单位、各村委会值班情况坚持不定期抽查，落实责任和防范措施，有效地提高全乡群众的安全意识，及时整改存在的安全隐患，确保甲玛乡安全生产无事故。

（宁新理）

【领导名录】

党委书记

平措旺堆（藏族）

党委副书记、乡长

王小芬（女）

人大主席

阿旺次仁（藏族）

纪检书记

索朗央宗（女，藏族）

副书记

赤列坚参（藏族）

武装部部长、副乡长

巴桑朗杰（藏族）

副乡长

桑　追（藏族）

德　吉（女，藏族）

欧珠群措（女，藏族）

## 唐加乡

【概况】 唐加乡位于墨竹工卡玛曲河北岸，地处墨竹工卡县腹地，距县城8公里。东接尼玛江热乡，南与工卡镇隔河相望，西临达孜县唐嘎乡，北与扎雪乡接壤。地势呈东高西低，平均海拔3850米，处于雅江中游黑颈鹤国家级自然保护区。拉萨河沿岸，平均海拔3800米，行政区域总面积347.1平方公里，距县城8公里，辖莫冲、仲尼、拉东、卓、东布岗5个行政村，28个自然组，1646户7617人，劳动力3338人。下设村级党支部4个、1个党支部、29个基层党组织。唐加乡共有582名党员（含机关党员），其中农牧民党员551人，乡机关党员31人；女性党员140人，男性党员442人。党员人数占全乡人口总数的7.56%，农牧民党员占全乡总人口的7.15%。积极分子、预备党员共125人。全

2017年10月17日，县委书记劳明伟在唐加乡检查指导工作

乡有劳动能力的人数为3338人，2017年全乡总收入为11518.912万元，总支出为3578.53万元。

【经济发展】 2017年，唐加乡农村经济总收入为11518.912万元，同比增长0.4%，其中第一产业收入为8277.402万元，第二产业收入为477.22万元，第三产业收入为2764.29万元，在获得经济总收入的同时共计产生总费用3578.53万元，纯收入7940.382万元，同比增长0.3%，唐加乡共计总人口7617人，农村居民人均可支配收入达10424.55元，其中人均现金收入为6962.08元，同比增长46.67%，唐加乡农牧业经营收入8277.402万元、非农牧业经营收入3241.51万元，人均纯收入10424.55元。

【农业发展】 2017年，唐加乡农作物播种面积达1209.29公顷，其中粮食作物种植1137.34公顷，共计产量6183吨；油菜种植58.92公顷，共计产量为156.3吨；蔬菜种植11.36公顷，蔬菜大棚1.67公顷，共计产量411.45吨。草场建设总计388.98公顷，全部为可利用草场。

【林业工作】 年内，林场面积为39.96公顷，全部为人工造林，2月12日至4月30日对唐加乡区域成活率低的造林项目点进行补植补造，共计种植苗木18780株。2017年，唐加乡先后2次组织专职护林员对乡境内1145亩树木进行喷洒农药，预防树木病虫害工作，预防树木霉污病滋生。

【牧业发展】 年内，唐加乡牲畜总头数为28010头(匹)，其中大牲畜(牦牛、黄牛、奶牛、马、驴、骡等)9586头(匹)、猪1259头、羊14214只、家禽3031只，2017年肉类产量为975.4吨、奶类产量3802.95吨、羊毛产量17.99吨。扎实推进“万户百场十中心”工程，唐加乡发展奶牛养殖示范户100户，每户养殖奶牛5头。唐加乡100户实施暖棚暖圈项目，大力推进黄牛改良工程，培育优良品种，共有650头奶牛进行改良。

【净土健康产业】 年内，试种水果玉米3亩，每亩产值约3000元。莫冲村刚刚组建藏鸡养殖基地，2017年共有藏鸡3700只，出售鸡蛋29000个，每个5元，出售肉鸡500只，每只130元，共计产值达210000元。拉东村果木组清油生产加工合作社，2017年共计产出清油10000桶，产值达30万元。仲尼村仲尼组糌粑加工合作社2017年共计加工生产糌粑50吨，产值达35万元。

【土地改革】 年内，在县直相关部门的大力支持及帮助下，完成唐加乡5个行政村的土地测量和资料收集工作并完成农村土地承包经营权确权登记29333.87亩，发放证书1461户，同时在县直相关部门的大力支持和帮助下完成了乡村宅基地测量及资料收集工作。

【卫生教育】 年内，乡卫生院全面完成对唐加乡所有群众、干部职工、派出所干警、完小师生的包虫病体检筛查工作及全民体检工作，体检筛查率达100%，其中包虫病确诊病例33人，已全部就医治疗。乡政府工作人员联合乡派出所抓捕流浪狗1000余只，已全部送往收容站，有效遏制各类疾病、病菌、病毒的传播。2017年，唐加乡通过区市5个100%的验收工作及均衡教育评估验收工作，另外，值得特别强调的是乡小学有6名学生以优异的成绩考入内地西藏班。

【精准扶贫】 年内，围绕上级“两年脱贫、三年巩固”目标，以“六脱”措施为抓手，结合实际解决贫困群众面临的困难，脱贫攻坚取得决定性进展。唐加乡建档立卡贫困户共计258户1184人，2016年已脱贫85户441人，2017年能够达到脱贫标准的有164户721人，未脱贫9户22人，其中社会兜底7户13人，新识别2户9人。

【以业脱贫】 年内，唐加乡共申报产业项目共计7个，其中已审批实施项目1个，待审批项目6个。卓村经济实体项目于2017年开始产生经济效益，带动卓普村50户257人进行产业分红，实现贫困户户均增收1600元。唐加乡建档立卡贫困户中劳动力共计612人，其中有就业意愿439人，已成功就业314人，就业人数占劳动力总人数的51.3%。政府组织转移就业150人次，成功转移就业50人，岗位还未落实48人。自主就业264人。

【以迁脱贫】 年内，唐加乡易地扶贫搬迁户共105户481人，2016年已完成搬迁至嘎则新区13户65人。2017年，计划搬迁92户416人，其中搬迁至拉萨文化创意园区10户43人，搬迁至县城嘎则新区82户373人。2017年搬迁户中已实现58户91人长期稳定就业，占全部搬迁户的55.5%，确保贫困户搬得出、稳得住、能就业、有收入。

【以补脱贫】 年内，围绕建设国家生态安全屏障，加大生态功能区保护力度，2017年落实生态补偿岗位559个（其中林业系统生态保护岗位331个，农牧业系统生态保护岗位194个，水利系统生态保护岗位21个，农村公路养护员3个，环保监督员3个，是地质灾害群防群测员1个，机动岗位6个），新增岗位7个。截至9月底，兑现生态补偿岗位工资491人，2016年一人双岗68人，共兑现岗位资金110.475万元。

【以教脱贫】 年内，严格落实教育“三包”经费及困难家庭子女助学政策，贫困生生活补助提高到区内每人每月300元，区外每人每月500元，实现贫困大学生学杂费、住宿费、交通费实报制和生活补贴全覆盖。2017年，唐加乡十五年免费教育学生共196人。其中，学前教育19人、小学生94人、初中生53人、中职生12人、高中生18人、在校大学生32人、“两后生”9人，唐加乡无一户家庭因学致贫。

【以保脱贫】 年内，扎实推进精准扶贫精准脱贫和最低生活保障制度的有效衔接，进一步完善基本生活保障、五保供养、医疗救助等社会保障体系，社会保障在脱贫攻坚中的“兜底”功能进一步显现。唐加乡建档立卡贫困户中低保人口有584人，五保户16人。已给低保人员按照低保证信息发放完唐加乡2017年上半年低保金，给五保人员按照五保证信息发放完唐加乡2017年全年五保金。

【以助脱贫】 年内，唐加乡建档立卡户及边缘户医疗救助住院人数

2017年2月24日，党委书记王静在东布岗村慰问贫困户

7人，报销金额6.4万元，属全额报销。

【矛盾纠纷排查】 年内，投入6000余元配齐警棍、强光手电等执勤维稳装备，组织民兵、治安联防员、联户代表以及农牧民党员在节点对村、组重点部位进行蹲点巡逻，发挥治安群防群治队伍的护院、护村、护校、护厂作用；联合乡派出所和卫生院在开展维稳力量拉动演练，增强应急处突能力；不断规范矛盾纠纷排查调处工作程序，完善工作制度，按照村每周排查一次，乡每半月排查一次的要求，坚持“抓早、抓小、抓苗头”把各类矛盾纠纷解决在基层、解决在萌芽状态。2017年，共排查调处各类矛盾纠纷5起，处理群众来信来访4件，减少了社会对立面。

【党风廉政建设】 年内，注重发挥制度建设根本性、全局性、长期性作用。依托元月初制定的《唐加乡干部管理办法》，规范和严明会议、学习制度、考勤及请销假、值班等制度，作风建设得到进一步加强。注重党内组织生活和政治生活的制度化和规范化建设。制定《关于在唐加乡农村党组织全面推行“四议两公开”实施办法》《关于进一步推行和规范“三会一课”组织生活制度的实施办法》等指导性文件，党内各项生活有序开展。2017年，唐加乡党员缴纳党费9059.3元，发展入党积极分子20名，转正党员4名；注重运用围绕纪委监督执纪问责职能。

【换届选举】 年内，在上级组织部门的统一部署和安排下，乡党委以蹄急步稳、快马扬鞭的姿态有序推进村组织换届工作。换届后唐加乡共有村干部35人，村干部的配备达到一类村职数7人的标准。交叉任职比例进一步提高。村“两委”成员交叉任职人数20人，达到57%。班子结构进一步优化。在35名村“两委”班子中，50周岁以上的有14人，40至50周岁的有11人，40周岁以下的有10人，平均年龄45.5岁。文化程度在初中及以上的有35人。妇女干部5人，达到每个村“两委”班子成员中都有妇女干部的要求。后续将加强制度建设，继续加强和完善“三会一课”制度，民主生活会制度等各项制度，真正打造一支勤政廉洁、忠诚奉献、求真务实的干部队伍。

2017年12月12日，党委副书记、乡长巴桑在卓村指导换届选举工作

【“四讲四爱”主题教育实践活动】 年内，广泛动员，压实责任。召开乡村两级动员部署会议，制定《唐加乡“四讲四爱”喜迎中共十九大主题教育实践活动实施方案》，明确由党委书记王静担任领导小组组长，乡党委专职副书记黄洋担任领导小组办公室主任，各村、驻寺特派机构、明确主题教育实践活动内容为集中宣讲教育、实践活动14项内容、建章立制等三个环节，确保活动开展环环相扣、层层递进、步步紧跟。加强宣传造势，营造良好氛围。通过宣传栏、LED显示屏、发放宣传资料、工作微信群等形式扩大宣传覆盖面，进一步延伸活动触角。突出规定动作，把握活动主旋律。以群众喜闻乐见的方式，在“3·28”西藏百万农奴解放日、“五四”青年节开展文艺会演、西藏新旧对比展览、邀请老党员讲述西藏新旧对比故事、开展农牧民运动会等活动，努力形成众志成城保稳定、齐心协力奔小康的强大合力。

【“两学一做”学习教育】 年内，乡党委坚持把学习贯穿始终，组织班子成员采取个人自学和集中学习相结合的方式，以集中学习专题讨论为主要内容，开展“不忘初心跟党走，恪尽职守报党恩”讨论活动。党委班子成员集中学习9次，党委书记带头讲党课4次。重点学习以习近平总书记为核心的党中央提出的新理念新思想新战略、党章党纪党规以及区市县党委、政府、纪委的决策部署。围绕“学习讨论党章党规、学习讨论系列讲话、学习讨论党的治藏方略”3个专题集中学习讨论。

2017年11月10日，唐加乡表彰“先进双联户”

【持续做好“三个全覆盖”】 年内，组织干部职工参加区、市、县和赴南京培训学习8人次；各村主动开展学习74人次；村干部学历提升考试全部合格。兼顾软件支撑和硬件保障，借力“创先争优，强基础惠民生”和“基层活动阵地标准化建设”工程，切实发挥乡党委强基固本引领作用。截至年底，5个村办公用房以及村干部周转住房全部实现全覆盖，其中莫冲村、卓村办公用房已投入使用，周转住房初验已结束；东布岗村、拉东村、仲尼村办公用房和周转住房初验已结束。2017年村集体经济收入共20.6万元，其中卓村机械租赁和出租房收入5.2万元；莫冲村出租房和村级澡堂收入2.2万元；仲尼村出租房收入9.3万元；拉东村出租房收入2.4万元；东布岗出租房收入1.5万元。

【发展特色支柱产业】 年内，牢固树立内生增长动力，从“要素驱动”向“投资驱动”转型、农业发展从“吃饭农业”向“经济农业”转变的发展观和方法论。会同县国资委推进成立以股权合资、产业合作、农业开发为主业的西藏万禄发展有限公司，计划打造一批规模化、集约化、产业化的农业示范基地。截至年底，谋划部署了该公司的项目选址规划、人事调度、章程制定和工商登记注册，实施莫冲村、东布岗村等地的种植试点项目，推进低效率农业用地的集中承包事宜，快马加鞭与内地规上企业洽谈农开合作项目。

【生态环境保护】 年内，成立环境保护工作领导小组，签订环境卫生整治目标责任书，对行政村、各单位和部门、选矿厂、个体工商户、农村经济合作社开展督查12次；在唐加乡范围内布设垃圾箱31个；组织12名环卫工人和唐加乡“以补岗位”人员开展白色垃圾清理、扬尘治理20余次1000余人。推进两级“河长制”责任落实，加强黑颈鹤保护区和水源点保护工作力度，乡村两级分别制定“河长制”实施方案和工作领导小组，同时坚持“属地管理，两级联动，治保同步，严督严考”的基本工作原则，细化拉萨河唐家段各村分工及职责，由村第一书记担任本村辖区内重要河湖“第一责任人”。加大林业和野生动物保护力度。组织76名护林员在“黑颈鹤国家自然保护区”开展黑颈鹤喂食工作，累计为300余只黑颈鹤喂食800千克小麦；开展野生动物肇事补偿统计工作，填补243户的874.96亩冬小麦损失，兑现2015年野生动物肇事补偿资金25.3804万元；组织护林员核查东布岗村近70亩的苗圃基地感染青杨天牛病虫害情况，对辖区内1145亩林木进行喷洒农药预防病虫害，对区域低成活率的造林项目点进行补植补造，累计种植苗木18780株；组织护林员67人次对辖区生态林进行浇灌，确保了苗木成活率，为创建生态文明的唐加奠定良好的基础。

（陈亚敏）

【领导名录】

党委书记

王　静

党委副书记、乡长

巴　桑（藏族）

党委副书记、人大主席

扎西次仁（藏族，6月免）

党委副书记

黄　洋

党委委员、派出所所长

罗　斌

党委委员、纪委书记

央金次仁（女，藏族）

党委委员、组织委员

次尼卓玛（女，藏族）

党委委员、副乡长

旦增措姆（女，藏族）

党委委员、人武部部长

西饶江措（藏族）

党委委员、副乡长

李艳丽（女）

副乡长、综治办主任

涂金龙

人大副主席

斯朗拉姆（女，藏族）

## 扎西岗乡

【概况】扎西岗乡地处318国道沿线，距县城18公里，东接日多乡，西临工卡镇，北接门巴乡，南与山南乃东县毗邻。全乡总面积1100平方公里，属半农半牧乡，平均海拔3980米。主要资源有藏药材、铅锌矿资源及旅游资源。

2017年1月28日，西藏自治区党委副书记，人大常委会主任洛桑江村（中）在扎西岗乡帮萨寺看望慰问寺庙僧人、寺管会工作人员

2017年，扎西岗乡实现经济总收入15608.8万元，其中第一产值7222.6万元，第二产值1385.8万元，第三产值6999.8万元，农牧民人均纯收入实现10504.53元。

【党建工作】2017年，全乡党员659名，其中乡机关36人，农牧民党员623人，占全乡总人口的7.6%。2017年，全乡20名预备党员按期转正，16名入党积极分子按期转为预备党员，新吸纳入党积极分子14名。

完成农村基层党组织设置，根据规定，扎西岗乡扎西岗村党支部、仁青林村党支部调整为党的基层委员会，吉古村党支部、朗杰林村党支部、加尔多村党支部、巴洛村党支部、斯布村党支部调整为党的总支部，班子职数保持不变。各村党委、党总支下设党支部于9月完成换届选举。在党建工作中，扎西岗乡党委牢固树立“四个意识”，严格落实党建工作责任制，2017年，切实抓好党建七项重点任务的落实，党员管理在往年的基础上实行更加规范化的管理模式，着重于党员教育及素质的提升，从注重党员数量向注重党员质量转变，力争优化党员结构，不断提高党员的自身素质和服务水平。

【党风廉政建设】年内，乡党委与各村党组织签订工作责任书，明确各党组织的目标任务；在班子内部，按照“一岗双责”要求，严格要求班子成员结合分工抓好分管范围内的党建工作、党风廉政建设工作；建立党建工作联系点制度，要求班子成员每月至少到村党组织检查指导工作不少于1次；加强对党员干部队伍的管理教育，每月至少召开2次学习会议，强化思想理论武装；同时对村

"两委"班子成员积极进行培训，在2017年村干部学历素质提升工程考试中，51名小学文化的村"两委"班子成员及后备干部取得结业证书。

年内，加强党委履职能力建设。明确各委员执行、检查党委决议的内容、权限、责任和要求，解决各项重点工作中存在的缺位、错位等问题，认真落实党委各项工作制度，努力构建按制度管人、办事的工作机制，不断提高工作的能力和水平。加强党风廉政建设学习教育，把廉政建设和干部作风建设纳入干部年度目标考核责任书，同时与各村党组织签订党风廉政建设目标责任书，乡党委每季度至少召开一次党风廉政建设专题部署会议，同时在"两学一做"学习会议上对准则、条例、问责条例等逐条加以学习，做到工作有目标、有检查、有责任、有落实，保证党风廉政建设工作的有效开展。加强干部作风建设，通过建章立制，认真规范机关工作流程和运作，严格落实责任和措施，2017年，共召开3次干部作风整顿会议，不断扭转干部工作作风，努力营造良好的干事创业氛围。

【村组织换届选举】 年内，在村"两委"换届工作中，扎西岗乡切实加强领导，精心组织，严格审核，严肃换届纪律，周密安排，规范操作，稳步推进村"两委"换届工作。从3月启动，先后完成前期调研摸底、谈心谈话、"村霸"整治、软弱涣散基层党组织整顿、选民登记、村"两委"班子和村民监督委员会初步人事方案制定、召开党员大会和村民大会进行换届选举等工作。共选举产生村"两委"班子成员46名，村民监督委员会成员21名。通过换届选举，村"两委"班子整体结构进一步优化，干部素质明显提高，班子平均年龄有所下降，年轻干部比例有所提高，做到了思想不散、秩序不乱、工作不断，圆满实现了预期目标。

【"两学一做"学习教育】 年内，乡党委始终坚持夯实"学"这个基础，抓住"做"这个关键，突出抓常抓细，共召开"两学一做"专题学习教育会议25次。"两学一做"学习教育常态化制度化已经形成，党员干部自觉学习蔚然成风，政治意识、大局意识、核心意识、看齐意识显著增强。

【"四讲四爱"主题教育实践活动】 年内，扎西岗乡迅速行动，召开扎西岗乡动员部署大会，乡党委书记达瓦作动员讲话，成立"四讲四爱"主题教育实践活动领导小组，制订扎西岗乡"四讲四爱"喜迎中共十九大主题教育实践活动实施方案、学习计划，确保了活动的迅速启动。自动员大会后，扎西岗乡成立宣讲队伍，认真组织开展宣讲活动，县、乡、村级宣讲160余场次，参加30000余人次，宣讲覆盖率达到100%。同时，扎西岗乡创新宣讲模式，结合农牧民比较分散的实际，创新宣讲阵地，在扎西岗乡雪域日多肉丁馆设立"四讲四爱"农牧民宣讲点，在茶馆内部张贴宣传标语，使乡宣讲员在茶馆内部通过日常交往交流，达到对农牧民群众的宣传效果，将宣讲工作进一步引向深入。

【"三个全覆盖"】 年内，扎西岗乡共有7个行政村，各村已完成组织活动场所标准化建设，待验收。村集体经济收入朗杰林村14.5万

2017年10月10日，县委书记劳明伟在扎西岗乡听取重点工作自查汇报

元，加尔多村12万元，巴洛村20万元，仁青林村5.8万元，扎西岗村10万元，斯布村10.2万元，吉古村31.54万元。在党员教育中，切实发挥常规教育、远程教育、“村干部文化素质提升工程”等途径，不断教育引导各级党员干部增强宗旨意识、理想信念和责任意识。

【农牧业】 2017年，共落实农作物播种面积15799.87亩，其中粮食作物青稞10178.6亩、冬小麦148亩，经济作物油菜3503.52亩、蔬菜886.2亩、饲草作物豌豆651.55亩、饲草432亩。全乡可利用草场面积91.66万亩，实施草畜平衡91.66万亩，理论载畜量11.54万绵羊单位。截至年底，实施承包到户为1304户，2017年全乡未超载1304户。已享受草原生态补偿奖励机制的有28个村民小组，1304户，7637人。重要放牧场面积736452.3万亩，牲畜存栏数89617（绵羊单位），出栏数为168头。周岁以上牦牛14872头，当年畜2964头，山羊周岁以上2909只，当年畜484只。马驴周岁以上610匹，当年畜109匹。

【林业工作】 年内，完成造林面积226.4亩，共种植17244株苗木。此次重点区域造林任务总投资201236元，其中包括130836元劳力费及70400元挖机费。

【水利工作】 年内，扎西岗乡农田有效灌溉面积1205公顷。针对巴洛村、仁青林村用水困难的问题，积极向上级单位反映民情，并与水利局进行实地考察，形成相关的方案、申请材料。在4月底，扎西岗乡针对水利行业安全生产及汛前安全生产进行了自查自纠工作，自查内容包括各村已建和在建水利项目、各矿山企业水利设施、防洪堤、尾矿库，堤坝以及农村饮水安全等问题。针对存在安全隐患问题的各点给予取缔，水渠损坏影响农田灌溉的及时上报上级，保护了群众生命财产安全。

2017年2月14日，召开乡党委领导班子“两学一做”学习教育民主生活会

【虫草采挖】 年内，扎西岗乡共组织792名群众到门巴乡、日多乡采挖虫草，实现总收入6494400元，人均增收8200元。为全面有序开展虫草采挖工作，扎西岗乡及时制定切实可行的工作实施方案，乡相关领导全面指导采挖工作，并建立虫草点临时党支部，不仅保障了采挖工作期间农牧民群众的生活秩序，并且全力做好虫草采集登记工作，防止无证采集或者一证多人采集现象出现。维持好治安问题，保证采集工作顺利进行。

【资金落实】 年内，兑现幸福养老金1260600元，生态岗位资金1461000元，定向补助296997元，退耕还林后续产业资金138000元，生态效益补偿1841187元，野生动物肇事补偿273217.51元，牲畜良种补贴30000元，高产创建田补助资金40000元，扎西岗村土地租金、牧草补偿及耕地补偿534102元，斯布村华泰龙土地补偿3651914.4元，水库移民补偿69000元。

【教育事业】 年内，扎西岗乡辖区内现有乡中心校1所（南京希望小学），村级幼儿园6所（仁青林村幼儿园、斯布村幼儿园、朗杰林村幼儿园、加尔多村幼儿园、吉古村幼儿园、乡中心幼儿园）。全乡在校大学生189名，已就业大学生238人。在乡小学就读学生736人，在乡幼儿园就读学生362人。全乡已基本实现义务教育均衡发展。师资队伍建设，学校共有专任教师62名，其中包括幼儿园教师12名。完善保障机制，严格执行地方财政一般预算收入的20%用于发展教育事业的规定，为深入推进义务教育均衡发展，保障适龄儿童、少年接受良好的义务教育。同时，扎西岗乡推进义务教育均衡发展工作领导小组、扎西岗乡“三包”经费及贫困助学金管理工作领导小组，认真监督贯彻落实现有的每生每月三包经费261元，营养餐每生每月80元。三大民生工程实施后，扎西岗乡协助县政府，共为237名在校大学生发放学杂费1027913余万元。

2017年4月14日，扎西岗乡召开“四讲四爱”喜迎党的十九大主题教育实践活动动员部署会

【新农保】 年内，扎西岗乡参保人员共有3299人，缴费金额共计461190元，其中个人缴费330000元，各级财政代缴130290元，乡财政代缴900元。相关缴费资金通过扎西岗乡专干与各村负责人一同前往县农行当场核对缴费。

【民政工作】 年内，扎西岗乡享受“夕阳红”幸福养老老人621人（其中60—69岁343人/每月300元，70—79岁213人/每月400元，80—89岁46人/每月500元，90—99岁3人/每月1000元，五保供养服务中心代发16人）。全乡低保户143户，501人。

【矛盾纠纷排查】 年内，信访工作主要围绕矛盾源头化预防工作，把矛盾纠纷排查调处工作作为重点，充分发挥村“两委”、联户代表、驻村工作队等基层力量的作用，联合县有关部门，扎实开展矛盾纠纷排查调处工作。尤其是完成春节、藏历新年、十九大期间的源头预防工作。乡政府开展矛盾纠纷排查工作130余次，170余人参加排查。经排查，发现矛盾纠纷6件，涉及50人，全部得到化解，解决涉及金额132.8528万元。同时，认真接待群众来信来访，提高初信初访案件办结率。2017年，严格按照“属地管理、分级负责”的原则，认真接待群众来信来访，加大初信初访办理力度，重点疑难案件实行领导包案、联合协调化解工作机制，确保把群众反映的诉求化解在当地。2017年，接待上级转送4件59人次，全部得到化解，化解率达100%，帮助群众追回拖欠的工资、工程款、材料款等款项19.69万元。

【精准扶贫】 年内，扎西岗共2071户8178人，其中边缘户22户98人，建档立卡211户943人，贫困发生率为11.48%。全乡建档立卡贫困人均可支配收入达到7627.58元，增长率84.6%。

【以迁脱贫】 年内，共搬迁105户462人（其中拉萨搬迁51户216人，县城搬迁54户246人）。

【以业脱贫】 产业项目：“十三五”期间共5个项目，截至年底，已实施3个，分别是朗杰林小油菜种植项目，斯布种草项目，吉古藏鸡养殖场建设项目（正在建设中）。转移就业：全乡建档立卡劳力421人，技能培训87人（河南三门峡培训矿工5人，B2驾照3人，保安1人，病虫灾害防治、养殖业、种植业、电工共48人，厨师4人，二期驾驶培训9人，挖机培训17

2017年12月12日，扎西岗乡加尔多村进行村民委员会、村务监督委员会换届选举

人)，三门峡及部分厨师培训已取得合格证。2017年，全乡建档立卡有163名贫困户实现就业，其中自主择业132、转移就业31人。

【以补脱贫】 年内，生态以补岗位573人(兼职护林员238人，兼职草监员164人，专职护林员88人，专职草监员20人，其他岗位63人，573岗位中包括100个2016年"一人双岗")，定向政策性补助2017年123人(2016年为129人)，兑现生态以补资金141.9万元、上半年定向政策9.7万元。

【以教脱贫】 年内，有建档立卡大学生17人，十五年义务教育239人，两后生3人，总数259人。建档立卡大学生2017年享受县级助学补助资金44522元。

【以助脱贫】 年内，扎西岗乡以助脱贫1人，扎西岗村仓卓玛，身患尿毒症，赴拉萨及内地就医，通过以助政策报销医疗费用20余万元。

【以保脱贫】 年内，享受低保政策总计143户501人，享受资金105.3285万元，其中包含建档立卡52户198人，享受资金40.5626万元。五保集中供养18人，享受资金19.998万元，分散供养2人(建档立卡1人)，享受资金1.142万元。

(杨贞荣)

【领导名录】

党委书记

达　瓦(藏族)

党委副书记、乡长

杨　勇

党委副书记、人大主席

扎西顿珠(藏族)

党委专职副书记

巴　桑(藏族)

党委委员、纪委书记

扎西旺堆(藏族)

党委委员、人大副主席

加　群(女,藏族)

党委委员、副乡长

扎西次仁(藏族)

拉　巴(女,藏族)

党委委员、人武部部长

金玉洁

党委委员、组织委员

李毅立

副乡长

次列旺姆(女,藏族)

## 日多乡

【概况】 日多乡位于墨竹工卡县以东55公里处的米拉山脚下，平均海拔4500米以上，东接工布江达县，西临扎西岗乡，北接门巴乡，南与山南桑日县和乃东县毗邻，G318国道贯穿全境，是日多乡主要的区域性交通干线。全乡总面积955.5平方公里，其中耕地面积29.03公顷，草场面积69371.57公顷，牲畜总头数为17161头(只、匹)，是牧业为主的乡。主要资源有虫草、温泉资源及旅游资源。

2017年，全乡下辖3个行政村，12个村民小组，全乡共计724户2738人，农牧民建档立卡贫困户70户230人，占全乡总户数的9.6%，总人数的8.4%。其中念村26户78人，拉龙村21户67人，怎村23户85人。全乡干部核定编制共56人，其中行政编制26人，事业编制30人。现有干部职工46人，其中行政编制29人，事业编制10人，基层就业和社会保障人员2人，工人2人，汉族干部

19 人，少数民族干部 27 人。全乡 1 个村党委，2 个村党总支，1 个乡机关党支部，下设 12 个村党支部。全乡党员 238 名，其中农牧民党员 210 人，占全乡总人口的 7.7%，乡机关党支部 28 人。

【经济发展】 年内，乡党委、政府继续按照"一产调结构、成规模，二产抓环境、促平衡，三产重文化、强基础"的发展思路，在全乡上下的共同努力下，截至年底，全乡农村经济总收入 6980.45 万元，同比增长 7.3%，其中第一产业产值 2551.35 万元，同比增长 5.1%；第三产业产值 4429.1 万元，同比增长 8%；农牧民人均可支配收入达 15757.9 元。2017 年，虫草采挖期间，全乡农牧民参与虫草采集人数 527 人，虫草收入达 912 万元。拉林高速途经 3 个村，征地补偿 516.6 余万元，拆迁房屋 38 户 6000 余平方米，拆迁补偿 1533.3 万元，成立民间车队，实现创收 3497.37 余万元，为全乡经济发展提供了有力保证，协调拉林高速建设施工方，让日多乡村民在拉林高速建设工程上择业 25 人，实现收入 12.25 万元。

【精准扶贫】 年内，制定完善切实可行的《日多乡 2017 年精准扶贫、精准脱贫工作方案》；脱贫攻坚工作月例会制度，每周组织各驻村工作队队长、第一书记、村党支部书记、乡村两级扶贫专干召开精准扶贫专题部署会议，及时传达学习各级党委、政府关于脱贫攻坚工作的会议精神和要求，听取工作汇报，全面部署下一阶段重点工作，明确目标任务，为更好地推进脱贫攻坚工作奠定坚实基础。为深入了解建档立卡贫困户最新动态，增强精准扶贫工作的准确性和有效性，4 月 25—26 日，组织乡扶贫专干、各村第一书记、村"两委"成员以及驻村工作队组成入户调查组，利用 2 天的时间，对全乡贫困户家庭成员信息、劳力就业以及 2017 年以来的收入情况进行详细了解核查。

2017 年，全乡减少农村贫困人口 40 户 107 人，贫困发生率为 3.9%（人口变更后，怎村 9 户 24 人、拉龙村 13 户 38 人、念村 18 户 45 人），实现 3 个贫困村"脱贫退出"。截至年底，建档立卡贫困人口达到脱贫标准（3915 元以上）6 户 12 人。

2017年7月5日，县委书记劳明伟在日多乡思金拉措检查指导工作

【转移就业】 年内，全乡建档贫困人口中有劳力 97 人，已就业 22 人。其中，转移就业 7 人（2 人转移就业至拉萨担任环卫工人，1 人经培训后在甲玛华泰龙上岗，1 人在县城担任环卫工人；2 人在日多温泉工作，1 人在日多乡小学工作），自主择业 15 人；高速带动 10 名本地群众参与临时就业，务工收入达 4.9 万余元，人均 4900 元。同时，依托本乡虫草产区优势，共有 46 名建档立卡贫困人口参与虫草采挖，总收入达 30.22 万元，人均收入 6569.6 元，极大增加了贫困群众收入。

【易地扶贫搬迁】 年内，已完成 3 户 10 人县城搬迁工作，协调 1 人在华泰龙公司就业，1 人在嘎则新区承担环卫工人岗位，此 2 人均已上岗；1 户 4 人搬迁至拉萨文化创意园区，正在接洽中。全乡 2017 年搬迁任务为 31 户 103 人（不包括新增有意愿人员），其中县城搬迁 10 户 43 人，拉萨搬迁 21 户 60 人。

【以补岗位落实情况】 年内，共有生态补偿岗位177个，其中涉及建档立卡贫困人口102个，截至年底，落实各类岗位资金39.37万元。已于6月19—25日完成岗位公示确认工作，确认并同承担岗位人员签订聘用协议书，发放上岗证。

【教育扶持】 年内，全乡建档立卡贫困户中共有15年免教生64人，“两后生”6人，在读大学生3人（1人新考入大学）。幼儿园、小学、初中、高中及中职学生享受15年免费教育三包政策，高等教育阶段学生学杂费、住宿费、交通费等费用凭正规发票予以全额报销。2017年，发放大学生学杂费38.03万元，其中建档立卡贫困大学生学杂费及生活补助1.19万元。

【以保脱贫】 年内，全乡原有低保户59户210名，经动态调整后有低保户36户117人，截至年底，兑现2017年上半年农村低保生活保障金4.32万元，其中涉及建档立卡贫困人口23户65人，资金1.65万元。兑现2017年分散五保供养金3.42万元，涉及五保户6户6人。兑现“幸福养老金”31.74万元，涉及147名60岁以上老人（含建档立卡18人资金3.78万元）。兑现2016年定向补助金17.55万元，涉及141人（含建档立卡贫困人口77人、低保人口64人），定向补助对象分为：1类对象为16周岁以下、65周岁以上人员，2类对象为16岁至65周岁之间的残疾人、学生，且未安排岗位人员，均可享受此政策。

【以助脱贫】 年内，全乡原以助扶持人员只有1人，为次央卓玛，已于2016年去世。截至年底，日多乡无以助扶持人员。为204名农牧民群众报销医疗费用共132.46万元，涉及建档立卡贫困人口10人，资金10.08万元。

【结对帮扶】 年内，全乡共有56名干部职工结对帮扶70户230人，开展走访慰问180余人次，涉及帮扶资金2.53万元。

【农牧业生产】 年内，日多乡始终坚持在保护草原生态建设的基础上发展规模化养殖，加快畜牧业产业快速发展。不断优化产业结构，加大畜产品生产规模，科学地调整产业结构，更大的实现产品的经济效益，不断完善牧业设施建设，围绕草原生态环境面临的问题，加大对草地资源的保护和管理力度，实施网围栏和草原生态暖棚暖圈项目，共投入资金547.34万元，以提高草地畜载能力。2017年，日多乡牲畜存栏数17068头，其中牦牛存栏16819头；黄牛存栏146头；绵羊存栏8只；山羊存栏68只；马存栏27匹。牲畜疫苗注射率达100%，2017年草场补贴242.9万元。

【乡村旅游】 年内，依托米拉山景点、思金拉措湖、日多温泉和318国道旅游黄金线的区位优势，科学制定日多旅游发展规划，通过旅游业带动特色畜产品、药材、民族手工产品的销售，以推动旅游业与特色牧业及美丽乡村建设共同发展。

【虫草采挖】 年内，日多乡制定切实可行的实施方案，认真做好虫草采集的监督管理工作，全乡5个虫草点均派驻干部进行24小时蹲点管理。2017年，虫草产业

2017年1月15日，县委副书记索朗多吉在日多乡玛组昆仑矿业验收生态恢复情况

实现创收912万元，共有46名建档立卡贫困人口参与虫草采挖，总收入达30.22万元，人均收入6569.6元，极大增加了贫困群众收入。

2017年9月17日，县委常委、副县长汤官中在日多乡思金拉措检查指导环境工作

【基础设施建设】 年内，建设12套职工宿舍楼房；为进一步完善乡政府办公条件，对办公楼进行电网维修改造和乡政府道路硬化；科教文卫领域基础设施建设不断推进，乡政府投入91.66万元，帮助乡小学和卫生院完善基础设施；民生基础设施的全面推动。2017年，乡政府投入400万元，建设全乡饮用水工程。

【生态文明建设】 年内，重点以迎接中央环保督查工作为主线，乡党委、政府及时动员部署制定迎检方案，乡政府先后4次召开工作部署会，3次迎检工作会，明确措施要求，职责分工，实施步骤，全面做好中央环保督查工作。同时，将生态建设专项行动工作内容纳入乡党委、政府重要议事日程，召开党委扩大会议6次，专题听取和商议生态建设工作，并予以落实。先后23次召开专题部署会研究环保工作，制定2017年度日多乡保护生态环境责任书，同各村委、企事业单位签订环保工作责任书27份，确定了各项工作任务责任人，落实了重点生态实事工程每月督查工作机制。

【草原生态保护】 年内，每月由党员干部带头，组织学校、医院等乡直单位工作人员和全乡广大群众，全面清理河道两旁、公路沿线、房前屋后、牧区等地方的垃圾。动员群众义务到思金拉措清理垃圾，共发动群众达1000余人次，努力提升乡村环境卫生水平。按照区、市、县相关政策要求和本乡实际情况，建立健全草原管护员定期选聘轮换制度和相邻村交叉监督检查制度，确立草监员管理制度，要求草监员明确自己的职责以及各自的管护范围，截至年底，专职草原监督员94人，兼职草原监督员14人。

【河道污染预防整治】 年内，编制完成乡村“河长制”管理实施方案，对施“河长制”管理，同时确定日多乡河道精细化管理的提升河道，实现河道管理“河长制”全覆盖。成立乡、村河道巡查队，对乡域内河道进行巡护，及时掌握河道情况。截至年底，日多乡水资源管护员和水土保持监督员3人，村级水管员和山洪灾害防治设施看护员1人。对涉河污染源及河道周边环境进行全面整治，杜绝因排污引发的河道发黑、发黄、发臭现象。2017年，开展河道清洁行动5次，对河道重要部位，以及河道阻水障碍和沟渠进行全面清理，群众参与清洁达2500余人次。

【林业监督管理】 年内，日多乡共有林地管护面积391719亩，2017年，乡党委、政府全面树立青山绿水就是金山银山的理念，以人与自然和谐发展为目标，重视林业的发展，使日多乡林业工作有序进行，定期召开林业工作会议，安排部署一系列工作内容，确立护林员管理制度，要求护林员明确自己的职责以及各自的管护范围，有专职护林员166人，兼职护林员15人，自然保护区管护员2人，湿地保护员2人，沙化土地封禁保护管护员10人；设立护林员考核制度，进一步规范护林员的工作内容；定期开展林业检查工

2017年5月21日，党委书记班旦曲扎在拉龙村查看危房

作，管护站的工作、值班情况；森林防火宣传，2017年，共进行森林防火宣传5次，提升群众的森林防火意识；安排部署日多乡林权改革，确立林权改革的目标和主要任务，成立日多乡林权改革领导小组，并开展林地现状实地调查和人口状况调查2次，开展宣传动员会5次，广泛深入宣传林权改革的重大意义、政策、目标和要求，乡党委、政府组织实施勘界确权、纠纷调处、登记发证、立案归档等工作。

【惠民惠农资金】 年内，共兑现各项惠农资金700余万元，其中，兑现2017年农牧民养殖业出检费17.22万元；兑现野生动物肇事补偿16.65万元；2017年大学生学杂费28.04万元；兑现“双联户”奖金13.02万元；家电下乡补贴8.47万元；兑现2017年草畜平衡奖励资金246.82万元；兑现2017年良种牦牛补贴2万元；发放环卫工工资6.739万元；发放幸福养老金31.74万元；兑现2017年粮种补贴13.42万元；兑现护林员及组长人员工资182.22万元；兑现草监员工资47.52万元。

【教育事业】 年内，注重抓好学前教育、基础教育、均衡教育。教育事业得到实质性进展，适龄儿童入学率达100%，在校生巩固率达100%。乡“三包”经费管理小组每季度开展1次检查，确保学校“三包”经费使用合理。幼儿园、小学、初中、高中及中职学生享受15年免费教育“三包”政策，高等教育阶段学生学杂费、住宿费、交通费等费用凭正规发票予以全额报销。2017年，为鼓励学生勤学、好学，乡党委、乡政府每年向考入大学及内地学校的本乡学生每名奖励1000元。6月1日，乡党委、政府为学校送去1万元慰问金，2017年新建一所念村幼儿园，已竣工，准备投入使用。

【文化事业】 年内，日多乡为创建第三批国家公共文化示范区，顺利完成对文化站的改造升级，完善了基础配套设施，新增图书4200册，新建健身房并购买跑步机等健身器材，共投入资金30万元。在县文化局的组织下，乡长和文化工作人员在山南琼结县参观学习多个乡镇的文化站及村级文化站建设情况。2017年，共举行12次文化活动，总计600多人次参加。全乡3个村级“农家书屋”管理运行机制进一步完善，平均有效开放时间超百日，每周开放3天，接待群众总数达2000多人次，各类图书借阅频率明显提高。

【医疗卫生】 年内，农牧区新型合作医疗制度得到全面落实，日多乡新型合作医疗参保率达到100%。6月开始，日多乡全面开展包虫病筛查体检工作，通过血常规、尿常规、B超、心电图等检查方式，对全乡1959名学生及乡干部群众进行免费体检，学生中暂无发现包虫病患者，群众确诊包虫病患者2人，疑似包虫病患者3人，乡党委、政府组织5名患者前往县医院及市医院进行治疗和检查。

【交通工作】 年内，日多乡积极协调配合日多乡境内的拉林高速公路修建，全长40公里，已完成工程量的90%，剩余10%为米拉山隧道还未贯通，预计2018年5月中旬将全面投入使用；G318于9月底顺利完成改扩建工程，道路全面投入使用；乡村道路硬化工程得到全面提升，乡境内的拉龙村拉龙组和觉组由原来的沙石路面提升为4.5米的水泥路面，村组道路得到极大的改善；在县旅游局的大力支持和帮助下，对日多乡思金拉措景区6.01公里的路面进行提升和改造，由砂石路维修改造为水泥路，为建设大思金拉措提供了极大的帮助，为日多乡旅游业发展注入新的动力。

【安全生产】 年内，乡党委、政府每月至少召开安全生产专题会议1次，组织开展安全生产大检查12次，组织安全隐患排查12次，消除安全隐患10余起，进行食品药品监督检查5次，收缴各类过期食品40余件，重点对春节、雪顿节、藏历新年、十九大等重大节日期间的安全工作检查，在此期间没有重大安全事故发生。针对近期林拉高速建设方面的问题，乡党委、政府主要领导经常深入实地，认真查找安全隐患，确保了项目建设的顺利安全开展。

【民族团结】 年内，乡党委、政府认真贯彻落实习总书记关于“加强民族团结，共建美丽西藏”的重要指示精神，不断巩固和发展日多乡各民族大团结。2017年，组织开展宣讲活动5次，参与活动群众达700人次；组织收看爱国电影《雪山泪》《南京大屠杀》《长征》等，参与干部群众达300人次；在春节、藏历年期间，为贫困群众送上生活用品，及时帮助生活困难群众，涉及资金5000余元，结合精准扶贫，组织党员干部深入各结对户家中开展活动，确保结对帮扶工作有序进行。

【学习十九大精神】 年内，乡党委组织收看中国共产党第十九次全国代表大会开幕盛况，8个观看点认真听取习近平总书记的报告，共计508人，上交开幕式心得体会30余篇；组织全乡党员干部学习中共十九大报告原文专题报告会，上交学习心得50余篇；开展十九大报告宣讲活动，开展十九大宣传活动8次，遍及群众1700人次。

【“两学一做”学习教育】 年内，乡党委、政府积极贯彻落实推进“两学一做”学习教育活动常态化制度化，深入开展党建经常性教育工作，2017年，共组织集中学习15次，观看爱国主义教育影片5次，开展集中学习讨论8次，撰写学习心得体会100余篇，开展“讲党课”活动4次，受教育党员干部群众达260余人次。

【开展“四讲四爱”主题教育】 年内，成立日多乡“四讲四爱”活动办，对辖区党组织专题活动进行督察检查3次。认真遴选出专职宣讲员4名，兼职宣讲员8名，开展宣讲工作60场次，参加人数达7500人次，街道两侧张贴宣传标语40余张，向受众人群发放宣传单200余份，悬挂横幅8条，张贴展板5个。开展“爱国歌曲大家唱、四讲四爱传日多”“日多乡热烈庆祝中国共产党成立96周年文艺演出活动”“庆国庆、中秋，喜迎中共十九大暨‘四讲四爱’文艺会演”大型文艺活动3场，人数达1900人次。

【严格落实“三会一课”制度】 年内，乡党委、政府严格遵守党章的要求，坚持落实“三会一课”制度，各支部组织开展“三会一课”学习活动50次，组织学习讨论10

2017年7月1日，日多乡开展“四讲四爱”喜迎中国共产党成立96周年主题教育实践活动

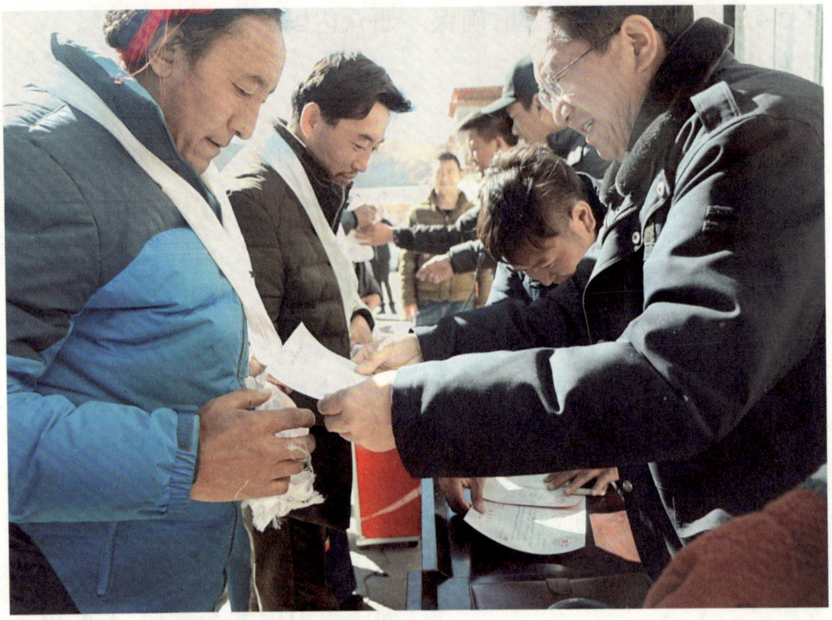

2017年12月12日，念村村民委员会换届选举

次，组织“三会一课”专题党课6次，召开民主生活会2次，党员大会3次。

【村“两委”换届】 年内，成立乡村两级换届选举领导小组，以及村组织换届选举指导小组。制订调查摸底方案，撰写调查摸底调研报告1篇，拉龙村、怎村、念村现任村“两委”班子成员分别是6人、6人、5人，村务监督委员会成员均有3人，全乡村后备干部14人。由乡党委组织对村“两委”班子成员、后备干部进行学历提升培训，14名班子成员、后备干部通过了学历提升考试。开展村组织换届谈心谈话2次，谈话40余人次。制定换届宣传方案，悬挂横幅5条，张贴标语200余条，开展宣讲6次。严格按照换届程序，开展村“两委”换届。把党员人数100名以上的拉龙村党支部改设为拉龙村党委，把党员人数50到100名的怎村、念村2个村党支部改设为村党总支部。

【党风廉政建设】 年内，乡党委、政府始终把加强党风廉政建设和反腐败斗争作为重大政治任务，把落实党风廉政建设主体责任作为重要战略举措，深入学习贯彻习近平新时代中国特色社会主义思想和中共十九大精神，以落实党风廉政建设主体责任为抓手，深入推进党风廉政建设和反腐败工作，落实“一岗双责”责任制，乡党委认真组织学习中纪委和区、市、县纪委会议精神12次，组织观看《不忘初心，继续前行》《沉沦》《永远在路上》等15部警示教育片，定期召开党风廉政会议5次，专题听取乡纪委关于全乡党风廉政建设的工作汇报9次，乡党委与各领导干部分别签订年度《领导干部党风廉政建设目标责任书》18份，所有党员干部签订《党员干部廉政承诺书》30份，以党的“四讲四爱”教育实践活动为契机，开展公务用车、办公用房、“吃空饷”、公款走访等专项治理活动12次。

（王高杰）

【领导名录】

党委书记
　　班旦曲扎（藏族）
党委副书记、乡长
　　程 爱 青
党委副书记、人大主席
　　白玛卓嘎（女，藏族）
党委专职副书记
　　汪 治 国
党委委员、纪委书记
　　旦增曲珍（女，藏族）
党委委员、组织委员
　　刘 金 桥
党委委员、人武部部长、综治办主任
　　牟 仁 青
党委委员、副乡长
　　普布次仁（藏族）
　　白　　珍（女，藏族）

## 尼玛江热乡

【概况】 尼玛江热乡位于拉萨河上游，墨竹工卡县东北部，距县城25公里，乡域面积862.68平方公里。属半农半牧乡镇，全乡共辖7个行政村，32个自然村，共2100户，8605人；1所中心校，在校学生719名，幼儿园1所，学前教育在校生105名，8家矿山企业，23家合作社，耕地面积12295.95亩，草场面积56770.6亩，防护林面积963.15亩。尼玛江热乡政府现有在编干部职工共53人，其中正科3人，副科13人，班子成员11人，一般干部37人，事业编制20人。

2017年是全面实施“十三五”规划的攻关之年，尼玛江热乡坚持科学发展观，以党的十八大及十八届五中、六中全会精神为指导，以加速崛起、富民强乡为目标，按照年初确定的各项目标任务，践行“两学一做”学习教育，大力宣讲“四讲四爱”加压奋进，狠抓脱贫攻坚、产业项目建设、城乡建设、民生工程和社会稳定工作，较好地完成各项阶段性工作任务，有效保持了经济社会各项事业的稳定、健康、全面发展。

【组织建设】 年内，不断强化班子成员的政治理论学习，努力提升班子成员的政治素养，制定乡党委委员包村制度，要求每个包村党委委员每周到村支部检查指导工作不得少于2次，乡党委每月召开一次专题会议，听取各位党委委员的党建工作情况汇报，研究解决实际问题，通过层层分解、责任到人，形成领导班子“合心、合力、风清、气正、劲足”的良好氛围。

【党风廉政建设】 年内，尼玛江热乡成立以党委书记为组长，党委副书记、乡长，纪委书记为副组长，其他班子成员为成员的党风廉政建设领导小组。乡党委在年初及时召开会议，与乡党政班子成员、村“两委”负责人、乡直单位负责人签订《党风廉政责任书》共计31份，按照主要领导负总责，分管领导亲自抓，层层抓落实的原则，有力维护了党风廉政建设责任制的严肃性。

【学习宣传贯彻中共十九大】 年内，中共十九大胜利闭幕后，尼玛江热乡成立学习贯彻中共十九大、贯彻区第九次党代会、区党委九届三次全会精神宣讲团，深入全乡村组、学校、寺庙、乡直各单位开展宣讲，与基层干部群众进行面对面的交流，并要求班子成员认真撰写了心得体会。截至年底，共开展巡回宣讲13次，集中组织学习3次，覆盖面达95%以上，自治区、拉萨市宣讲分团赴尼玛江热乡宣讲中，乡干部、村“两委”、驻村工作队、寺管会、乡直单位等120人参加听课；为了对全乡的681名党员做到宣讲全覆盖，尼玛江热乡党委针对不同对象、不同群体，采取了口袋书、宣传小册等多种形式，增强宣讲的吸引力、感染力和号召力，让党员、群众听得懂、能领会、可落实。

【开展“两学一做”专题教育】 年内，尼玛江热乡党委狠抓三项措施，助推“两学一做”学习教育常态化、制度化。严格主体责任。乡党委将“两学一做”学习教育常态化、制度化纳入党建工作责任制考评之中，要求各党委（党总支）发挥承担主体责任，严肃党的组织生活，落实好“三会一课”和组织生活制度；严格督导落实。严格落实《尼玛江热乡督查考核办法》，定期对学习教育开展情况进行全程督导，对安排不扎实、工作推进不力的进行了通报批评；注重示范引导。引导各村党委（党总支）注重典型培养，结合优秀模范党员评选活动，树立在“两学一做”学习教育中涌现出的各类“学”“做”典型，以此激发广大党员、骨干认真学习、干事创业的热情。

【换届选举】 年内，尼玛江热乡党委紧密联系工作实际，健全换届

2017年3月16日，西藏自治区党委常委、拉萨市委书记白玛旺堆（前排左三）在羊日岗村走访慰问结对贫困户

工作机构，进行换届工作业务知识培训，顺利完成换届工作调查摸底、集中整顿、综合评议、离任审查，选民登记（5612人），人事方案报备（候选人预备人选67人，村“两委”候选人预备人选46人，村民监督委员会候选人预备人选21人）；村“两委”班子中共党员比率为100%，圆满完成7个村级党组织、村委会、村民监督委员会、群团组织的换届选举工作。

【“强党、固基、扶村”工作】 年内，尼玛江热乡严格落实责任，在日常教育中不断强化组织指导；严格纪律要求，严守组织纪律，自觉服从村党组织的领导，严格请示报告制度；严守工作纪律，吃住在村、工作在村，不当“走读干部”；严格督促检查。将干部下沉基层工作纳入乡党委督导工作内容，加强对工作开展情况的指导和检查。坚持每季度开展1次专项督查，每周暗访1次，防止松懈情绪、短期行为，发现问题及时解决，不断提高整体工作水平。

【经济发展】 2017年，尼玛江热乡农村经济总收入达17980.58万元，同比2016年增长16%；第一产业13560.16万元，同比2016年增长16.5%；第二产业197.72万元，同比2016年增长18.3%；第三产业4289.68万元，同比2016年增长16%；居民人均年纯收入达1.19万元，同比2016年增长15.2%；圆满完成尼江乡2017年经济社会发展主要预期目标。

【基础农牧业生产】 年内，尼玛江热乡实现春耕播种面积12102.75亩，发放、使用化肥总量256.32吨、农药9.58吨；牲畜疫苗注射率达99.3%。

【净土健康产业】 年内，尼玛江热乡以畜牧产业化为推进，以新技术为引领，以合作社为依托，以土地有效流转、治理为突破，稳步推进农牧业、高原特色养殖业、特色传统手工业进程。按照“一村一品”的发展思路，结合尼玛江热乡实际，确定宗雪村嘎瑕农产品、容多畜产品、羊日岗朗瑕针织加工、帮达传统藏式彩靴、其玛卡刺绣唐卡等5家合作社作为重点扶持对象，整合各方资金，加大投入力度，形成特色农业、特色养殖业、传统手工业齐头并进、协调发展的良好格局；累计落实投入资金2686.92万元，辖区内专合组织2017年解决贫困户就业岗位33个。

【“四业”工程】 年内，尼玛江热乡外出务工人员达到874人，劳务输出总收入达1207.6万元；全乡1108人参与虫草采挖，累计实现现金总收入737.82万元，人均增收6659元。

【基建、产业项目】 “十三五”期间，尼玛江热乡共计划实施产业扶贫项目10个，累计投资3104.02万元，其中2016年实施7个，2017计划实施3个，完成2个，1个处于前期手续办理中。截至年底，已解决贫困户就业10人，增加就业46人，项目累计受益164户525人次，年户均分红2000元左右。

正在实施的项目：宗雪村土地综合治理项目投入1262.36万元，芒热牧场投入资金95万元，帮达金铜投入资金320万元；尼玛江热乡新建农牧综合服务中心、社保所建设项目（投入76万元）已顺利完工，待相关配套设

2017年9月20日，县委书记劳明伟一行在仲达村检查指导基层党建工作

施完善后，即可投入使用；跨年项目中，七个村级组织活动场所标准化建设项目均已顺利竣工搬迁入住。

【社会事业健康发展】 年内，尼玛江热乡政府认真落实区、市、县各项扶贫惠农政策，确保各项资金拨付到位，及时发放兑现草畜平衡奖励资金154.44万元（1024户，4716人）；发放草原监督员工资59.4万元，111人次；兑现2017年在校大学生学杂费报销1442816元，192人；为全乡740人发放了2017年县级幸福养老金316.32万元（其中61—69岁386人，1800元/人；70—79岁241人，2400元/人；80—89岁95人，3000元/人；90—99岁18人，3600元/人），下发精准扶贫、科普宣传等各类宣传资料1.3万余份；为辖区群众审批加油单2.6万余份，便民服务大厅坚持“便民、廉洁、高效、规范”的方针，共办理分、立、落户手续113起，发放计生宣传资料2000余册，群众满意率达98%以上。开展食品安全综合检查3次（餐馆41家，学校食堂3家，零售单位44家，批发兼零售8家），组织农牧民全面体检1次，体检人数6806人。

【生态环保工作】 年内，尼玛江热乡政府与各村、乡直单位签订环境卫生综合整治目标责任书共计21份，开展环卫整治专题会议3次，开展水治理、河长制专题会议4次，进行环卫工作督查16次，辖区里环卫工作重点整治目标4个，完成整改3个，向上级部门申请用于环境综合整治资金800余万元，该项目处于收尾阶段。

2017年9月17日，党委副书记、乡长柏强在芒热村幼儿园调研

【精准扶贫、精准脱贫】 年内，紧扣“两年脱贫，三年巩固”的奋斗目标，尼玛江热乡以“八个到位”为抓手，确保脱贫攻坚各项工作稳步推进。

截至年底，尼玛江热乡建档立卡贫困户300户1287人中，2016年、2017年完成脱贫摘帽294户1268人（余下6户分别为：羊日岗村2017年返贫1户、仲达村新识别1户、芒热村新识别1户、邦达村3户，其中1户为新识别，2户是孤儿），已通过县、市、区、第三方考评组考核验收，全乡贫困发生率控制在3%以下。2018年，尼玛江乡将加大产业项目扶持力度，加快转移就业创业进程，精准发力，进一步巩固脱贫攻坚成效。

（唐志勇）

【领导名录】

党委书记
　　次　达（藏族）
党委副书记、乡长
　　柏　强
人大主席
　　旺　扎（藏族）
专职副书记
　　达　珍（女，藏族）
纪委书记
　　索朗曲珍（女，藏族）
组织委员
　　施龙武
副乡长
　　徐晓菲
　　扎　桑（女，藏族）
　　普卓玛（女，藏族）
人大副主席
　　格桑曲珍（女，藏族）
人武部部长、综治办主任
　　顿珠坚才（藏族）

## 扎雪乡

【概况】“扎雪”系藏语译音意不详，1960年建扎雪乡，1970年改公社，1984年复置乡。扎雪乡位于墨竹工卡县以北51公里米洛山脚下，东与尼玛江热乡接壤，西与林周县阿朗乡相连，面积600平方公里，人口8115人，通公路，全乡平均海拔4200米，以农业为主，牧业为辅，农业种植青稞、小麦、油菜，牧养牦牛、绵羊、山羊，产贝母，水资源丰富，乡政府驻格老窝村，辖格老窝、米洛、塔杰、龙珠岗、扎雪、其朗6个村。

【经济发展】2017年，扎雪乡共有1562户、人口8115人、劳力2352人，全年农村经济总收入8997.12万元，同比增长15.5%，其中第一产业收入5957.07万元，同比增长17.2%，第二产业收入1135.64万元，同比增长21.34%，第三产业收入为1904.41万元，同比增长0.7%。农牧民人均可支配收入为8287.15元，同比增长11.8%，劳务输出收入3095.35万元，同比增长0.4%。全乡总耕地面积764.5公顷，粮食作物631.86公顷（青稞、豌豆），经济作物93.75公顷（油菜、蔬菜），饲草6.03公顷。粮食作物产量3891.65吨，同比增长0.5%，草场总面积48696.29公顷，牲畜存栏26313头（只、匹）。

【春防工作】3月，扎雪乡开始开展防疫工作，以确保巩固和提高牲畜出栏率和总增率。并积极按照农牧局、兽医站要求，及时给全乡牲畜打口蹄疫苗，有效预防了疫情发生。同时定期大力宣讲各类传染性疾病防治知识，共计组织开展大小宣讲活动20余次，发放预防传染性疾病知识手册、明白卡135册（份），受益群众达675人。

2017年3月7日，扎雪乡人大主席旺堆次仁对各村值班带班情况开展督导检查

【集体经济效益明显】年内，发展壮大农村集体经济，有利于稳定和完善家庭联产承包责任制，进一步增强农业的发展后劲，促进农村生产力的发展；有利于增强农村基层党组织的创造力、凝聚力和战斗力；有利于密切党群干关系，有利于农村社会稳定；有利于加强农村社会主义精神文明建设。有了强大的集体经济这个物质基础，才能更有力地引导农民群众树立集体主义观念和共同理想，改善农村的办学条件，发展成人教育，普及科学文化知识，提高农民群众的文化素质，兴办公共福利事业，更有效地破除陈规陋习，树立健康文明的生活方式和新的社会风尚。2017年，全乡村集体收入达147.48万元。

【劳务输出】年内，积极引导广大贫困户转变观念，克服“等、靠、要”的依赖思想，向人民群众提供更多的培训及就业机会，积极配合县“四业办”，组织人民群众积极参与就业培训，积极与扎雪乡境内施工单位沟通协调加大劳务输出力度，2017年全乡外出务工共3974人。截至年底，劳务输出已经成为扎雪乡增加群众收入最有效、最快捷的增收渠道。

【植树造林】年内，扎雪乡安排护林员在尼玛江热至扎雪段公路两旁进行补裁及新植树木共计5920株，并开展树木网围栏及涂白工作，累计动用护林员864人次。并在雨季来临前每月定期用洒水车对扎雪乡新植树木进行浇灌工作。截至年底，树木成活率达85%以上。

【虫草采集】 年内，强化工作措施，狠抓虫草采挖管理工作，确保农牧民持续增收及社会和谐稳定，切实做好虫草采集管理工作。2017年，到门巴乡境内虫草采集人员916人，采集收入732.8万元；其中建档立卡户虫草采集人员312人，采集收入达180.99万元。

【精准扶贫】 年内，按照县委和县政府部署，把脱贫攻坚作为头等大事，深入实施“六脱”政策。切实解决住房安全问题，新建、改造和保护农房房8户，完成125户648人贫困人口易地扶贫搬迁任务。着力推动产业助农增收，编制实施贫困村产业脱贫规划，逐户落实脱贫措施，11个农村专业合作社参与脱贫攻坚，其中有9个合作社现已正常运营，产生效益，带动建档立卡贫困户37人实现就业。积极开展“志智双扶”活动，倡导崇尚“依靠勤劳智慧、脱贫致富光荣”的社会风气，增强贫困群众致富“造血”功能。全乡403户2185名贫困户年人均纯收入达到3915元，贫困发生率已降低至0.14%，脱贫率达到99.5%，贫困群众满意度达到99.9%。

【安全生产】 年内，扎雪乡狠抓各领域安全生产管理和监督，严格落实安全生产责任制，对乡内企业、商铺、各村专业合作社、矿山进行严格检查，分别与其签订

2017年11月7日，格老窝村进行村民委员会和村务监督委员会选举

安全生产责任书，及时发现和排查安全隐患，发现违章操作行为，一律督促限时整改，这些举措的严格落实，有效维护了全乡的社会稳定和人民群众的生命财产安全。截至年底，未发生一起安全生产事故，全年安全生产秩序良好。

【社会各项事业全面发展】 年内，扎雪乡小学入学率、巩固率、毕业率分别达到100%、99.86%和100%，中学入学率、巩固率、毕业率分别达到100%、99.57%和96%。强化食品卫生安全目标管理和责任制，对学校食堂共计检查8次，对乡周围商铺共检查12次，发现卫生安全隐患3处，并及时要求进行整改。参加合作医疗登记人数8115人，参加率达100%，参加社保信息采集的人数为7488人，采集率为76.88%，年满60周岁（已享受养老金）680人，低保户192户969人，资金补贴270.92万元，分散五保户25户25人，集中供养五保户24户资金补贴14.9万元，优抚兑现资金为4047.2元，孤儿兑现资金4.2万元，教育资助金130万元，寿星老人健康补贴4.5万元。

【换届工作】 年内，根据上级要求，上级部门召开换届工作座谈会后，乡党委、政府高度重视，为确保扎雪乡村级“两委”换届工作顺利进行，乡党委先后召开3次领导班子会议，专题研究部署换届选举工作，成立由乡党委书记任组长的村级换届选举工作领导小组。此次村级“两委”换届选举共登记选民2683人，参加正式选举的选民2293人，参选率为86%。全乡共选出村委会成员共计42人，男35人，占比83%，女7人，占比17%，党员42人，占比100%。其中，大中专以上学历有1人，高中学历有1人，初中学历有39人，连选连任33人，新当选9人。全乡换届选举工作规范、

2017年7月14日，墨竹工卡县"四讲四爱"主题教育实践活动巡回宣讲

顺利，可以概括为三个方面：有序选举，全乡6个村委会按期进行换届选举，获得成功，成功率达到100%；科学选举，村党委、支部书记全部进入选举委员会，保证选举工作科学合理进行；依法选举，在此次换届选举中，无群众集体上访和越级上访事件，无任何不稳定因素。

【党建工作】 年内，扎雪乡现有干部职工40人，其中，行政编制25人，事业编制13人，工人1人，基层就业服务平台1人。下沉干部18人，借调至县直部门4人。全乡4个村级党委，2个村党总支，1个乡机关党支部，设置33个党小组。全乡党员700名，其中农牧民党员668人，占全乡总人口的8%。2017年，扎雪乡新吸纳农牧民入党积极分子18名。此外，扎雪乡建档立卡贫困户致富能手有4人，勤劳致富带头人5人。

【"四讲四爱"主题教育实践活动】 年内，为正确、高效开展好"四讲四爱"主题教育实践活动，乡党委高度重视，动员全体人员积极思考办法、灵活采取措施，精心开展专题教育活动，组织全乡干部集中学习"四讲四爱"和中共十九大重要讲话精神，在"四讲四爱"主题教育实践活动"回头看"阶段中，共组织开展前期薄弱环节宣讲15场次，参与人数共1000余人次。其中，"书记带头宣讲"1次，以"走出去"的形式开展宣讲1次，以图文并茂的会议形式开展宣讲2次。

【党风廉政建设】 年内，深入贯彻落实党风廉政建设责任制。年初与各村委会签订党风廉政建设责任书，细化乡党委班子成员工作责任，严格落实一岗双责制，形成浓厚班子成员齐抓共管的氛围；进一步强化对强农惠农项目和资金的监管，加大对涉农资金公开督查力度，及时纠正侵占群众利益，特别是贪污、截留、挤占、挪用、套取及虚报冒领涉农资金等行为。同时加大重大节日、寺庙、学校、村委会、驻村工作队带班值班情况。2017年，扎雪乡纪委共下村督查40余次，对期间存在问题要求及时整改，共下发整改通知8次。

（张 莞）

【领导名录】
县人大常委会副主任、党委书记
普　桑（藏族）
党委副书记、乡长
张原嘉
党委副书记、人大主席
旺堆次仁（藏族）
党委专职副书记
益西措杰（女，藏族）
组织委员
次仁平措（藏族）
纪委书记
魏国强
副乡长
德吉卓嘎（女，藏族）
杨玉伟
社会经济发展办公室主任
卓玛拉措（女，藏族）
文化服务中心主任
巴　桑（藏族）
人武部部长
伍金塔杰（藏族）
综治办主任
次旺平措（藏族）

## 门巴乡

【概况】 门巴乡位于墨竹工卡县

东北部65公里处，北接那曲嘉黎县，东南接工布江达县，西接尼玛江热乡，是墨竹工卡县纯牧业乡之一，平均海拔4500米，车程约90分钟，辖区面积1684.9平方公里，草场面积82673.15公顷，农作物播种面积68.54公顷，牲畜共18811头；下辖仁多岗、巴日卡、德仲、达珠、波尔朗、贴尔朗6个行政村，18个村民小组，共958户3944人（女2015人）。全乡下辖1个村党委、1个村党总支、13个村组党支部、1个乡机关党支部，共有党员399人（其中农牧民党员367人、乡机关党员32人），预备党员14人，入党积极分子11人，占全乡总人口的10.1%；全乡建档立卡贫困户161户450人，2017年脱贫113户385人；2017年农村经济总收入9518.09万元，其中第一产业收入8014.33万元、第二产业收入36.79万元、第三产业收入1466.97万元，农牧民人均纯收入16855.55元。

【人员编制】 年内，门巴乡共有干部职工51人（其中公务员26人、事业人员16人、公益性岗位3人、社区服务人员2人、临时工3人、聘用干部1人）；全乡6个行政村村“两委”干部共33人；1个乡中心学校（其中教师27人、在校生364人）；1个乡卫生院，有医生13人，村医共13人；1个乡兽医站，有兽医4人，村级兽医共23人；3个派出所共有警力20人（其中门巴乡派出所7人、直孔梯寺派出所7人、德忠寺派出所6人）。

【党建工作】 年内，门巴乡党委下辖1个村党委、1个村党总支、13个村组党支部、1个乡机关党支部，共有党员399人（其中农牧民党员367人、乡机关党员32人），预备党员14人，入党积极分子11人，7个团支部、青年团员106名；抓好“三个全覆盖”，村级组织活动场所标准化建设，门巴乡下辖6个行政村委会办公场所、附属设施已新建完工，全部搬入新房；抓好党员干部教育培训工作，大力推进村“两委”干部学历提升和业务培训工作，采取多种措施保障全乡33名村干部取得初中及以上学历，针对党员采取以会代训、观看远程教育、开展党支部书记讲党课等形式，授课内容涉及党建、廉政、精准扶贫等业务工作.

年内，共组织党员观看远程教育40余场次，开展支部书记讲党课24场次，受教育党员1300余人次；发展壮大村级集体经济，主要通过牦牛集体养殖、温泉深度开发、扶贫旅馆分红等产业扶持方式改变村集体收入薄弱村的现状，截至年底，6个行政村集体经济收入均达到目标；基层组织建设不断加强，在深入贯彻县委党建工作总体思路的基础上，制定了门巴乡年度党建工作计划；扩大党员覆盖，按照应发展慎发展的原则，严把新入党员质量关，合理调整党员性别、年龄结构，积极吸收包括退伍军人、致富带头人、道德模范等各领域的精英，不断扩大辐射带动范围；扎实推进1个新增党建示范点建设工作，确保了先进党组织在基层的延伸覆盖；强化作用发挥，开展党员进牧区服务活动，成立党员政策宣讲队、扶贫队、排忧解难队3支队伍，为农牧民群众提供帮助和服务，累计服务群众500余人次；加强党建交流，利用包村干部微信交流平台，共产党员微信、西藏先锋、雪域清风、共产党员易信平台等载体，积极营造相互交流、相互

2017年6月7日，县委书记劳明伟在门巴乡检查指导虫草采挖工作

促进的良好氛围；分别组织乡村两级干部跨乡交流学习40余人次、跨县交流学习10余人次。

【民主生活会、组织生活会】 年内，参照党的以往民主生活会、组织生活会的成功做法和经验，按照“成熟一个、召开一个”的总要求，围绕2017年度党员领导干部民主生活会主题，乡村两级党组织联系思想、工作实际，针对“坚定理想信念”“执行政治纪律规矩”“敢于担当”“落实全面从严治党”等方面存在的突出问题，认真对照检查，开展批评与自我批评，提出整改措施。按照落实整改责任、整改措施、整改时限的要求，认真研究制定整改方案。始终坚持边学边改、边查边改、即知即改，针对群众反映和民主生活会、组织生活会查摆出的问题，及时建立整改台账，制定整改任务书、整改路线图和整改时间表，在一定范围内进行公示，接受广大群众的监督。

【党风廉政建设】 年内，及时调整充实乡党委落实党风廉政建设责任制工作领导小组，研究制定《门巴乡2017年党风廉政建设工作计划》，确立工作目标和具体工作措施；年初召开纪检工作会议，年中召开上半年党风廉政建设工作会议，进行全面总结和推进部署；召开乡党委班子会议，及时听取班子成员落实主体责任情况的汇报，确保压力传导到位；严格按照《党政领导干部选拔任用工作条例》和选人用人规范流程，开展干部选拔任用工作，认真征求纪委和上级主管部门的意见，严格进行廉政把关；严格执行《门巴乡谈心谈话制度》，切实加强对干部的教育、管理和监督，做好对新提任的、岗位调整的干部的岗前集体谈话工作；严格干部纪律，引导党员干部牢固树立纪律意识和规矩意识。

【村组织换届选举】 年内，落实“三到位”，牢牢把握换届工作的领导权和主导权，稳步推进各项工作，按照县委安排部署，成立由党委书记任组长，副书记、纪检书记任副组长，第一书记、驻村工作队队长、村支部书记为成员的换届选举工作领导小组，把换届选举工作列入重点工作来抓；明确乡党委领导职责和乡纪检监督职责及联系村科级干部、第一书记、驻村工作队、村“两委”工作职责。

年内，以深入学习宣传贯彻中共十九大精神，开展“四讲四爱”教育实践活动、脱贫攻坚工作为契机，采取以会代训、集中学习、挂横幅、贴标语、制作宣传栏、发放藏汉“双语”换届选举工作指导手册等多种方式，加大换届选举法规、流程等相关知识和村组织换届选举人事安排的宣传，严肃换届纪律，提高群众法律意识和对换届工作的知晓率，打牢换届工作的群众思想基础；坚持“三先行”，打牢换届选举基础，确保换届选举工作有序开展。5月，乡党委开展对村“两委”班子的考察、考核和民主测评、民主推荐，全面梳理、掌握村“两委”班子、群众和预备候选人思想动态；7月，再次深入各村召开村“两委”班子会议，对村级组织换届工作进行安排部署，听取村“两委”班子对预备候选人人选的意见建议，为乡党委制定工作方案和措施提供决策依据，确保换届选举工作有序进行。

年内，在底数清晰的基础上，

2017年5月27日，党委副书记、人大主席边巴次仁在巴日卡村入户排查危房改造情况

深入开展矛盾排查化解工作，对选情复杂、工作难度较大的村进行专题研究，重点走访谈话，针对发现的问题，开展深入细致的法制宣传和教育引导，及时化解矛盾；针对村级组织换届中群众对村务、财务关注高，反映较为突出的问题，于7月组织纪检、财务人员对各村村务、财务进行专项检查，为选好人、选准人创造良好条件；按照相关法律法规规定和区市县有关村组织换届选举工作要求，在县委、县政府、县委组织部和县村组织换届选举工作第四指导检查组及县直相关部门的指导帮助下，门巴乡精心组织、周密部署、全面发动、依法依规，做到法定的程序不少、规定的步骤不漏，自11月30日至12月20日圆满完成村党组织、村民委员会、村务监督委员会和群团组织换届选举工作。

2017年10月2日，县委常委、纪委书记张子成在门巴乡巴日卡村督导检查维稳工作

【经济发展】 截至年底，完成农村经济总收入9518.09万元，其中，第一产业收入8014.33万元（种植业收入53.46万元、牧业收入6925.16万元、虫草收入1035.71万元），第二产业收入36.79万元（工业收入14.46万元、建筑业收入22.33万元），第三产业收入1466.97万元（交通运输业收入168.94万元、商业饮食业收入322.79万元、服务业收入551.09万元、其他收入424.15万元）；农牧民人均纯收入16855.55元。

【学习贯彻中共十九大精神】 年内，深入学习宣传贯彻中共十九大精神，通过制定学习方案、学习计划，积极开展一系列十九大精神学习宣传贯彻活动，切实把干部党员群众的思想认识和行动统一落实到十九大精神上来，并利用横幅、宣传栏、文艺演出、走村入户宣讲等群众喜闻乐见的方式迅速掀起宣传热潮，使十九大精神深入人心。

【“四讲四爱”主题教育活动】 “两学一做”学习教育和“四讲四爱”主题教育实践活动启动以来，门巴乡党委高度重视，严格按照区党委、市委、县委的部署要求和乡既定方案开展工作；全年组织乡党委班子领导讲党课16次，组织集中学习50余次，开展集中宣讲12场次，各村分别对农牧民群众开展集中宣讲累计30余次，干部职工开展自学100余小时，集中观看学习教育片4次，召开专题研讨会4次，撰写心得体会60余篇，参与同志均严肃对待、深刻剖析、查摆问题、积极整改。

【精神文明建设】 年内，加强领导、健全机制、明确责任、分工负责，确保精神文明建设扎实有序推进，乡党委将精神文明建设工作分解细化，将任务量化到人、到环节，并与年度考核有机结合，形成全乡上下共同创建的良好工作局面；加强宣传引导，营造浓厚氛围，结合“三大节日”“3·28”西藏百万农奴解放纪念日及“七一”“十一”等节日共同举办新旧西藏对比、升国旗唱国歌、感党恩教育等多种形式的活动10余次，营造浓厚的节日氛围，使精神文明建设家喻户晓、人人参与。

【精准扶贫精准脱贫】 年内，按照各级精准扶贫、精准脱贫工作要求，将抓党建工作和抓脱贫工作有机结合，采取设岗定责、公开承诺等方式，把脱贫攻坚各项任务分解到每个基层党组织和每名党

2017年5月27日，党委副书记、乡长土登次仁在达珠村检查村级组织活动场所标准化建设情况

员干部，实行“委员包村”“科级干部包组”“一般干部结对帮扶”促脱贫；以专业合作社为依托，带动贫困户脱贫致富，门巴乡9家专业合作社中得到政府项目支持的有5家，带动建档立卡51户168人，户年均分红1500元，2017年在建扶贫产业项目5个，将以分红形式带动126户319人受益；2017年安排生态就业岗位396个，建档立卡贫困户共计314人、非建档立卡户82人，兑现岗位资金118.8万元；认真落实“三大民生”工程，2017年全乡卫生和民政共医疗救助66人次，报销医疗费56.9万余元（其中建档立卡贫困户19人得到救助）；2017年报销54名大学生学杂费53.7万余元（其中建档立卡贫困户1名）。

2017年上半年，为60岁以上老人249人发放幸福养老金53.7万元（其中建档立卡老人27名），向75户207人发放低保金39万余元（其中建档立卡贫困户56户148人）；加快建档立卡户劳动力转移就业工作，积极鼓励引导劳动力向城镇转移发展，贫困户实现就业44人，教育引导自主择业20人，安排生态岗位199人。

【人才队伍建设】 年内，以十九大精神、“两学一做”学习教育及“四讲四爱”“创先争优、强基惠民”“三严三实”“忠诚、干净、担当”专题教育活动为契机，着力培养干部的服务意识、宗旨意识、担当意识；加强领导班子自身建设，坚持民主集中制，强化集体决策、个人分工负责制，提高乡党委、政府统揽全局、协调各方等方面的能力；加强机关干部管理，建立健全制度，切实转变机关干部作风，着力整治干部队伍中存在的“思想上僵、学习上懒、纪律上散、工作上满、作风上浮、服务上拖”等不良倾向；加强村组干部队伍建设，引导村组干部做到“三个进一步”，即进一步加强学习，主要学习法律法规，增强处理问题的能力，提高村组干部素质；进一步规范民主决策程序，按照“四议两公开”工作法，推进民主决策的制度化；进一步深化党务、政务和村务公开，做到公开内容全面、真实，自觉接受群众监督。

【社会事业】 年内，门巴乡认真落实教育“三包”、学生营养餐计划、大学生学杂生活费资助等政策，“金秋助学”资金受助农牧民工子女共计22人，共计发放金额7.6万元；深化医疗体制改革，推进乡卫生院改造和村卫生室标准化建设，认真开展农牧民、僧尼健康体检工作；完善公共文化服务体系建设，加强对乡文化站、农家书屋的管理，积极开展非物质文化遗产申报工作。

【民生保障】 年内，门巴乡认真落实兑现城乡居民最低生活保障金7.479万余元，兑现“三老人员”工资43.92万余元，兑现幸福养老金55.38万余元，兑现森林生态效益补偿357.97万元，兑现在校大学生学杂费20余万元，兑现惠民资金906.3万元，落实2016年牲畜死亡赔偿金195.92万元，落实2016年困难残疾人生活补贴5.874万元。

【乡村建设】 年内，加快推进乡村建设，乡主干道路沿线已全部安装太阳能路灯，并安装了国旗；积极鼓励和引导农村富余劳动力向城镇转移发展，城镇经商就业、购房置业人口较以往有所增加；全面推进门巴乡“河长制”工作，对辖区内河道卫生进行了全面清理整治。

【环境卫生】 年内，深入开展“净化环境，美化门巴”环境卫生大整治活动，共组织开展环境卫生集中整治20余次，乡街道两侧绿化景观树已全部栽种，改善了门巴乡街道的绿色景观；切实加强乡村生活垃圾集中运送处理和垃圾定点、定片、定期清理工作，营造干净整洁的乡村环境。

【虫草采挖】 年内，强化组织领导，协调各方力量，突出虫草采挖前、中、后期工作重点；前期主要把好采挖人员进点关，防止无证人员及持证人员携带酒品、饮料、包装食品进入采挖区；中期将重心放在对进出采挖区卡点的人员及车辆的检查，并组织协调各方力量于夜间对采挖区进行突击检查，对无票人员采取罚款并当即遣返的处罚措施；后期主要协助各乡镇人员有序撤离，监督其对帐篷搭建区的环境卫生整治；在县委、县政府的坚强领导下，通过各方齐心合力及一系列有效工作措施，虫草采挖工作圆满结束；据统计，门巴乡2017年共有3600余人进入采挖区采挖虫草，现金总收入约589.43万元。

【农牧业】 年内，大力发展特色农牧业，以农牧业科技投入为依托，稳步推进农牧业发展，加快技能培训、技术推广；科学合理安排围草养畜，扎实做好草畜平衡、畜病防治、草场补偿等关系畜牧业健康发展的各项工作；兽医站对6个村所有牲畜疫苗接种工作已全部完成，全面启动包虫病防治工作，包虫病预防知识讲座5次，发放宣传手册900余册。

【文化旅游业】 年内，门巴乡坚持“用规划指导开发、用开发打造精品、用精品树立形象”的思路，突出直孔文化游、德仲康复游、牧区风情游三张名片，全力打造墨竹旅游知名品牌，扩大德仲温泉知名度；通过寓教于乐的方式积极弘扬正能量，把社会主义核心价值观、两路精神、抗战革命精神等题材影片融入群众生活娱乐中，全年累计播放影片50余场，参加人数达2000余人次。

（葛　锋）

【领导名录】

党委书记
　　周　军　勇
党委副书记、乡长
　　土登次仁（藏族）
党委副书记、人大主席
　　边巴次仁（藏族）
党委副书记
　　程　利　平（女）
党委委员、纪委书记
　　普布次仁（藏族）
党委委员、组织委员
　　格桑拉姆（女，藏族）
党委委员、副乡长
　　王　峰　山
　　普布次仁（藏族）
副乡长
　　罗布旺堆（藏族）
综治办主任
　　扎西列措（藏族）
党群办主任
　　仁　　青（藏族）

2017年4月26日，门巴乡召开第一届委员会第二次全体（扩大）会议

# 附　　录

## 受县(区)级以上表彰的先进集体名录

表 2

| 获奖单位 | 获奖名称 | 表彰时间 | 授予单位 |
|---|---|---|---|
| 墨竹工卡县中学 | 全国青少年科学调查体验活动优秀示范学校 | 2017 年 | 教育部、中国科协、国家发改委、团中央 |
| 墨竹工卡县小学 | “中国好老师”公益行动计划基地校 | 2017 年 | 中国好老师公益行动计划办公专家委员会 |
| 墨竹工卡县中学 | 全国校园足球特色学校 | 2017 年 | 全国校园足球工作领导小组 |
| 墨竹工卡县供电有限公司 | 文明单位(2014—2016 年度) | 2017 年 | 国家电网公司 |
| 农行墨竹工卡县支行 | 2016—2017 年度“银团合作”优秀项目奖 | 2017 年 | 中央金融团工委 |
| 墨竹工卡县委政法委 | 2017 年度西藏自治区“先进双联户”创建活动先进县区(全区第一) | 2017 年 | 自治区党委、自治区政府 |
| 墨竹工卡县民政局 | 西藏自治区双拥模范县 | 2017 年 | 自治区党委、自治区政府、西藏军区 |
| 塔巴寺 | 优秀寺庙管理委员会 | 2017 年 | 自治区党委、自治区政府 |
| 塔巴寺 | 和谐模范寺庙 | 2017 年 | 自治区党委、自治区政府 |
| 宗孜寺 | 和谐模范寺庙 | 2017 年 | 自治区党委、自治区政府 |
| 墨竹工卡县文化市场综合执法大队 | 全区文化市场综合执法先进集体 | 2017 年 | 自治区党委宣传部 |
| 墨竹工卡县纪委 | 全区纪检监察系统先进集体 | 2017 年 | 自治区纪委、自治区人社厅、自治区监察厅、自治区总工会 |
| 墨竹工卡县人民检察院 | 2016 年度全区检察机关先进集体 | 2017 年 | 自治区人民检察院 |
| 墨竹工卡县民政局 | 拉萨市社会组织“喜迎党的十九大”文艺会演组织奖 | 2017 年 | 自治区社会组织工作委员会、拉萨市社会组织工作委员会 |
| 工卡镇政府 | 全区乡镇(街道)工会规范化建设“八有”达标单位 | 2017 年 | 自治区总工会 |
| 墨竹工卡县中学 | 先进基层党组织 | 2017 年 | 自治区教育厅 |

续表2

| 获奖单位 | 获奖名称 | 表彰时间 | 授予单位 |
| --- | --- | --- | --- |
| 墨竹工卡县中学 | 2017年西藏自治区中小学跆拳道锦标赛道德风尚奖 | 2017年 | 自治区体育局 |
| 墨竹工卡县供电有限公司 | 自治区厂务公开民主管理规范化创建基本达标单位 | 2017年 | 自治区厂务公开民主管理工作协调领导小组办公室 |
| 墨竹工卡县政府 | 2017年度拉萨市目标绩效争先进位考核县区达标奖 | 2018年 | 拉萨市委、市政府 |
| 墨竹工卡县政府 | 拉萨市第三届非公经济发展先进单位 | 2017年 | 拉萨市委、市政府 |
| 墨竹工卡县委宣传部 | 拉萨市2016年度深化全国文明城市创建先进单位 | 2017年 | 拉萨市委、市政府 |
| 墨竹工卡县政府办公室 | 拉萨市2017年度民族团结进步模范集体 | 2017年 | 拉萨市委、市政府 |
| 墨竹工卡县委政法委 | 2017年度“先进双联户”创建活动先进县 | 2017年 | 拉萨市委、市政府 |
| 墨竹工卡县人民检察院 | 拉萨市创先争优强基础惠民生活动优秀组织单位 | 2017年 | 拉萨市委、市政府 |
| 塔巴寺管委会 | 先进寺庙管理委员会(上半年) | 2017年 | 拉萨市委、市政府 |
| 宗孜寺 | 和谐模范寺庙(上半年) | 2017年 | 拉萨市委、市政府 |
| 普巴寺 | 和谐模范寺庙(上半年) | 2017年 | 拉萨市委、市政府 |
| 维纳寺 | 和谐模范寺庙(上半年) | 2017年 | 拉萨市委、市政府 |
| 德仲寺管委会 | 先进寺庙管理委员会(下半年) | 2017年 | 拉萨市委、市政府 |
| 顶杰寺 | 和谐模范寺庙(下半年) | 2017年 | 拉萨市委、市政府 |
| 塔巴寺 | 和谐模范寺庙(下半年) | 2017年 | 拉萨市委、市政府 |
| 羊日岗寺 | 和谐模范寺庙(下半年) | 2017年 | 拉萨市委、市政府 |
| 直孔替寺 | 民族团结进步创建活动示范单位 | 2017年 | 拉萨市委、市政府 |
| 甲玛乡政府 | 拉萨市民族团结进步创建活动示范单位 | 2017年 | 拉萨市委、市政府 |
| 墨竹工卡县民政局 | 2016年度全市县(区)民政工作争先一等奖 | 2017年 | 拉萨市政府 |
| 墨竹工卡县教育(体育)局 | 体育道德风尚奖 | 2017年 | 拉萨市政府 |
| 墨竹工卡县小学 | 优秀教师团队 | 2017年 | 拉萨市政府 |
| 扎西岗乡政府 | 2016年全市藏语文工作先进集体 | 2017年 | 拉萨市政府 |
| 墨竹工卡县文化市场综合执法大队 | 全市文化市场综合执法先进集体 | 2017年 | 拉萨市委宣传部 |
| 唐加乡莫冲村委会 | 市级“先进双联户”集体 | 2017年 | 拉萨市委政法委 |
| 唐加乡政府 | 市级“先进双联户”创建评选活动先进乡(镇) | 2017年 | 拉萨市委政法委 |
| 特警大队 | 十九大安保先进集体 | 2017年 | 拉萨市公安局 |

续表2

| 获奖单位 | 获奖名称 | 表彰时间 | 授予单位 |
|---|---|---|---|
| 刑警大队 | 九大专项行动先进集体 | 2017 年 | 拉萨市公安局 |
| 墨竹工卡县人民检察院 | 2016 年度基层检察院考核中荣获第二名 | 2017 年 | 拉萨市人民检察院 |
| 墨竹工卡县人民检察院 | 2017 年度年终考评先进集体第二名 | 2018 年 | 拉萨市人民检察院 |
| 墨竹工卡县人民法院 | 2016 年度院机关目标考核先进集体 | 2017 年 | 拉萨市中级人民法院 |
| 墨竹工卡县人民法院 | 2017 年度全市法院信息工作先进集体 | 2017 年 | 拉萨市中级人民法院 |
| 墨竹工卡县财政局 | 2016 年度财政总决算编制先进单位(一等奖) | 2017 年 | 拉萨市财政局 |
| 墨竹工卡县财政局 | 2016 年度部门决算编制先进单位(二等奖) | 2017 年 | 拉萨市财政局 |
| 墨竹工卡县财政局 | 2017 年度库款及专户月报先进单位(二等奖) | 2017 年 | 拉萨市财政局 |
| 墨竹工卡县财政局 | 2016 年度预算执行先进单位(二等奖) | 2017 年 | 拉萨市财政局 |
| 墨竹工卡县财政局 | 2016 年度社会保障基金财务决算及 2017 年度社会保障基金先进单位(二等奖) | 2017 年 | 拉萨市财政局 |
| 墨竹工卡县财政局 | 2016 年度行政事业单位固定资产系统报表先进单位(二等奖) | 2017 年 | 拉萨市财政局 |
| 墨竹工卡县民政局 | 拉萨市首届应急救灾帐篷搭建比赛集体二等奖 | 2017 年 | 拉萨市民政局 |
| 墨竹工卡县教育(体育)局 | 拉萨市三八红旗集体 | 2017 年 | 拉萨市人力资源和社会保障局 |
| 墨竹工卡县食品药品监督管理局 | 拉萨市 2016 年度食品安全工作先进集体 | 2017 年 | 拉萨市食品安全委员会 |
| 墨竹工卡县食品药品监督管理局 | 2017 年度拉萨市食药监管系统首届食品安全法律知识选拔竞赛中荣获二等奖 | 2017 年 | 拉萨市食品药品监督管理局 |
| 墨竹工卡县供电有限公司 | 先进集体 | 2017 年 | 国网拉萨供电公司 |
| 墨竹工卡县供电有限公司 | 2017 年“劳模故事会”优秀组织奖 | 2017 年 | 国网拉萨供电公司 |
| 墨竹工卡县供电有限公司 | 2017 年“安康杯”知识竞赛三等奖 | 2017 年 | 国网拉萨供电公司 |
| 墨竹工卡县统战民宗 | 政协提案先进承办单位 | 2018 年 | 墨竹工卡县委 |
| 墨竹工卡县人大常委会 | 2016—2017 年创先争优强基惠民生活动优秀组织单位 | 2017 年 | 墨竹工卡县委、县政府 |
| 墨竹工卡县人大常委会 | 墨竹工卡县“四讲四爱”主题教育实践活动迎“七一”建党 96 周年知识竞赛三等奖 | 2017 年 | 墨竹工卡县委、县政府 |
| 政协墨竹工卡县委员会办公室 | 墨竹工卡县“四讲四爱”主题教育实践活动迎“七一”建党 96 周年知识竞赛三等奖 | 2017 年 | 墨竹工卡县委、县政府 |
| 墨竹工卡县纪委 | 墨竹工卡县 2017 年度先进工作队 | 2017 年 | 墨竹工卡县委、县政府 |
| 墨竹工卡县委宣传部 | 创先争优强基础惠民生活动第六批驻村工作优秀组织单位 | 2017 年 | 墨竹工卡县委、县政府 |
| 墨竹工卡县委统战部 | 综治先进单位 | 2018 年 | 墨竹工卡县委、县政府 |
| 墨竹工卡县政府办公室 | “六五”普法先进集体 | 2017 年 | 墨竹工卡县委、县政府 |

续表2

| 获奖单位 | 获奖名称 | 表彰时间 | 授予单位 |
|---|---|---|---|
| 墨竹工卡县政府办公室 | 2017年度民族团结进步模范集体 | 2017年 | 墨竹工卡县委、县政府 |
| 墨竹工卡县工青妇联合党支部 | 优秀驻村工作队 | 2017年 | 墨竹工卡县委、县政府 |
| 墨竹工卡县信访局 | 2017年度社会治安综合治理工作先进集体 | 2018年 | 墨竹工卡县委、县政府 |
| 墨竹工卡县公安局 | 2017年度社会治安综合治理工作先进集体 | 2018年 | 墨竹工卡县委、县政府 |
| 墨竹工卡县人民检察院 | 2017年度社会治安综合治理工作先进集体 | 2017年 | 墨竹工卡县委、县政府 |
| 墨竹工卡县发展和改革委员会 | 墨竹工卡县2016—2017年创先争优强基础惠民生活动优秀组织单位 | 2017年 | 墨竹工卡县委、县政府 |
| 墨竹工卡县发展和改革委员会 | 政协第二届墨竹工卡县委员会提案工作先进承办单位 | 2018年 | 墨竹工卡县委、县政府 |
| 墨竹工卡县发展和改革委员会 | 墨竹工卡县绩效考核第一名 | 2018年 | 墨竹工卡县委、县政府 |
| 墨竹工卡县统计局 | 优秀驻村组织单位 | 2017年 | 墨竹工卡县委、县政府 |
| 墨竹工卡县教育(体育)局 | “六五”普法工作先进集体 | 2017年 | 墨竹工卡县委、县政府 |
| 曲龙寺管委会 | 综治先进单位 | 2018年 | 墨竹工卡县委、县政府 |
| 曲龙寺管委会 | 先进寺庙管委会(上半年) | 2017年 | 墨竹工卡县委、县政府 |
| 曲龙寺管委会 | 民族团结进步模范集体 | 2017年 | 墨竹工卡县委、县政府 |
| 仁青林寺管委会 | 先进寺庙管委会(上半年) | 2017年 | 墨竹工卡县委、县政府 |
| 吉布寺管委会 | 先进寺庙管委会(上半年) | 2017年 | 墨竹工卡县委、县政府 |
| 嘎则寺管委会 | 先进寺庙管委会(上半年) | 2017年 | 墨竹工卡县委、县政府 |
| 宗孜寺 | 和谐模范寺庙(上半年) | 2017年 | 墨竹工卡县委、县政府 |
| 吉布寺 | 和谐模范寺庙(上半年) | 2017年 | 墨竹工卡县委、县政府 |
| 宗孜寺管委会 | 先进寺庙管委会(下半年) | 2017年 | 墨竹工卡县委、县政府 |
| 艾玛日寺管委会 | 先进寺庙管委会(下半年) | 2017年 | 墨竹工卡县委、县政府 |
| 曲龙寺管委会 | 先进寺庙管委会(下半年) | 2017年 | 墨竹工卡县委、县政府 |
| 嘎则寺管委会 | 先进寺庙管委会(下半年) | 2017年 | 墨竹工卡县委、县政府 |
| 直孔替寺 | 和谐模范寺庙(下半年) | 2017年 | 墨竹工卡县委、县政府 |
| 羊日岗寺 | 和谐模范寺庙(下半年) | 2017年 | 墨竹工卡县委、县政府 |
| 热旦寺 | 和谐模范寺庙(下半年) | 2017年 | 墨竹工卡县委、县政府 |
| 德仲寺 | 和谐模范寺庙(下半年) | 2017年 | 墨竹工卡县委、县政府 |
| 塔巴寺 | 和谐模范寺庙(下半年) | 2017年 | 墨竹工卡县委、县政府 |
| 嘎则寺 | 和谐模范寺庙(下半年) | 2017年 | 墨竹工卡县委、县政府 |

续表2

| 获奖单位 | 获奖名称 | 表彰时间 | 授予单位 |
|---|---|---|---|
| 吉布寺 | 和谐模范寺庙（下半年） | 2017年 | 墨竹工卡县委、县政府 |
| 阿央寺 | 和谐模范寺庙（下半年） | 2017年 | 墨竹工卡县委、县政府 |
| 查多寺 | 和谐模范寺庙（下半年） | 2017年 | 墨竹工卡县委、县政府 |
| 曲贡寺 | 和谐模范寺庙（下半年） | 2017年 | 墨竹工卡县委、县政府 |
| 日多寺 | 和谐模范寺庙（下半年） | 2017年 | 墨竹工卡县委、县政府 |
| 德中寺管委会 | 民族团结进步模范集体 | 2017年 | 墨竹工卡县委、县政府 |
| 曲龙寺管委会 | 民族团结进步模范集体 | 2017年 | 墨竹工卡县委、县政府 |
| 墨竹工卡县中学 | 先进集体 | 2017年 | 墨竹工卡县委、县政府 |
| 门巴乡巴热卡村双语幼儿园 | 教育工作先进集体 | 2017年 | 墨竹工卡县委、县政府 |
| 日多乡怎村幼儿园 | 教育工作先进集体 | 2017年 | 墨竹工卡县委、县政府 |
| 工卡镇政府 | “六五”普法工作先进集体 | 2017年 | 墨竹工卡县委、县政府 |
| 工卡镇政府 | 2017年度墨竹工卡县民族团结进步模范集体 | 2017年 | 墨竹工卡县委、县政府 |
| 工卡镇政府 | 墨竹工卡县“先进双联户”创建评选活动先进乡镇 | 2017年 | 墨竹工卡县委、县政府 |
| 工卡镇政府 | 2017年度社会治安综合治理工作第一名 | 2017年 | 墨竹工卡县委、县政府 |
| 工卡镇政府 | 墨竹工卡县“四讲四爱”喜迎中共十九大主题教育实践活动爱国歌曲大家唱歌咏比赛一等奖 | 2017年 | 墨竹工卡县委、县政府 |
| 工卡镇政府 | 2017年度目标绩效“争先进位”考核二等奖 | 2017年 | 墨竹工卡县委、县政府 |
| 唐加乡政府 | 2017年度社会治安综合治理工作第三名 | 2018年 | 墨竹工卡县委、县政府 |
| 唐加乡政府 | 墨竹工卡县“先进双联户”创建评选活动先进乡（镇） | 2017年 | 墨竹工卡县委、县政府 |
| 唐加乡政府 | 2017年度目标绩效考核先进集体乡镇考核第三名 | 2018年 | 墨竹工卡县委、县政府 |
| 扎西岗乡政府 | 墨竹工卡县“四讲四爱”喜迎党的十九大主题教育实践活动爱国歌曲大家唱歌咏比赛三等奖 | 2017年 | 墨竹工卡县委、县政府 |
| 扎西岗乡政府 | 全县“六五”普法工作先进集体 | 2017年 | 墨竹工卡县委、县政府 |
| 日多乡政府 | 墨竹工卡县2017年度社会治安综合治理工作第二名 | 2018年 | 墨竹工卡县委、县政府 |
| 尼玛江热乡政府 | 2017年度社会治安综合治理工作先进集体 | 2018年 | 墨竹工卡县委、县政府 |
| 门巴乡政府 | 全县“六五”普法工作先进集体 | 2017年 | 墨竹工卡县委、县政府 |
| 唐加乡中心小学 | 全县“小学教学质量”突出奖 | 2017年 | 墨竹工卡县政府 |
| 墨竹工卡县人民检察院 | 墨竹工卡县“四讲四爱”主题教育实践活动迎“七一”建党96周年知识竞赛三等奖 | 2017年 | 墨竹工卡县政府 |
| 工卡镇政府 | 墨竹工卡县“四讲四爱”主题教育实践活动迎“七一”建党96周年知识竞赛一等奖 | 2017年 | 墨竹工卡县政府 |
| 门巴乡政府 | 2016年度教育工作先进乡 | 2017年 | 墨竹工卡县政府 |

说明：由于各单位资料提供不全，可能有遗漏

# 受县（区）级以上表彰的先进个人名录

表 3

| 姓名 | 性别 | 民族 | 工作单位 | 获奖名称 | 表彰时间 | 授予单位 |
|---|---|---|---|---|---|---|
| 张刚宁 | 男 | 汉 | 曲龙寺管委会 | 全国五一劳动奖 | 2017 年 | 全国总工会 |
| 拉　旺 | 男 | 藏 | 扎西岗乡南京希望小学 | 创新名师课件一等奖 | 2017 年 | 中国教育协会 |
| 拉　旺 | 男 | 藏 | 扎西岗乡南京希望小学 | 全国中小学作文评选一等奖 | 2017 年 | 中国教育协会 |
| 旦　增 | 男 | 藏 | 扎西岗乡南京希望小学 | 优质课件一等奖 | 2017 年 | 中国教育协会 |
| 旦　增 | 男 | 藏 | 扎西岗乡南京希望小学 | 优秀作文指导奖 | 2017 年 | 中国教育协会 |
| 次旦央吉 | 女 | 藏 | 墨竹工卡县中学 | 十五届全国 NOC 决赛语文二等奖 | 2017 年 | 中央电化教育馆 |
| 罗杰次旺 | 男 | 藏 | 墨竹工卡县中学 | 十五届全国 NOC 决赛数学二等奖 | 2017 年 | 中央电化教育馆 |
| 西热旺姆 | 女 | 藏 | 墨竹工卡县中学 | 十五届全国 NOC 决赛英语一等奖 | 2017 年 | 中央电化教育馆 |
| 格桑扎西 | 男 | 藏 | 墨竹工卡县中学 | 十五届全国 NOC 决赛物理一等奖 | 2017 年 | 中央电化教育馆 |
| 罗松措姆 | 女 | 藏 | 墨竹工卡县中学 | 十五届全国 NOC 决赛化学二等奖 | 2017 年 | 中央电化教育馆 |
| 白玛央宗 | 女 | 藏 | 墨竹工卡县中学 | 十五届全国 NOC 决赛历史一等奖 | 2017 年 | 中央电化教育馆 |
| 向巴玉珍 | 女 | 藏 | 墨竹工卡县中学 | 十五届全国 NOC 决赛地理一等奖 | 2017 年 | 中央电化教育馆 |
| 全洪兴 | 男 | 汉 | 墨竹工卡县中学 | 十五届全国 NOC 决赛信息技术一等奖 | 2017 年 | 中央电化教育馆 |
| 才旺罗布 | 男 | 藏 | 墨竹工卡县纪律检查委员会 | 2017 年自治区创先争优强基础惠民生活动先进驻村工作队员 | 2017 年 | 自治区党委、自治区政府 |
| 贡觉白姆 | 女 | 藏 | 墨竹工卡县文化市场综合执法大队 | 全区创先争优强基础惠民生活动先进驻村工作队员 | 2017 年 | 自治区党委、自治区政府 |
| 安　培 | 男 | 藏 | 直孔替寺管委会 | 优秀驻寺干部 | 2017 年 | 自治区党委、自治区政府 |
| 罗布次仁 | 男 | 藏 | 直孔替寺管委会 | 优秀驻寺干部 | 2017 年 | 自治区党委、自治区政府 |
| 普　斌 | 男 | 藏 | 德仲寺管委会 | 优秀驻寺干部 | 2017 年 | 自治区党委、自治区政府 |
| 尼玛旦增 | 男 | 藏 | 德仲寺管委会 | 优秀驻寺干部 | 2017 年 | 自治区党委、自治区政府 |
| 边巴次旦 | 男 | 藏 | 曲龙寺管委会 | 优秀驻寺干部 | 2017 年 | 自治区党委、自治区政府 |
| 张刚宁 | 男 | 汉 | 曲龙寺管委会 | 优秀驻寺干部 | 2017 年 | 自治区党委、自治区政府 |
| 拉　次 | 男 | 藏 | 艾玛日寺管委会 | 优秀驻寺干部 | 2017 年 | 自治区党委、自治区政府 |
| 次仁普尺 | 女 | 藏 | 热旦寺管委会 | 优秀驻寺干部 | 2017 年 | 自治区党委、自治区政府 |
| 普　桑 | 男 | 藏 | 吉布寺管委会 | 优秀驻寺干部 | 2017 年 | 自治区党委、自治区政府 |
| 伍金彭措 | 男 | 藏 | 羊日岗寺管委会 | 优秀驻寺干部 | 2017 年 | 自治区党委、自治区政府 |
| 米玛次仁 | 男 | 藏 | 塔巴寺管委会 | 优秀驻寺干部 | 2017 年 | 自治区党委、自治区政府 |

续表3

| 姓名 | 性别 | 民族 | 工作单位 | 获奖名称 | 表彰时间 | 授予单位 |
|---|---|---|---|---|---|---|
| 土登尼玛 | 男 | 藏 | 宗孜寺管委会 | 优秀驻寺干部 | 2017年 | 自治区党委、自治区政府 |
| 卓　嘎 | 女 | 藏 | 嘎则寺管委会 | 优秀驻寺干部 | 2017年 | 自治区党委、自治区政府 |
| 德吉卓嘎 | 女 | 藏 | 仁青林寺管委会 | 优秀驻寺干部 | 2017年 | 自治区党委、自治区政府 |
| 洛桑塔杰 | 男 | 藏 | 帮萨寺管委会 | 优秀驻寺干部 | 2017年 | 自治区党委、自治区政府 |
| 旦巴索朗 | 男 | 藏 | 芒热寺管委会 | 优秀驻寺干部 | 2017年 | 自治区党委、自治区政府 |
| 顿珠维色 | 男 | 藏 | 日多寺专职特派员机构 | 优秀驻寺干部 | 2017年 | 自治区党委、自治区政府 |
| 边巴卓玛 | 女 | 藏 | 曲贡寺专职特派员机构 | 优秀驻寺干部 | 2017年 | 自治区党委、自治区政府 |
| 索　朗 | 男 | 藏 | 杰定寺专职特派员机构 | 优秀驻寺干部 | 2017年 | 自治区党委、自治区政府 |
| 旦增曲旺 | 男 | 藏 | 艾玛日寺警务室 | 优秀驻寺民警 | 2017年 | 自治区党委、自治区政府 |
| 次仁多吉 | 男 | 藏 | 强巴林寺专职特派员机构 | 优秀驻寺民警 | 2017年 | 自治区党委、自治区政府 |
| 松　觉 | 男 | 藏 | 布拉寺专职特派员机构 | 优秀驻寺民警 | 2017年 | 自治区党委、自治区政府 |
| 土旺旦培 | 男 | 藏 | 扎西曲林寺专职特派员机构 | 优秀驻寺民警 | 2017年 | 自治区党委、自治区政府 |
| 汪志国 | 男 | 汉 | 日多乡政府 | 自治区创先争优强基础惠民生活动先进工作者 | 2017年 | 自治区党委、自治区政府 |
| 平　措 | 男 | 藏 | 门巴乡仁多岗村 | 自治区民族团结进步模范个人 | 2017年 | 自治区党委、自治区政府 |
| 旺堆次仁 | 男 | 藏 | 墨竹工卡县供电有限公司 | 第六批先进驻村工作队员 | 2017年 | 自治区政府 |
| 郭顺勤 | 男 | 汉 | 墨竹工卡县教育(体育)局 | 自治区“三联三进”先进个人 | 2017年 | 自治区政府 |
| 次仁顿珠 | 男 | 藏 | 墨竹工卡县委统战部 | 优秀信息员 | 2017年 | 自治区党委统战部 |
| 戚振飞 | 男 | 汉 | 墨竹工卡县中学 | 自治区说课一等奖 | 2017年 | 自治区教育厅 |
| 次仁曲珍 | 女 | 藏 | 唐加乡中心小学 | 教育行业先进个人 | 2017年 | 自治区教育厅、妇联 |
| 曲　珍 | 女 | 藏 | 墨竹工卡县教育(体育)局 | 自治区优秀学生资助工作者 | 2017年 | 自治区教育厅 |
| 普卓玛 | 女 | 藏 | 墨竹工卡县小学 | 自治区级赛课二等奖 | 2017年 | 自治区教育厅 |
| 米玛次仁 | 女 | 藏 | 扎西岗乡南京希望小学 | 粤藏同心幼教培训优秀学员 | 2017年 | 自治区教育厅 |
| 央坚卓嘎 | 女 | 藏 | 扎西岗乡南京希望小学 | 全区首届少儿藏文书法大赛优秀指导奖 | 2017年 | 自治区书法协会 |
| 次仁卓玛 | 女 | 藏 | 墨竹工卡县疾控中心 | 心血管病高危人群早期筛查与综合干预项目先进个人 | 2017年 | 自治区疾病预防控制中心 |
| 次仁卓玛 | 女 | 藏 | 墨竹工卡县疾控中心 | 心血管病高危人群早期筛查与综合干预项目先进个人 | 2017年 | 自治区疾病预防控制中心 |
| 甘臣龙 | 男 | 汉 | 墨竹工卡县气象局 | 2017年度全区气象装备保障业务优秀个人 | 2017年 | 自治区气象局 |

续表3

| 姓名 | 性别 | 民族 | 工作单位 | 获奖名称 | 表彰时间 | 授予单位 |
|---|---|---|---|---|---|---|
| 黄琨洵 | 汉 | 女 | 西藏银行墨竹工卡县支行 | 2017年度西藏银行先进个人 | 2018年 | 西藏银行股份有限公司 |
| 白玛拉西 | 藏 | 女 | 西藏银行墨竹工卡县支行 | 2018年度西藏银行先进个人 | 2018年 | 西藏银行股份有限公司 |
| 次旺多吉 | 男 | 藏 | 墨竹工卡县纪律检查委员会 | 2017年拉萨市创先争优强基础惠民生活动先进驻村工作队员 | 2017年 | 拉萨市委、市政府 |
| 四朗达措 | 女 | 藏 | 墨竹工卡县委宣传部 | 全市创先争优强基础惠民生活动先进驻村工作队员 | 2017年 | 拉萨市委、市政府 |
| 苏鲁梅朵 | 女 | 藏 | 墨竹工卡县委宣传部 | 2016年度深化全国文明城市创建工作先进个人 | 2017年 | 拉萨市委、市政府 |
| 格桑旺姆 | 女 | 藏 | 墨竹工卡县民宗局 | 先进宗教工作者 | 2017年 | 拉萨市委、市政府 |
| 秦　鑫 | 男 | 汉 | 墨竹工卡县文化市场综合执法大队 | 2016年度深化全国文明城市创建工作先进个人 | 2017年 | 拉萨市委、市政府 |
| 尼玛次仁 | 男 | 藏 | 墨竹工卡县人民检察院 | 全市深入开展创先争优强基础惠民生活动第六批先进驻村(居)工作队员 | 2017年 | 拉萨市委、市政府 |
| 桑珠卓玛 | 女 | 藏 | 墨竹工卡县统计局 | 拉萨市统计工作先进个人 | 2017年 | 拉萨市委、市政府 |
| 张君著 | 男 | 汉 | 墨竹工卡县统计局 | 拉萨市驻村工作先进个人 | 2017年 | 拉萨市委、市政府 |
| 土旦强巴 | 男 | 藏 | 曲龙寺管委会 | 优秀驻寺干部(上半年) | 2017年 | 拉萨市委、市政府 |
| 顿珠维色 | 男 | 藏 | 日多寺专职特派员机构 | 优秀驻寺干部(上半年) | 2017年 | 拉萨市委、市政府 |
| 顿珠杰布 | 男 | 藏 | 扎雪寺专职特派员机构 | 优秀驻寺干部(上半年) | 2017年 | 拉萨市委、市政府 |
| 伍金扎西 | 男 | 藏 | 日多寺专职特派员机构 | 优秀驻寺民警(上半年) | 2017年 | 拉萨市委、市政府 |
| 普　斌 | 男 | 藏 | 德仲寺管委会 | 优秀驻寺干部(下半年) | 2017年 | 拉萨市委、市政府 |
| 伍金彭措 | 男 | 藏 | 羊日岗寺管委会 | 优秀驻寺干部(下半年) | 2017年 | 拉萨市委、市政府 |
| 顿　珠 | 男 | 藏 | 塔巴寺管委会 | 优秀驻寺干部(下半年) | 2017年 | 拉萨市委、市政府 |
| 巴桑旺堆 | 男 | 藏 | 宗孜寺管委会 | 优秀驻寺干部(下半年) | 2017年 | 拉萨市委、市政府 |
| 赤　列 | 男 | 藏 | 切卡寺专职特派员机构 | 优秀驻寺民警(下半年) | 2017年 | 拉萨市委、市政府 |
| 巴　桑 | 男 | 藏 | 曲贡寺专职特派员机构 | 优秀驻寺民警(下半年) | 2017年 | 拉萨市委、市政府 |
| 次旺贡布 | 男 | 藏 | 切卡寺专职特派员机构 | "四讲四爱"优秀宣讲员 | 2017年 | 拉萨市委、市政府 |
| 格桑曲珍 | 女 | 藏 | 尼玛江热乡政府 | 拉萨市实施妇女儿童工作先进个人 | 2017.1 | 拉萨市委、市政府 |
| 平　措 | 男 | 藏 | 门巴乡仁多岗村 | 拉萨市民族团结进步模范个人 | 2017年 | 拉萨市委、市政府 |
| 边巴扎西 | 男 | 藏 | 尼玛江热乡中心小学 | 2018年度民族团结进步模范个人 | 2017年 | 拉萨市委、市政府 |
| 卓　嘎 | 女 | 藏族 | 门巴乡中心小学 | 优秀教师铜奖 | 2017年 | 拉萨市委、市政府 |
| 罗松措姆 | 女 | 藏 | 墨竹工卡县中学 | 李氏教育奖 | 2017年 | 拉萨市政府 |

续表3

| 姓名 | 性别 | 民族 | 工作单位 | 获奖名称 | 表彰时间 | 授予单位 |
|---|---|---|---|---|---|---|
| 罗星敏 | 男 | 汉 | 墨竹工卡县中学 | 优秀教师铜奖 | 2017年 | 拉萨市政府 |
| 格桑扎西 | 男 | 藏 | 墨竹工卡县中学 | 优秀教师铜奖 | 2017年 | 拉萨市政府 |
| 大达瓦卓玛 | 女 | 藏 | 墨竹工卡县中学 | 李氏教育奖 | 2017年 | 拉萨市政府 |
| 次旦扎西 | 男 | 藏 | 墨竹工卡县小学 | 市级优秀教师（铜奖） | 2017年 | 拉萨市政府 |
| 次仁 | 男 | 藏 | 唐加乡中心小学 | 金奖 | 2017年 | 拉萨市政府 |
| 朱立志 | 男 | 汉 | 墨竹工卡县环境保护局 | 环境保护工作先进个人 | 2017年 | 拉萨市政府 |
| 彭连峰 | 男 | 汉 | 墨竹工卡县环境保护局 | 拉萨市人民满意公务员 | 2017年 | 拉萨市政府 |
| 苍巴 | 男 | 藏 | 墨竹工卡县人大办公室 | 拉萨市人大系统2017年“学党章、庆七一、喜迎十九大”暨“两学一做”知识竞赛优胜奖 | 2017年 | 拉萨市人大常委会党组 |
| 丁玲 | 女 | 汉 | 政协墨竹工卡县委员会办公室 | 拉萨市人大系统2017年“学党章、庆七一、喜迎十九大”暨“两学一做”知识竞赛优胜奖 | 2017年 | 拉萨市人大常委会党组 |
| 马明 | 男 | 汉 | 墨竹工卡县委宣传部 | 2017年度全市“四讲四爱”主题教育实践活动先进工作者 | 2017年 | 拉萨市委宣传部 |
| 阿旺曲珍 | 女 | 藏 | 墨竹工卡县人力资源和社会保障局 | 2017年度先进个人 | 2018年 | 拉萨市人力资源和社会保障局 |
| 施久雄 | 男 | 汉 | 墨竹工卡县委政法委 | 拉萨市综治先进个人 | 2017年 | 拉萨市综治办 |
| 阿旺边巴 | 男 | 藏 | 工卡镇政府 | 2017年拉萨市综治先进个人 | 2017年 | 拉萨市综治办 |
| 伍金扎西 | 男 | 藏 | 日多乡派出所 | 市级优秀驻寺民警 | 2017年 | 拉萨市公安局 |
| 于宙 | 男 | 汉 | 甲玛乡派出所 | 九大专项行动先进个人 | 2017年 | 拉萨市公安局 |
| 王龙 | 男 | 汉 | 交警大队 | 九大专项行动先进个人 | 2017年 | 拉萨市公安局 |
| 扎西平措 | 男 | 藏 | 扎西岗乡派出所 | 九大专项行动先进个人 | 2017年 | 拉萨市公安局 |
| 赵伟善 | 男 | 藏 | 治安大队 | 九大专项行动先进个人 | 2017年 | 拉萨市公安局 |
| 罗金深 | 男 | 汉 | 尼江乡派出所 | 九大专项行动先进个人 | 2017年 | 拉萨市公安局 |
| 阿旺登增 | 男 | 藏 | 门巴乡派出所 | 九大专项行动先进个人 | 2017年 | 拉萨市公安局 |
| 次仁加措 | 男 | 藏 | 卡东便民警务站 | 九大专项行动先进个人 | 2017年 | 拉萨市公安局 |
| 张瑞 | 男 | 汉 | 墨竹工卡县公安局办公室 | 第三届拉萨市公安局书画摄影比赛二等奖 | 2017年 | 拉萨市公安局 |
| 杨光明 | 男 | 汉 | 南京东路便民警务站 | 十九大安保三等功 | 2017年 | 拉萨市公安局 |
| 王佛 | 男 | 汉 | 甲玛乡派出所 | 十九大安保三等功 | 2017年 | 拉萨市公安局 |
| 罗布 | 男 | 藏 | 栖霞大道便民警务站 | 十九大安保嘉奖 | 2017年 | 拉萨市公安局 |
| 于宙 | 男 | 汉 | 甲玛乡派出所 | 十九大安保嘉奖 | 2017年 | 拉萨市公安局 |

续表3

| 姓名 | 性别 | 民族 | 工作单位 | 获奖名称 | 表彰时间 | 授予单位 |
|---|---|---|---|---|---|---|
| 赤列群培 | 男 | 藏 | 交警大队 | 十九大安保优秀辅警 | 2017年 | 拉萨市公安局 |
| 武继斌 | 男 | 彝 | 墨竹工卡县政府办公室 | 拉萨市第三届道德模范 | 2017年 | 拉萨市文明办 |
| 曹　静 | 女 | 汉 | 墨竹工卡县人民检察院 | 2017年度全市检察机关先进个人 | 2017年 | 拉萨市人民检察院 |
| 廖　江 | 男 | 藏 | 墨竹工卡县人民法院 | 2016年度三等功 | 2017年 | 拉萨市中级人民法院 |
| 陈晓倩 | 女 | 汉 | 墨竹工卡县人民法院 | 2017年度全市法院信息工作先进个人 | 2017年 | 拉萨市中级人民法院 |
| 旺　拉 | 男 | 藏 | 墨竹工卡县人民法院 | 2016年度全市优秀法官 | 2017年 | 拉萨市中级人民法院 |
| 陈显秋 | 男 | 汉 | 墨竹工卡县人民法院 | 2016年墨竹工卡县社会治安综合工作先进个人 | 2017年 | 拉萨市中级人民法院 |
| 仁　旦 | 男 | 藏 | 墨竹工卡县司法局 | 拉萨市优秀司法工作者 | 2017年 | 拉萨市司法局 |
| 巴桑扎西 | 男 | 藏 | 墨竹工卡县国家税务局 | 拉萨市国家税务局2017年度优秀公务员 | 2017年 | 拉萨市国家税务局 |
| 杜亚平 | 女 | 藏 | 墨竹工卡县国家税务局 | 拉萨市国家税务局2018年度优秀公务员 | 2017年 | 拉萨市国家税务局 |
| 旦增卓嘎 | 女 | 藏 | 墨竹工卡县国家税务局 | 拉萨市国家税务局2017年度先进个人 | 2017年 | 拉萨市国家税务局 |
| 杨静泽 | 男 | 汉 | 墨竹工卡县中学 | 拉萨市赛课二等奖 | 2017年 | 拉萨市教育(体育)局 |
| 次仁卓玛 | 女 | 藏 | 墨竹工卡县疾控中心 | 拉萨市慢性病防控知识竞赛二等奖 | 2017年 | 拉萨市疾病预防控制中心 |
| 普　珍 | 女 | 藏 | 墨竹工卡县疾控中心 | 拉萨市卫生应急技能竞赛“突发急性传染病防控”项目一等奖 | 2017年 | 拉萨市疾病预防控制中心 |
| 德吉卓嘎 | 女 | 藏 | 墨竹工卡县疾控中心 | 拉萨市卫生应急技能竞赛“突发急性传染病防控”项目二等奖 | 2017年 | 拉萨市疾病预防控制中心 |
| 刘　颖 | 女 | 汉 | 墨竹工卡县疾控中心 | 拉萨市卫生应急技能竞赛“急性食物中毒处置”项目二等奖 | 2017年 | 拉萨市疾病预防控制中心 |
| 益西欧珠 | 男 | 藏 | 扎西岗乡南京希望小学 | “四讲四爱”教育实践活动优秀宣讲员 | 2017年 | 拉萨市教委、市教育局 |
| 母乾权 | 男 | 汉 | 唐加乡中心小学 | “四讲四爱”先进工作者 | 2017年 | 拉萨市教委、市教育局 |
| 杨静泽 | 男 | 汉 | 墨竹工卡县中学 | 拉萨市赛课二等奖 | 2017年 | 拉萨市教育(体育)局 |
| 次旦卓玛 | 女 | 藏 | 墨竹工卡县小学 | 拉萨市级赛课三等奖 | 2017年 | 拉萨市教育(体育)局 |
| 罗布群宗 | 女 | 藏 | 墨竹工卡县小学 | 全市教育系统“四讲四爱”主题教育活动评为先进工作者 | 2017年 | 拉萨市教育(体育)局 |
| 普卓玛 | 女 | 藏 | 墨竹工卡县小学 | 拉萨市级赛课二等奖 | 2017年 | 拉萨市教育(体育)局 |
| 普卓玛 | 女 | 藏 | 墨竹工卡县小学 | 拉萨市作文指导分别获得一等奖二等奖 | 2017年 | 拉萨市教育(体育)局 |
| 边巴卓玛 | 女 | 藏 | 墨竹工卡县小学 | 市级优秀党员 | 2017年 | 拉萨市教育(体育)局 |
| 顿　珠 | 男 | 藏 | 墨竹工卡县小学 | 2017年岗前培训中得到优秀藏文老师 | 2017年 | 拉萨市教育(体育)局 |
| 索朗拉姆 | 女 | 藏 | 甲玛乡中心小学 | 优秀教师铜奖 | 2017年 | 拉萨市教育(体育)局 |

续表3

| 姓名 | 性别 | 民族 | 工作单位 | 获奖名称 | 表彰时间 | 授予单位 |
|---|---|---|---|---|---|---|
| 拉姆央宗 | 女 | 藏 | 甲玛乡中心小学 | 优秀教师铜奖 | 2017 年 | 拉萨市教育(体育)局 |
| 母乾权 | 男 | 汉 | 唐加乡中心小学 | 课例《大海的呼吸》获市级优课 | 2017 年 | 拉萨市教育(体育)局 |
| 卓嘎 | 女 | 藏 | 唐加乡中心小学 | 拉萨市优秀教师 | 2017 年 | 拉萨市教育(体育)局 |
| 次仁德吉 | 女 | 藏 | 唐加乡中心小学 | 拉萨市“赛课”第二名 | 2017 年 | 拉萨市教育(体育)局 |
| 扎西次仁 | 男 | 藏 | 尼江乡中心小学 | 全市教育系统“四讲四爱”主题教育实践活动中被评为先进工作者 | 2017 年 | 拉萨市教育(体育)局 |
| 扎西次仁 | 男 | 藏 | 墨竹工卡县供电有限公司 | 2016 年度优秀经营管理者 | 2017 年 | 国网拉萨供电公司 |
| 蒙雪琦 | 女 | 汉 | 墨竹工卡县供电有限公司 | “同心共迎十九大 砥砺奋进跟党走”主题故事分享会 三等奖 | 2017 年 | 国网拉萨供电公司 |
| 桑旦 | 男 | 藏 | 墨竹工卡县供电有限公司 | 2017 年度先进工作者 | 2018 年 | 国网拉萨供电公司 |
| 胡景刚 | 男 | 汉 | 艾玛日寺警务室 | 民族团结先进个人 | 2017 年 | 墨竹工卡县委 |
| 次旺多吉 | 男 | 藏 | 墨竹工卡县纪律检查委员会 | 2016 年度综治维稳先进个人 | 2017 年 | 墨竹工卡县委、县政府 |
| 格松扎西 | 男 | 藏 | 墨竹工卡县纪律检查委员会 | 优秀公务员 | 2017 年 | 墨竹工卡县委、县政府 |
| 段伟燕 | 女 | 白 | 墨竹工卡县纪律检查委员会 | 优秀公务员 | 2017 年 | 墨竹工卡县委、县政府 |
| 蒙君庆 | 男 | 汉 | 墨竹工卡县纪律检查委员会 | 2017 年度社会治安综合治理工作先进个人 | 2017 年 | 墨竹工卡县委、县政府 |
| 次仁顿珠 | 男 | 藏 | 墨竹工卡县委统战部 | 综治工作先进个人 | 2018 年 | 墨竹工卡县委、县政府 |
| 土旦旺久 | 男 | 藏 | 墨竹工卡县政府办公室 | 优秀公务员 | 2017 年 | 墨竹工卡县委、县政府 |
| 土旦旺久 | 男 | 藏 | 墨竹工卡县政府办公室 | 2017 年驻村先进个人 | 2017 年 | 墨竹工卡县委、县政府 |
| 达瓦 | 女 | 藏 | 墨竹工卡县文化市场综合执法大队 | 2016 年度社会治安综合治理工作先进个人 | 2017 年 | 墨竹工卡县委、县政府 |
| 达瓦 | 女 | 藏 | 墨竹工卡县文化市场综合执法大队 | 优秀公务员 | 2017 年 | 墨竹工卡县委、县政府 |
| 秦鑫 | 男 | 汉 | 墨竹工卡县文化市场综合执法大队 | “六五”普法工作先进个人 | 2017 年 | 墨竹工卡县委、县政府 |
| 德吉 | 女 | 藏 | 墨竹工卡县妇女联合会 | 2017 年度社会综合治理工作先进个人 | 2017 年 | 墨竹工卡县委、县政府 |
| 德吉 | 女 | 藏 | 墨竹工卡县妇女联合会 | “六五”普法先进个人 | 2017 年 | 墨竹工卡县委、县政府 |
| 马玉霞 | 女 | 回 | 墨竹工卡县妇女联合会 | 2017 年度社会综合治理工作先进个人 | 2017 年 | 墨竹工卡县委、县政府 |
| 马玉霞 | 女 | 回 | 墨竹工卡县妇女联合会 | 优秀公务员 | 2017 年 | 墨竹工卡县委、县政府 |
| 次仁达瓦 | 男 | 藏 | 墨竹工卡县信访局 | 2017 年度社会治安综合治理工作先进个人 | 2018 年 | 墨竹工卡县委、县政府 |

续表3

| 姓名 | 性别 | 民族 | 工作单位 | 获奖名称 | 表彰时间 | 授予单位 |
|---|---|---|---|---|---|---|
| 公桑更增 | 男 | 藏 | 墨竹工卡县人民检察院 | 2017年度社会治安综合治理工作先进个人 | 2017年 | 墨竹工卡县委、县政府 |
| 王春艳 | 女 | 汉 | 墨竹工卡县人民检察院 | 在“六五”普法工作先进个人 | 2017年 | 墨竹工卡县委、县政府 |
| 格桑玉珍 | 女 | 藏 | 墨竹工卡县司法局 | 优秀公务员 | 2017年 | 墨竹工卡县委、县政府 |
| 拉巴次仁 | 男 | 藏 | 墨竹工卡县发展和改革委员会 | 优秀工人 | 2017年 | 墨竹工卡县委、县政府 |
| 汪伟 | 男 | 汉 | 墨竹工卡县发展和改革委员会 | 优秀公务员 | 2017年 | 墨竹工卡县委、县政府 |
| 次仁宗吉 | 女 | 藏 | 墨竹工卡县发展和改革委员会 | 综治优秀个人 | 2017年 | 墨竹工卡县委、县政府 |
| 唐永才 | 男 | 汉 | 墨竹工卡县统计局 | 优秀公务员 | 2017年 | 墨竹工卡县委、县政府 |
| 甘臣龙 | 男 | 汉 | 墨竹工卡县气象局 | 2017年度社会治安综合治理工作先进个人 | 2017年 | 墨竹工卡县委、县政府 |
| 德吉拉姆 | 女 | 藏 | 墨竹工卡县人力资源和社会保障局 | 2017年度综治先进个人 | 2018年 | 墨竹工卡县委、县政府 |
| 次仁德吉 | 女 | 藏 | 墨竹工卡县委办公室 | 社会治安综合治理工作先进个人 | 2017年 | 墨竹工卡县委、县政府 |
| 德吉拉姆 | 女 | 藏 | 墨竹工卡县人力资源和社会保障局 | 2017年司法工作先进个人 | 2018年 | 墨竹工卡县委、县政府 |
| 阿旺曲珍 | 女 | 藏 | 墨竹工卡县人力资源和社会保障局 | 优秀公务员 | 2018年 | 墨竹工卡县委、县政府 |
| 旦增英色 | 女 | 藏 | 墨竹工卡县农牧(科技)局 | 2017年度社会治安工作先进个人 | 2017年 | 墨竹工卡县委、县政府 |
| 尼玛央金 | 女 | 藏 | 墨竹工卡县教育(体育)局 | 先进教育工作者 | 2017年 | 墨竹工卡县委、县政府 |
| 巴珠 | 男 | 藏 | 墨竹工卡县教育(体育)局 | 社会治安综合管理工作先进个人 | 2017年 | 墨竹工卡县委、县政府 |
| 廖凡 | 男 | 汉 | 直孔替寺管委会 | 综治工作先进个人 | 2018年 | 墨竹工卡县委、县政府 |
| 洛桑罗布 | 男 | 藏 | 直孔替寺管委会 | 优秀驻寺干部(上半年) | 2017年 | 墨竹工卡县委、县政府 |
| 罗布次仁 | 男 | 藏 | 直孔替寺管委会 | 优秀驻寺干部(上半年) | 2017年 | 墨竹工卡县委、县政府 |
| 郎卡洛追 | 男 | 藏 | 德仲寺管委会 | 优秀驻寺干部(上半年) | 2017年 | 墨竹工卡县委、县政府 |
| 次仁卓嘎 | 女 | 藏 | 德仲寺管委会 | 优秀驻寺干部(上半年) | 2017年 | 墨竹工卡县委、县政府 |
| 伍金彭措 | 男 | 藏 | 曲龙寺管委会 | 优秀驻寺干部(上半年) | 2017年 | 墨竹工卡县委、县政府 |
| 玉珍 | 女 | 藏 | 艾玛日寺管委会 | 优秀驻寺干部(上半年) | 2017年 | 墨竹工卡县委、县政府 |
| 索朗平措 | 男 | 藏 | 宗孜寺管委会 | 优秀驻寺干部(上半年) | 2017年 | 墨竹工卡县委、县政府 |
| 琼达 | 男 | 藏 | 羊日岗寺管委会 | 优秀驻寺干部(上半年) | 2017年 | 墨竹工卡县委、县政府 |

续表3

| 姓名 | 性别 | 民族 | 工作单位 | 获奖名称 | 表彰时间 | 授予单位 |
|---|---|---|---|---|---|---|
| 贡觉卓玛 | 女 | 藏 | 芒热寺管委会 | 优秀驻寺干部(上半年) | 2017年 | 墨竹工卡县委、县政府 |
| 索朗曲珍 | 女 | 藏 | 嘎则寺管委会 | 优秀驻寺干部(上半年) | 2017年 | 墨竹工卡县委、县政府 |
| 普布次仁 | 男 | 藏 | 塔巴寺管委会 | 优秀驻寺干部(上半年) | 2017年 | 墨竹工卡县委、县政府 |
| 次杰罗布 | 男 | 藏 | 仁青林寺管委会 | 优秀驻寺干部(上半年) | 2017年 | 墨竹工卡县委、县政府 |
| 洛桑塔杰 | 男 | 藏 | 帮萨寺管委会 | 优秀驻寺干部(上半年) | 2017年 | 墨竹工卡县委、县政府 |
| 阿若阿尼 | 男 | 藏 | 吉布寺管委会 | 优秀驻寺干部(上半年) | 2017年 | 墨竹工卡县委、县政府 |
| 白玛卓嘎 | 女 | 藏 | 热旦寺管委会 | 优秀驻寺干部(上半年) | 2017年 | 墨竹工卡县委、县政府 |
| 唐　冲 | 女 | 藏 | 曲贡寺管委会 | 优秀驻寺干部(上半年) | 2017年 | 墨竹工卡县委、县政府 |
| 索　朗 | 男 | 藏 | 杰定寺专职特派员机构 | 优秀驻寺干部(上半年) | 2017年 | 墨竹工卡县委、县政府 |
| 边巴次仁 | 男 | 藏 | 强巴林寺专职特派员机构 | 优秀驻寺干部(上半年) | 2017年 | 墨竹工卡县委、县政府 |
| 次仁旺旦 | 男 | 藏 | 赤达寺专职特派员机构 | 优秀驻寺干部(上半年) | 2017年 | 墨竹工卡县委、县政府 |
| 其美贡布 | 男 | 藏 | 直孔替寺派出所 | 优秀驻寺民警(上半年) | 2017年 | 墨竹工卡县委、县政府 |
| 拉巴次仁 | 男 | 藏 | 德仲寺派出所 | 优秀驻寺民警(上半年) | 2017年 | 墨竹工卡县委、县政府 |
| 洛　桑 | 男 | 藏 | 唐加寺专职特派员机构 | 优秀驻寺民警(上半年) | 2017年 | 墨竹工卡县委、县政府 |
| 白玛索朗 | 男 | 藏 | 吉布寺管委会 | 优秀驻寺民警(上半年) | 2017年 | 墨竹工卡县委、县政府 |
| 索朗多布杰 | 男 | 藏 | 赤达寺专职特派员机构 | 优秀驻寺民警(上半年) | 2017年 | 墨竹工卡县委、县政府 |
| 曲　折 | 男 | 藏 | 宗孜寺管委会 | 优秀驻寺民警(上半年) | 2017年 | 墨竹工卡县委、县政府 |
| 普布扎西 | 男 | 藏 | 直孔替寺管委会 | 优秀驻寺干部(下半年) | 2017年 | 墨竹工卡县委、县政府 |
| 白玛欧珠 | 男 | 藏 | 直孔替寺管委会 | 优秀驻寺干部(下半年) | 2017年 | 墨竹工卡县委、县政府 |
| 土旦索朗 | 男 | 藏 | 直孔替寺管委会 | 优秀驻寺干部(下半年) | 2017年 | 墨竹工卡县委、县政府 |
| 拉巴卓玛 | 女 | 藏 | 德仲寺管委会 | 优秀驻寺干部(下半年) | 2017年 | 墨竹工卡县委、县政府 |
| 朗卡洛追 | 男 | 藏 | 德仲寺管委会 | 优秀驻寺干部(下半年) | 2017年 | 墨竹工卡县委、县政府 |
| 阿旺尼玛 | 男 | 藏 | 德仲寺管委会 | 优秀驻寺干部(下半年) | 2017年 | 墨竹工卡县委、县政府 |
| 央　卓 | 女 | 藏 | 曲龙寺管委会 | 优秀驻寺干部(下半年) | 2017年 | 墨竹工卡县委、县政府 |
| 益西土旦 | 男 | 藏 | 曲龙寺管委会 | 优秀驻寺干部(下半年) | 2017年 | 墨竹工卡县委、县政府 |
| 向勇杰 | 男 | 汉 | 曲龙寺管委会 | 优秀驻寺干部(下半年) | 2017年 | 墨竹工卡县委、县政府 |

续表3

| 姓名 | 性别 | 民族 | 工作单位 | 获奖名称 | 表彰时间 | 授予单位 |
|---|---|---|---|---|---|---|
| 格桑加错 | 男 | 藏 | 艾玛日寺管委会 | 优秀驻寺干部(下半年) | 2017年 | 墨竹工卡县委、县政府 |
| 小　兵 | 男 | 藏 | 艾玛日寺管委会 | 优秀驻寺干部(下半年) | 2017年 | 墨竹工卡县委、县政府 |
| 陈　伟 | 男 | 汉 | 艾玛日寺管委会 | 优秀驻寺干部(下半年) | 2017年 | 墨竹工卡县委、县政府 |
| 土登尼玛 | 男 | 藏 | 宗孜寺管委会 | 优秀驻寺干部(下半年) | 2017年 | 墨竹工卡县委、县政府 |
| 次培多吉 | 男 | 藏 | 羊日岗寺管委会 | 优秀驻寺干部(下半年) | 2017年 | 墨竹工卡县委、县政府 |
| 平　措 | 男 | 藏 | 芒热寺管委会 | 优秀驻寺干部(下半年) | 2017年 | 墨竹工卡县委、县政府 |
| 拉巴坚才 | 男 | 藏 | 嘎则寺管委会 | 优秀驻寺干部(下半年) | 2017年 | 墨竹工卡县委、县政府 |
| 米　玛 | 男 | 藏 | 塔巴寺管委会 | 优秀驻寺干部(下半年) | 2017年 | 墨竹工卡县委、县政府 |
| 德吉卓嘎 | 女 | 藏 | 仁青林寺管委会 | 优秀驻寺干部(下半年) | 2017年 | 墨竹工卡县委、县政府 |
| 桑旦次仁 | 男 | 藏 | 帮萨寺管委会 | 优秀驻寺干部(下半年) | 2017年 | 墨竹工卡县委、县政府 |
| 普　桑 | 男 | 藏 | 吉布寺管委会 | 优秀驻寺干部(下半年) | 2017年 | 墨竹工卡县委、县政府 |
| 达瓦顿珠 | 男 | 藏 | 热旦寺管委会 | 优秀驻寺干部(下半年) | 2017年 | 墨竹工卡县委、县政府 |
| 边巴次仁 | 男 | 藏 | 强巴林寺专职特派员机构 | 优秀驻寺干部(下半年) | 2017年 | 墨竹工卡县委、县政府 |
| 次旺贡布 | 男 | 藏 | 切卡寺专职特派员机构 | 优秀驻寺干部(下半年) | 2017年 | 墨竹工卡县委、县政府 |
| 卓　拉 | 女 | 藏 | 布拉寺专职特派员机构 | 优秀驻寺干部(下半年) | 2017年 | 墨竹工卡县委、县政府 |
| 边巴次仁 | 男 | 藏 | 唐加寺专职特派员机构 | 优秀驻寺干部(下半年) | 2017年 | 墨竹工卡县委、县政府 |
| 顿珠杰布 | 男 | 藏 | 扎雪寺专职特派员机构 | 优秀驻寺干部(下半年) | 2017年 | 墨竹工卡县委、县政府 |
| 次仁旺堆 | 男 | 藏 | 扎西曲林寺专职特派员机构 | 优秀驻寺干部(下半年) | 2017年 | 墨竹工卡县委、县政府 |
| 仁增旺久 | 男 | 藏 | 德仲寺派出所 | 优秀驻寺民警(下半年) | 2017年 | 墨竹工卡县委、县政府 |
| 索朗顿珠 | 男 | 藏 | 直孔替寺派出所 | 优秀驻寺民警(下半年) | 2017年 | 墨竹工卡县委、县政府 |
| 旦增曲旺 | 男 | 藏 | 艾玛日寺警务室 | 优秀驻寺民警(下半年) | 2017年 | 墨竹工卡县委、县政府 |
| 白玛次仁 | 男 | 藏 | 帮萨寺管委会 | 优秀驻寺民警(下半年) | 2017年 | 墨竹工卡县委、县政府 |
| 巴　珠 | 男 | 藏 | 芒热寺管委会 | 优秀驻寺民警(下半年) | 2017年 | 墨竹工卡县委、县政府 |
| 索朗扎西 | 男 | 藏 | 维纳寺专职特派员机构 | 优秀驻寺民警(下半年) | 2017年 | 墨竹工卡县委、县政府 |
| 顿珠坚才 | 男 | 藏 | 尼玛江热乡政府 | 2017年度社会治安综合治理工作先进个人 | 2018年 | 墨竹工卡县委、县政府 |
| 索朗曲珍 | 女 | 藏 | 尼玛江热乡政府 | 优秀公务员 | 2017年 | 墨竹工卡县委、县政府 |
| 徐晓菲 | 男 | 汉 | 尼玛江热乡政府 | 优秀公务员 | 2017年 | 墨竹工卡县委、县政府 |
| 唐志勇 | 男 | 汉 | 尼玛江热乡政府 | 优秀公务员 | 2017年 | 墨竹工卡县委、县政府 |

续表3

| 姓名 | 性别 | 民族 | 工作单位 | 获奖名称 | 表彰时间 | 授予单位 |
|---|---|---|---|---|---|---|
| 郭耀洲 | 男 | 汉 | 尼玛江热乡政府 | 优秀公务员 | 2017年 | 墨竹工卡县委、县政府 |
| 刘小莉 | 女 | 汉 | 尼玛江热乡政府 | 优秀公务员 | 2017年 | 墨竹工卡县委、县政府 |
| 格桑曲吉 | 女 | 藏 | 尼玛江热乡政府 | 优秀公务员 | 2017年 | 墨竹工卡县委、县政府 |
| 边巴卓玛 | 女 | 藏 | 尼玛江热乡政府 | 优秀公务员 | 2017年 | 墨竹工卡县委、县政府 |
| 平措 | 男 | 藏 | 门巴乡仁多岗村 | 墨竹工卡县民族团结进步模范个人 | 2017年 | 墨竹工卡县委、县政府 |
| 美久 | 男 | 藏 | 门巴乡巴日卡村 | “先进双联户” | 2017年 | 墨竹工卡县委、县政府 |
| 久美 | 女 | 藏 | 门巴乡巴日卡村 | “先进双联户” | 2017年 | 墨竹工卡县委、县政府 |
| 巴桑 | 男 | 藏 | 门巴乡巴日卡村 | “先进双联户” | 2017年 | 墨竹工卡县委、县政府 |
| 古如 | 男 | 藏 | 门巴乡巴日卡村 | “先进双联户” | 2017年 | 墨竹工卡县委、县政府 |
| 巴桑 | 男 | 藏 | 门巴乡巴日卡村 | “先进双联户” | 2017年 | 墨竹工卡县委、县政府 |
| 嘎嘎 | 男 | 藏 | 门巴乡巴日卡村 | “先进双联户” | 2017年 | 墨竹工卡县委、县政府 |
| 白桑 | 男 | 藏 | 门巴乡巴日卡村 | “先进双联户” | 2017年 | 墨竹工卡县委、县政府 |
| 普布 | 男 | 藏 | 门巴乡巴日卡村 | “先进双联户” | 2017年 | 墨竹工卡县委、县政府 |
| 巴桑旺姆 | 女 | 藏 | 门巴乡巴日卡村 | “先进双联户” | 2017年 | 墨竹工卡县委、县政府 |
| 塔冲 | 女 | 藏 | 门巴乡巴日卡村 | “先进双联户” | 2017年 | 墨竹工卡县委、县政府 |
| 顿珠 | 男 | 藏 | 门巴乡巴日卡村 | “先进双联户” | 2017年 | 墨竹工卡县委、县政府 |
| 达娃玉珍 | 男 | 藏 | 扎西岗乡南京希望小学 | 优秀教师 | 2017年 | 墨竹工卡县委、县政府 |
| 小索朗卓嘎 | 女 | 藏 | 扎西岗乡南京希望小学 | 优秀教师 | 2017年 | 墨竹工卡县委、县政府 |
| 扎桑 | 男 | 藏 | 扎西岗乡南京希望小学 | 优秀班主任 | 2017年 | 墨竹工卡县委、县政府 |
| 小尼玛 | 女 | 藏 | 扎西岗乡南京希望小学 | 优秀管理者 | 2017年 | 墨竹工卡县委、县政府 |
| 益西欧珠 | 男 | 藏 | 扎西岗乡南京希望小学 | 优秀教育工作者 | 2017年 | 墨竹工卡县委、县政府 |
| 路雪梅 | 女 | 汉 | 扎西岗乡南京希望小学 | 优秀学前教育工作者 | 2017年 | 墨竹工卡县委、县政府 |
| 拉旺 | 男 | 藏 | 扎西岗乡南京希望小学 | 县级优秀教师 | 2017年 | 墨竹工卡县委、县政府 |
| 边巴扎西 | 男 | 藏 | 尼江乡中心小学 | 2017年度民族团结进步模范个人 | 2017年 | 墨竹工卡县委、县政府 |
| 王晶 | 女 | 汉 | 尼江乡仲达村幼儿园 | 2017年度优秀学前教育工作者 | 2017年 | 墨竹工卡县委、县政府 |
| 普布旦增 | 男 | 藏 | 门巴乡中心小学 | 优秀学前教育工作者 | 2017年 | 墨竹工卡县委、县政府 |

续表3

| 姓名 | 性别 | 民族 | 工作单位 | 获奖名称 | 表彰时间 | 授予单位 |
|---|---|---|---|---|---|---|
| 索朗扎西 | 男 | 藏 | 门巴乡中心小学 | 2017年度优秀教师 | 2017年 | 墨竹工卡县委、县政府 |
| 白玛央金 | 女 | 藏 | 门巴乡中心小学 | 2017年度优秀教师 | 2017年 | 墨竹工卡县委、县政府 |
| 阿旺单增 | 男 | 藏 | 门巴乡中心小学 | 2017年度优秀班主任 | 2017年 | 墨竹工卡县委、县政府 |
| 顿珠罗布 | 男 | 藏 | 门巴乡中心小学 | 2017年度优秀教育工作者 | 2017年 | 墨竹工卡县委、县政府 |
| 曲桑旺姆 | 女 | 藏 | 门巴乡中心小学 | 2017年度敬业奖 | 2017年 | 墨竹工卡县委、县政府 |
| 普布卓玛 | 女 | 藏 | 日多乡中心小学 | 敬业奖 | 2017年 | 墨竹工卡县委、县政府 |
| 尼　玛 | 女 | 藏 | 日多乡中心小学 | 优秀教师 | 2017年 | 墨竹工卡县委、县政府 |
| 更让卓玛 | 女 | 藏 | 日多乡中心校附属幼儿园 | 学前教育工作者 | 2017年 | 墨竹工卡县委、县政府 |
| 普布卓玛 | 女 | 藏 | 日多乡中心小学 | 优秀班主任 | 2017年 | 墨竹工卡县委、县政府 |
| 索朗次仁 | 男 | 藏 | 墨竹工卡县中学 | 师德标兵 | 2017年 | 墨竹工卡县政府 |
| 连　宁 | 女 | 汉 | 墨竹工卡县中学 | 优秀班主任 | 2017年 | 墨竹工卡县政府 |
| 边觉顿珠 | 男 | 藏 | 墨竹工卡县中学 | 优秀教育工作者 | 2017年 | 墨竹工卡县政府 |
| 郑作良 | 男 | 汉 | 墨竹工卡县中学 | 优秀教师 | 2017年 | 墨竹工卡县政府 |
| 吴剑锋 | 男 | 汉 | 墨竹工卡县中学 | 优秀教师 | 2017年 | 墨竹工卡县政府 |
| 女巴桑 | 女 | 藏 | 墨竹工卡县中学 | 优秀教师 | 2017年 | 墨竹工卡县政府 |
| 张姗姗 | 女 | 汉 | 墨竹工卡县中学 | 优秀教师 | 2017年 | 墨竹工卡县政府 |
| 徐金燕 | 女 | 汉 | 墨竹工卡县中学 | 优秀教师 | 2017年 | 墨竹工卡县政府 |
| 次仁曲珍 | 女 | 藏 | 墨竹工卡县中学 | 优秀教师 | 2017年 | 墨竹工卡县政府 |
| 夏多扎西 | 男 | 藏 | 墨竹工卡县中学 | 优秀教师 | 2017年 | 墨竹工卡县政府 |
| 其米央金 | 女 | 藏 | 墨竹工卡县中学 | 优秀教师 | 2017年 | 墨竹工卡县政府 |
| 张瑶瑶 | 女 | 汉 | 墨竹工卡县小学 | 墨竹工卡县振兴教育教学质量三年行动2017年度优秀教师 | 2017年 | 墨竹工卡县政府 |
| 土登曲扎 | 男 | 藏 | 唐加乡中心小学 | 优秀教师 | 2017年 | 墨竹工卡县政府 |
| 拉　珍 | 女 | 藏 | 唐加乡中心小学 | 优秀教师 | 2017年 | 墨竹工卡县政府 |
| 小次仁德吉 | 女 | 藏 | 唐加乡中心小学 | 成绩突出个人 | 2017年 | 墨竹工卡县政府 |
| 尼玛次仁 | 男 | 藏 | 唐加乡中心小学 | 县级优秀教师 | 2017年 | 墨竹工卡县政府 |
| 格桑平措 | 男 | 藏 | 唐加乡中心小学 | 县级“师德师风”先进个人 | 2017年 | 墨竹工卡县政府 |
| 次仁德吉 | 女 | 藏 | 唐加乡中心小学 | 县级优秀班主任 | 2017年 | 墨竹工卡县政府 |

说明：由于各单位资料提供不全，可能有遗漏

# 索 引

## 说 明

一、本索引采用主题分析法编制。索引范围包括篇目、类目、部(门)目、条目等。
二、本索引按主题词首字汉语拼音音序(同音按音调)排列,若首字拼音相同则按第二字音序排列,以此类推。
三、索引款目后的数字表示内容所在的页码,数字后的拉丁字母(a、b、c)表示栏别(从左至右)。
四、篇目、类目、部(门)目用黑体字。

### A



### B

## E



## F



## G

## H

## K



## L

## M

## N



## P



## Q

## R



## S

## T



## W

## X



## Y

## Z